本书荣获中国大学出版社图书奖第二届优秀学术著作奖一等奖（2011）

史学理论：唯物史观的视域和尺度

张艳国 著

张艳国文集
第一卷

中国社会科学出版社

图书在版编目（CIP）数据

史学理论：唯物史观的视域和尺度／张艳国著．—北京：中国社会科学出版社，2015.11

ISBN 978-7-5161-6892-9

Ⅰ.①史… Ⅱ.①张… Ⅲ.①史学理论—研究 Ⅳ.①K0

中国版本图书馆 CIP 数据核字（2015）第 217587 号

出 版 人	赵剑英
责任编辑	王　茵
特约编辑	王福仓
责任校对	胡新芳
责任印制	王　超

出　　版	中国社会科学出版社
社　　址	北京鼓楼西大街甲 158 号
邮　　编	100720
网　　址	http://www.csspw.cn
发 行 部	010-84083685
门 市 部	010-84029450
经　　销	新华书店及其他书店

印　　刷	北京君升印刷有限公司
装　　订	廊坊市广阳区广增装订厂
版　　次	2015 年 11 月第 1 版
印　　次	2015 年 11 月第 1 次印刷

开　　本	710×1000　1/16
印　　张	29.25
字　　数	480 千字
定　　价	98.00 元

凡购买中国社会科学出版社图书，如有质量问题请与本社营销中心联系调换
电话：010-84083683
版权所有　侵权必究

作者简介

张艳国,1964年2月生于湖北省沔阳县(今仙桃市)。中共党员,历史学博士,博士后,研究员、教授(二级),博士研究生导师、博士后联合导师。曾长期在湖北省社会科学院工作;2008年12月起担任江西师范大学党委委员、副校长,现为教育部中国近现代史国家级教学团队负责人、江西省"2011"协同创新江西师范大学中国社会转型研究中心主任、江西省中国近代史创新团队负责人。现兼任教育部历史学类教学指导委员会委员、国家社科基金通讯评审专家、江西省社科规划委员会历史学学科评议组组长。获得国务院津贴专家、湖北省有突出贡献中青年专家、江西省政府津贴专家、江西省"赣鄱英才555人才工程"哲学社会科学领军人才首批入选者、江西省"新世纪百千万人才工程"第一层次人选等荣誉称号。

序

时间是对学术著作最好的检验

马敏

张艳国教授的《史学理论：唯物史观的视域和尺度》（华中科技大学出版社2009年版），初版于1997年，由华中科技大学出版社的前身华中理工大学出版社以《唯物史观与史学理论》的书名出版，一晃已经14年有余。回想当时，我对《唯物史观与史学理论》的印象很深，也很好，并为该著写过一篇书评给予肯定和推介。该著初版以后，艳国还在继续思考和探索，并进行了系统的修订，使该著的学术性、理论性、前沿性和思辨性更加突出，还吸收了同行专家的合理建议，增补了大量文字和篇幅，使该著的学术分量更重，提升了相关问题的研究深度和厚度，可谓"十年磨一剑"，这种学风是值得提倡的。这次修订再版，书的封面设计、版式装帧都很精美，庄重朴实，使该著的学术分量、风格与印制形式、审美相匹配，这也是本书的一个亮点，令人有耳目一新的感觉。

史学理论研究在史学界是一个很有难度的领域，需要有唯物史观理论的深厚积累，有缜密的理论思维，有厚实的史学研究功底，并能够把史学理论研究和史学研究有机结合起来。所以，很多史学研究专家认为，

---

* 马敏，1955年生，四川雅安人，著名历史学者，主要从事中国近现代史研究，研究方向为辛亥革命史、社会经济史、中国商会史、博览会史、教会大学史等。现任华中师范大学党委书记，历史学教授、博士生导师，兼任教育部社会科学委员会委员，中央马克思主义理论研究和建设工程教材编写组主要专家，教育部历史学类专业教学指导委员会主任，国家社科基金（历史）评审组成员，国家学位委员会历史学科评议组成员，中国社会史学会副会长，中国经济史学会副会长，中国辛亥革命研究会理事，湖北省社会科学界联合会主席，湖北省学位委员会委员。

史学理论学科建设很重要，但要推进史学理论研究却很难。多年来，艳国不畏艰难，对史学理论研究很执着，坚持研究，所以得到了史学界的肯定和公认。在我的印象中，艳国的这部著作得到了老一辈史学家、史学知名专家的高度肯定，并在业内有很高的引证率。比如，多年来，《人民日报》《光明日报》《湖北日报》《新闻出版报》《中国图书评论》《史学理论研究》《江汉论坛》《江西社会科学》《华中理工大学学报》《中南民族大学学报》等10余种有影响的报刊先后发表了书评予以推介，其中许多作者我都熟识，他们都是史学研究相关领域的行家里手，素为同行所敬重，因此，他们对本书的品鉴是权威的、有代表性的；特别是中国史学理论研究会前后两任会长陈启能研究员、于沛研究员发表了书评，对艳国的著作给予高度肯定，这更是难得。就目力所及，该著关于历史学的学科个性、关于历史发展常规性与变异性和跃迁性、关于唯物史观形成阶段的考察、关于唯物史观与史学理论关系、关于革命与改革和改良、关于历史人物评价理论的运用等问题所作的研究和阐述，被15年间出版的多种《史学理论》教材吸收，尤其是被教育部指定教材《史学理论》吸收。特别要指出的是，上述论述在独立成篇发表后，多篇被《新华文摘》全文转载，更使这些学术观点在学术界有广泛的影响。由此可见，通过该著所集中反映的艳国关于史学理论研究的成果在史学界尤其是在史学理论界的影响力是强劲的，是得到了学术公认的。

因为我对艳国所从事史学理论研究的了解，并对该著有较深的学术印象和好评，所以我对该著从时间视角和积年所得的学术评价做了一番回顾和介绍，是要说明一个总的评价：《史学理论：唯物史观的视域和尺度》是一本经历了时间检验和学术检验的优秀学术著作，它在学术界受到重视和好评说明，该著进入了我国同类图书出版的第一层次和同类学术著作的第一方阵，具备了优秀学术著作的获奖条件。

本文是马敏教授于2011年11月为张艳国教授所著《史学理论：唯物史观的视域和尺度》（华中科技大学出版社，2009年）所写的评审推荐意见。经马敏教授同意，作为修订再版的"序言"予以发表。

前 言

史学理论学科建设任重道远

20世纪已经落幕，人类历史跨入了21世纪。在21世纪，我们依然肩负着建构中国马克思主义史学理论的重任。这个命题包含以下内容。第一，在20世纪，中国马克思主义史学80年，从李大钊、郭沫若、范文澜、翦伯赞、侯外庐、吕振羽到时下诸贤，为中国特色的马克思主义史学辛勤耕耘，做出了巨大贡献，罗列十条百条，亦难彰显其功。概言之，中国流派的马克思主义史学学科理论建设（史学理论研究）成绩斐然。第二，由于主客观原因，如极左思潮对史学学科建设的长期破坏，甚至将史学研究引入"影射史学""斗争史学"的歧途，将唯物史观等同于史学理论，对史学学科理论研究缺乏主体自觉，等等，因而史学学科理论建设起步晚、发展慢，值得总结的经验教训很多。第三，20世纪没有建立起中国特色与中国流派的马克思主义史学理论体系，需要在21世纪继续努力。

在21世纪，史学研究的主题就是建构自身的学科理论；依照史学的学科理论，遵循史学发展规律，促进中国史学的繁荣！

提出这个命题，是基于对80年中国马克思主义史学学术史的考察。

首先，在中国确立马克思主义理论和方法对史学研究的指导地位，是同新中国政权的建立相伴随的。换言之，中华人民共和国成立后，在思想界和科学事业中确立了马克思主义意识形态的主导地位，在史学研究领域，它就具体化为唯物史观对史学研究的指导居于支配地位。这个支配地位的取得，一方面来自于史学工作者对唯物史观科学价值的认同取向（主体自觉）；另一方面来自于一次又一次的思想改造运动，甚至是政治运动（灌输方式）。在确立马克思主义理论与方法对中国史学的指导地位过程中，缺乏一个不应忽略的马克思主义史学理论建设的史学自觉过程。

其次，中国马克思主义史学的产生，首先源于马克思主义理论在中国的传播，唯物史观是马克思主义理论极其重要的内容。在前贤看来，建立中国马克思主义史学，只需唯物史观指导就可以了。这就是错将唯物史观等同于马克思主义史学理论的根源。苏联对此有认识上的失误，因为历史时代的局限，我们在学习的过程中也有认识上的失误，在第一代中国马克思主义史学家手中确立了这一史学范式后，影响力极强，这一范式长时期在中国史学界居于支配地位。

最后，受到苏联史学界的影响。在20世纪很长一段时间内，苏联史学界把马克思主义唯物史观等同于史学理论。只是在20世纪50年代末和60年代初期，史学理论成为普遍的研究热点后，人们才注意到唯物史观与史学理论的差异。我国自20世纪30年代开始受苏联史学界的影响，历史学科也没有分析唯物史观与史学理论的联系与区别。而迟至80年代初，随着史学"反思热"的出现，史学理论日益成为历史学的分支学科，才逐渐有更多的史学家关心起两者的区别与联系来。新中国成立后，在较长时间的"政治挂帅"和"以阶级斗争为纲"的年月里，人们根本不敢也不可能怀疑两者是不是一回事。

基于以上考察，在20世纪中国马克思主义史学发展的80年中，马克思主义史学理论研究不容乐观，而应视为研究的薄弱环节。21世纪的来临，为中国马克思主义史学理论学科建设提供了机遇。

在21世纪，要建构起中国特色与中国流派的马克思主义史学理论体系，加强史学学科理论建设，我们身上的担子重、责任大。但是，不论如何，我们都一定要立足于中国史学的实际而有所作为。

首先，为了建构中国马克思主义史学理论体系，笔者认为要处理好坚持与发展的关系。这是史学理论研究的一个重大原则问题。

虽然史学理论与唯物史观有区别，不是一回事，我们所从事的是建设马克思主义史学理论学科的工作，但是，不能走向另一个极端。抛弃唯物史观对史学理论研究的指导，这是完全错误的。因为，唯物史观关于历史发展过程的解释，关于历史规律的揭示，关于主体地位和作用的阐述，关于史学研究方法的整合，是史学理论研究的立足点和根本依据。离开了唯物史观关于历史过程论的解说，史学理论将无从谈起。这就是说，在马克思主义史学理论研究中，要坚持唯物史观的基本原理和方法，坚持其科学的立场和精神原则。这就意味着，我们所说的坚持，绝不是僵化的坚持，教条的坚持，而是在坚持中求发展，在发展中谈坚持，做到坚持和发展的统一，这正是马克思主义创始人的真意。恩格斯在1886年12月28日致弗·凯利—威士涅威茨基夫人的信中指出："我们的理论不是教条，而是对包含着一连串互相衔接的阶段的那种发展过程的阐明。"次年1月27日，恩格斯又在致弗·凯利—威士涅威茨基夫人的信中强调："我们的理论是发展的理论，而不是必须背得烂熟并机械地加以重复的教条。"（这两封信，被收入《马克思恩格斯选集》第4卷。）

坚持唯物史观，就是要坚持其科学态度、科学方法、基本原则和本质精神，绝不能拘泥于个别结论或个别观点。马克思主义唯物史观是时代的产物，是时代精神的精华。但如同万事万物都要打上时代的烙印，都难免有时代的局限性一样，唯物史观的个别命题也要随着时代的发展而发展。譬如，在科学技术迅猛发展的今天，我们对于科学技术的社会作用必须做出重新评估，对于掌握高新技术的人必须重新认识，对于现代无产阶级的表现形式做出新的概括，对于现代化运动给人类生活带来的质与量的变化做出新的判断，等等。由此看来，学习和运用唯物史观，我们不能苛求前人，只能站在巨人的肩膀上继续攀登。

坚持唯物史观，就是要不断重新学习，全面地、深刻地学习唯物史观的科学体系和精髓，绝不能先入为主或浅尝辄止。认识的规律常常是如此，一方面，人们会将错误认识附加到认识对象身上；另一方面，又会因认识的时间、地点、条件、兴趣的局限，忽视了对一些本是重大问题的认识。譬如，我们曾经错误地认为：阶段斗争是唯物史观的唯一科学理论；只有阶级斗争，才是人类社会发展的动力；否认地理环境对于社会历史发展的重要作用；等等。这就是将错误认识附加给唯物史观。譬如，马克思主义世界史理论有丰富的内容，是唯物史观的重要原理，但过去我们学习唯物史观时没有充分认识；时空范畴在唯物史观学说中占有重要地位，但我们过去没有予以应有的重视；等等。对这些问题的认识，现在重视起来，研究者多起来了，是因为开放的世界迫使我们认识多民族、多地区、多国家的交往，迫使我们重视人类社会的世界历史进程，迫使我们认识人类在交通、信息方面的变革带来的时空概念的变化，并赋予这一范畴新的理论内涵。由此看来，学习唯物史观，我们要经常检讨和反思自我，少一点主观性、片面性，多一点时代感，多一些实践性。

学习和研究唯物史观，坚持是前提条件，发展是实在的途径。没有坚持，发展就会"离经叛道"；没有发展，坚持就是僵化，就会"走向死亡"。发展唯物史观，就是要用创新的观点、实践的观点、科学的观点，对于人类社会的新实践和新问题予以唯物史观的解答和认识。譬如，在人类社会历史中，取代奴隶主的不是奴隶而是地主；取代地主的不是农民，而是资产阶级。在资本主义社会里，资产阶级同无产阶级是一对矛盾，最终将怎样解决这对矛盾呢？实践还在发展，马克思以后100多年的世界历史为我们提供了充分的认识空间。此外，对战争、宗教、环境还需要重新认识，重新进行理论概括。运用唯物史观的科学精神与方法解答这些问题，就是对唯物史观的发展。

其次，为了建构中国马克思主义史学理论体系，笔者认为要处理好继承和发展的关系，这是史学研究中一项十分紧迫的任务。

20世纪中国马克思主义史学发展80年，风雨陪伴历程，多彩涂亮事业。站在世纪交替的反思角度，值得总结的问题很多。为了促进中国史学在21世纪更好地发展，进行科学的总结和反思，这是一项十分紧迫的任务。在总结中，我们一定要处理好继承和发展的关系。

总结和反思，就是要加强主体自觉，看看我们在研究马克思主义史学理论的80年历程中，在哪些方面和多大程度上体现了科学精神？我们在中国马克思主义史学理论学科建设中有哪些教训应予记取？有哪些精神值得发扬？中国马克思主义史学理论建设有哪些规律性的东西值得重视？这样，就有利于我们放下包袱，轻装上阵，在21世纪的史学理论研究中做出更大的成就。

总结和反思20世纪中国马克思主义史学发展的80年，有两个倾向值得警惕。在前60年，我们片面地强调学习苏联的经验，亦步亦趋，全盘移植他们的范式，错将苏联史学等同于马克思主义史学，以致他们将唯物史观等同于史学理论，不重视史学的学科理论建设，我们也跟着如此；他们有新的认识了，也促使我们进行新认识，尾随其后，甚至照搬照套，使我们吃了大亏。这些教训值得我们吸取。在后20年（改革开放以后20年），又出现了盲目追随和回应西方史学的倾向；出现了否定中国传统史学的优良传统与方法的消极现象；出现了全盘否定中国马克思主义史学成就的不良现象；出现了凡是西方史学的就一切都好，并盲目推崇备至的现象；等等。笔者认为，这些现象是不正常的，也是十分有害的，必须尽快扭转。我们的正确态度应当是：一要独立地进行史学研究，独立地从事建构中国马克思主义史学理论体系的工作；二要善于学习别国同行在史学研究中、在史学理论研究中的新创造，要加以分析、加以鉴别，绝不能全盘照搬、走向极端。

总结和反思20世纪中国马克思主义史学发展的80年，有一条经验值得汲取：要继承中国马克思主义史学家的优良学风和传统，不断推进马克思主义史学中国化的工作，真正在中国特色与中国流派上下功夫。建立起中国特色和中国流派的马克思主义史学理论及其指导下的历史学，必将对人类文明做出巨大贡献！

最后，为了建构中国马克思主义史学理论体系，还要处理好学科理论建设与具体研究的关系。这是一个值得重视的重大问题。

要搞好学科建设，学科理论建设是先行官，是开路先锋。要在具体的研究领域有开拓性的贡献，取得有学术史意义的成就，学科理论指导是关键。令人高兴的是，忽视、轻视史学理论研究的倾向在经历几代人的努力后，得到了遏制，局面开始好转，并取得了可喜成果，中国马克思主义史学理论研究正在健康发展。但是，喜中有忧。一是从学科结构上，史学理论研究并不是在所有的同行中取得了共识，并将其视为史学研究中的一块具有指导作用的相对独立的领域，在研究机构的设置上，仍有被忽略的危险。二是在研究力量上，在整个历史学中，尚不成比例。归根结底，还是一个重视程度的问题。笔者认为，在重视它的问题上，只要我们取得共识，就一切都好办了，比如机构设置、队伍整合、人才培养、经费投入等，都会加大力度，很快有新的起色。

建构中国特色与中国流派的马克思主义史学理论体系，是个大课题，需要几代人的努力。笔者相信，在21世纪，在学术史上，将有成百上千个英名镌刻在它的标题之下，赢得一代又一代学人的仰慕和赞扬！

目 录

序　时间是对学术著作最好的检验 …………………… 马　敏（1）
前言　史学理论学科建设任重道远 ………………………………（1）

马克思主义唯物史观与历史科学 ……………………………（1）
　一　对马克思主义唯物史观创立时期的历史考察 ……………（2）
　二　马克思主义唯物史观的基本思想及其理论特色 ………（17）
　三　坚持马克思主义唯物史观，在史学研究中丰富和发展
　　　唯物史观 ………………………………………………（22）

人类社会的发展是一个自然历史过程考察 ………………（28）
　一　自然历史过程：原始公有制向高级公有制复归 ………（28）
　二　自然历史过程：人类社会发展在常规性道路与变异性
　　　道路上展开 ……………………………………………（35）
　三　自然历史过程论与"一般历史哲学理论"尖锐对立 ………（44）

马克思主义世界历史理论探析 ……………………………（49）
　一　研究的缘起 …………………………………………………（49）
　二　对黑格尔世界历史理论进行彻底的革命性改造 ………（51）
　三　马克思主义世界历史理论由单线论向多线论发展 ……（59）
　四　简短的结语 …………………………………………………（69）

革命、改革与社会历史进程 …………………………………（71）
　一　革命与改革，是马克思主义历史观的基本范畴 ………（71）

二　革命，是社会进步的特殊形式 …………………………（77）
　　三　改革，是社会进步的普遍形式 …………………………（82）
　　四　革命与改革，共同决定社会历史进程 …………………（86）

马克思主义是如何看待社会历史进程中的代价问题的 …………（91）
　　一　马克思主义是在何种条件下肯定"代价"的 ……………（91）
　　二　马克思主义是在何种条件下否定"代价"的 ……………（98）
　　三　马克思主义是否认为社会进步要以牺牲道德为代价 …（102）
　　四　几点看法 …………………………………………………（104）

历史的创造者、创造力与创造条件 ………………………………（106）
　　一　"人民群众"与"英雄"各自创造自己的历史，
　　　　而又相辅相成、相互激荡 ………………………………（107）
　　二　"人民群众"与"英雄"都是历史运动的推动力量，
　　　　他们对历史的推动作用常常交织在一起 ………………（112）
　　三　各种社会意志、目标和行为模式综合的结果，往往形成
　　　　波澜壮阔的历史画面 ……………………………………（116）

恩格斯与唯物史观命题 ……………………………………………（120）
　　一　用"唯物史观"高度概括马克思主义历史观 ……………（121）
　　二　对唯物史观做出"最为详尽的阐述" ……………………（126）
　　三　恩格斯晚年致力于丰富唯物史观命题的理论内涵 ……（131）
　　四　简短的结论 ………………………………………………（138）

坚持走马克思主义史学理论中国化之路 …………………………（140）
　　一　史学界形成的广泛共识 …………………………………（140）
　　二　史学研究发展的必然要求 ………………………………（144）

马克思主义唯物史观与史学理论 …………………………………（146）
　　一　唯物史观与史学理论有区别 ……………………………（147）
　　二　唯物史观与史学理论有联系 ……………………………（150）

  三　研究唯物史观，加强史学理论学科建设 …………… (154)

"史学概论"的学科体系究竟应该如何确定 ……………………… (157)
  一　历史过程论 …………………………………………… (157)
  二　历史主体论 …………………………………………… (162)
  三　史家主体论 …………………………………………… (166)
  四　史学发展论 …………………………………………… (171)
  五　史学理论与方法论 …………………………………… (176)

20世纪80年代我国史学概论逻辑体系建构比较分析 ………… (181)
  一　综合模式 ……………………………………………… (183)
  二　理论和方法模式 ……………………………………… (188)
  三　认识论模式 …………………………………………… (191)
  四　史学理论体系模式 …………………………………… (197)
  五　史学学模式 …………………………………………… (200)
  六　余论 …………………………………………………… (202)

历史学需要哲学思辨
  ——兼评佘树声著《历史哲学》的学术价值 ………… (203)
  一　黑格尔《历史哲学》关于中国历史的思辨 ………… (203)
  二　对近代西方历史哲学予以回应是一个时代性课题 …… (210)
  三　佘著走在李大钊开辟的中国马克思主义历史哲学
    道路上 ……………………………………………… (212)
  四　佘著的逻辑结构 ……………………………………… (215)
  五　佘著的史家精神 ……………………………………… (217)
  六　佘著的学术史定位 …………………………………… (220)
  七　几点商榷意见 ………………………………………… (221)

论历史学的学科个性及其相关问题 ……………………………… (224)
  一　历史学的学科个性是什么 …………………………… (225)
  二　再论历史学的功用 …………………………………… (228)

三　从理论上探讨研究史学的素质要求 ……………………（233）

历史学家的社会责任感与历史使命感 ………………………（238）
　　一　史家责任感 ………………………………………………（238）
　　二　史家使命感 ………………………………………………（239）
　　三　史家责任感与使命感的内在统一 ………………………（241）

论史学思维模式的演变 ………………………………………（244）
　　一　由述事史学向分析史学发展，由单向性、直观性史学
　　　　认识朝着多向性、逻辑性方向演变 ………………………（244）
　　二　由分析史学向系统史学发展，由多向性、逻辑性史学
　　　　认识朝着纵向深入、横向综合方向发展 …………………（247）

论史学思维模式的转换 ………………………………………（249）
　　一　史学思维模式转换与研究方式改变是一种良性互动
　　　　过程 ………………………………………………………（250）
　　二　合理的史学智能结构推进史学思维模式转换 …………（254）

历史的整体运动与史学的总体研究 …………………………（258）
　　一　社会历史进程表现为整体运动 …………………………（258）
　　二　社会历史整体运动的基本特征 …………………………（262）
　　三　对社会历史整体运动开展总体研究 ……………………（267）

东方地理环境与中国历史发展 ………………………………（271）
　　一　马克思主义经典作家依据地理环境对区域性历史发展的
　　　　作用，把人类文化分成东方与西方两种类型 ……………（272）
　　二　东方地理环境影响中国历史发展 ………………………（275）

论历史评价与道德评价 ………………………………………（282）
　　一　唯物辩证法是历史评价的活的灵魂 ……………………（283）
　　二　把道德评价放置在一定的具体的历史环境当中 ………（289）

三　历史评价与道德评价既有区别又相联系 …………………（294）

关于编写历史人物传记的一些意见 ………………………………（301）
　　一　为体现了历史精神的典范人物立传 …………………………（301）
　　二　把传主写成历史的、具体的、活生生的人 …………………（303）
　　三　立场爱憎分明、描述各有所据 ………………………………（306）
　　附一　叔孙通为何能够成功 ………………………………………（308）
　　附二　如何评价晚年康有为 ………………………………………（312）

略论中国史学的流变 ………………………………………………（319）
　　一　中国史学起源于夏朝而不是更晚的西周 ……………………（319）
　　二　如何看待中国近代史学的性质 ………………………………（321）
　　三　对未来中国史学发展的流向性展望 …………………………（324）

论中国近代的历史哲学研究 ………………………………………（328）
　　一　取法西学 ………………………………………………………（329）
　　二　"史界革命" ……………………………………………………（330）
　　三　探寻世变之理 …………………………………………………（332）
　　四　"画虎不成反类犬" ……………………………………………（337）
　　五　火花闪耀，嘉惠未来 …………………………………………（339）

地理史观与中国近代史学的历史考察 ……………………………（342）
　　一　地理史观要旨 …………………………………………………（342）
　　二　地理史观的中国印象 …………………………………………（346）
　　三　正确评价地理史观在中国近代史学中的地位和作用 ………（352）

李大钊阐解唯物史观评析 …………………………………………（356）
　　一　李大钊研习唯物史观的历史文化背景与概念使用 …………（357）
　　二　李大钊所理解的唯物史观理论内涵 …………………………（362）
　　三　贡献与缺陷 ……………………………………………………（368）

李大钊的史学理论研究论析 ………………………………（373）
    一 "依据历史哲学的原理" …………………………………（373）
    二 "历史是什么" ……………………………………………（377）
    三 治史者须有历史观 ………………………………………（382）
    四 "但寻真知启后人" ………………………………………（386）
    五 学术坐标定位 ……………………………………………（389）

近代西方历史哲学述评 ……………………………………（391）
    一 发展概述 …………………………………………………（391）
    二 命题列举 …………………………………………………（394）

评"一切历史都是思想史" …………………………………（397）
    一 从黑格尔到柯林武德：历史哲学发展的路标转向 ………（398）
    二 柯林武德与克罗齐：继承中的发展 ……………………（403）
    三 历史是什么：一切历史都是思想史 ……………………（409）

跋一　史学理论：对历史学的理论反思 ………… 陈启能（417）

跋二　史学理论对史学研究的观照与导引 ……… 陈　锋（425）

跋三　让思想的光芒照亮历史 …………………… 何晓明（429）

跋四　努力构建有中国特色的史学理论体系 …… 黄今言（436）

跋五　建构中国马克思主义史学理论体系的追求与探索 … 张建民（443）

后记 ……………………………………………………………（446）

再版后记 ………………………………………………………（449）

马克思主义唯物史观与历史科学

作为社会科学类别的历史学，就其在世界学术范围的存在与发展而言，分为两支：按其哲学性质来说，是辩证法同历史唯物主义相结合的历史学与形形色色的主观唯心主义、客观唯心主义的历史学；按其阶级性质来说，是具有彻底革命精神和批判精神的马克思主义历史学与具有阶级局限性的资产阶级历史学。无论是辩证唯物主义历史学或马克思主义历史学，还是主客观唯心主义历史学或资产阶级历史学，决定其科学属性者，莫过于蕴含其中的历史观。因此，历史观是历史学的核心和本质部分。一定的历史观，是我们判定历史学从属于何种性质的依据。史学研究者持何种史学观点，都离不开他所信奉的历史观。因此说，历史观在历史学学科系统中居于核心层。

马克思主义科学的历史观就是唯物史观，它的创立与完形，同历史科学的步履休戚相关。在19世纪40年代至50年代，马克思主义创始人站在历史时代的高度，站在历史哲学的理论高度，雄视古往今来历史学的发展，他们的思维紧紧同历史学的发展相平行，批判地继承了人类文化发展的一切优秀成果，尤其是近代的资产阶级历史观，创立了唯物史观，使历史学变成一门真正的科学。掌握并运用唯物史观，发展历史科学，必须完整地、准确地、科学地理解马克思主义唯物史观，使研究主体的思维同马克思主义唯物史观的创立及其发展的轨迹相平行；把马克思主义历史科学不断推向前进，促进中国史学的大发展、大繁荣，既要坚持马克思主义唯物史观对史学研究的指导地位，坚持在具体的研究中贯穿唯物史观的理论精髓，又要使唯物史观这个科学的理论体系同时代的科学文化发展的轨迹相平行，吸收人类文化在当代所取得的巨大成就，使唯物史观的理论之树常青。这虽近乎老生常谈，但确系历史科学发展的内在要求，也是历史科学赋予史学工作者的时代使命。

一 对马克思主义唯物史观创立时期的历史考察

对待马克思主义唯物史观的形成问题，学术界存在简单化倾向，即常常以某一篇著作作为马克思主义唯物史观的创立或形成的标志，相应的后果是，把马克思主义唯物史观的基本原则、基本理论局限于该篇中，这样，就不利于准确地、完整地把握马克思主义唯物史观这一丰富的理论体系。笔者觉得应该把马克思主义唯物史观的形成，定位于具体的历史时代，作为一个"创立时期"或"形成时期"来理解，这样更可靠些，在认识上也更科学些。

在人类认识史上出现马克思主义历史观，并用诸历史学中，是人类认识合乎规律地自然发展的结果。我们判定唯物史观的创立是19世纪四五十年代历史条件的产物，其中最重要的一条依据是：在这个历史时期，马克思主义经典作家批判地总结了在他们以前一切有重要价值的历史观，把前人的认识成果作为向新的认识阶段推进的阶梯。这正如马克思所指出的，"历史发展总是建立在这样的基础上的：最后的形式总是把过去的形式看成是向着自己发展的各个阶段"①。其实，人类认识的发展也是如此。从批判地继承资产阶级历史哲学的合理内核到创立马克思主义唯物史观，正是循着这一认识路径前进的。人们说，马克思和恩格斯首创唯物主义历史观，提倡用唯物主义解释历史，是历史学的一次革命②，正是针对马克思主义扬弃黑格尔的辩证唯心主义历史哲学和费尔巴哈的机械唯物主义历史哲学而言的。这种艰难的科学革命，不可能在一朝一夕一蹴而就，也不可能在某一篇著作中完成。在马克思主义经典作家的史学研究中，从对黑格尔历史观及其思辨的历史方法的批判，到对费尔巴哈历史哲学的扬弃，构成一条清晰可寻的马克思主义唯物史

---

① 参见《马克思恩格斯选集》第2卷，人民出版社1972年版，第108页。
② 参见黎澍《马克思主义与中国历史学》，《历史研究》1983年第2期。

观创立的心路历程。

1. 黑格尔的历史哲学

黑格尔的历史哲学,是马克思主义历史观出世前在历史思维领域里最重要的成果,是近代思想家在探索社会历史问题方面所取得的最高成就。在黑格尔历史哲学指导下的历史观,是资产阶级历史观或唯心主义历史观发展的最高峰。在黑格尔思辨的历史观中,包容了关于历史必然性、社会发展规律性和社会不断进步的思想。黑格尔在运用他的历史观考察社会历史问题时,总是力图探究可供概括全部历史的普遍性原则和方法,力图发现社会发展的最一般的特点和整个历史发展的动力。这是近代历史哲学、历史观中最集中的思想精华。

在黑格尔的历史观看来,在人类社会和自然界出现以前,就存在着一种精神本原——"绝对理念"(它的同义语是"绝对精神""世界理性""世界精神"),它是一切社会现象和自然现象的基石,它是超越自然、超越人类的东西,因而是第一性的。世界上的万事万物都由这个"绝对理念"派生出来。由于"理性统治世界",因而他把世界历史看成是"理性""精神"的铺张和实现,这样,就只有运用这一理论原则来理解和解释世界历史了。在黑格尔设计的历史哲学大厦中,他把人类历史发展当作一种逻辑发展过程,当作一种合乎规律性的、有必然的因果联系的过程。在他看来,在精神本身中就已经潜伏着世界历史,就已经包含了自然的历史和社会的历史。这就像一粒种子中包含了树木的全部性质及其果实的色、香、味一样。因此,世界历史只是精神借以揭示自己、展示自己的场所而已。黑格尔在表述其历史观时,运用了历史与逻辑相一致的方法。他强调既要尊重历史事实,忠实地采用历史材料,又要从理性的范畴出发研究世界历史,观察历史现象,并且指明历史事变内在的逻辑联系,找出贯穿于历史发展过程的规律性。黑格尔历史观中关于历史与逻辑相一致、史料与现实相符合及透过现象看本质的方法,正是超越古人的高明之处。黑格尔的历史观关于社会历史发展的学说,即历史发展的辩证法;关于人类历史过程的辩证解释,如历史发展的客观必然性、规律性和因果联系;等等,为此后马克思主义历史观的产生奠定了基础。恩格斯在《社会主义从空想到科学的发展》中肯定了黑格尔历史哲学关于历史辩证法的内容，他说道，黑格尔第一次"把整个自然的、历史的和精神的世界描写为一个过程，即把它描写为处在不断的运动、变化、转变和发展中，并企图揭示这种运动和发展的内在联系"①；在《卡尔·马克思〈政治经济学批判〉》中，恩格斯还高度评价道，黑格尔"是第一个想证明历史中有一种发展、有一种内在联系的人"，在他的历史哲学中，"他的基本观点的宏伟，就是在今天也还值得钦佩"，"这个划时代的历史观是新的唯物主义观点的直接的理论前提"②。虽然如此，黑格尔的历史观颠倒了物质世界与思想世界的关系，颠倒了逻辑联系与历史发展的关系，这就表现为：黑格尔把历史看成其世界精神的展现，把历史看作是"检验他的逻辑结构的工具"。这样，黑格尔不仅把整个物质世界变成了思想世界，而且把整个历史也变成了思想的历史。③ 黑格尔的历史观在由精神到物质的唯心主义思想路线指导下，建立了客观唯心主义历史观体系，这就为马克思主义经典作家扬弃这个唯心主义思想大厦的外壳，发展其合理的历史辩证法内核，建立唯物史观体系，提供了既定的历史前提。

对于黑格尔历史观这个历史遗产的批判继承，集中体现在1843年夏马克思所著的《黑格尔法哲学批判》和1844年马克思和恩格斯合著的《神圣家族，或对批判的批判所做的批判》两书中。这是马克思主义经典作家创立唯物史观的一个重要阶段和重要方面。

在《黑格尔法哲学批判》中，马克思按照费尔巴哈倒转黑格尔关于思维与存在关系的榜样，校正了经济基础与上层建筑的关系。在马克思主义唯物史观以前，唯心主义的历史观都将国家看成是社会发展的决定性因素，而将市民社会看成是被决定的因素，并把国家看成是社会历史发展的动力。但在马克思看来，不是国家决定家庭和市民社会；恰恰相反，而是家庭和市民社会决定国家。他指出：家庭和市民社会是国家的真正的构成部分，是意志所具有的现实的精神实在性，它们是国家存在的方式。家庭和市民社会本身把自己变成国家。它们才是原动力。可

---

① 参见《马克思恩格斯选集》第3卷，人民出版社1972年版，第420页。
② 参见《马克思恩格斯选集》第2卷，人民出版社1972年版，第121页。
③ 参见《马克思恩格斯全集》第3卷，人民出版社1956年版，第16页。

是在黑格尔看来却刚好相反，它们是由现实的理念产生的。① 1859 年，马克思在《〈政治经济学批判〉序言》中完整地表述道："为了解决使我苦恼的疑问，我写的第一部著作是对黑格尔法哲学的批判性的分析……我的研究得出这样一个结果：法的关系正象国家的形式一样，既不能从它们本身来理解，也不能从所谓人类精神的一般发展来理解，相反，它们根源于物质的生活关系，这种物质的生活关系的总和，黑格尔按照十八世纪的英国人和法国人的先例，称之为'市民社会'，而对市民社会的解剖应该到政治经济学中去寻求。"② 马克思通过对黑格尔历史观的分析和批判，找到了理解人类历史发展的钥匙。十年后，恩格斯在评价马克思的这一理论成果时，又强调道：马克思从黑格尔的法哲学出发，得出这样一种见解，即要获得理解人类历史发展过程的锁匙，不应当到被黑格尔描绘成"大厦之顶"的国家中去寻找，而应当到黑格尔所那样蔑视的"市民社会"中去寻找。③

在《神圣家族，或对批判的批判所做的批判》中，马克思和恩格斯校正了物质和精神、存在和思想的关系，指出了它们中哪个属于第一性的问题。他们批判黑格尔历史哲学颠倒了两者的关系，就像儿子生出母亲，结果产生起源那样荒唐④。在黑格尔历史观看来，绝对精神是客观世界的本原和历史运动的主体，而精神的发展则是自身超出，自身分离，又回复自身的过程，其最终动因在于自身的"一种冲力"⑤。马克思和恩格斯对此批评道，黑格尔把真理变成了"一具自己论证自己的自动机器"，"人为了历史而存在，而历史则为了证明真理而存在"⑥。同黑格尔历史观相反，马克思主义经典作家强调，从最顽强的事实出发，以现实的人作为自己历史观的前提。他们强调，历史是人类自身的

---

① 参见马克思《黑格尔法哲学批判》，人民出版社 1963 年版，第 21 页。
② 参见《马克思恩格斯选集》第 2 卷，人民出版社 1972 年版，第 82 页。
③ 参见《马克思恩格斯全集》第 16 卷，人民出版社 1964 年版，第 409 页。
④ 参见《马克思恩格斯全集》第 2 卷，人民出版社 1957 年版，第 214、100、104、118—119 页。
⑤ 参见 [德] 黑格尔《哲学史演讲录》第 1 卷，贺麟、王太庆译，商务印书馆 1978 年版，第 32 页。
⑥ 参见《马克思恩格斯全集》第 2 卷，人民出版社 1957 年版，第 214、100、104、118—119 页。

实践活动，"历史活动是群众的事业"①，以人民群众为主体的人类社会实践，推动着历史前进的步履，最终决定着历史发展的阶段和水平。他们曾就此发表过一段豪迈的名言："历史什么事情也没有做，它'并不拥有任何无穷尽的丰富性'，它并'没有在任何战斗中作战'！创造这一切、拥有这一切并为这一切而斗争的，不是'历史'，而正是人，现实的、活生生的人。'历史'并不是把人当做达到自己目的的工具来利用的某种特殊的人格。历史不过是追求着自己目的的人的活动而已。"②

在《神圣家族，或对批判的批判所做的批判》中，马克思主义经典作家对历史发展的共相与殊相、统一性与多样性进行了阐释。他们认为，历史发展不仅取决于人类的社会实践和自身的内在矛盾，具有共同的普遍联系；而各民族历史特点和文化传统相异，又表现为发展的形态多样性。这是对黑格尔历史观"民族精神"说的扬弃。在黑格尔历史哲学看来，人类社会的发展首先是一个受绝对精神支配的必然有序的过程，然而，在各个民族发展的各个阶段上，又受一定的特殊原则所制约，这就是民族精神。这种民族精神是"绝对精神"的发展在特定民族和特定时期中的体现，"构成了一个民族意识的其他种种形式的基础和内容"③，"民族的宗教、民族的政体、民族的伦理、民族的立法、民族的风俗，甚至民族的科学、艺术和机械的技术，都具有民族精神的标记"④。黑格尔历史观虽然发现了意识形态诸形式在各民族历史发展过程中既具有共同性，又有其特殊性，这是两者矛盾的统一，但他却将"绝对精神"从外部引入历史，从而对民族精神做了唯心主义解释。马克思主义经典作家对此进行了唯物史观的改造。他们研究欧洲乃至人类社会的发展，不仅注意揭示一般规律，而且强调历史发展的民族特点。恩格斯曾说："各种不同民族性所占的（至少是在近代）地位，直到今天在我们的历史哲学里还很少阐述，或者更确切些说，还根本没有加以

---

① 参见《马克思恩格斯全集》第 2 卷，人民出版社 1957 年版，第 214、100、104、118—119 页。
② 同上。
③ 参见［德］黑格尔《历史哲学》，王造时、谢诒征译，商务印书馆 1936 年版，第 93、104—105 页。
④ 同上。

阐述。"① 基于这个观点，在《神圣家族，或对批判的批判所做的批判》中，马克思主义经典作家不仅阐述了欧洲近代历史发展的一般规律和特点，而且对英、法、德等国近代的民族特点做了详尽的考察。

在《神圣家族，或对批判的批判所做的批判》中，马克思主义经典作家将黑格尔历史观颠倒了的历史方法与逻辑方法重新颠倒过来，实现了一次彻底的否定之否定。他们既肯定黑格尔历史观运用逻辑范畴阐解历史的思维活动，同时又指出黑格尔历史哲学在演绎从具体到抽象，再从抽象到具体的过程，颠倒了历史发展和逻辑结构的关系：它"从各种不同的现实的果实中得出一个抽象的'果实'——'一般果实'"，把它们作为苹果、梨等具体水果的本质属性，使得"现实的果实从此就只是虚幻的果实，而它们的真正的本质则是'果实'这个'实体'"②；接着，它从"一般果实"中造出了现实的自然的实物——苹果、梨等，"使各种特殊的果实正好成为'一般果实'，生活过程中的千差万别的环节"③。这种把"实体理解为主体、理解为内部过程"的方法，必然导致历史发展与逻辑结构关系的颠倒。这种颠倒的荒谬之处在于，把"现实的、客观的、在我身外存在着的链条变成只是观念的、只是主观的、只是在我身内存在着的链条，因而也就把一切外部的感性的斗争都变成了纯粹观念的斗争"④。这样，唯心主义历史观体系就在思维的王国里走进了死胡同；要走出来，只有抛弃它。因此，在《神圣家族，或对批判的批判所做的批判》中，马克思主义经典作家摆正了历史方法与逻辑方法的关系，提出了历史方法与逻辑方法必须统一、坚持以史实为基础和尊重历史辩证法的著名论点。

总之，通过唯物辩证法，马克思和恩格斯基本上告别了黑格尔历史哲学体系，并初步对黑格尔历史观进行了扬弃，即批判地吸收了黑格尔历史观的精华，如历史发展的辩证法和规律性、过程论等，他们行走在创立唯物史观的大道上，提出了唯物史观的一系列重要命题。

---

① 参见《马克思恩格斯全集》第1卷，人民出版社1956年版，第658页。
② 参见《马克思恩格斯全集》第2卷，人民出版社1957年版，第72、73、105页。
③ 同上。
④ 同上。

2. 费尔巴哈的历史观

对费尔巴哈历史观的批判继承，集中体现在 1845 年春马克思撰著的《关于费尔巴哈的提纲》和 1845—1846 年马克思和恩格斯合著的《德意志意识形态》两书中。这是马克思主义经典作家创立唯物史观的另一段重要历程和重要方面。

费尔巴哈"在黑格尔以后起了划时代的作用"，其历史观是在马克思主义唯物史观出世前卓有影响的近代历史哲学流派。它"从黑格尔的观点出发而结束和批判了黑格尔的哲学"①，在黑格尔历史观以后，只有费尔巴哈发展了 18 世纪以来的唯物主义，从而把形而上学的"绝对精神"归结为以自然为基础的人。费尔巴哈张扬唯物主义旗帜，把客观存在的人引入到历史认识范畴，"认识到人是全部人类活动和全部人类关系的本质、基础"②，从而击中了黑格尔历史观体系中自然界、人类历史只是"绝对精神"的"外化"这个致命弱点，发展了历史唯物主义。1886 年初，恩格斯在《路德维希·费尔巴哈和德国古典哲学的终结》中对此予以积极肯定，费尔巴哈由于同黑格尔的唯心主义体系完全决裂了，"他势所必然地意识到，黑格尔的'绝对观念'之先于世界的存在，在世界之前就有的'逻辑范畴的预先存在'，不外是对超世界造物主的信仰的虚幻残余；我们自己所属的物质的、可以感知的世界，是唯一现实的；而我们的意识和思维，不论它看起来是多么超感觉的，总是物质的、肉体的器官即人脑的产物。物质不是精神的产物，而精神却只是物质的最高产物"③。费尔巴哈虽然摆正了物质与精神的关系，将黑格尔唯心主义体系转返到唯物主义之途，但他却抛弃了黑格尔历史观中充满活力的雄辩的历史辩证法。这就使他的历史观仅仅保留在机械唯物主义的水平上。马克思和恩格斯曾经评说道："当费尔巴哈是一个唯物主义者的时候，历史在他的视野之外；当他去探讨历史的时候，他决不是一个唯物主义者。在他那里，唯物主义和历史是彼此完全

---

① 参见《马克思恩格斯全集》第 2 卷，人民出版社 1957 年版，第 177、118 页。
② 同上。
③ 参见《马克思恩格斯选集》第 4 卷，人民出版社 1972 年版，第 223 页。

脱离的。"① 费尔巴哈历史观中所包含的那些积极性、进步性成分，就为马克思主义经典作家扬弃和改造它，建立唯物史观体系，提供了既定的历史前提。

在《关于费尔巴哈的提纲》中，马克思把"人的感性活动"和"实践"引入历史观中，将社会存在当作人的感性活动、当作社会实践去理解，把人的社会实践作为人类历史的起点和基础，这就为他确立科学的历史观奠定了坚实的理论基础。在《关于费尔巴哈的提纲》中，马克思提出了著名的命题：人的本质并不是单个人所固有的抽象物，在其现实性上，它是一切社会关系的总和。② 这就为马克思主义唯物史观的创立确立了正确的路向。马克思主义唯物史观正是在校正了物质和精神、存在和思想、历史过程和逻辑结构等关系之后，牢牢坚持"人是历史活动的主体"这一根本思想，而沿着"人是社会关系的总和"这一思想路向展开论述的。马克思通过《关于费尔巴哈的提纲》的论述，既坚持了费尔巴哈历史观的理论原则——将抽象的思维转换为感性的直观；同时又同费尔巴哈机械唯物主义历史观划清了界限。他指出，从前的一切唯物主义的主要缺点，"对事物、现实、感性，只是从客体的或者直观的形式去理解，而不是把它们当作人的感性活动，当作实践去理解，不是从主观方面去理解"③，"旧唯物主义的立脚点是'市民'社会；新唯物主义的立脚点则是人类社会或社会化了的人类"④，所谓社会化了的人类，应该是指"社会生活在本质上是实践的"⑤。

在《德意志意识形态》中，马克思主义经典作家在若干方面阐发了唯物史观的重要思想。第一，由于他们坚持新唯物主义的立脚点是社会化了的人类，因此，他们强调探寻人类社会发展的谜底，归根到底应当到社会生产力发展中去寻找。他们指出，人类生存的第一个前提也就是历史的第一个前提，是人们为了要创造历史，首先必须能够生活。为了生活，就需要衣、食、住及其他东西。因此，人们生产满足这些需要

---

① 参见《马克思恩格斯选集》第1卷，人民出版社1972年版，第50、18页。
② 同上。
③ 同上书，第16、18—19、18页。
④ 同上。
⑤ 同上。

的资料，乃是一切历史活动的基本条件。过去的一切历史观都忽略了这一最基本的事实，从而把人同自然的关系从历史中排除出去，造成了自然界同历史的对立，因之产生了许多唯心主义的历史观点。科学历史观的第一件事，就是要全面研究"第一个前提"的"全部意义和全部范围"。这样，马克思主义经典作家就找到了任何社会进步、任何民族历史发展的根本动因。第二，马克思和恩格斯运用了近似于生产关系的学术用语——"交往方式"（此外，还有"交往形式""交往关系""所有制形式""所有制关系"等），阐述了交往方式同生产力之间的矛盾运动。他们认为，与生产力发展的一定水平相适应的交往形式随着生产力的发展，后来却变成了它的桎梏，于是，就要改变交往方式（生产关系）以适应发展了的生产力就成为不可抗拒的必然性。在他们看来，这种交往方式同生产力之间的矛盾运动，构成了社会发展的根本内容。他们指出，"按照我们的观点，一切历史冲突都根源于生产力和交往形式之间的矛盾"，"生产力和交往形式之间的这种矛盾（正如我们所见到的，它在以往的历史中曾多次发生过，然而并没有威胁这种形式的基础）每一次都不免要爆发为革命，同时也采取各种附带形式——表现为冲突的总和，表现为各个阶级之间的冲突，表现为意识的矛盾、思想斗争等等、政治斗争等等"①。第三，在《德意志意识形态》中，马克思和恩格斯运用了近似于经济基础的学术用语，如"市民社会""社会组织""社会结构"等来与上层建筑相对应，并论述其辩证关系。他们指出："市民社会包括各个个人在生产力发展的一定阶段上的一切物质交往"，它"始终标志着直接从生产和交往中发展起来的社会组织，这种社会组织在一切时代都构成国家的基础以及任何其他的观念的上层建筑的基础"②。上层建筑的诸形式，包括国家和政治制度，也包括人们的政治、法律、道德、宗教观点，都"受着自己的生产力的一定发展以及与这种发展相适应的交往（直到它的最遥远的形式）的制约"③。一旦经济基础发生变动，整个上层建筑也会随之改变，所以上层建筑的

---

① 参见《马克思恩格斯全集》第3卷，人民出版社1956年版，第83—84页。
② 同上书，第41、29、36页。
③ 同上。

变化，"这仅仅是因为现存的社会关系和现存的生产力发生了矛盾"①。

马克思主义经典作家告别了费尔巴哈历史观体系，扬弃了它，就建立了自己的历史观理论大厦。

3. 马克思主义经典作家的历史观

由于马克思主义经典作家扬弃了黑格尔唯心主义辩证法的历史观以及改造了费尔巴哈机械唯物主义历史观，把历史唯物主义同辩证法对接和统一起来，因此，初步系统地表述其历史观才有可能。这就是马克思主义经典作家所揭示的：

> 这种历史观就在于：从直接生活的物质生产出发来考察现实的生产过程，并把与该生产方式相联系的、它所产生的交往形式，即各个不同阶段上的市民社会，理解为整个历史的基础；然后必须在国家生活的范围内描述市民社会的活动，同时从市民社会出发来阐明各种不同的理论产物和意识形式，如宗教、哲学、道德等等，并在这个基础上追溯它们产生的过程。这样做当然就能够完整地描述全部过程（因而也就能够描述这个过程的各个不同方面之间的相互作用）了。这种历史观和唯心主义历史观不同，它不是在每个时代中寻找某种范畴，而是始终站在现实历史的基础上，不是从观念出发来解释实践，而是从物质实践出发来解释观念的东西，由此还可得出下述结论：意识的一切形式和产物不是可以用精神的批判来消灭的，也不是可以通过把它们消融在"自我意识"中或化为"幽灵"、"怪影"、"怪想"等等来消灭的，而只有实际地推翻这一切唯心主义谬论所由产生的现实的社会关系，才能把它们消灭；历史的动力以及宗教、哲学和任何其他理论的动力是革命，而不是批判。这种观点表明：历史并不是作为"产生于精神的精神"消融在"自我意识"中，历史的每一阶段都遇到有一定的物质结果、一定数量的生产力总和，人和自然以及人与人之间在历史上形成的关系，都遇到有前一代传给后一代的大量生产力、资金和环境，尽

---

① 参见《马克思恩格斯全集》第3卷，人民出版社1956年版，第36页。

管一方面这些生产力、资金和环境为新的一代所改变，但另一方面，它们也预先规定新的一代的生活条件，使它得到一定的发展和具有特殊的性质。由此可见，这种观点表明：人创造环境，同样环境也创造人。①

如果说，在1847年以前，马克思主义经典作家主要是同以黑格尔、费尔巴哈为代表的近代历史观体系决裂，并对它们进行批判地吸收，从理论上高屋建瓴地进行创造，设计出新历史观的基本构架，那么，从此之后，他们主要从事突出其新历史观理论内涵的工作，并通过从理论到研究实践，从实践到理论总结的认识过程，升华并完善其新历史观的理论内容。这就是说，他们一方面继续在理论上推进其崭新的历史观体系；另一方面，又通过具体的史学研究途径，在实践中检验并完善其新历史观。

在《德意志意识形态》中，马克思主义经典作家首次吐露了他们关于新的历史观的基本设想，但从理论体系的角度说，毕竟它还不完备，还有一些没有定型、有待丰富的思想。在此之后，马克思同恩格斯一道做了大量完善其新历史观体系的艰巨工作。譬如，在1847年，马克思发表了《哲学的贫困》，创立了与生产力相对应的成熟的学术概念——生产关系，从而使生产力同生产关系之间的辩证关系得到丰富的阐述："生产方式、生产力在其中发展的那些关系并不是永恒的规律，而是同人们及其生产力发展的一定水平相适应的东西，人们生产力的一切变化必然引起他们的生产关系的变化。"② "随着新生产力的获得，人们改变自己的生产方式。随着生产方式即保证自己生活的方式的改变，人们也就会改变自己的一切社会关系。手工磨产生的是封建主为首的社会，蒸汽磨产生的是工业资本家为首的社会。"③ 马克思主义经典作家在此后的论述中一再申论这些思想，因此，这些观点在唯物史观体系中具有关键性的意义。

1848年，马克思恩格斯在为共产主义者同盟起草的《共产党宣言》

---

① 参见《马克思恩格斯全集》第3卷，人民出版社1956年版，第42—43页。
② 参见《马克思恩格斯全集》第4卷，人民出版社1958年版，第155、144页。
③ 同上。

中，运用他们所论证的新历史观的基本思想，深刻地分析了人类历史上各个时代的物质生产、经济结构同政治、法律、思想之间的矛盾运动，以及与它们相适应并作为这些矛盾运动表现的阶级矛盾和阶级斗争的历史，科学地揭示了资本主义社会产生、发展和必然灭亡的规律，揭示了无产阶级的历史地位和历史使命。这样，人类社会发展的完整过程，就被揭示出来了；历史发展的斯芬克斯之谜，就被戳穿了。对于《共产党宣言》的理论价值及其在马克思主义思想史上的地位，列宁曾予深刻的揭示："这部著作极其透彻鲜明地叙述了新的世界观，叙述了包括社会生活在内的彻底的唯物主义，叙述了辩证法这一最全面最深刻的发展学说，叙述了关于阶级斗争、关于共产主义新社会的创造者无产阶级所负的世界历史革命使命的学说。"①

1850年，马克思写了《1848年至1850年的法兰西阶级斗争》、恩格斯写了《德国农民战争》；1851—1852年，恩格斯又写了《德国的革命与反革命》；1852年，马克思写了《路易·波拿巴的雾月十八日》；等等。这些具体的史学研究，是在他们刚刚论证的新历史观的基本思想指导下进行的。通过繁重的史学研究工作，他们证实了自己关于新历史观的基本思想在认识论上毫无疑义的正确性和科学性。他们还通过对具体研究成果的理论提炼，从而抽象化为其努力论证的新历史观体系的组成部分。在具体的史学研究中，马克思主义经典作家改造了由资产阶级历史学者创立的阶级斗争理论和阶级分析方法，把它纳入到崭新的历史观体系中；通过对具体的阶级斗争运动的解剖，他们论证了人类社会必然通过阶级斗争而最后消灭阶级的社会历史理论，论证了人类社会必然由阶级社会演进到无阶级社会的历史过程；通过论证，他们还解说了人民群众与杰出历史人物在社会历史发展中的作用及其辩证关系。这些，都极大地丰富和推进了他们所构建的严整的历史观体系。

由于马克思主义创始人在创立自己的历史观过程中，经历了由理论论证到实证研究，再从实证研究到理论升华的循环往复递进过程，因此，在1859年，他们对自己所论证的以唯物辩证法为核心内容的历史观进行总结，作完整而成熟的表述就有了可能。马克思在《〈政治经济

---

① 参见《列宁全集》第21卷，人民出版社1959年版，第30页。

学批判〉序言》中系统而精辟地阐述道：

> 我所得到的、并且一经得到就用于指导我的研究工作的总的结果，可以简要地表述如下：人们在自己生活的社会生产中发生一定的、必然的、不以他们的意志为转移的关系，即同他们的物质生产力的一定发展阶段相适合的生产关系。这些生产关系的总和构成社会的经济结构，即有法律的和政治的上层建筑竖立其上并有一定的社会意识形式与之相适应的现实基础。物质生活的生产方式制约着整个社会生活、政治生活和精神生活的过程。不是人们的意识决定人们的存在，相反，是人们的社会存在决定人们的意识。社会的物质生产力发展到一定阶段，便同它们一直在其中活动的现存生产关系或财产关系（这只是生产关系的法律用语）发生矛盾。于是这些关系便由生产力的发展形式变成生产力的桎梏。那时社会革命的时代就到来了。随着经济基础的变更，全部庞大的上层建筑也或慢或快地发生变革。在考察这些变革时，必须时刻把下面两者区别开来：一种是生产的经济条件方面所发生的物质的、可以用自然科学的精确性指明的变革，一种是人们借以意识到这个冲突并力求把它克服的那些法律的、政治的、宗教的、艺术的或哲学的，简言之，意识形态的形式。我们判断一个人不能以他对自己的看法为根据，同样，我们判断这样一个变革时代也不能以它的意识为根据；相反，这个意识必须从物质生活的矛盾中，从社会生产力和生产关系之间的现存冲突中去解释。无论哪一个社会形态，在它们所能容纳的全部生产力发挥出来以前，是决不会灭亡的；而新的更高的生产关系，在它存在的物质条件在旧社会的胎胞里成熟以前，是决不会出现的。所以人类始终只提出自己能够解决的任务，因为只要仔细考察就可以发现，任务本身，只有在解决它的物质条件已经存在或者至少是在形成过程中的时候，才会产生。大体说来，亚细亚的、古代的、封建的和现代资产阶级的生产方式可以看做是社会经济形态演进的几个时代。资产阶级的生产关系是社会生产过程的最后一个对抗形式，这里所说的对抗，不是指个人的对抗，而是指从个人的社会生活条件中生长出来的对抗；但是，在资产阶级社会的胎胞

里发展的生产力，同时又创造着解决这种对抗的物质条件。因此，人类社会的史前时期就以这种社会形态而告终。①

这样，马克思主义历史观就以其秀美的理论灵气和富于战斗性的锐气，展现在我们面前。将它同1846年在《德意志意识形态》中所表述的历史观构想相比较，可以看出，到这时，马克思主义辩证唯物主义历史观是那么的完整、精妙和成熟了！列宁在《卡尔·马克思》一文中，称赞"马克思在《政治经济学批判》一书序言中，对运用到人类社会和人类社会史的唯物主义的基本原理，作了如下的周密说明"，并详细地引证了此段经典文字②。

4. 马克思主义唯物史观

通过以上考察可以发现：马克思主义创立与资产阶级唯心主义历史观相对立的辩证唯物主义历史观，并不是一蹴而就的，它是一种思想的发展和形成过程，因而就存在一个完整的创立过程，这在时间上表现为一个阶段和时期。这个时期大致从1843年至1859年。其中可分为前后两阶段，分述如下。

前一阶段，是从1843年夏的《黑格尔法哲学批判》至1846年的《德意志意识形态》。在这一时段内，马克思主义经典作家主要从事历史遗产的批判和继承工作，在进行理论的批判中建构自己的历史观体系。它集中体现为对黑格尔历史观和费尔巴哈历史观的批判；同时，基本设计出不同于近代一切历史观的思想体系。

后一阶段，是从1847年的《哲学的贫困》至1859年的《〈政治经济学批判〉序言》。在这一时段内，马克思主义创始人主要是通过史学研究实践丰富和完善这种崭新的历史观体系。从理论到实践，再从实践到理性认识的飞跃，从而成熟地、完整地、精确地表述了唯物史观体系。这样，马克思主义唯物史观体系就完形了。

由此可以进一步认为：在马克思主义唯物史观创立和完形的过程

---

① 参见《马克思恩格斯选集》第2卷，人民出版社1972年版，第82—83页。
② 参见《列宁选集》第2卷，人民出版社1972年第2版，第585—586页。

中，很难以哪一篇宏论巨著作为其创立或形成的标志。因为，作为一个完整的思想体系，在创立和完善的过程中，在认识上，在思想的表述中，常常各有侧重，但又互相贯通，彼此紧密联系，存在思想认识上的互证—互释关系。因此说，与其以某一篇著作作为马克思主义唯物史观创立或形成的标志，不如使用"马克思主义唯物史观创立时期"或"形成时期"的学术概念，它在认识上就显得更准确一些。这样就有利于考察马克思主义在这个时段内的发展轨迹，也有利于完整地理解马克思主义唯物史观体系。只有在这个意义上，我们才能确认唯物史观是马克思主义关于"欧洲整个历史科学、经济科学和哲学科学的最高发展"[①]；只有从这个角度认识马克思主义唯物史观的产生，才能得出合乎历史逻辑和理论逻辑的结论。在以某一篇著作作为马克思主义唯物史观创立标志的论说中，西方学术界主要以《哲学的贫困》和《共产党宣言》为标志。如敦尼克主编的《哲学史》、奥伊则曼的《马克思主义哲学的形成》、费多谢邦夫的《卡尔·马克思》，这一见解在我国哲学界颇有影响；在我国史学界，主要以《德意志意识形态》为其标志，如葛懋春主编的《历史科学概论》、赵吉惠的《史学概论》，以及相关的一些论文。

应该指出，马克思主义唯物史观的产生，经历了从1843—1859年这个较长时间的创立时期，但是，在这一整个时段内，他们一直没有使用"唯物史观"这一学术用语。而迟至1872年，在《论住宅问题》一文中，恩格斯首次使用了"唯物史观"这一概念，并做了界定："唯物史观是以一定历史时期的物质经济生活条件来说明一切历史事变和观念、一切政治、哲学和宗教的。"[②] 此后，恩格斯在多处使用了"唯物史观"这一学术用语，申述了唯物史观的基本理论原则，如1878年，恩格斯所著的《反杜林论》[③]；1880年，恩格斯所著的《社会主义从空想到科学的发展》[④]；1890年，恩格斯所写的《致约·布洛赫》的书信[⑤]。

---

① 参见《列宁全集》第20卷，人民出版社1958年版，第198页。
② 参见《马克思恩格斯选集》第2卷，人民出版社1972年版，第537页。
③ 参见恩格斯《反杜林论》，人民出版社1970年版，第264页。
④ 参见《马克思恩格斯选集》第3卷，人民出版社1972年版，第424页。
⑤ 参见《马克思恩格斯选集》第4卷，人民出版社1972年版，第477页。

二　马克思主义唯物史观的基本思想及其理论特色

马克思主义唯物史观既以严谨缜密的逻辑结构为依据，又以严整宏大的史学研究为基础，因而这种历史观体系具有丰富的理论内涵。在学术界，关于唯物史观基本思想的问题，一直存在分歧：一种意见认为，马克思主义关于生产力与生产关系矛盾演进的规律是唯物史观的基本内容；另一种意见认为，马克思主义揭示的阶级斗争理论和阶级分析方法是唯物史观的基本内容和核心部分。经过以上对唯物史观创立时期的考察，笔者认为，马克思主义唯物史观的基本内容可以由以下几个方面来表述。

其一，关于人类社会的发展是一个自然历史过程的思想①。马克思主义唯物史观是在批判地吸收近代历史观的过程中产生的，因此，它与资产阶级历史学者研究人类历史发展及其走向的方法不同，马克思和恩格斯是从人类的物质生产发展着眼的，从而研究并反映了人类物质生产的社会关系和社会历史形态。马克思主义经典作家所依据的理论原则是：每一个时代主要的经济生产方式与交换方式以及必然由此产生的社会结构，是该时代政治的和精神的历史所赖以确立的基础，相应地，历史学的阐释，只能从这一基础出发。在《1844年经济学哲学手稿》中，马克思弄清了人类社会存在的条件和基础、社会关系的起源和结构。他指出，社会的物质关系反映的是人与人的关系，因而社会起源于物质生产劳动。人们以自然为生产对象，在生产人—自然关系的同时，也创造了生产主体以物质利益为纽带的人—人之间的关系。人类的物质生产活动和社会关系是辩证统一的。一方面，社会关系起源于物质生产活动；另一方面，社会关系又是连缀人类的物质生产活动之最直接的，因而是最必要的社会形态。物质生产活动，是人类社会赖以生存和发展的基础，"一切人类生存的第一个前提也就是一切历史的第一个前提，这个前提就是：人们为了能够'创造历史'，必须能够生活。但是为了生

---

① 关于这一点，本书后文有专论。

活，首先就需要衣、食、住以及其他东西。因此第一个历史活动就是生产满足这些需要的资料，即生产物质生活本身。同时这也是人们仅仅为了能够生活就必须每日每时都要进行的（现在也和几千年前一样）一种历史活动，即一切历史的一种基本条件"①，而人们在物质生产中所发展的关系（生产关系），则把人的实践活动——物质生产劳动变成为广阔而深刻的历史实践。马克思此后又说，生产者借"这些社会关系""以互相交换其活动和参与共同生产的条件"②。这样，人类社会历史实践就表现为一个具体的历史过程，人类的社会历史就是人类在一定的社会关系中从事生产实践的基础上生产自我并具有内在规律的辩证过程。在《资本论》中，马克思将它总结为：人类社会的发展是一个自然历史过程。在马克思主义经典论述中，对此多有申论。这一思想，是马克思主义唯物史观的理论前提和基础。

其二，关于人是社会历史活动的主体，社会历史发展是一个合乎规律的运动过程的思想。在一切旧历史观那里，要么把人看成是"绝对精神"在历史领域里展开的工具，抹杀人的社会历史性和历史主动性；要么只看到了人在历史上活动，却又仅仅把人看成是抽象的人，没有看到人的真实存在性、能动性，即社会性。也就是说，仅仅局限于在感情范围内承认"现实的、单独的、肉体的人"，除了爱与友情，而且是理想化了的爱与友情外，不知道"人与人之间"还有其他的"人的关系"③。而马克思主义经典作家则从人的物质生产活动出发，把人看成社会关系的总和，把人看成社会历史实践的主体，因而把一切历史活动都归结为人民群众的事业。这样就确立了人民群众在历史发展中不可动摇的历史地位：这就是，人民群众是社会历史活动的主体，在人们的物质生产实践活动中，体现出社会历史的发展是一个合乎规律的运动过程；这个历史过程是不以人的主观意志为转移的客观存在，它可以被感知，可以被揭示，但不能够被抹杀。

其三，关于生产方式是社会性质、社会变迁的终极原因的思想。由于马克思主义把人看成是历史实践的人，具有能动作用，因而在各个单

---

① 参见《马克思恩格斯全集》第3卷，人民出版社1956年版，第31—32页。
② 参见《马克思恩格斯选集》第1卷，人民出版社1972年版，第362—363、50页。
③ 同上。

个个人中分离出一种不以人们主观意志为转移的客观存在——生产力，同时，又从他们在物质实践中所发生的社会关系里抽象出生产关系，把生产力与生产关系之间的矛盾看成是决定与反作用式的对应关系，它们构成为任何一种社会形态的生产方式。生产方式是社会存在和发展的基础。在唯物史观看来，在各个不同的历史时期的社会构成都是以各种不同的社会生产方式为其基础，各个历史时期的生产方式不同，因而各个历史时代的特点和具体的社会构成也有所不同，而"人们所达到的生产力的总和决定着社会状况"①。正是在这个意义上说，生产力与生产关系的矛盾运动构成了社会发展的根本内容。马克思恩格斯精妙地指出：

> 在整个历史发展过程中构成一个有联系的交往形式的序列，交往形式的联系就在于：已成为桎梏的旧的交往形式被适应于比较发达的生产力，因而也适应于更进步的个人自主活动类型的新的交往形式所代替……由于这些条件在历史发展的每一阶段上都是与同一时期的生产力的发展相适应的，所以它们的历史同时也是发展着的、为各个新的一代所承受下来的生产力的历史……②

因此，在马克思主义唯物史观创立和完形后，马克思主义经典作家反复强调社会生产力的发展是社会进步的最终决定力量；社会生产方式的运动是社会性质和社会变革的终极原因。

其四，关于社会存在决定社会意识，经济基础决定上层建筑，探寻社会观念的变迁应当从社会存在中寻找原因的思想。马克思主义经典作家在同旧历史观的斗争中，校正了社会存在与社会意识的关系，认为社会意识以社会存在为生存依据，同时肯定社会意识的相对独立性及其对社会的巨大反作用；他们认为，生产关系是社会的经济基础，只有在一定的社会经济基础之上，才能产生法律的、政治的、宗教的、哲学的以及其他观念形态的上层建筑，上层建筑总是与社会经济关系关联着并且

---

① 参见《马克思恩格斯全集》第3卷，人民出版社1956年版，第33页。
② 同上书，第81页。

为经济关系所决定,它是经济关系的派生物,是为经济关系服务的,同时具有相对独立性,对前者有反作用。据此,在《政治经济学批判》一书中,马克思所做的经典性表述就是:"社会的经济结构,是有法律的和政治的上层建筑竖立其上并有一定的社会意识形式与之相适应的现实基础";"物质生活的生产方式制约着整个社会生活、政治生活和精神生活的过程"。因此,唯物史观认为,观念的东西永远不可能超越历史的存在而存在;研究社会观念的变迁,研究每一社会时代的上层建筑形式,只能从社会存在中探寻原因。①

其五,关于阶级矛盾和阶级斗争是人类社会的物质实践活动发展到一定阶段的产物,是阶级社会特有的现象,在这个历史阶段,它是推动社会发展的直接动力的思想。马克思主义经典作家牢牢坚持从人类社会的物质实践活动中考察历史发展的理论原则,批判地继承了近代资产阶级历史学者关于阶级斗争的理论,把它推进到唯物史观的理论高度。马克思指出,阶级的产生和存在,仅仅同生产发展的一定形式和阶段相联系。阶级斗争的根源,在于"生产力和交往形式之间的这种矛盾",而生产力和交往形式之间的矛盾,总是"表现为冲突的总和,表现为各个阶级之间的冲突,表现为意识的矛盾、思想斗争等等、政治斗争等等"②。在唯物史观看来,从原始社会胎胞里产生出来的阶级、阶级矛盾和阶级斗争,一直持续到阶级社会的终点,在资本主义社会,经过无产阶级同资产阶级的斗争,最后达到共产主义,因而阶级斗争的结果是最终消灭阶级和阶级斗争本身。因此说,阶级矛盾和阶级斗争在阶级社会里是社会基本矛盾的体现,是阶级社会向前发展的"直接动力","是现代社会变革的巨大杠杆"③。

以上五条基本原理,是密切关联、相互印证的一个整体,它们是马克思主义唯物史观理论体系的五大支柱。正是这些基本思想的鲜明的理论特点,标示出它同一切旧历史观的根本区别,从而显示了它不凡的理论价值和历史意义。对此,列宁有精辟的揭示和科学的评价:

---

① 参见《马克思恩格斯选集》第 2 卷,人民出版社 1972 年版,第 537 页。
② 参见《马克思恩格斯选集》第 1 卷,人民出版社 1972 年版,第 81—82 页。
③ 参见《马克思恩格斯选集》第 3 卷,人民出版社 1972 年版,第 374 页。

发现唯物主义历史观，或更确切地说，彻底发挥唯物主义，即把唯物主义运用于社会现象，就消除了以往的历史理论的两个主要缺点。第一，以往的历史理论，至多是考察了人们历史活动的思想动机，而没有考究产生这些动机的原因，没有摸到社会关系体系发展的客观规律性，没有看出物质生产发展程度是这种关系的根源；第二，过去的历史理论恰恰没有说明人民群众的活动，只有历史唯物主义才第一次使我们能以自然史的精确性去考察群众生活的社会条件以及这些条件的变更。马克思以前的"社会学"和历史学，至多是积累了片断收集来的未加分析的事实，描述了历史过程的个别方面。马克思主义则指出了对各种社会经济形态的产生、发展和衰落过程进行全面而周密的研究的途径，因为它考察了一切矛盾趋向的总和，并把这些趋向归结为可以确切判明的社会各阶级的生活和生产条件，排除了人们选择某一"主导"思想或解释这个思想时所抱的主观主义和武断态度，揭示了物质生产力的状况是所有一切思想和各种趋向的根源。人们自己创造自己的历史，但人们即人民群众的动机由什么决定，各种矛盾思想或意向间的冲突由什么引起，一切人类社会中所有这些冲突的总和究竟怎样，造成人们全部历史活动基础的客观物质生活生产条件究竟怎样，这些条件的发展规律又是怎样，——马克思对这一切都注意到了，并指出以科学态度研究历史的途径，即把历史当做一个十分复杂并充满矛盾但毕竟是有规律的统一过程来研究的途径。[①]

马克思主义给我们指出了一条指导性的线索，使我们能在这种看来迷离混沌的状态中发现规律性。这条线索就是阶级斗争的理论。只有把某一社会或某几个社会的全体成员的意向的总和加以研究，才能对这些意向的结果作出科学的判断。[②]

我们常说，马克思主义唯物史观使历史学变成了科学，使历史研究能够在科学的理论指导下进行科学的研究，得出真理性认识。通过对马

[①] 参见《列宁选集》第2卷，人民出版社1972年第2版，第586、587页。
[②] 同上书，第587页。

克思主义唯物史观理论价值的考察，可以看出，正是马克思主义唯物史观，使历史学从神学的婢女地位解放出来，使历史学不再成为哲学家们头脑中"绝对精神"的展现，赋予了它社会实践的属性，因而它具有社会存在的客观属性，这种客观属性决定它不再是可以"任人打扮的女孩"（胡适语）了。正是马克思主义的唯物史观，揭示了历史发展的客观规律性和内在的普遍联系，历史的发展不再被认为是杂乱无章的，而是一个丰富的有规律可循的过程，这个历史过程不再是不可认知的，而是可知的。这样，历史学便被破天荒地赋予了同自然科学一样的科学属性。中国马克思主义史学的开拓者李大钊曾对唯物史观的科学价值和意义予以热情赞美："自有马氏的唯物史观，才把历史学提到与自然科学同等的地位，此等功绩，实为史学界开一新纪元，自时厥后，历史的学问，日益隆盛。"① 李大钊还说："及后到了马克思，才把历史真正意义发明出来，我们可以从他的唯物史观的学说里看出。"②

三 坚持马克思主义唯物史观，在史学研究中丰富和发展唯物史观

马克思主义唯物史观诞生了。由于它是科学，因此在它的指导下从事历史研究，就可以取得科学认识，获得真理。因此，它不能不受到一切热爱科学和真理的人们由衷地尊敬和肯定。资产阶级历史学者排斥它，甚至诽谤它，但又不得不被它的科学性所折服。譬如，马克思的《路易·波拿巴的雾月十八日》在资产阶级历史学者的心灵中曾引起强烈震动，他们中的一些人不能不承认：在读了《路易·波拿巴的雾月十八日》以后，我们对于议会机构的用语、习惯、组合及主张，如果以前曾抱有幻想的话，现在看法迥然不同了……那种争夺官位、政治辩论的老一套游戏显得愚蠢陈腐，因为我们第一次通过影子戏看透了各种贪欲和需求的矛盾，这种矛盾连演员们自己也未必完全清楚，现在却轮廓鲜明地呈现在银光屏上。③ 在马克思主义唯物史观的理论建构上，由

---

① 参见《李大钊文集》下卷，人民出版社1984年版，第347、674页。
② 同上。
③ 参见［美］E. 威尔逊《到芬兰车站》，纽约，1941年版，第203页。

于它不容置疑的科学性和充满智慧的雄辩性，因此，也赢得了近代以来一些资产阶级历史学者的肯定。英国当代著名历史学家杰弗里·巴勒克拉夫陈述道：在历史研究的发展过程中，马克思主义的重要性首先在于，当历史主义（就其唯心主义和相对主义的词义上说）因为本身的内部问题而丧失早期的生命力时，马克思主义为取代历史主义而提供了有说服力的体系。……马克思主义的影响之所以日益增长，原因就在于人们认为马克思主义提供了合理地排列人类历史复杂事件的使人满意的唯一基础。①

科学的发展常常是这样：是真理，就会引起人们智慧的共鸣，并给予有益的启示。第二次世界大战后兴起的法国新史学思潮，就毫无疑问地受到了马克思主义历史观的影响。其开路人对马克思的历史思想推崇备至，诚如勒高夫所说，在很多方面（如在带着问题去研究历史、跨学科研究、长时段和整体观察等方面），马克思主义是新史学的大师之一②；布洛克则充盈着敬佩之情说，如果有一天，革新派的历史学家们决定为自己建造先贤祠的话，那么，那位来自莱茵河畔的先哲的银髯飘然的半身塑像一定会端坐在殿堂首列；布罗代尔则坚信，"就像二加二等于四一样清楚，马克思是当代历史科学的奠基人"。马克思主义唯物史观的科学智慧已经属于人类，成为一切热爱历史科学、研究历史科学的思想养料。

这是马克思主义唯物史观创立后 100 年间在西方学术界引起共鸣的一斑。

另外，马克思主义唯物史观诞生后，它直接孕育了马克思主义历史学的勃兴。在苏联和东欧地区，在中国等国家和其他地区，马克思主义历史学取得了十分壮观的成就。尽管其间有过曲折，走过弯路，但它并不是同唯物史观与生俱来的，并不是学习和运用唯物史观研究历史的过错，它是受极左思潮的影响教条化、僵化地对待唯物史观所产生的恶果。在发展我国历史科学的事业中，我们要毫不动摇地坚持马克思主义唯物史观的指导地位。唯物史观在西方学术界经受攻击和批判的考验以

---

① 参见［英］杰弗里·巴勒克拉夫《当代史学主要趋势》，杨豫译，上海译文出版社 1987 年版，第 26—27 页。

② 参见［法］勒高夫等《新史学》，姚蒙等译，上海译文出版社 1989 年版，第 35 页。

及受到尊重的事实，它在中国史学界所获得的巨大收获，足以证实：马克思主义唯物史观是史学发展迄今最重要的科研成果，是科学的理论和方法，是真理性认识。就连西方史学界也试图从马克思主义历史观中得到更多的启发，难道我们反而有理由抛弃马克思主义唯物史观吗？不难设想，一切怀疑和否定用马克思主义历史观指导史学研究的做法，会给史学研究事业带来多大的危害。

强调坚持马克思主义唯物史观的指导地位，强调运用马克思主义唯物史观来研究和解说历史，这并不意味着：自从马克思主义唯物史观完形后，就不需要发展它了，就可以用凝固的态度和封闭的做法对待它了。这毫不意味着，可以教条化、僵化地运用唯物史观，只是在史学研究中贴几条唯物史观的语录式的标签就完事了，而不将理论指导与研究实践有机地结合起来。恰恰相反，马克思主义对待真理的态度是：始终采取坚持与发展相一致的态度，始终坚持理论与实践相统一的原则。因而马克思主义强调运用其理论原则和科学方法来指导具体的研究，反对一切教条主义、本本主义、形而上学的做法；它强调唯物史观是一个开放的科学体系，主张用发展科学的观点、态度、方法来对待它。

马克思主义唯物史观是一个开放的科学体系，考察它的产生和完形的历史就可说明一切问题。马克思主义唯物史观是在同一切旧唯心主义历史观的斗争中确立起来的，建造了一座迄今为止历史科学发展道路上宏伟壮观的科学大厦，在真理的发展道路上，它不会凝固不变。在《路德维希·费尔巴哈和德国古典哲学的终结》中，恩格斯曾批评过费尔巴哈在推进黑格尔的合理性认识时中途止步的缺陷，因而主张彻底的历史认识观，绝不允许在推进历史真理的认识中裹足不前。马克思主义唯物史观的一向态度是，吸收人类文化的一切优秀成果，丰富和完善自己的理论体系。在马克思主义历史观完形后，马克思主义经典作家一再强调运用唯物史观的原则精神和科学方法指导史学研究，反对机械照搬和教条主义的恶劣学风。恩格斯说道："我们的历史观首先是进行研究工作的指南，并不是按照黑格尔学派的方式构造体系的方法。"[①] 因此，在发展马克思主义历史科学的宏伟事业中，既要坚持马克思主义唯物史

[①] 参见《马克思恩格斯选集》第4卷，人民出版社1972年版，第475页。

观,又要不断丰富和发展唯物史观,将唯物史观的理论原则和科学方法同史学研究的具体实践有机结合起来。这才是繁荣和发展马克思主义历史科学的康庄大道。

马克思主义唯物史观是一个开放的科学体系,在推进其时代化的发展中,笔者认为,以下三个问题尤其值得关注。

其一,注重从世界历史观角度研究中国历史,从大量的具体研究结论中抽象出具有理论意义的思想,丰富和发展马克思主义唯物史观。

由于历史时代的原因,东西方文化交流不充分,因而马克思主义经典作家在从事唯物史观理论体系的创建中,主要地、集中地使用了古代欧洲和近代欧美地区、民族、国家发展的历史资料,而较少地触及中国及东方国家、地区、民族发展的历史资料。要突出马克思主义唯物史观对东方国家、地区、民族的历史发展道路、发展阶段以及它与世界历史发展的共相和殊相关系等方面的理论内涵,需要史学工作者在唯物史观的指导下,从事大量艰苦的工作。这种工作的理论价值在于,可以丰富马克思主义的东方学理论、亚细亚生产方式理论、世界历史发展的统一性与多样性理论、民族国家历史形成和发展的同一性和特殊性理论,等等。这些,本是马克思主义唯物史观体系中的重要内容,值得我国史学家予以高度重视。中国既是一个幅员辽阔、历史悠久的大国,又是一个在世界历史发展中有重要影响的国家,对它的历史进行科学的透彻的研究,就可以像郭沫若先生那样,写出若干种马克思主义历史科学的姊妹篇来,从而丰富马克思主义历史观的理论内涵。

其二,吸收当代自然科学和科学哲学的有益成果,丰富马克思主义唯物史观。

在科学的发展中,一条铁定的规律是:任何科学理论的存在,必须与科学本身的发展相平行。科学理论如果一旦违背了这条法则,它终究会在人类探索真理的道路上消失,而被新的科学理论所取代。自然科学的成果,表现为技术性成果和理论性成果两种。前者属方法论范畴,偏重于实用性;后者带有哲学的意味,是系统化了的理性认识,俗称科学哲学。科学哲学是对自然科学自身的一种"反思"。马克思主义从来不拒斥自然科学的发展对自己所产生的积极影响,一直尤为重视自然科学的重大突破并积极与它结盟。恩格斯指出:"甚至随着自然科学领域中每一个划时代的发现,唯物主义也必然要改变自己的形式;而自从历史也被唯物主义地解释的时候起,一条新的发展道路也在这里开辟出来了。"[1] 虽然历史学主要研究物质的社会运动,但它不能不同存在于宇宙空间的其他运动形式——机械运动、物理运动、化学运动、生物运动发生联系。作为高级运动形式的社会运动,它必然地包含着各种其他运动形式。在这个角度和意义上说,历史学必然借助自然科学成果。当然,在处理两者的关系中,还有一个主次的问题。应该以历史科学的理论和方法为主,而以自然科学的理论和方法为辅。在现代科学哲学中,最大的成果恐怕莫过于系统哲学和系统分析方法了。在20世纪80年代,曾就系统哲学与方法同史学研究相结合的问题,展开过热烈讨论。迄今尚未取得一致的意见。值得注意的是,系统哲学与方法,已经在马克思主义哲学中产生积极影响,系统方法也在经济科学、领导科学和社会管理等领域取得了积极的成果,这些已经为学术界所公认。那么,在史学研究中,是否还需要讨论可否借鉴或运用系统哲学与方法的问题呢?笔者觉得,只要仔细或稍微留意一下相邻学科的实践,正视邻近学科发展借用系统哲学与方法所取得的经验,这个问题就可迎刃而解。人文学科性质相近,对于借鉴系统哲学与方法从事科学研究,历史学恐怕不能例外。当然,在具体的研究中,在两者的结合中,历史学要体现自身的个性,这是完全应该的。但是,如果拒斥系统哲学与方法,就不能视为发展科学所应该具备的态度和原则立场了。

其三,批判地借鉴和吸收当代西方史学研究成果,丰富马克思主义史学的认识。

在历史理论方面,西方分析的或批判的历史哲学堪称其代表。从克罗齐到柯林伍德,他们围绕着史学认识论问题,进行了大量研究。虽然从理论体系上说,仍不逾唯心主义历史观之轨范,但是,在一些具体的史学认识上,仍不乏借鉴意义,有些想法甚至有合理的内核。譬如,关于历史研究与现实性问题的看法,关于历史发展过程与隐藏在其后的人们思想过程的看法,关于历史主体的能动作用与史家主体的能动作用的看法,关于史学认识中介的看法,等等,都闪烁出智慧的光焰。

---

[1] 参见《马克思恩格斯选集》第4卷,人民出版社1972年版,第224页。

在史学研究的视野与方法方面，法国的新史学堪称其代表。自从在第二次世界大战后兴起，新史学愈益成为一股世界性的史学潮流。它关于史学研究方法的创新与研究课题的选择，就具有积极的启发性，因而有不容忽视的学术价值。譬如，对实证研究的重视，对比较方法的推崇，对计量方法、心理分析方法的尝试，以及开辟地区史研究和跨学科研究领域，等等，突破了传统史学的学术路径。法国新史学已经引起世界各国史学界的重视。美国史学家斯多雅诺维奇曾在《法国史学方法：年鉴史学模式》一书中断言：显然，年鉴学派对史学研究和历史方法做出的贡献，在20世纪任何国家里，没有一个学术团体能望其项背。这虽过于夸张，但值得我们重视和深思。只要我们及时地运用马克思主义唯物史观对当今世界范围内的最新史学成就进行甄别、扬弃，就能充分吸收有益的文化营养，壮大自己。

马克思主义唯物史观是19世纪由其创始人紧随历史前进的步伐，进行艰辛的理论创造的成果。我们有理由相信，它将在新时代，在马克思主义历史观创始人的科学精神鼓舞下，由其传人们继续把马克思主义唯物史观推向前进，使之永葆青春。

人类社会的发展是一个自然
历史过程考察

马克思主义创始人对人类社会发展过程经典地表述为:"人类社会的发展是一个自然历史过程。"学术界对此有不同的理解。本文试作探究。

一 自然历史过程:原始公有制
向高级公有制复归

马克思主义经典作家通过"人类社会的发展是一个自然历史过程"这个具有根本意义的理论观点,表述了人类历史发展的起始点和归宿点,表达了与资产阶级社会历史学者相对立的历史观。这种历史观的对立,是历史规律论与主观唯心主义的对立。

自从资产阶级革命取得胜利,资本主义社会稳定地发展起来后,资产阶级理论家便竭力论证资本主义是人类历史发展的顶点,是人类历史走向的统一模式。[①] 在他们看来,人类自有史以来,便是有私有制和阶级的,阶级和国家是永恒的,是合理的历史存在;资本主义大工业的产生,为阶级社会创造了最高的物质文明和社会优越性,这个社会历史阶段是人类最为美妙的天堂。黑格尔从历史唯心主义出发,设计了一个"古代东方—希腊、罗马—现代资本主义"的历史模式,把资本主义作为人类历史发展的终极。

---

① 马克思说资产阶级政治经济学"把资本主义制度不是看作历史上过渡的发展阶段,而是看作社会生产的绝对的最后的形式",参见《马克思恩格斯选集》第2卷,人民出版社1972年版,第212页。

马克思主义创始人马克思恩格斯批判地吸收了资产阶级人类学家的研究成果，独立地探索了人类的上古时期，揭开了人类在上古时期的历史之谜。他们认为，阶级和国家并不是从来就有的，是人类发展到原始公社末期的产物，"阶级的存在仅仅同生产发展的一定历史阶段相联系"①，既然阶级是社会生产发展到一定历史阶段的产物，而不是从来就有的，因此，它必将在一定的历史阶段上消亡。这就是说，人类原始的公有制阶段开始后，经历漫长的演进，必将完成走向更高阶段上的公有制的复归。马克思主义创始人对人类社会最初阶段卓有成就的研究，就抽掉了资产阶级理论家关于"人与人之间的不平等、权利与义务相分离是自古以来就存在"的历史观的立论基础。这样，唯物史观推翻资产阶级关于人类历史发展的解说，就有了客观的历史依据。

与资产阶级理论家研究人类历史发展及其走向的方法不同，马克思和恩格斯是从人类的物质生产发展着眼的，从而研究并揭示了人类物质生产的社会关系和社会历史形态。他们所依据的基本原理是，"每一历史时代主要的经济生产方式与交换方式以及必然由此产生的社会结构，是该时代政治的和精神的历史所赖以确立的基础，并且只有从这一基础出发，这一历史才能得到说明"②。依据这一原理，马克思在《1844年经济学哲学手稿》中，首先揭示了社会存在的基础、社会关系的起源和结构。马克思指出，社会的物质关系反映的是人与人的关系，因而社会起源于物质生产劳动。马克思指出，"人在积极实现自己本质的过程中创造、生产人的社会联系"③。这就是说，人们以自然为生产对象在生产人与自然关系的同时，也创造了生产主体以物质利益为联系纽带的人与人之间的关系。人类的物质生产活动和社会关系是辩证统一的。一方面，社会关系起源于物质生产活动；另一方面，社会关系又是连缀人类的物质生产活动之最直接因而也是最必要的社会形态。物质生产活动，是人类赖以生存和发展的基础，"一切人类生存的第一个前提也就是一切历史的第一个前提，这个前提就是：人们为了能够'创造历史'，必须能够生活。但是为了生活，首先就需要衣、食、住以及其他

---

① 参见《马克思恩格斯选集》第4卷，人民出版社1972年版，第332页。
② 参见《马克思恩格斯选集》第1卷，人民出版社1972年版，第237、362—363页。
③ 参见《马克思恩格斯全集》第42卷，人民出版社1979年版，第24、131、128页。

东西。因此第一个历史活动就是生产满足这些需要的资料，即生产物质生活本身。同时这也是人们仅仅为了能够生活就必须每日每时都要进行的（现在也和几千年前一样）一种历史活动，即一切历史的一种基本条件"①；而人们在物质生产中所发生的关系（生产关系）则把人的实践活动——物质生产劳动，变成为广阔而深刻的历史实践。马克思在《雇佣劳动与资本》中指出，生产者借"这些社会联系和社会关系"，"以互相交换其活动和参与共同生产的条件"②。这就是马克思主义经典作家所依据的基本原理："每一历史时代主要的经济生产方式与交换方式以及必然由此产生的社会结构，是该时代政治的和精神的历史所赖以确立的基础，并且只有从这一基础出发，这一历史才能得到说明"③。由此看来，社会历史实践活动就永远表现为一个具体的历史过程，人类的社会历史就是人类在一定的社会关系中从事生产实践的基础上生产自我并具有内在规律的辩证运动过程。"整个所谓世界历史不外是人通过人的劳动而诞生的过程，是自然界对人说来的生成过程。"④ 因此，在这个意义上说，历史本身是自然史⑤。关于这个认识，马克思在《资本论》第1卷第1版的序言中也有过明确的申明：我的观点是社会经济形态的发展是一种自然历史过程，不管个人在主观上怎样超脱各种关系，他在社会意义上总是这些关系的产物。⑥

马克思主义经典作家十分重视他们关于人类历史的发展是一种自然历史过程的观点。除上所述外，马克思在为《资本论》第1卷第2版所做的跋、恩格斯在1890年9月21—22日致约·布洛赫的信中及《反杜林论》等许多重要著作中进一步反复申述这一思想，明确无误地表达了坚持这一思想的理论坚定性。列宁在《什么是"人民之友"以及他们如何攻击社会民主主义者？》中更是系统地发挥了这一思想。其中他说："马克思……第一次……确定了作为一定生产关系总和的社会经

---

① 参见《马克思恩格斯全集》第3卷，人民出版社1956年版，第31—32页。
② 参见《马克思恩格斯选集》第1卷，人民出版社1972年版，第237、362—363页。
③ 同上。
④ 参见《马克思恩格斯全集》第42卷，人民出版社1979年版，第24、131、128页。
⑤ 同上。
⑥ 参见《马克思恩格斯全集》第23卷，人民出版社1972年版，第12页。

济形态的概念，确定了这种形态的发展是自然历史过程"①，"只有把社会关系归结于生产关系，把生产关系归结于生产力的高度，才能有可靠的根据把社会形态的发展看做自然历史过程。不言而喻，没有这种观点，也就不会有社会科学"②。既然人类历史发展是一个自然历史过程，那么它的历史脚步，就绝不会终止于资本主义社会这一历史阶段；既然它是由无阶级无国家的原始公有制发展而来的，那么，蕴藏于社会运动之中的基本矛盾与历史发展的动力机制，最后必将使阶级、国家及其私有制一并消亡，从而回归到高级的公有制社会。马克思主义经典作家关于人类社会发展由原始的公有制演进到高级的公有制形态之历史模式的确立，奠定了第一个理论逻辑。

马克思主义创始人在阐明了人类历史发展是一个自然历史过程的原理后，还揭示了包孕于这个自然历史过程之中的铁的历史规律。由于人类社会生产从一开始就表现着人们之间的物质联系，而这种物质联系又是由生产力的总和所决定的，"它的历史和人的历史一样长久；这种联系不断采取新的形式"③，因此，人们的这种物质联系（社会关系）就随着生产力的发展而不断改变其存在的形式，"总之，各个人借以进行生产的社会关系，即社会生产关系，是随着物质生产资料、生产力的变化和发展而变化和改变的"④。但是，这种存在形式的改变，与生产力的发展并不是一直相同步的；既有相同步的时候，又有不同步的时候；要么超前，要么滞后。在人类的物质生产实践活动中形成的，又将与它伴随到底的生产力与生产关系发生矛盾，这种矛盾此消彼长，不断行进，因而使人类社会发展这个自然历史过程中每一个发展阶段都实现了由低级向高级形式的推进。马克思发现了在人类社会发展之自然历史过程中的生产力与生产关系的矛盾规律，也就可以从历史逻辑出发，抽象出蕴藏在这个过程中之总的人类历史发展的规律及其阶段性特征。他在《〈政治经济学批判〉序言》中阐释道：

---

① 参见《列宁选集》第 1 卷，人民出版社 1972 年第 2 版，第 10、8 页。
② 同上书，第 8 页。
③ 参见《马克思恩格斯全集》第 3 卷，人民出版社 1956 年版，第 34 页。
④ 参见《马克思恩格斯选集》第 1 卷，人民出版社 1972 年版，第 363 页。

人们在自己生活的社会生产中发生一定的、必然的、不以他们的意志为转移的关系，即同他们的物质生产力的一定发展阶段相适合的生产关系。这些生产关系的总和构成社会的经济结构，即有法律的和政治的上层建筑竖立其上并有一定的社会意识形式与之相适应的现实基础。物质生活的生产方式制约着整个社会生活、政治生活和精神生活的过程。不是人们的意识决定人们的存在，相反，是人们的社会存在决定人们的意识。社会的物质生产力发展到一定阶段，便同它们一直在其中活动的现存生产关系或财产关系（这只是生产关系的法律用语）发生矛盾。于是这些关系便由生产力的发展形式变成生产力的桎梏。那时社会革命的时代就到来了。随着经济基础的变更，全部庞大的上层建筑也或慢或快地发生变革。在考察这些变革时，必然时刻把下面两者区别开来：一种是生产的经济条件方面所发生的物质的、可以用自然科学的精确性指明的变革，一种是人们借以意识到这个冲突并力求把它克服的那些法律的、政治的、宗教的、艺术的或哲学的，简言之，意识形态的形式。我们判断一个人不能以他对自己的看法为依据，同样，我们判断这样一个变革时代也不能以它的意识为根据；相反，这个意识必须从物质生活的矛盾中，从社会生产力和生产关系之间的现实冲突中去解释。无论哪一个社会形态，在它们所能容纳的全部生产力发挥出来以前，是决不会灭亡的；而新的更高的生产关系，在它存在的物质条件在旧社会的胎胞里成熟以前，是决不会出现的。所以人类始终只提出自己能够解决的任务，因为只要仔细考察就可以发现，任务本身，只有在解决它的物质条件已经存在或者至少是在形成过程中的时候，才会产生。大体说来，亚细亚的、古代的、封建的和现代资产阶级的生产方式可以看做是社会经济形态演进的几个时代。资产阶级的生产关系是社会生产过程的最后一个对抗形式，这里所说的对抗，不是指个人的对抗，而是指从个人的社会生活条件中生长出来的对抗；但是，在资产阶级社会的胎胞里发展的生产力，同时又创造着解决这种对抗的物质条件。因此，人类社会的史前时期就以这种社会形态而告终。①

到了资本主义时代,"资本的垄断成了与这种垄断一起并在这种垄断之下繁盛起来的生产方式的桎梏。生产资料的集中和劳动的社会化,达到了同它们的资本主义外壳不能相容的地步。这个外壳就要炸毁了。资本主义私有制的丧钟就要响了。剥夺者就要被剥夺了"②。这时,历史的必然性就产生作用了,资本主义的历史地位就开始让位给未来社会了,人类实现向高级的公有制社会复归的最后阶段开始了。

马克思主义从包孕在人类社会发展之自然历史过程内部的生产方式的历史发展角度考察,指出人类社会要经历"亚细亚的、古代的、封建的和现代资产阶级的"以及未来共产主义社会的几个历史阶段。从生产关系的总和即社会关系的演变角度来说,人类则要经历"古代社会、封建社会和资产阶级社会"以及未来共产主义社会。马克思指出:"生产关系总和起来就构成为所谓社会关系,构成为所谓社会,并且是构成为一个处于一定历史发展阶段上的社会,具有独特的特征的社会。古代社会、封建社会和资产阶级社会都是这样的生产关系的总和,而其中每一个生产关系的总和同时又标志着人类历史发展中的一个特殊阶段。"③ 从社会生产关系中生产资料的所有制嬗变的角度考察,体现于人类历史发展长河中的所有制形态可以归并为以下几种类型:部落的、古代的、封建的、资产阶级的和共产主义的。④ 无论是从社会生产方式,乃至社会关系,进而是生产资料的所有制角度来考察作为一个自然历史过程的人类社会发展,都是对历史活动主体的分侧面研究,是为了对历史活动主体——人类的演进做总体考察。因此,从总体上说,"人"的发展和完善,在这个自然历史的进程中经历了以下三个阶段:人的依赖关系(直接的社会关系)、人对物的依赖关系(物化的社会关系)、个人的全面发展(自由人联合体)。马克思指出:"依赖关系(起初完全是自然发生的),是最初的社会形态,在这种形态下,人的生产

---

① 参见《马克思恩格斯选集》第2卷,人民出版社1972年版,第82—83页。
② 参见《马克思恩格斯全集》第23卷,人民出版社1972年版,第831—832页。
③ 参见《马克思恩格斯选集》第1卷,人民出版社1972年版,第363页。
④ 参见《马克思恩格斯全集》第3卷,人民出版社1956年版,第25—27页。

能力只是在狭窄的范围内和孤立的地点上发展着。以物的依赖性为基础的人的独立性，是第二大形态，在这种形态下，才形成普遍的社会物质变换，全面的关系，多方面的需求以及全面的能力的体系。建立在个人全面发展和他们共同的社会生产能力成为他们的社会财富这一基础上的自由个性，是第三个阶段。第二个阶段为第三个阶段创造条件。"① 马克思所说的人的自由个性全面发展的阶段，相当于他所说的实现了高级公有制社会复归的那种社会——未来共产主义社会。这是因为，只有在这个历史阶段，人的自由个性才能得到全面发展。如同马克思恩格斯在《共产党宣言》中的论述："代替那存在着阶级和阶级对立的资产阶级旧社会的，将是这样一个联合体，在那里，每个人的自由发展是一切人的自由发展的条件。"②

总之，马克思对活动于自然历史过程中的主体——人类发展所做的多侧面考察和总体研究，就为人类一定由原始公社时代演进到高级公有制时代（即人类由其历史起始点行进到归宿点），奠定了第二个理论逻辑。这样，人类社会一定要实现向高级公有制社会（未来共产主义）的复归，这个人类历史发展过程的自然之途，也就得到了充分的理论说明和缜密的逻辑论证。因此，马克思主义关于人类社会发展是一个自然历史过程的学说，包含着对丰富的人类历史发展轨迹的科学勾勒，包含着对人类历史发展过程的终极目标的说明。由此看来，体现于这个自然历史发展过程的人类历史发展的统一性，就必然表现为以下几个方面。

第一，社会历史的发展始终受到生产关系一定要适应生产力状况的规律和上层建筑一定要适合经济基础发展的规律支配。

第二，人类历史的发展是不以任何人的意志为转移的一个自然行进的历史过程，人的主观意志必须服从历史发展的客观要求。

第三，这个历史过程是活动于其中的主体之主观能动性与历史环境之客观限定性的统一体，因而历史进程绝非是漫无目的的。

第四，任何民族，任何国家，只要有人类生存的任何地区，其历史发展就都表现为一个过程，无论其过程多么漫长曲折，其发展阶段多么

---

① 参见《马克思恩格斯全集》第46卷（上），人民出版社1979年版，第104页。还可参见《资本论》第1卷，人民出版社1953年版，第94—96页。

② 参见《马克思恩格斯选集》第1卷，人民出版社1972年版，第273页。

不同，也无论其过程所表现的发展模式有多么大的差异性，它们都将由人类的起始点走向历史的回归点，实现由原始公有制向高级公有制的复归；从历史发展的客观性和规律性上说，"别的可能性是不会有的"①。

因此可以说，人类历史发展的统一性之最根本、最本质的表现，就在于实现由原始公有制向高级公有制的复归。

二 自然历史过程：人类社会发展在常规性道路与变异性道路上展开

马克思主义关于人类社会的发展是一个自然历史过程的理论，不仅揭示了人类历史发展的起点与归宿以及它们之间的必然联系，而且还揭示了孕育于其中的人类历史发展的统一性、常规性、多样性和变异性。这样，人类历史发展的本质力量、根本特性和最终归宿就得到了完满的说明。

首先，马克思从社会生活中分离出经济领域，从一切社会关系中划分出经济关系，从而在历史发展的纵向方面，把经济因素看成是历史演进的决定性力量，是每个历史时代发展的基础。

经济的范畴，从广义上说，是指物质生活的生产方式，包括生产力和生产关系的总和；从狭义上说，可指与上层建筑相对应的经济基础。人类历史发展，不过是历史主体有目的的活动而已。为着人们的衣、食、住、行和精神生活而活动着的人们，在社会生产中产生一定的必然的物质关系，这种关系成为人们其他一切关系的条件和前提。产生于人们物质资料生产实践活动中的生产关系，其发展又始终取决于生产力发展的程度和水平。总的来看，无论是在狭义的经济范畴中，还是在广义的经济范畴中，生产力是起决定作用的因素。因此，马克思指出："物质生活的生产方式制约着整个社会生活、政治生活和精神生活的过程。"② 恩格斯指出："以往的全部历史……都是自己时代的经济关系的产物；因而每一时代的社会经济结构形成现实基础，每一个历史时期由

---

① 参见《马克思恩格斯全集》第2卷，人民出版社1957年版，第625页。
② 参见《马克思恩格斯选集》第2卷，人民出版社1972年版，第82页。

法律设施和政治设施以及宗教的、哲学的和其他的观点所构成的全部上层建筑，归根到底都是应由这个基础来说明的。"① 这就是说，生产力的发展和经济生活的演进，总是无情地、毫无例外地、必然地为自己的存在和行进开辟道路，正是在这个意义上说，历史是人类的真正的自然史②，历史只是从不以个人的意志为转移而随着经济的发展之自然的产物。经济对社会的发展归根到底起决定作用，人类历史的发展最基本的就是由经济起决定作用的社会经济形态的演进。"马克思究竟怎样得出这个基本思想呢？他所用的方法就是从社会生活的各种领域中划分出经济领域来，从一切社会关系中划分出生产关系来，并把它当做决定其余一切关系的基本的原始的关系。"③

其次，马克思主义创始人认为，生产关系是人们在为着自己生活的社会生产中所产生的不以他们意志为转移的一种必然关系，生产关系是社会构成和设施的基础，是判定社会性质的根本标准。只要客观地分析社会生产关系，就可以发现社会现象以及历史发展的常规性和重复性，而把相同生产关系的国家、民族集合于同一基本概念——社会经济形态下，从而找到社会历史发展相共通的规律（本质的历史关系）。因此，从社会历史发展的横向上考察，包容在这个自然历史进程之中的历史发展的统一性就表现为，任何不同的民族、国家和地区，只要本质上具有相同或相近的生产关系，就具有本质上相同或相似的上层建筑与历史发展规律。

总之，从马克思主义经典作家表述的唯物史观基本原理来看，建立在一定生产力水平上的物质的社会关系（即经济结构），是各民族、各国家、各地区的历史发展重复性与常规性的客观基础。不论是处在同一历史时期的民族、国家和地区，还是处在不同历史阶段的不同民族、不同国家和不同地区，只要具有本质上相同或相近的社会生产关系，就会具有本质上相同或相似的社会制度、阶级结构、上层建筑及其社会意识形态，就会产生本质上相同或相通的历史规律。这就是说，它们处于相同的社会经济形态，并可以跨时空地把它们划分在相同的社会历史发展

---

① 参见《马克思恩格斯选集》第3卷，人民出版社1972年版，第423页。
② 参见马克思《1844年经济学哲学手稿》，人民出版社1963年版，第134页。
③ 参见《列宁选集》第1卷，人民出版社1972年第2版，第6页。

阶段。正因为如此，20世纪50年代，在我国西南少数民族地区不仅找到了与中国古代曾经存在过的奴隶制发展相通的本质关系，而且找到了与古代希腊、罗马奴隶制发展共同的历史规律①；只要解剖现代任何一个国家或地区的资本主义，就可以发现它们共同的历史联系和本质特征，无论是19世纪的资本主义，还是20世纪的资本主义，也不论是欧洲的资本主义，还是美洲、亚洲的资本主义。

基于以上论述，我们才有理由从总体上把人类历史发展这个自然历史过程，看成是一个从低级向高级发展阶段必然交替的历史过程。人们的历史活动是基于一定时代的经济关系和生产力状况的，既不能自由选择，也不能随心所欲地进行历史活动，因此，历史阶段的递进总是取决于既定的因素：他们受到从前一代人那里所继承的生产力，以及由它所决定的社会关系、社会意识形态的制约，这是他们从事历史的创造活动——发挥主体作用的基点和前提。这就如马克思所指出的："历史不外是各个世代的依次交替。每一代都利用以前各代遗留下来的材料、资金和生产力；由于这个缘故，每一代一方面在完全改变了的条件下继续从事先辈的活动，另一方面又通过完全改变了的活动来改变旧的条件。"② 因此，每一阶段的历史，每一种社会经济形态，都既是人类在既定条件下进行历史创造的结果，又是进行新的历史活动的条件和起点，并组成为一种新的历史联系，各种历史阶段之间的历史联系与各社会经济形态之间的历史联系，都是在生产力发展的连续性中得以实现的。马克思指出："单是由于后来的每一代人所得到的生产力都是前一代人已经取得而被他们当做原料来为新生产服务这一事实，就形成人们的历史中的联系，就形成人类的历史，这个历史随着人们的生产力以及人们的社会关系的愈益发展而愈益成为人类的历史。"③ 马克思主义创始人从研究西欧历史发展的实情入手，从历史哲学的高度出发，以一种历史发展模式的理论形态抽象地阐明了人类社会历史发展过程中的统一性、常规性：依部落的、古代的、封建的、现代资产阶级的和未来共产

---

① 参见胡庆钧、周用宜《奴隶占有制是人类社会历史发展的必然》，《史学理论》1989年第4期。
② 参见《马克思恩格斯全集》第3卷，人民出版社1956年版，第51页。
③ 参见《马克思恩格斯选集》第4卷，人民出版社1972年版，第321页。

主义的几种社会经济形态依次递进，从而指出了人类历史发展这个自然历史过程的总趋势和总归宿。

马克思主义经典作家以西欧历史发展为实例，以一种历史哲学形态揭示了历史发展的五种社会经济形态，并揭示了它们依次交替的根本力量。是否可以把这个理论模式普遍地运用于人类社会发展之中，据此认为人类历史过程中的任何民族、国家和地区无一例外地都要经历这五种社会经济形态相互交替的几个历史阶段呢？马克思主义经典作家是持否定态度的。因为，五种社会经济形态依次交替的历史发展理论只是一种历史哲学形态的理论模式；既然是一种理论模式，它便不能完整地代表历史过程本身和反映历史过程的实情。作为一种理论模式，它对历史过程的"反映是经过修正的"，"是按照现实的历史过程本身的规律修正的"[1]，因而它始终只是作为一种总趋势，以"极其错综复杂和近似的方式，作为从不断波动中得出的、但永远不能确定的平均情况来发生作用"[2]，历史理论模式所揭示的总趋势、平均情况，是对历史实际中最基本的、普遍的、典型的东西的科学描述，是对历史实际的科学化、理论化，绝不等同于历史发展过程本身。历史发展的过程从来都不是平坦笔直的，当然也不是纯粹单一的，它远比理论模式要复杂得多、丰富得多。历史发展的必然性也不是以一种纯粹的形式表现出来的，而是通过偶然性表现出来并为历史提供契机，它拥有无穷无尽和多姿多彩的表现形式。

马克思还根据他自己晚年对人类学和古代东方社会的研究，明确指出他以往的历史理论模式所具体适用的范围仅仅局限于西欧，而不能随心所欲地套用到其他地方。马克思在1877年11月《给俄国〈祖国纪事〉杂志编辑部的信》和1881年给俄国女革命家维·伊·查苏利奇的信中指出："我在关于原始积累的那一章中只不过想描述西欧的资本主义经济制度从封建主义经济制度内部产生出来的途径。因此，这一章叙述了使生产者同他们的生产资料分离，从而把他们变成雇佣工人（现代意义上的无产者）而把生产资料占有者变成资本家的历史运动"[3]，

---

[1] 参见《马克思恩格斯全集》第13卷，人民出版社1962年版，第532页。
[2] 参见《马克思恩格斯全集》第25卷，人民出版社1974年版，第181页。
[3] 参见《马克思恩格斯全集》第19卷，人民出版社1963年版，第129、123、130页。

可见，这一运动的"历史必然性"明确地局限于西欧各国。① 针对有人超越具体历史条件，将马克思的历史理论模式机械地加以运用，马克思断然将它指斥为荒谬的"一般发展道路的历史哲学理论"②。马克思说："他（指米海洛夫斯基之流——引者注）一定要把我关于西欧资本主义起源的历史概述彻底变成一般发展道路的历史哲学理论，一切民族，不管他们所处的历史环境如何，都注定要走这条道路，——以便最后都达到在保证社会劳动生产力极高度发展的同时又保证人类最全面的发展的这样一种经济形态。但是我要请他原谅。他这样做，会给我过多的荣誉，同时也会给我过多的侮辱。"③ 显然，马克思不赞成将历史发展的理论模式——五种经济形态的依次交替当成历史发展过程本身这种简单的做法。虽然考察人类各支系、各国家发展阶段，依照社会发展水平与程度由低级向高级的发展这一标准，可以抽象出部落的—古代的—封建的—现代资本主义的—未来共产主义的依次交替，而且也有西欧历史发展相印证，但是，反过来将它验诸世界各民族、各地区和各国家，则不能对应。从顽强的历史事实出发，各民族、各国家的历史发展，可能经历这一理论模式中的某一些阶段，而不经历其中的另一些阶段；或者经历其中的大部分阶段，而越过其中的某一个阶段；或者经历了其中的某些阶段，而这些阶段中又有某个阶段不具有典型形式；如此等等。从理论上说，前者属于历史发展的常规形式，如西欧历史发展——五种社会经济形态依次交替，即社会历史发展这个自然历史过程以五种社会经济形态的依次交替作为表现形式，其历史发展是在常规道路上行进的；后者则属于历史常规形式下的变异，是一种变异形式，即社会历史发展这个自然历史过程以五种社会经济形态的交替之变异形态作为其表现形式，如除西欧以外的世界上许多民族和国家——中国、俄国、斯拉夫人（东欧）等。这就是说，人类社会发展这个自然历史过程具体到一定的地区、一定的国家和一定的民族，它既可以历史发展的常规形式来表现，又可以历史发展的变异形式来展开。它们的起点是原始公有制，归

---

① 参见《马克思恩格斯全集》第19卷，人民出版社1963年版，第129、123、130页。
② 同上。
③ 同上书，第130页。

宿是未来共产主义公有制。这已在沿着历史发展的变异性道路前进的国家和民族中表现出完整的历史过程的轮廓。

在人类社会发展这个自然历史过程中，世界上任何民族、任何国家的发展，是选择常规性的发展道路，还是选取变异性的发展道路，以及它们在各个历史阶段上的发展模式如何——如按照常规历史发展道路行进的西欧，尚未产生社会主义，而在东方则较早地产生了社会主义，而这些社会主义国家的发展模式又各不相同——这些，均取决于该民族、该国家所处的具体历史环境。这就是说，由于任何国家、任何民族的社会发展，都受到具体历史环境的影响。因此，蕴藏于这些各不相同的具体历史环境中的选择机制就使它们决定了各不相同的发展道路和模式。总之，各民族、各国家所处的具体历史环境创造了历史发展的选择机制，这些选择机制又导致了各不相同的历史发展轨迹，使之按照一定的发展道路、模式走下去。马克思指出，之所以在古代会出现亚细亚的、古代的（希腊罗马的）、日耳曼的几种发展模式（生产方式），原因在于：“部分地取决于部落在怎样的经济条件下实际上以所有者的资格对待土地，就是说，用劳动来获取土地的果实；而这一点本身又取决于气候、土壤的物理性质，受物理条件决定的土壤开发方式，同敌对部落或四邻部落的关系，以及引起迁移、引起历史事件等等的变动。"[1] 正因为它们各自所处的历史条件有多么的不同，所以在西方的奴隶制和农奴制就改变了"部落的一切形式"；而古代东方则正好相反，基于其特有的经济结构和所处的历史环境，"所能改变的最少"[2]。历史发展到近代社会，由于文化传播的广泛性和文化模式冲突的剧烈性，原有的社会结构和经济关系受到冲击，各民族、各国家在选择历史发展道路时愈益受到相互间的影响，而组成为一部生动活泼、多姿多彩的世界史，"各个相互影响的活动范围在这个发展进程中愈来愈扩大，各民族的原始闭关自守状态则由于日益完善的生产方式、交往以及因此自发地发展起来的各民族之间的分工而消灭得愈来愈彻底，历史就在愈来愈大的程度上成为全世界的历史"[3]。例如，近代中国和印度，分别由中央集权的专制

---

[1] 参见《马克思恩格斯全集》第46卷（上），人民出版社1979年版，第484、492页。
[2] 同上。
[3] 参见《马克思恩格斯全集》第3卷，人民出版社1956年版，第51页。

社会和农村公社进入半殖民地半封建社会和殖民地社会，它们分别跨越了社会经济形态前后依次交替的环节，没有走常规性历史发展道路。它们以自己的历史发展行程丰富了人类社会发展这个自然历史过程。

由此看来，人类社会的发展，除受常规性发展道路的引导外，在很大程度上受变异性发展道路的引导[①]；而变异性发展道路与常规性发展道路将始终平行，共同贯穿于历史发展的全过程，绝非是忽有忽无的。这就是说，变异性发展道路与常规性发展道路共同孕育于原始公有制之中，在它解体时——人类进入文明时代就开始出现了。马克思指出："奴隶制、农奴制等等总是派生的形式，而决不是原始的形式"，"所以奴隶制和农奴制只是这种以部落体为基础的财产的继续发展。它们必然改变部落体的一切形式"[②]。自从原始公社解体后，人类历史发展常规性道路与变异性道路就具体地、活生生地展开了：前者是继原始公社而来的奴隶制，如古代希腊、罗马；后者是继原始公社而来的农奴制（封建制），如日耳曼人（即欧洲的中世纪社会）。

自从人类社会发展的变异性道路在原始公社解体时得以开辟以来，便一往无前地经历了古代社会、近代社会，造成了当代人类社会的崭新格局：如沿着历史常规性道路发展而来的资本主义社会与沿着历史发展变异性道路产生的社会主义社会的共处、对抗、竞赛。人类社会的变异性发展道路能不能最终引导人类实现高级公有制的复归，即走到人类社会发展这个自然历史过程的归宿点，这种历史的产儿有没有生命力并体现出历史的普世性价值？这正是马克思主义经典作家在阐述人类历史发展的变异性道路时所非常重视的问题。

在19世纪七八十年代，马克思参与并指导了关于俄国农村公社与社会发展前途的讨论，发表了俄国历史发展可以超越资本主义的卡夫丁峡谷而直接进入社会主义的著名论断。根据他给《祖国纪事》杂志编辑部和查苏利奇的信，可以将其主要内容概述如下。

第一，俄国农村公社有两种发展前途，俄国可以走不同于西欧历史发展的模式，即由农奴制和村社制社会直接进入社会主义，而超越资本

---

① 关于历史发展的几种变异形式，参见佘树声《历史哲学》第3章，陕西人民出版社1988年版。

② 参见《马克思恩格斯全集》第46卷，人民出版社1979年版，第496、492页。

主义发展这一历史阶段。马克思认为农村公社具有两重性：一方面，公有制以及由公有制所造成的各种社会关系使公社的基础稳固下来；另一方面，房屋的公有、耕地的小块耕种和产品的私人占有又使个人获得发展，而这种个人发展和较古老的公社的条件是不相容的。马克思认为：在公社中发展的这种矛盾性，可成为它解体的根源，即"农村公社的构成形式只能是下面两种情况之一：或者是它所包含的私有制因素战胜集体所有制因素，或者是后者战胜前者。一切都取决于它所处的历史环境"①。

第二，这种历史环境，一方面是指国情："在俄国，由于各种情况的特殊凑合，至今还在全国范围内存在着的农村公社能够逐步摆脱其原始特征，并直接作为集体生产的因素在全国范围内发展起来。"② 这就是说，俄国本身保存着广泛的古代原始公有制因素，正与社会主义的所有制有某些同一性（最显著的特征是形式上的同一性）。如果它在一定的世界环境里避免瓦解为资本主义，在得到改造后就可直接进入社会主义。因而在另一方面就是指世界历史环境："'农村公社'的这种发展是符合我们时代历史发展的方向的，对这一点的最好证明，是资本主义生产在它最发达的欧美各国中所遭到的致命危机，而这种危机将随着资本主义的消灭、随着现代社会的回复到古代类型的最高形式，回复到集体生产和集体占有而结束"，因此，俄国及其古代遗存至今的农村公社有可能获得新生和复兴。"它有可能不通过资本主义制度的卡夫丁峡谷。"③

第三，前资本主义国家直接进入社会主义，还在于这些国家能够利用和借鉴资本主义时代所创造的优秀成果。马克思十分肯定地指出，前资本主义国家跨越资本主义阶段直接进入社会主义的一个重要的先决条件是，善于利用"和它同时并存的资本主义生产在给它提供集体劳动的一切条件……而享用资本主义制度的一切肯定成果"④。恩格斯在1885年给查苏利奇的复信中，也一改以前关于能否跳跃性地发展的不

---

① 参见《马克思恩格斯全集》第19卷，人民出版社1963年版，第435、431、438—439页。
② 同上书，第431页。
③ 同上书，第438、439页。
④ 同上书，第438页。

明确态度，肯定地认为，从前资本主义国家通过社会革命进入社会主义阶段，是由该国家的政治和经济条件决定的；此外，他还认为，前资本主义国家直接进入社会主义，不只局限于俄国，而且还适用于处在前资本主义时代的一切落后国家。他说："在我看来，马克思的历史理论是任何坚定不移和始终一贯的革命策略的基本条件；为了找到这种策略，需要的只是把这一理论应用于本国的经济条件和政治条件。"① 恩格斯还说道："只有当落后国家""看到怎样把现代工业的生产力作为社会财产来为整个社会服务的时候——只有到那个时候，这些落后国家才能走上这种缩短的发展过程的道路。然而那时它们的成功则是有保证的。这不仅适用于俄国，而且适用于处在资本主义以前的发展阶段的一切国家。"②

由此看来，人类社会的跳跃性变异发展道路，既从原始公社瓦解时得以开辟，又贯穿于人类社会发展的全过程，而终结于人类历史发展的最后一个经济形态——共产主义社会。这一理论观点，不仅可以考诸古史与近世，而且在十月革命后，尤其是第二次世界大战以来的世界历史中得到了雄辩的证明。在人类历史发展中，马克思主义关于人类历史发展的跳跃性变异发展的理论观点，既有宝贵的理论价值，又有强大的现实生产力。

综上所述，关于人类历史发展存在着跳跃性变异道路的理论观点，并非马克思主义创始人一时的思想闪光或个别论断，而是他们所一贯坚持的思想，是贯穿于形成他们关于人类社会历史发展理论全过程的思想，是他们关于人类社会发展理论的有机组成部分。

总之，由于马克思主义创始人把人类社会的发展作为一个自然历史过程来看待，因此在这个理论框架内对人类历史的发展进行深入的实证研究和精深的哲理分析，从而揭示了贯穿其中的社会基本矛盾规律，发现了人类社会发展由低级向高级阶段依次交替的社会历史现象，并揭示了人类实践社会历史发展这个自然历史过程的常规性发展道路；由于马克思主义创始人坚持从最顽强的历史事实出发的理论原则，具体问题具

---

① 参见《马克思恩格斯选集》第4卷，人民出版社1972年版，第450页。
② 参见《马克思恩格斯全集》第22卷，人民出版社1965年版，第502—503页。

体分析，重视并解说了影响社会历史发展的诸多因素，确切地说明了它导致历史发展选择机制产生作用的意义，从而揭示了人类实践社会历史发展这个自然历史过程的另一种道路——跳跃性变异发展模式。无论是人类社会发展的常规性道路，还是跳跃性变异道路，它们都起始于人类社会历史的起点——原始公有制社会，而终结于人类社会历史的归宿——未来共产主义社会。这样，人类历史发展何以表现为一个自然历史过程的问题，马克思主义经典作家便以严谨的理论逻辑和严整的历史逻辑做了充分的、完满的、缜密的解说和回答。

三 自然历史过程论与"一般历史哲学理论"尖锐对立

如上所述，马克思主义创始人通过"人类社会的发展是一个自然历史过程"所表达的关于人类社会历史演进的思想，是一个内容丰富、逻辑严谨、思想深刻的理论体系，充满了辩证法则。它既论述了人类社会依常规性发展道路，在社会经济形态的发展阶段上的依次交替，是历史发展阶段性与连续性的辩证统一；又论述了人类社会发展的变异性道路，是历史发展统一性与多样性的辩证统一；至于任何国家、任何民族和任何地区选择哪种阶段性发展模式，沿着哪种发展道路行进，则要由具体历史环境决定，要由该民族、该国家和该地区历史发展的选择机制决定，这是历史发展的主体与客体关系的辩证统一；人类社会由原始公有制发展而来，最终必然要回归到更高级的公有制社会——未来共产主义，这是历史主义与唯物辩证法的高度统一。马克思主义创始人通过"人类社会的发展是一个自然历史过程"这个最为精确、简要的理论命题所表述的社会历史发展理论，具有丰富而精深的内涵，它是一种科学的理论模式，更是一种科学的历史观和方法论。

对于科学的社会发展理论来说，最大的危害是对它做简单化、教条化、公式化的理解。但是，在斯大林时代，恰恰犯了这种严重的理论错误，把理论内涵丰富的"人类社会的发展是一个自然历史过程"简单地理解为五种社会形态的由低向高的依次交替。在斯大林看来，马克思主义创始人所讲的部落的、古代的、资本主义的五种社会经济形态，是向共产主义发展的五种社会形态阶梯；五种社会形态是沿着直线方向按先后次序演进的，其中每一个后来的社会形态相对于被取代的前一个社会形态来说，是质变，是递进，是带有根本性质的突破；世界上每一个国家、每一个地区的每一个民族，都要依次经历这五种社会形态。这是一个普遍适用的铁的历史规律。斯大林将马克思主义创始人关于"人类社会的发展是一个自然历史过程"的理论，做了社会形态依次更替的理解，从本意上说是为了论证一切国家和民族的社会历史发展前途是社会主义和共产主义，这是无可厚非的；但是，对马克思主义的社会历史理论来说，他却阉割了丰富多彩的社会历史内容，排斥了历史发展统一性中的多样性，他的社会形态理论造成了与马克思主义创始人关于社会历史理论的对立。总之，斯大林对马克思主义社会历史理论的理解，在理论上是教条的、僵化的，在社会实践中是有害的。其主要表现在以下几个方面。

第一，从理论上说，斯大林割裂了马克思主义关于社会历史发展的唯物辩证法核心，用历史发展的常规性排斥了历史发展的变异性，用历史发展的普遍性排斥了历史发展的特殊性，用历史发展的直线性排斥了历史发展的曲折性，用历史发展的单线性、统一性排斥了历史发展的多线性、多样性。因而它是一种教条主义历史观。

在马克思主义创始人看来，人类历史发展是一个自然历史过程，这个过程是历史发展的常规性与变异性的统一。列宁指出："世界历史发展的一般规律，不仅丝毫不排斥个别发展阶段在发展的形式或顺序上表现出特殊性，反而是以此为前提的。"① 马克思主义创始人所论证的人类社会发展过程，是历史发展的普遍性与特殊性的统一。"在人类从今天的帝国主义走向明天的社会主义革命的道路上，同样表现出这种多样性，一切民族都将走到社会主义，这是不可避免的，但是一切民族的走法却不完全一样……每个民族都会有自己的特点。"② 马克思主义所说的"人类社会的发展是一个自然历史过程"，是直线性和曲折性的统一。恩格斯指出，"历史常常是跳跃式地和曲折地前进的"③。马克思主

---

① 参见《列宁选集》第4卷，人民出版社1972年第2版，第690页。
② 参见《列宁全集》第23卷，人民出版社1958年版，第64页。
③ 参见《马克思恩格斯选集》第2卷，人民出版社1972年版，第122页。

义所说的"人类社会的发展是一个自然历史过程",是单线性、统一性发展与多线性、多样性发展的统一。既然如同马克思晚年研究人类文化学时所指出的,任何一个民族的社会发展道路都将由各民族所处的具体历史环境所决定,那么,各民族的发展其中有可能逐一依次经历五种社会经济形态的交替,其中有的可能只经过某些发展阶段而不经历另一些发展阶段,最后也会走向高级的公有制社会。人类社会发展表现为一个自然历史过程,但各民族、各国家和各地区之具体的历史发展进程,往往又是各不相同的,具有千差万别的特征和特性。马克思主义创始人既论证了人类历史发展必将终结于高级公有制社会这个最后历史阶段,但又阐述了表现这个总的历史过程的极为丰富多彩的具体历史状况。

既然人类历史发展中的任何国家、任何民族都必然地从原始公有制开始逐一经由"每一种社会形态"依次交替,最后进入未来共产主义,那么,跨越了资本主义发展阶段直接进入社会主义的俄国就违背了社会历史发展的规律,不能存活,是不是还得回头去经历资本主义这个社会经济形态呢?这是斯大林的社会形态理论首先面临的难题。俄国十月革命所开辟的社会主义道路,是前资本主义国家跨越资本主义发展阶段直接进入社会主义道路的典范。十月革命前的俄国的社会性质,不是资本主义的,当时俄国有 16570 万人口,其中仅有产业工人 320 万,1600 万农户中富农所占比例即为 15%[1],此外,还有大量的古代村社遗留。显然,当时的俄国还只是处在 1861 年农奴制改革后向资本主义发展的历史阶段。依斯大林的社会形态理论,俄国及中国等一大批由落后国家直接走向社会主义,反而是乖违他所说的历史发展规律了。于此,斯大林的社会形态理论就与现实的社会主义运动发生了矛盾,也与他的理论出发点相违背。斯大林式的理论悲剧产生,就在于他教条地、僵化地对待马克思主义的社会发展理论。其实,早在十月革命之前,列宁针对有人僵化地对待马克思主义社会发展理论的错误,就提出过严厉的批评:"从来也没有一个马克思主义者在什么地方论证过:俄国'应当有'资本主义,'因为'西方已经有了资本主义等等。从来也没有一个马克思主义者把马克思的理论当做什么必须普遍遵行的哲学历史公式,当做一

---

[1] 参见雷颐《十月革命的启示》,《史学理论》1989 年第 2 期。

种超过对某种社会经济形态的说明以外的东西。……从来也没有一个马克思主义者不是以理论符合于一定的即俄国的社会经济关系的现实和历史为根据……因为对理论的这种要求已由'马克思主义'创始人马克思自己十分明白而确定地声明过并被他用来作为全部学说的基础。"①可见,斯大林的社会形态学说,违背了马克思主义创始人所一贯强调并坚持的理论原则,对落后国家产生的社会主义实践是极其有害的。

第二,斯大林的社会形态理论,是马克思早已批判过的"一般历史哲学理论",它不能科学地说明人类历史发展过程和客观规律,当然也就不能给人们科学地研究世界历史以指导。

马克思晚年曾经严厉批评过那些自称是马克思主义学生的错误做法,即把马克思主义关于西欧历史发展的理论模式僵化地当成一切民族、一切国家历史发展的模式。他批评道,"使用一般历史哲学理论这一把万能钥匙,那是永远达不到这种目的的"②。即科学地解释丰富多彩、纷繁复杂的人类历史现象,需要借助科学的理论,运用科学的方法,严格从历史事实出发;这种"一般历史哲学理论",违背了任何民族历史发展必须有相应的历史条件这个基本前提,因而这种僵化的历史理论离开了现实就没有任何价值③;这种"一般历史哲学理论"抹杀了历史活动中的主体作用,将人类社会发展看作一部没有历史目的、没有社会目标的历史机器,昏昏然地通过历史发展的每一个环节,而这种历史发展的环节联系(历史联系)却不是历史主体造成的,因而人类历史发展就荒谬地变成了宿命论支配下的历史过程。这种"一般历史哲学理论"的荒谬性就表现在:将人类社会丰富多彩、纷繁复杂、互不相同的历史现象、历史事件和发展过程,"思辨地颠倒成这样:好像后一个时期历史乃是前一个时期历史的目的"④。可见,马克思主义关于人类社会的发展是一个自然历史过程的社会发展理论,与以唯心主义历史观和宿命论历史观为基础的"一般历史哲学理论"是根本对立的。

根据以上论述,可以扼要地归纳出以下几点基本看法。

---

① 参见《列宁选集》第 1 卷,人民出版社 1972 年第 2 版,第 57 页。
② 参见《马克思恩格斯全集》第 19 卷,人民出版社 1963 年版,第 131 页。
③ 同上。
④ 参见《马克思恩格斯全集》第 3 卷,人民出版社 1956 年版,第 51 页。

首先，马克思主义通过"人类社会的发展是一个自然历史过程"而表述的社会历史理论，是一个思维缜密、内容丰富的思想体系，而"人类社会的发展是一个自然历史过程"的理论命题绝不是一个"没有实质内容的提法"。

其次，马克思主义经典作家把人类历史发展看作一个自然历史发展过程，既阐述了表现这个历史过程的常规性发展道路，又体现了人类社会的变异性发展道路。在以常规性发展道路为表现的人类历史发展过程中，它是以五种社会经济形态的依次交替为表现形式而展开，并得以推进的；在以变异性发展道路为表现的人类历史发展过程中，则是以社会经济形态的跳跃性更替为表现形式而展开，并得以推进的。

再次，人类社会的发展这个自然历史过程的演进，以原始公有制为起点，而以更高级的公有制社会为回归点；在这个自然历史过程中，各国家、各民族和各地区历史发展选择何种具体的社会历史发展道路或模式，总是由它所处的具体历史环境决定，这种历史发展的选择机制深蕴于历史发展本身，是客观存在而不以任何人的主观意志为转移的。

最后，虽然人类历史发展表现为一个总过程，但是，绝不存在一种超历史的"一般历史哲学理论"，任何试图以一种"一般历史哲学理论"的形式来解说人类社会的发展这个自然历史过程的努力，都是徒劳无功的，甚至是有害无益的。

马克思主义世界历史理论探析

马克思主义世界历史理论在唯物史观中占有重要地位。在一定意义上说，它是唯物史观的外壳。因为，在马克思主义世界历史理论中，包容着对人类从史前社会向文明社会、未来社会转变的理论解说，包容着对人类社会发展不同阶段及其轨迹的探索，包容着对人类社会发展的东方与西方不同道路的解析，等等。这就意味着，马克思主义唯物史观的很多基本原理，都以世界历史理论为表现形态。因此，马克思主义世界历史理论引起学术界的重视是理所当然的。

但是，这并不等于说，学术界很早就对马克思主义世界历史理论有所注目并能深透地把握。这个课题引起学术界的探讨，只是近年来社会进步与学术昌明的结果。尽管马克思主义世界历史理论早已存在，但过去由于非学术性的原因，并未对它展开深入的研究。

一　研究的缘起

在已有的探讨中，有以下几个问题值得重视。

其一，将恩格斯的思想排斥在马克思主义世界历史理论之外。目前学术界流行的提法是："马克思世界历史思想""马克思世界历史理论"与"马克思世界历史观"。笔者认为，这不仅仅是一个提法的问题，或者是学术上的疏忽，而且是关系到一个重大的理论原则的问题。在西方马克思主义研究中，盛行马克思与恩格斯在唯物史观上的对立论。如果"马克思主义世界历史理论"等同于"马克思世界历史理论"等概念，那不就意味着在这一重大理论中没有包含恩格斯的思想吗？那么，是否意味着马克思同恩格斯在世界历史理论中存在不同的见解呢？依此，显然是可以做出肯定性结论的。但是，事实上，马克思主义世界历史理论是共同属于马克思和恩格斯的。在马克思主义唯物史观的创立时期，[①]他们的思想是有机地、一致性地联系在一起的，表述其思想的代表作《德意志意识形态》《共产党宣言》等经典著作，就是两人共同劳动的结晶；在马克思主义唯物史观的发展时期，也是如此。在19世纪70年代以后关于东方社会发展道路的探索中，他们的思想是息息相通、紧密地联系在一起的。在他们的著作中，在世界历史理论的意义上使用"世界历史"的概念，恩格斯还要早于马克思。[②] 由此可见，使用"马克思主义世界历史理论"与"马克思世界历史理论"的概念，映现着一个理论原则的差异：是把马克思主义历史观作为一个完整的理论体系来理解，还是将其创始者马克思与恩格斯的历史理论分割开来看。在这个重大原则问题上的不同态度，反映着我们同西方马克思主义研究的原则分歧。

其二，马克思主义世界历史观在19世纪70年代以前，是否还受到黑格尔的世界历史观的影响？即是否还存在欧洲中心主义的阴影？这涉及马克思主义历史观的彻底性问题。

其三，马克思和恩格斯晚年对东方社会发展道路的探索，是否应该涵盖在世界历史理论之中？这涉及马克思主义历史观的理论覆盖面问题。

本文试对后两个问题展开讨论。廓清了后两个问题，前一个问题也就自然地解决了。

探索马克思主义世界历史理论，可以发现：马克思主义世界历史理论贯穿于马克思主义学说发展的全过程。马克思主义经典作家使世界历史理论获得新生，得益于马克思主义创始人同黑格尔世界历史观的决裂，使18—19世纪的世界历史观成为科学的历史观。马克思主义的世

---

① 参见本书"马克思主义唯物史观与历史科学"相关内容。
② 参见恩格斯《英国状况。十八世纪》，见《马克思恩格斯全集》第1卷，人民出版社1956年版，第656—657页。恩格斯《英国工人阶级状况》，见《马克思恩格斯全集》第2卷，人民出版社1957年版，第281页。

界历史观,经历了由单线论的世界历史理论发展为多线论的世界历史理论的过程。

二 对黑格尔世界历史理论进行彻底的革命性改造

要弄清马克思主义世界历史理论在唯物史观创立后,是否还受到黑格尔世界历史理论的消极影响,首先必须对黑格尔的世界历史理论略作考察。

世界历史观是18世纪资产阶级启蒙运动的产物,它适应了上升时期资产阶级的需要。作为资产阶级历史观的世界历史理论,由康德建构,而由黑格尔完善。

1784年11月,在德国《柏林月刊》杂志上,康德发表了他的《从世界公民的观点撰写世界通史的想法》。在这部论著中,康德的历史哲学展示了它的精华:关于全世界历史过程的规律性和关于矛盾在社会进步中的作用的思想。在康德看来,人的本质属性是恶的,而现存的国家组织形式是不完善的。一部世界历史就是由愚蠢、幼稚的虚荣心、怨恨以及破坏的情欲编织而成的。虽然社会之中的各个人和各民族的活动是由私人的、偶然的、相互不协调乃至对立的意向所决定,但是,透过历史活动的任意性与偶然性,可以发现历史的规律性。看似个别活动的行为或事件,看似杂乱无章的偶然性,看似似是而非、漫无目的,其实寓有一种为运动的全部参加者和全过程所共有的合乎理性的目的,它只有在人类的实践中才能达到。因此,康德认为,人类历史运动的这种合理的目的,应当由人类自身的力量去予以实现;它不能通过某个人或某一代人的生活去实现,只能在人类的前进中,在人类的世世代代的漫长的系列中去实现。康德关于人类社会的世界历史发展的天才思想,影响了后来者,如费希特、黑格尔等。

黑格尔的历史哲学,是对资产阶级世界历史思想的完善。1837年,黑格尔的《历史哲学讲演录》出版。在该书中,18世纪以来的世界历史理论得到了系统的发挥和精确化。

首先,黑格尔把世界历史看作是"自由意识的进步"。他认为,世界历史无非是"自由"意识的进展,这一种进展是我们必须在它的必然性中加以认识的。

黑格尔认为,自由是人的本质和本性。作为人的本质的自由,要在许多世纪的全部历史时期中才能意识到,而且只有在人意识到自由的时候,才能成为自由的人。他通观世界历史,认为只有在以基督教日耳曼世界为代表的资本主义世界,一切人都是绝对的自由的。在他看来,自由意识的程度不同,不仅决定着世界历史的自然划分,而且制约着各种社会政治形式的差别。在这一原理中,一方面,黑格尔颠倒了存在与意识的关系,把意识当作决定存在的因素,从而使自由得不到最终完满的解答,在他的自由实现过程中,日耳曼民族是天生的优等民族,从而宣扬了一种种族优劣论和文化中心主义;另一方面,黑格尔把自由的实现当作人类为之奋斗的最终目标,认为它只有在漫长的人类历史过程中才能达到,这是极有价值的。黑格尔运用"世界历史无非是自由意识的进步"的原理,为革命时期的资产阶级同封建主义斗争,为人权同神权斗争,提供了必要的理论依据。这在当时也是有积极意义的。

其次,黑格尔把世界历史看作是精神的发展和实现的过程。黑格尔认为,绝对理念、世界精神乃是历史全部丰富现象发展的基础和原则。这才是理解历史过程的钥匙。

黑格尔认为,绝对理念、世界精神是绝对的、普遍的,民族精神则是相对的、具体的;后者是前者的具体化。世界精神的积极运动、实现过程,乃是世界精神在世界历史王国中寻求自我解放的过程,也就是它的自我意识的形成过程。在人类社会历史行程中,世界精神经历了许多发展阶段,在每一发展阶段上,它都表现为某一特定的民族精神,该民族的宗教、政治制度、伦理、法制、风俗、科学、艺术等,正是对民族精神的展现。黑格尔在把世界历史作为一个整体来考察的时候,把世界历史描绘成一部一系列"世界历史民族"不断更替的历史。但是,非世界历史民族,如印第安人、非洲黑人、斯拉夫民族等,则被他排斥在世界历史运动的局外。黑格尔的世界精神漫游地球,不断地接近自我意识的顶峰。世界历史作为世界精神的体现者,它的发展路线大体上同太阳的行程相一致。太阳升起于东方而没于西方,世界历史也自东向西发展。亚洲是世界历史的绝对的起点,而欧洲则是世界历史发展的绝对的终点。具体来说，世界历史始于中国而终于日耳曼世界。日耳曼民族在世界历史中占有特殊优越的位置，因而它在世界历史发展中居于顶峰地位。在这一原理中，一方面，黑格尔宣称世界历史发展的阶段性交替是绝对的，历史进步是绝对的；另一方面，又因民族偏见而把世界历史的进步归诸"世界历史民族"，把日耳曼民族定位于世界民族的主宰位置，这就为种族优劣论提供了反动的历史观理论依据，也为欧洲文化中心主义做了历史观的注解。在这一原理中，一方面，黑格尔把人类社会的发展作为一个整体来对待，考察人类社会由必然王国进入自由王国的轨迹；但是，另一方面，他把资本主义（以日耳曼世界为代表）描绘为世界历史的顶点，也就是人类历史发展的终点，这就为资本主义的永恒性、私有制的合理性提供了历史观理论的辩护依据。在这个意义上说，黑格尔的世界历史观与18—19世纪资产阶级所宣扬的人的自私性是合理的、私有制自古就有而永恒不败的理论，是互为表里的。

黑格尔历史观是资产阶级历史观的最高成就，是马克思主义历史观出世以前最有影响的历史理论。它是马克思主义唯物史观最重要、最直接的理论前提。恩格斯在《卡尔·马克思〈政治经济学批判〉》一文中指出：黑格尔"这个划时代的历史观是新的唯物主义观点的直接的理论前提"[1]。列宁也认为："历史唯物主义，是在黑格尔那里处于萌芽状态的天才思想——种子——的一种应用和发展。"[2] 不言而喻，黑格尔的世界历史理论所包含的科学思想，是马克思主义世界历史理论直接的理论来源。可以说，黑格尔世界历史理论的积极成果，对于马克思主义世界历史理论的形成，产生过重大影响。正是由于马克思主义对黑格尔世界历史理论的扬弃和发展，才产生了科学的世界历史理论。马克思主义世界历史理论同黑格尔的世界历史理论，是革命与继承的关系。

如果说，马克思主义唯物史观创立后，在其世界历史理论中还存留有欧洲中心主义的暗影，怎么理解马克思主义唯物史观是科学的历史观，是对资产阶级唯心主义历史观的空前革命呢？事实上，马克思主义世界历史理论如同唯物史观的其他重要原理一样，是对资产阶级启蒙时

---

[1] 参见《马克思恩格斯选集》第2卷，人民出版社1972年版，第121页。
[2] 参见《列宁全集》第38卷，人民出版社1959年版，第202页。

代优秀文化成果的继承和发展，是同资产阶级世界历史理论中一切伪科学的、消极的文化因素决裂后的再生物。从黑格尔世界历史理论到马克思主义世界历史理论，其发展与嬗变，经历了从理论原则到立论依据、从方法到内容的彻底革命，从而在马克思主义世界历史观中，剔除了黑格尔世界历史观中消极因素残留的土壤和条件。

首先，马克思主义经典作家在创立唯物史观时，校正了历史发展中存在与意识的关系。他们认为，不是黑格尔所谓的"绝对理念""世界精神"决定历史发展；相反，是人类的主体活动决定世界历史的面貌和进程。

在《神圣家族，或对批判的批判所做的批判》中，马克思和恩格斯指出：黑格尔的历史观"不过是关于精神和物质、上帝和世界相对立的基督教德意志教条的思辨表现"，"黑格尔历史观的前提是抽象的或绝对的精神，这种精神正在以下面这种方式发展着：人类仅仅是这种精神的有意识或无意识的承担者，即群众。……人类的历史变成了抽象的东西的历史，因而对现实的人说来，也就是变成了人类的彼岸精神的历史"[1]。在《德意志意识形态》中，他们认为，先有人类主体的活动，然后才有历史的记载，任何历史思想，都是关于人们的历史进程的客观反映。历史活动是具体的人的活动，只要描绘出这个活动的过程，历史就不再像那些本身还是抽象的经验论者所认为的那样，是一些僵死事实的搜集；也不再像唯心主义者所认为的那样，是想象的主体的想象的活动。在历史活动中，人们在每一历史阶段上都要受到生产力的制约，受到生产方式的制约，人们的历史活动由个人的、狭隘的区域的、民族性的活动变成世界历史的活动，归根到底要受到"表现为世界市场的力量的支配"[2]。过去的一切历史观不是完全忽视了历史的这一现实基础，就是把它仅仅看成与历史过程没有任何联系的附带因素；人们的历史由于相互影响的活动范围在其发展进程中愈益扩大，各民族的原始闭关自守状态由于日益完善的生产方式、交往以及因此自发地发展起来的各民族之间的分工而被消灭得愈来愈彻底，"历史也就在愈来愈大的程度上

---

[1] 参见《马克思恩格斯全集》第2卷，人民出版社1957年版，第108页。
[2] 参见《马克思恩格斯选集》第1卷，人民出版社1972年版，第42页。

成为全世界的历史","由此可见,历史向世界历史的转变,不是'自我意识'、宇宙精神或者某个形而上学怪影的某种抽象行为,而是纯粹物质的、可以通过经验确定的事实,每一个过着实际生活的、需要吃、喝、穿的个人都可以证明这一事实"①。可见,在马克思主义世界历史理论这里,只是保留了黑格尔世界历史理论的合理性躯壳,而充实了具有活力的崭新内容。

在黑格尔世界历史观中,世界历史进程是由"世界精神"所决定的,最后归诸超世界历史的力量——"上帝"。而马克思主义世界历史观则正好相反,把世界历史进程归诸人类的主体活动及人类主体活动所依存的生产方式,从而为揭示世界历史进程奠定了科学的基础。

其次,马克思主义创始人认为,黑格尔世界历史理论的现实落脚点即所谓资本主义是世界历史的终点,是一种反动的历史理论。他们认为,资本主义不仅不是世界历史的终点,反而只是世界历史发展的开端和起点;共产主义——人类社会实现高级公有制的复归,才是世界历史发展的终点。

黑格尔认为,世界历史的旅程系自"东"而西,欧洲绝对地是历史的终点,亚洲是起点②。黑格尔的世界历史观把欧洲资本主义说成是人类历史上最合理、最完善的制度,鼓吹全世界走"西化"的道路。如此,才有世界历史行程的终结。这种世界历史理论,是与18—19世纪资产阶级政治经济学相呼应的。马克思则指出,资产阶级的政治经济学,不是把资本主义制度"看作历史上过渡的发展阶段,而是看作社会生产的绝对的最后的形式"③。

与黑格尔的世界历史理论相反,马克思主义认为资本主义只是世界历史的起点,而不是终点。马克思主义认为,资本主义在人类历史上曾经起过非常进步的作用,这就是人类社会从此进入近代化。近代化历史的开辟,就是人类社会世界历史进程的开始。在《德意志意识形态》中,马克思主义经典作家认为:资本主义的大工业"首次开创了世界

---

① 参见《马克思恩格斯选集》第1卷,人民出版社1972年版,第51—52、67页。
② 参见[德]黑格尔《历史哲学》,王造时、谢诒征译,商务印书馆1936年版,第173页。
③ 参见《马克思恩格斯选集》第2卷,人民出版社1972年版,第212页。

历史,因为它使每个文明国家以及这些国家中的每一个人的需要的满足都依赖于整个世界,因为它消灭了以往自然形成的各国的孤立状态"①。在《共产党宣言》中,他们又进一步申述道:"资产阶级在它已经取得了统治的地方把一切封建的、宗法的和田园诗般的关系都破坏了","资产阶级,由于开拓了世界市场,使一切国家的生产和消费都成为世界性的了……过去那种地方的和民族的自给自足和闭关自守状态,被各民族的各方面的互相往来和各方面的互相依赖所代替了。物质的生产是如此,精神的生产也是如此。各民族的精神产品成了公共的财产。民族的片面性和局限性日益成为不可能,于是由许多种民族的和地方的文学形成了一种世界的文学","资产阶级,由于一切生产工具的迅速改进,由于交通的极其便利,把一切民族甚至最野蛮的民族都卷到文明中来了"②。资产阶级只是担负了世界历史进程的不自觉的历史工具,资本主义社会也只是世界历史进程的一个阶段或者是一个环节而已。

资产阶级开辟了世界历史发展的道路,而无产阶级则最终完成了世界历史进程。共产主义社会,是世界历史进程的终点。在《德意志意识形态》中,马克思主义认为,资产阶级在开辟世界历史道路的同时,造就了世界历史过程的实现者与承担者——无产阶级。资本主义所造就的世界市场,为无产阶级"在世界历史意义上"的存在提供了前提条件,这样,共产主义作为"世界历史性的存在"就有了可能。在世界历史进程中,无产阶级是世界历史中真正的普遍利益的承担者和实施者,只有它才能"消灭整个旧的社会形态和一切统治"。如果说,马克思主义阶级斗争理论指出了共产主义实现的必然途径,那么,马克思主义世界历史理论则为共产主义的必然实现提供了无可辩驳的理论基石。由于在历史发展中,每一个民族同其他民族的变革存在着依存关系,最后,狭隘的地域性的个人被世界历史性的、真正普遍的个人所取代,这是必然的。随着现存的社会制度被共产主义革命所推翻,随着私有制遭到与这一革命有同等意义的消灭,同时,每一个单独个人的解放程度同历史完全转变为世界历史的程度是一致的。因此,人类社会世界历史性

---

① 参见《马克思恩格斯选集》第1卷,人民出版社1972年版,第51—52、67页。
② 同上书,第253—255、40页。

的共同活动也就成为共产主义革命的必要基础。由于以生产力的普遍发展和与此有关的世界交往的普遍发展，是共产主义的必要前提，因此，"共产主义对我们说来不是应当确立的状况，不是现实应当与之相适应的理想。我们所称为共产主义的是那种消灭现存状况的现实的运动"①。这就意味着，资本主义绝不是人类历史发展的顶点或终点，绝不是世界历史的全部内涵，它只能是世界历史发展进程的一个必要步骤；只有在共产主义，才能实现由历史向世界历史的全面转变。因此，只有共产主义才能赋予世界历史真正的全部的内涵，它才是世界历史进程的终点。

再次，在黑格尔的世界历史观中，其理论核心是欧洲中心主义与日耳曼种族优越论（在一定意义上，两者是一回事），因此，它所宣扬的是一种资本主义发展道路的西化模式。与此相反，马克思主义世界历史理论则认为，虽然在资本主义所开辟的世界历史进程中，世界各民族在一定历史条件下的发展程度有高有低，但绝不存在种族优劣之分，也没有什么欧洲中心论。不过，在各个不同的历史阶段，任何民族都可以走在世界文化发展的前列，甚至是居于顶峰地位。这是由特定的历史条件决定的，而不是由种族优劣所决定的。

马克思主义世界历史理论的着眼点是，"从直接生活的物质生产出发来考察现实的生产过程，并把与该生产方式相联系的、它所产生的交往形式，即各个不同阶段上的市民社会，理解为整个历史的基础"②。据此，马克思主义世界历史理论认为，人类历史转变为世界历史的真正动因在于生产力与分工的高度发展。社会化大生产使每个文明国家以及这些国家中的每个人的需要的满足都依赖于整个世界，从而消灭了前资本主义时代自然形成的各国孤立状态，形成了民族国家，出现了世界历史进程。资本主义所开辟的世界历史进程，是一幅壮美的历史画卷。从横向上看，建立在生产力与分工普遍发展基础上的各民族间的普遍交往，每一民族同其他民族的变革都有依存关系，都不可能孤立于世界历史发展的轨道之外；从纵向上看，在前资本主义时代，落后的生产力和社会分工，把历史分割在狭隘的民族地域中发展，随着历史向世界历史

---

① 参见《马克思恩格斯选集》第1卷，人民出版社1972年版，第253—255、40页。
② 同上书，第43、68页。

转变，生产力与生产关系的矛盾运动注定要使每一民族的历史发展冲破国界，走向世界。

在历史向世界历史转变过程中，所有民族，不论大小，都参与了人类历史发展过程，都能为人类历史的发展和进步做出自己的贡献。在这一过程中，任何国家与民族历史的发展同世界历史进程不是特殊与普遍、个别与一般的关系，而是构成部分与体系间不可分割的存在，因而其中不会存在什么欧洲中心论。当然，也不可否认，在不同的社会历史阶段，在不同的历史条件下，各民族在世界历史上所起的作用有大小之分，甚至某一民族在一定时期内所起的作用要比其他民族重要一些。譬如，在《德意志意识形态》中，经典作家把世界分为"大工业发达的国家"和"非工业的国家"两大部分[①]；在《资本论》中，马克思把世界分为"机器生产中心区"和为中心区发展工业服务的"主要从事农业的生产地区"[②]。但是，马克思主义并不认为这是由种族优劣造成的，而是社会历史发展不平衡规律支配的结果。社会历史发展不平衡，是一种普遍的历史现象，它将在世界历史过程中得到充分展示。可见，马克思主义世界历史理论既对各民族与世界历史进程的关系做了科学的说明，又消除了黑格尔世界历史理论中欧洲中心主义与种族优劣论在历史观上的消极影响。

由上可见，马克思主义世界历史理论直接的理论来源是黑格尔的世界历史观，但是，马克思主义在创立其伟大的唯物史观的过程中，对黑格尔的世界历史理论进行了革命性的改造，吸取其合理的外壳和精华性内容，同其中反动的、不科学的思想观点进行了决裂，弄清并肃清了黑格尔世界历史观中的消极影响。因此，在马克思主义唯物史观完形后，在马克思主义世界历史理论中，"新历史观"已经没有任何黑格尔世界历史观的旧痕了。

---

① 参见《马克思恩格斯选集》第1卷，人民出版社1972年版，第43、68页。
② 参见《马克思恩格斯全集》第23卷，人民出版社1972年版，第494页。

三 马克思主义世界历史理论
由单线论向多线论发展

马克思主义世界历史理论的目的,同整个马克思主义学说的理论旨趣是高度一致的:人类社会从原始公有制社会发展而来,必然要经由阶级、国家、私有制社会的发展而进入高级的公有制社会。资本主义只是世界历史发展过程中的一个阶段,它不是世界历史发展的顶点,更不具有永恒性,它只能是共产主义社会的昨天或前夜。共产主义社会是世界历史发展的终点,成为马克思主义世界历史理论切关宏旨、高屋建瓴的结论。因此,马克思主义世界历史理论是关于共产主义学说的理论基石之一。不过,在19世纪70年代以前,马克思主义世界历史理论阐发共产主义社会必然到来的这种必然性,是循着单线性的历史逻辑向前推进的。可将其阐释为如下几个方面。

首先,马克思主义世界历史理论认为,资本主义社会既是世界历史发展的起点,又是未来共产主义的起点,只有实现资本主义社会的无产阶级革命,才能完成世界历史过程,从而实现人类社会在高级公有制阶段的复归。

根据对社会历史全过程的研究,马克思主义认为,资产阶级所有制的产生和发展是历史的必然现象,是受生产力与社会交往支配而产生的几种所有制交替的结果。在《德意志意识形态》中,马克思主义认为:"历史不外是各个世代的依次交替。"① 随着生产力与分工的发展,历史的交替表现为不同的发展阶段。从所有制形态来看,人类社会经历了部落所有制、古代公社所有制和国家所有制、封建的或等级的所有制、现代资产阶级的所有制。而现代资产阶级的所有制愈益受到"表现为世界市场的力量的支配"。"由于共产主义革命而转化为对那些异己力量的控制和自觉的驾驭"②,资本主义必然被战胜。在《〈政治经济学批判〉序言》中,马克思认为,"大体说来,亚细亚的、古代的、封建的

---

① 参见《马克思恩格斯选集》第1卷,人民出版社1972年版,第51、42页。
② 同上。

和现代资产阶级的生产方式可以看做是社会经济形态演进的几个时代。资产阶级的生产关系是社会生产过程的最后一个对抗形式"①。资本主义大工业开辟了历史走向世界历史的进程，同时，也为自己准备了掘墓人——无产阶级。因此，马克思主义认为："无产阶级只有在世界历史意义上才能存在，就像它的事业——共产主义一般只有作为'世界历史性的'存在才有可能实现一样。"②

在马克思主义世界历史理论中，创始者所确立的共产主义的前提条件是现代资产阶级，因此可得出：①共产主义不能作为某种地域性的存在；②无产阶级只有在世界历史进程中存在，因而无产阶级革命是世界性的革命，是世界历史意义上的革命；③共产主义革命只能在现代资本主义社会同时取得胜利，"共产主义只有作为占统治地位的各民族'立即'同时发生的行动才可能是经验的，而这是以生产力的普遍发展和与此有关的世界交往的普遍发展为前提"③。马克思主义世界历史理论，是创始者关于社会主义在现代资本主义国家同时取得胜利的理论基础。1857年，恩格斯在《共产主义原理》中写道：共产主义革命"将在一切文明国家里，即至少在英国、美国、法国、德国同时发生。在这些国家的每一个国家中，共产主义革命发展得较快或较慢，要看这个国家是否工业较发达，财富积累较多，以及生产力较高而定"④。这样，马克思主义创始者在19世纪70年代以前对现代资产阶级社会爆发无产阶级革命，寄予殷切期望：世界革命由"法国人发出信号，开火，德国人解决战斗"⑤。

其次，马克思主义世界历史理论认为，虽然人类社会历史格局中存在东方与西方的差异，但是到了世界资本主义时代，东方社会的特殊性必然会消灭，从而沿着"世界历史"路径前行：经历资本主义社会，使民族的历史纳入世界历史轨道，然后再进入共产主义社会。这就是说，世界历史具有普遍的价值尺度，适用于西方或东方的历史发展。也

---

① 参见《马克思恩格斯选集》第2卷，人民出版社1972年版，第83页。
② 参见《马克思恩格斯选集》第1卷，人民出版社1972年版，第41、40、221页。
③ 同上。
④ 同上。
⑤ 参见《马克思恩格斯全集》第39卷，人民出版社1975年版，第246页。

正是在这个意义上，马克思主义世界历史理论论证了共产主义不仅是人类社会发展的最高阶段，而且是普遍的社会形态。

资本主义开辟了世界历史发展道路，是世界历史的起点，只有在资本主义社会里，无产阶级革命才能发生，才能完成世界历史进程，由此，资本主义的作用体现为如下几点。

第一，作为世界历史进程的开创者，资本主义具有普遍的价值和意义。随着世界资本主义的发展，任何国家和民族的历史，都会或先或后地纳入世界资本主义。1867年，马克思在《资本论》第1卷第1版的序言中说："问题本身并不在于资本主义生产的自然规律所引起的社会对抗的发展程度的高低。问题在于这些规律本身，在于这些以铁的必然性发生作用并且正在实现的趋势。工业较发达的国家向工业较不发达的国家所显示的，只是后者未来的景象。"①《资本论》以缜密的逻辑更加深刻地解析道，随着世界资本主义的拓展，一切前资本主义时代的土地关系，都必将让位给资本主义生产方式的土地所有权形式。

第二，由于资本主义开辟了世界历史的发展道路，因此，人类社会的发展必然走世界历史发展的共同道路，而社会历史的特殊性也将为普遍性所磨灭。以资本主义时代作为历史发展的一条分界线，在前资本主义时代，人类社会循着两条路线前进：西方社会的演进依次经历了原始社会、奴隶社会、封建社会和现代资本主义社会；东方社会沿着农村公社为基础的公共土地所有制解体的道路缓慢发展，从原始社会直到19世纪，仍然保留着人类社会原先形态的某些特征。②但是，随着资本主义的产生，随着世界历史进程的出现，东方社会注定要纳入世界历史轨道。这就意味着，从19世纪开始，东西方两条道路汇合，人类走着共同的历史发展道路，为共产主义创造现实条件。这就是说，资本主义和世界历史过程对于具有社会历史特性的东方社会，是不可逆转的历史必然。所以马克思指出："英国在印度要完成双重的使命：一个是破坏性的使命，即消灭旧的亚洲式的社会；另一个是建设性的使命，即在亚洲为西方式的社会奠定物质基础。"③

---

① 参见《马克思恩格斯选集》第2卷，人民出版社1972年版，第206、70、72、67页。
② 参见张奎良《马克思的东方社会理论》，《中国社会科学》1989年第2期。
③ 参见《马克思恩格斯选集》第2卷，人民出版社1972年版，第206、70、72、67页。

第三，在世界历史进程中，后纳入世界历史轨道的民族和国家，伴随着一定历史时期的苦难，但这又是必然的；只有到世界历史发展的终点，共产主义才会把这种苦难转化为甜浆。马克思认为，东方农村公社对历史的进步所起的作用是很小的。在农村公社里，东方社会变化很小、发展很慢。以印度为例："农村公社的孤立状态在印度造成了道路的缺少，而道路的缺少又使公社的孤立状态长久存在下去。在这种状况下，公社就一直处在那种很低的生活水平上，同其他公社几乎没有来往，没有希望社会进步的意向，没有推动社会进步的行动。"① 据此，马克思认为，东方社会的发展与世界历史进程是相违背的。"这些田园风味的农村公社不管初看起来怎样无害于人，却始终是东方专制制度的牢固基础；它们使人的头脑局限在极小的范围内，成为迷信的驯服工具，成为传统规则的奴隶，表现不出任何伟大和任何历史首创精神。"② 世界历史必然要把东方社会纳入自己的轨道。因此马克思认为，需要在亚洲有一次社会革命，如果没有一次根本的革命，人类社会就不能完成自己的使命。这个使命是什么呢？就是由历史走向世界历史，走向共产主义社会。在东方社会，需要什么样的社会革命呢？首先是用资本主义式的革命摧毁农村公社。"英国的干涉……这就破坏了这种小小的半野蛮半文明的公社，因为这破坏了它们的经济基础；结果，就在亚洲造成了一场最大的、老实说也是亚洲历来仅有的一次社会革命。"③ 这个历史的"不自觉的工具"，是由英国殖民主义来充当的。在马克思看来，东方社会进入世界历史轨道，是伴随着资本主义殖民入侵的血与火的，对于东方社会来说，是历史的灾难。在道德尺度上，应予痛斥；但是从历史尺度上讲，这则是一种历史的进步。马克思说："这么说来，无论古老世界崩溃的情景对我们个人的感情是怎样难受，但是从历史观点来看，我们有权同歌德一起高唱：'既然痛苦是快乐的源泉，那又何必因痛苦而伤心？难道不是有无数的生灵，曾遭到帖木儿的蹂躏？'"④ 当然，东方社会加入到世界历史进程，完成资产阶级式的革命，促成人类

---

① 参见《马克思恩格斯选集》第2卷，人民出版社1972年版，第206、70、72、67页。
② 同上。
③ 同上书，第67、68、73页。
④ 同上书，第68页。

社会在一个历史阶段的飞跃式发展，这还不是目的。它只是为了实现历史转变为世界历史，进入共产主义社会。因此，它也只是世界历史进程中的一个环节。从这个角度审视，马克思认为，尽管资本主义采用了不道德的方式把东方社会导入世界历史进程，但从世界历史眼光看，付出这种代价还是值得的；只有在东方社会进入资本主义后，无产阶级起来进行社会主义革命，这种代价的价值才能完全实现。这是因为"在大不列颠本国现在的统治阶级还没有被工业无产阶级推翻以前，或者在印度人自己还没有强大到能够完全摆脱英国的枷锁以前，印度人民是不会收到不列颠资产阶级在他们中间播下的新的社会因素所结的果实的"①。

作为单线论的世界历史理论，马克思主义经典作家认为：资本主义是共产主义的必然的阶梯，资本主义具有普遍的社会价值，必须经由资本主义进入社会主义；在前资本主义时代，东方社会同西方社会的发展存在着巨大的差异，但自从资本主义开辟了世界历史进程后，东西方历史发展便步入了共同的历史轨道，特殊性为共同性所消解了；东方社会被纳入世界历史轨道的过程是灾难性的，但这却是历史发展的需要，这个历史性代价只能在世界历史进程中得到补偿。因此，马克思用历史乐观主义的口气说道：

> 历史中的资产阶级时期负有为新世界创造物质基础的使命：一方面要造成以全人类互相依赖为基础的世界交往，以及进行这种交往的工具，另方面要发展人的生产力，把物质生产变成在科学的帮助下对自然力的统治。资产阶级的工业和商业正为新世界创造这些物质条件，正象地质变革为地球创造了表层一样。只有在伟大的社会革命支配了资产阶级时代的成果，支配了世界市场和现代生产力，并且使这一切都服从于最先进的民族的共同监督的时候，人类的进步才会不再象可怕的异教神像那样，只有用人头做酒杯才能喝下甜美的酒浆。②

---

① 参见《马克思恩格斯选集》第 2 卷，人民出版社 1972 年版，第 67、68、73 页。
② 同上书，第 75 页。

19世纪70年代，马克思主义世界历史理论不可避免地受到了历史发展的挑战。一是1871年法国巴黎公社的失败，表明无产阶级在短期内还不能在欧洲取得革命的胜利；而随后在德、美两国引发的世界性经济危机，也没有引爆世界无产阶级的大革命，这表明资本主义还有一定的社会调适能力，历史还在为其发展提供时空条件。二是原先并不为马克思主义创始人所重视的东方社会，特别是俄国，社会矛盾空前激化，社会革命的条件日益成熟。据此，马克思改变了他关于西方社会中无产阶级革命时代马上到来的判断。1881年4月29日，他在致夫人燕妮的信中不无遗憾地说：在西方，对于人类未曾经历的最革命的时期，由于现在自己已经"老了"，因此，"只能预见，而不能亲眼看见"①。由此，马克思主义经典作家把目光转向了东方社会，他们判断东方社会革命会马上来临。1877年9月27日，马克思致信弗·阿·左格尔时不无兴奋地说："俄国——我曾经根据非官方的和官方的俄文原始材料……研究过它的情况——早已站在变革的门前，为此所必需的一切因素都已成熟了。……要是老天爷不特别苛待我们，我们该能活到这个胜利的日子吧！"② 1880年1月10日，恩格斯致信威廉·李卜克内西时也十分乐观地说："俄国革命可能会在今年爆发并且将使整个欧洲的面貌立即改变。"③ 世界历史的发展，促进了马克思主义世界历史理论的发展和深化。

既然未曾经历资本主义典型发展时期的俄国，在土地公有、农村公社和专制国家三位一体的社会环境中可以爆发无产阶级革命，可以由民族的、国家的、区域的历史向世界历史转变，那么，这就意味着，由资本主义如西方社会向世界历史转变这条道路就不是唯一的，也并非人类历史发展的共同道路；人类历史向世界历史转变存在着东方道路和西方道路，既可以是欧洲资本主义类型的，也可以是东方社会主义类型的。这样，马克思主义世界历史理论就由单线论发展为多线论了。这是马克思主义世界历史理论向前发展的一次巨大飞跃，也是一种可喜的理论进步。

---

① 参见《马克思恩格斯全集》第35卷，人民出版社1971年版，第179页。
② 参见《马克思恩格斯全集》第34卷，人民出版社1972年版，第275、413—414页。
③ 同上。

在西方马克思主义研究中,有学者据此认为存在早年马克思与晚年马克思的对立与分歧,是因为他们只看到了马克思主义世界历史理论发生转变的表象,没有认识到马克思主义学说发展的本质特征:马克思根据实践的发展,不断推进着自己的认识。这个转变,并不意味着马克思主义唯物史观在前后阶段上的对立和矛盾,而是合乎社会实践发展逻辑地向前推进,是对科学学说的丰富。19世纪70年代以前的马克思主义世界历史理论单线论论述,是对欧洲资本主义历史向世界历史转变,人类社会必然经由资本主义过渡到共产主义的科学说明;19世纪70年代以后的马克思主义世界历史理论多线论论述,是对资本主义世界以外的社会发展转变为世界历史的科学解说,从而在更广阔的时空上论证了共产主义的必然性。因此,马克思主义世界历史理论由单线论发展为多线论,并不存在后者对前者的反叛或者否定,其理论精神是一致的,是后者对前者的深化。

在19世纪70年代以后,马克思主义世界历史理论由单线论向多线论发展,体现在以下三个方面。

其一,马克思主义创始人明确指出,他们在解剖西欧资本主义历史发展基础上所得出的共产主义结论,只适合于西方社会。如果把它作为一种普遍的历史结论,那就变成了伪科学的超历史哲学。

1877年11月,马克思写下了著名的《给〈祖国纪事〉杂志编辑部的信》。俄国自由派经济学家康·尼·米海洛夫斯基在《卡尔·马克思在茹柯夫斯基先生的法庭上》一文中说,根据马克思的理论,俄国只能走西方资本主义的道路,然后才能获得社会的新生。对此,马克思在信中指出以下两点:第一,"如果俄国继续走它在1861年所开始走的道路,那它将会失去当时历史所能提供给一个民族的最好的机会,而遭受资本主义制度所带来的一切极端不幸的灾难"[①]。在这里,马克思表述了与他先前在1853年6月所著的《不列颠在印度的统治》一文中不同的思想:之前他认为,历史转入世界历史,世界历史进程必将伴随着东方社会的巨大代价;而在信中他认为,东方社会进入世界历史进程,可以用最小的代价甚至是避免付出代价换来历史的巨大进步,即可以不必

---

① 参见《马克思恩格斯全集》第19卷,人民出版社1963年版,第129页。

经过资本主义的苦难而直接进入共产主义。第二，马克思对把关于西方资本主义的起源与发展作为普遍的历史解说，表现出极大的反感和愤怒。他指出："他一定要把我关于西欧资本主义起源的历史概述变成一般发展道路的历史哲学理论，一切民族，不管他们所处的历史环境如何，都注定要走这条路，——以便最后都达到在保证社会劳动生产力极高度发展的同时又保证人类最全面的发展的这样一种经济形态。但是我要请他原谅。他这样做，会给我过多的荣誉，同时也会给我过多的侮辱。""使用一般历史哲学理论这一把万能钥匙，那是永远达不到这种目的的，这种历史哲学理论的最大长处就在于它是超历史的。"① 在"一般历史哲学理论"面前，马克思表明了他的理论立场，关于西方资本主义的结论，只适用于西方；东方社会有自己的发展特点，有独特的发展道路；不能用西方社会的发展模式套用东方社会。后来，马克思在给维·伊·查苏利奇的信中强调，关于资本主义的解说，关于由资本主义向共产主义更替的理论，"明确地限于西欧各国"②。

其二，东方社会向世界历史转变的途径是，跨越资本主义发展的"卡夫丁峡谷"，直接在农村公社的基础上进入共产主义。由此，必须在以下几个方面努力。

第一，马克思指出，由于西欧社会经历了资本主义的长期发展，资本主义造就了大工业和无产阶级，因此，西方社会必然在资本主义的基础上进入共产主义。在东方社会，譬如俄国，社会发展道路与阶段则不同。它没有经历资本主义社会，但也不必从资本主义开始，在经历资本主义阶段后再进入世界历史进程。俄国还在全国范围内保留着农村公社，农村公社可以摆脱其原始特征，并直接作为集体生产的因素在全国范围内发展起来。"正因为它和资本主义生产是同时代的东西，所以它能够不通过资本主义生产的一切可怕的波折而吸收它的一切肯定的成就。"③ 他认为，俄国没有必要重复西方社会所走过来的路，先经过很长一段时间的机器发展的孕育期，然后再采用大工业。这就是说，东方

---

① 参见《马克思恩格斯全集》第 19 卷，人民出版社 1963 年版，第 130—131、268、431、326 页。
② 同上。
③ 同上。

社会的现实发展趋向，是由其历史的规范性与社会特点决定的。

第二，马克思和恩格斯认为，农村公社是共产主义的天然朋友，在农村公社的土壤中，可以建成共产主义大厦。针对俄国革命者所关心、所争论的问题："俄国公社，这一固然已经大遭破坏的原始土地公共占有制形式，是能够直接过渡到高级的共产主义的公共占有制形式呢？或者相反，它还须先经历西方的历史发展所经历的那个瓦解过程呢？"他们明确指出："目前唯一可能的答复是：假如俄国革命将成为西方无产阶级革命的信号而双方互相补充的话，那末现今的俄国土地公社所有制便能成为共产主义发展的起点。"①

为什么说农村公社是共产主义的起点呢？马克思论述道，西方资本主义的发展恰好提供了一个反证："'农村公社'的这种发展是符合我们时代历史发展的方向的，对这一点的最好证明，是资本主义生产在它最发达的欧美各国中所遭到的致命危机，而这种危机将随着资本主义的消灭、随着现代社会的回复到古代类型的最高形式，回复到集体生产和集体占有而结束。"② 从农村公社内部结构来看，它可以通向共产主义：土地公有制度有可能直接地、逐步地把小土地个体耕作变成集体耕作；俄国土地天然地适用于大规模地使用机器；农民习惯于劳动组合关系，有助于把它们从小土地经济向合作经济过渡。而运用英国式的资本主义租佃制来改造俄国农村公社，"是徒劳无功的，因为这种制度是同俄国国内整个农业条件相抵触的"③。

第三，马克思认为，农村公社是共产主义社会新生的支点，这只是一个理论上的可能，要将这种可能性变成现实，还"必须肃清从各方面向它袭来的破坏性影响，然后保证它具备自由发展所必需的正常条件"④。

要肃清哪些破坏性的影响呢？马克思分析了农村公社内部的二重性，这种二重性导致两重可能的结果："或者是私有原则在公社中战胜

---

① 参见《马克思恩格斯全集》第 19 卷，人民出版社 1963 年版，第 130—131、268、431、326 页。
② 同上书，第 439 页。
③ 同上。
④ 同上。

集体原则,或者是后者战胜前者。"① 要消除农村公社内部的破坏性影响,当然是指消除公社内部私有原则的影响。如何保证它具备自由发展的正常条件呢?马克思指出,一方面,既不能使它像东印度那样,成为外国征服者的猎获物,跳入资本主义的深渊,也不能使它脱离现代世界孤立生存,"和控制着世界市场的西方生产同时存在,使俄国可以不通过资本主义制度的卡夫丁峡谷,而把资本主义制度的一切肯定的成就用到公社中来"②;另一方面,就是在农村公社中发生革命,它是挽救农村公社的唯一通道,"如果革命在适当的时刻发生,如果它能把自己的一切力量集中起来以保证农村公社的自由发展,那末,农村公社就会很快地变为俄国社会复兴的因素,变为使俄国比其他还处在资本主义制度压迫下的国家优越的因素"③。

其三,由于东方社会在向世界历史转变中,走着和西方完全不同的道路:西方社会的发展是"只能随着资本主义的消灭,现代社会的回复到'古代'类型的公有制而结束";而东方社会则是在古代类型的公有制形式内直接进入到高级公有制,因此,必须利用"和它同时并存的资本主义生产在给它提供集体劳动的一切条件","吸取资本主义制度所取得的一切肯定成果",这样,农村公社就可以不必通过解除它的外壳,然后再建立一种新的高级的公有制形式,即"不必自杀就能获得新的生命"④。

通过对东方社会历史状况、社会特征和发展趋向的分析,马克思主义世界历史理论获得了新的生长点。其主要体现在以下几点。

第一,东西方社会的历史发展自古以来就走着不同的道路,具有不同的历史特点。西方社会经历资本主义的发展,必然进入共产主义;而东方社会则能够跨越资本主义的"卡夫丁峡谷",也进入共产主义,这是一种殊途同归式的发展。

第二,资本主义开辟了世界历史进程,而东方社会并不在世界历史进程之外,它是以农村公社为起点,通过吸收资本主义的文明成果而开

---

① 参见《马克思恩格斯全集》第19卷,人民出版社1963年版,第439页。
② 同上书,第439、437、269、450—451、435—436、441、451页。
③ 同上。
④ 同上。

始的,这是历史发展的统一性呈现出来的多样性特点。

第三,世界历史进程分别表现为东西方两条线索,它们的各自进程取决于各自所处的具体的历史环境。总之,不论如何,共产主义的历史发展都适合其历史进程,是它们所展开的世界历史运动的终结点。

四 简短的结语

通过以上对马克思主义世界历史理论的考察与分析,我们可以得出如下结论。

第一,马克思主义世界历史理论是马克思与恩格斯共同的思想理论成果;在理论内涵上,他们的思想是高度一致的。

第二,马克思主义世界历史理论是批判地继承近代资产阶级世界历史观,尤其是黑格尔世界历史观的成果,是资产阶级世界历史理论成果在近代符合历史逻辑的发展,是马克思主义创始者对以黑格尔为代表的世界历史理论体系变革的伟大成果。在马克思主义世界历史理论中,丝毫没有资产阶级世界历史理论的旧痕。

第三,当马克思主义世界历史理论作为单线论形态时,它的着眼点在西方资本主义社会,是对西方资本主义发展到共产主义的科学分析;当马克思主义世界历史理论在19世纪70年代以后表现为多线论形态时,其着眼点则是整个人类社会,包容了东西方社会历史,是对不同历史特点、不同历史状况、不同历史发展模式的民族、国家进入世界历史进程的科学解说。

第四,马克思主义世界历史理论是马克思主义唯物史观的重要原理之一,是在世界历史层面上对共产主义社会必然性的科学论证,是从世界历史发展角度对人类历史行程的理论概括和高度总结,揭示了各民族、各国家、各地区历史发展的世界性意义,从横向上包容了人类历史发展的丰富多彩性和规律性,它是在世界历史理论领域对社会形态理论的崭新阐发。

第五,我们既不能把19世纪70年代以前马克思主义关于世界历史理论的论述等同于马克思主义世界历史理论的全部内涵;同样,也不能把 19 世纪 70 年代以后的解说等同于马克思主义世界历史理论本身。前者着眼于西方社会，进行历史学的研究；后者着眼于东方社会，进行历史人类学的解析。在理解马克思主义世界历史理论时，要把前后两阶段的思想进行动态考察，进行整体分析，从唯物史观的高度进行科学把握，从而在当代世界发展中丰富和发展马克思主义世界历史理论。

革命、改革与社会历史进程

在社会历史进程中，革命与改革具有决定性意义。但是，一个多世纪以来，国际共产主义运动中围绕着革命与改革的问题，论战激烈；在我国理论界乃至史学理论界，亦有回响。革命与改革，既是人类社会进程中的重大实践问题，也是马克思主义历史本体论中的重大理论问题。

一 革命与改革，是马克思主义历史观的基本范畴

社会革命与改革，本是马克思主义唯物史观的一对重要范畴。但是，长期以来，这对范畴因"左"的影响而蒙上了历史的尘灰。在关于历史唯物主义的教科书中，对"革命"有充分的、拔高的表述，而对"改革"则没有正面阐释，只有等同于"改良主义"的批判。人们在理论上，进而在社会观念上造成对"改革"的偏见，笔者认为主要有以下几个原因。

其一，在第二国际时期，修正主义、机会主义思潮泛滥，马克思主义者坚定地维护唯物史观，对贬斥社会革命的改良主义进行了尖锐的批判。其后，在共产主义阵营内，造成了一种误解：似乎马克思主义是只讲社会革命而否定改革的。

其二，社会主义国家及其阵营的产生，源于社会革命。因此，在社会主义阵营内，理论界几乎形成了对于社会革命与改革的共识：将两者

的对立与区别绝对化，认为它们之间存在着一条鲜明的不可逾越的界限。① 更有甚者，受"越'左'越革命"的极左观念支配，把社会革命在历史进程中的作用极力夸大，以显示理论立场与观点的"革命性"。

其三，在我国理论界，受以上两个原因的影响，形成了关于社会革命与改革的传统认识，没有给予社会改革以应有的位置。在"文革"之前，理论界流行的权威说法是：社会总是在和平发展与革命变革的交互更替过程中前进的，和平发展时期总是比革命变革时期长得多，但革命对社会的发展起着强大的促进作用。② "文革"后，表述略异，但基本意思却是相同的：如同一切事物的发展总是采取量变和质变两种状态一样，人类社会的发展也总是在和平进化和革命变革这两种状态的交互更替过程中前进的，在一定条件下，这两种状态对人类社会的发展都是重要的，但相对来说，革命是社会急剧变动的时期……革命对社会进步的推动作用就更为明显。③ 我国史学界沿袭哲学界的看法，在"史学概论"体系中讲述历史发展时，也没有给社会改革以应有的地位。

对此，应在理论上予以澄清。

社会革命与改革，是马克思主义历史本体论中的一对重大关系，是马克思主义历史观的题中之义。对其所展现的重要性应从以下几个方面进行考察。

首先，从马克思主义历史观上考察。马克思主义历史观是科学的历史观与方法论，它对全部历史给予了辩证的明晰的解说。1859年，马克思主义创始人在表述其历史观时，确立了社会革命与改革这对范畴的理论内涵：人们在自己生活的社会生产中发生一定的、必然的、不以他们的意志为转移的关系，即同他们的物质生产力的一定发展阶段相适合的生产关系。这些生产关系的总和构成社会的经济结构，这就是法律的和政治的上层建筑竖立其上并有一定的社会意识形式与它相适应的现实基础。在社会历史中，人们的社会存在决定人们的意识。当社会的物质

---

① 参见艾思奇主编《辩证唯物主义与历史唯物主义》，求实出版社1985年版，第441页。
② 参见艾思奇主编《辩证唯物主义与历史唯物主义》，人民出版社1963年版，第298页。
③ 参见肖前、李秀林、汪永祥主编《历史唯物主义原理》，人民出版社1983年版，第211页。

生产力发展到一定阶段，便同它们一直在其中活动的现存生产关系或财产关系发生矛盾。于是这些关系便由生产力的发展形式变成生产力的桎梏。那时，社会革命的时代就到来了。① 据此，我们可以得出以下几点启示。

第一，社会革命有其严格的前提，即当生产关系成为生产力发展的桎梏时，也就意味着，不打破现存的生产关系则生产力没有发展的余地时，社会革命才能爆发。

第二，社会革命的爆发不是任意的、经常的，不是人们的主观行动，而是历史客观规律支配的结果。它往往产生于某一生产关系形式发展的终结点。

第三，生产力的发展是绝对的、永恒的，生产关系的发展则是相对的。生产关系对生产力的依存关系是可变的。在一种生产关系确立后，它与生产力的依存关系有一个发展过程。在这个漫长的历史过程中，其适应性是基本的和长期的，即量变是其基本的形式，而不适应、质变是其最终结果，它反映着历史发展的总趋势，它意味着质变、社会跃迁的来临。

第四，在生产关系与生产力相互依存的量变状态中，协调其关系的机制是什么呢？是改革，通过生产关系的自身改善来促进生产力的发展。只有当它不能根本性地调解其冲突时，当生产力与生产关系的矛盾通过阶级矛盾的激烈冲突表现出来时，它的位置才被社会革命所取代；而在新的生产关系与生产力的历史地位形成后，其调适的外壳与动力，依然是改革。如此，在阶级社会里，社会改革与革命的位置，经常发生周期性的更替，而它们各自在社会生活中的作用，也常常此消彼长。

马克思主义经典作家为我们作上述理解时，留下了两条依据。其一是在马克思主义唯物史观创立时期②恩格斯的说明。在1845年出版的《〈英国工人阶级状况〉导言》中，恩格斯说："英国工人阶级的历史是从18世纪后半期，从蒸汽机和棉花加工机的发明开始的。大家知道，这些发明推动了产业革命，产业革命同时又引起了市民社会中的全面变

---

① 参见《马克思恩格斯选集》第2卷，人民出版社1972年版，第82—83页。
② 参见张艳国《对马克思主义唯物史观创立时期的历史考察》，《学习与探索》1995年第1期，又见《新华文摘》1995年第5期。

革，而它的世界历史意义只是在现在才开始被认识清楚。"① 这里的"革命"，是指生产力的革命；"变革"与"改革"是同义语。因为，资本主义生产关系在建立后，经历产业革命，生产力得到飞速发展，反过来促进了这种新生的社会形态的自我改造，围绕着生产关系的自我完善，资本主义社会的上层建筑、意识形态形式等也得到了全面的改造。这种变革，并不是要推翻资产阶级自身统治地位的社会革命，而是一种改善自身发展条件的自我调控，是一种由社会统治阶级自主发动的社会改革。这里，恩格斯是从无产阶级的发展及其历史地位的角度讨论资本主义社会的改革的。其二是马克思在《资本论》中，从资本主义的发展角度，讨论了资产阶级对生产关系的自我调整与改善。马克思认为，资本主义社会的发展经历了协作、分工和工场手工业、机器和大工业这三大阶段，或三种生产方式。随着技术革命的发生，生产的技术条件的改变必然引起产业结构的改变、引起生产过程中社会条件的改变等连锁反应，这就是说，变革劳动过程的技术条件和社会条件，从而变革生产方式本身②。我们看到，到资本主义发展的第三种生产方式时代，随着生产关系和上层建筑等方面的重组和改变，资本主义便成为社会必然的存在形式，从而资本主义就完成了它的发展历程。从中可以看出，虽然资本主义的产生是因由资产阶级对中世纪封建主进行革命，而资本主义生产方式的发展主要有赖于资本主义的社会改革。如此，社会革命与改革就统一于资本主义生产方式的外壳之内了。在社会历史进程中，马克思主义对资本主义的解析以及对社会革命与改革关系的揭示，具有典范的意义。

其次，从马克思主义研究人类社会历史过程的方法上考察。从一般意义上说，人类社会的发展经历了三大阶段，即原始公有制社会、阶级社会和高级公有制社会。马克思主义创始人在研究人类社会从原始公有制社会向阶级社会跃迁时，确立了社会革命与改革两者关系的范型。

恩格斯在《家庭、私有制和国家的起源》中分析了雅典国家产生的一般意义。他指出，在原始公有制社会，人们的生活条件和氏族制度

---

① 参见《马克思恩格斯全集》第2卷，人民出版社1957年版，第281页。
② 参见《马克思恩格斯全集》第23卷，人民出版社1972年版，第350页。

相适应，这种历史的发展经历了漫长时期。随着"氏族联系的破裂，或同氏族人和同部落人分裂为互相斗争的对立阶级"的产生，随着古老的氏族制度"无力反对货币的胜利进军"，随着"在各种城市劳动部门间实行的分工所造成的新集团，创立了新的机关以保护自己的利益；各种官职都设立起来了"，这时，氏族制度已经走到了尽头，国家将不可逆转地产生了。正是梭伦"在公元前594年实现改革的方式"，促成了国家的出现。梭伦"以侵犯所有制"来"揭开了一系列所谓政治革命"[1]。就"梭伦改革"的方式与措施而言，它是严格意义的改革：梭伦推行的经济改革、政治改革，是和平地、自上而下地推进的。"随着有产阶级日益获得势力，旧的血缘亲属团体也就日益遭到排斥；氏族制度遭到了新的失败"[2]，它没有经历两大阶级间急风暴雨式的生死斗争与对抗；就梭伦改革的历史意义而言，它是严格意义上的革命：梭伦改革，揭开了人类历史上所有制更替的序幕，而社会革命的主题，正是促成所有制的变迁。恩格斯精辟地指出："迄今所发生的一切革命，都是为了保护一种所有制以反对另一种所有制的革命。它们如果不侵犯另一种所有制，便不能保护这一种所有制。在法国大革命时期，是牺牲封建的所有制以拯救资产阶级的所有制；在梭伦所进行的革命中，应当是损害债权人的财产以保护债务人的财产。……的确，一切所谓政治革命，从头一个起到末一个止，都是为了保护一种财产而实行的，都是通过没收（或者也叫做盗窃）另一种财产而进行的。所以毫无疑问，二千五百年来私有制之所以能保存下来，只是由于侵犯了财产所有权的缘故。"[3] 从人类社会由原始公有制向私有制发展的普遍性来看，它是改革与革命的结果，只不过两者具有同一性意义，即那时的改革就是革命，而那时的革命也就是改革。这样说来，它们就不具有在阶级社会里所有制变迁过程中的革命与改革的丰富含义。

在阶级社会里，人类社会的发展大体经历了"亚细亚的、古代的、

---

[1] 参见《马克思恩格斯选集》第4卷，人民出版社1972年版，第108—111、112、110—111页。

[2] 同上。

[3] 同上。

封建的和现代资产阶级的生产方式"① 几种社会经济形态的演进。而每一种生产方式的交替，都是一次革命，都是以一种所有制取代另一种所有制的革命；在每一种新的所有制确立以后，巩固和完善这种所有制的一切努力，都是社会改革。人类从阶级社会进入到更高级的公有制社会，即共产主义，它将经历深刻的社会革命。资本主义不可能解决的社会基本矛盾激化到资本主义外壳无法相容的地步，"资本主义私有制的丧钟就要敲响了，剥夺者就要被剥夺了"，无产阶级革命的时代就要到来了。由于无产阶级革命不是建立在经由资本主义社会所产生的社会主义经济形态上的，随着深刻的社会革命的结束，无产阶级必然要进行广泛而深刻的社会改革，诚如恩格斯所预言的那样，社会主义是一个不断改革的社会。经历社会主义长过程的改革，人类社会就进入高级阶段的公有制社会，由此实现人类向共产主义社会的复归。历史就是这样一个神奇的辩证法：人类社会通过改革使原始公有制裂变，进入到私有制、阶级和国家社会，最后又在社会主义阶段通过改革实现人类历史向高级阶段的复归，消灭阶级和国家，实现共产主义。人类社会经历漫长的历史过程，其间既有阶级社会里革命的腥风血雨，又有改革的惊涛骇浪，革命与改革在氏族社会向阶级社会的裂变中产生，其后两者又不断变换角色位置，同奏人类进化的凯歌，最后，因各自的形式实现凤凰涅槃。由此可见，从人类历史变迁来考察，革命与改革是一对共同吸吮人类母亲乳汁的孪生兄弟。

最后，从理论上考察。马克思主义研究人类社会变迁的基本观点是：无论哪一种社会形态，在它所能容纳的社会生产力发挥出来以前，是决不会灭亡的；而新的更高的生产关系，在它存在的物质条件在旧社会的胎胞里成熟以前，是决不会出现的。② 社会形态的必然交替，是不可抗拒的历史规律，因此，社会革命是一种必然的历史现象；而任何一种社会形态的存在与延续，都有不以人们意志为转移的历史依据，在任何一种社会形态内，生产关系并不是一直被动地依附于生产力，它在相当长的历史时段，可以主动地调适自我，完善自己适合于生产力的形

---

① 参见《马克思恩格斯选集》第2卷，人民出版社1972年版，第83页。
② 同上。

式。因此，社会改革也是一种必然的社会现象。

在物质世界，量变与质变规律是无法抗拒的，这是一条宇宙定律。它在人类社会领域的表现，就是：改革与量变相对应，定格于某一特定的社会形态；革命与质变相对应，定格于某一社会形态向另一社会形态交替的特定历史阶段。因此，社会革命与改革的运动定律，是人类社会变革的定律之一。

由上可见，马克思主义的历史观，是建立在社会革命与改革这对范畴的科学解说上的。离开了对这一范畴的科学解析，就不能揭示人类社会变迁的斯芬克斯之谜。在马克思主义历史观中，既没有离开改革来谈论社会革命，也没有离开革命来谈论社会改革；它既反对片面的革命论，也反对机会主义、修正主义的改良主义。马克思主义的历史观，确立了社会革命与改革的辩证关系，赋予了它们各自科学的理论内涵。

二 革命，是社会进步的特殊形式

社会革命，是指先进阶级运用暴力手段推翻反动阶级的统治，用先进的社会制度代替腐朽的社会制度，它是对既存的生产方式、社会结构与思想意识形态进行的根本性变革与重构，从而把人类社会推向更高的阶段。任何类型的社会革命，它都能直接地解放生产力，调动人民群众的历史主动性，促进社会的发展和进步。对于社会革命的积极作用与历史意义，历史唯物主义教科书和史学概论教材已有充分的说明。这里仅就被忽略的问题略陈管见。

1. 社会革命有严格而科学的内涵，不能泛化使用

马克思主义经典作家总是严格限定社会革命的内涵。他们认为："任何一个真正革命都是社会革命，因为它使新阶级占据统治地位并且让它有可能按照自己的面貌来改造社会。"[①] 衡量任何一种社会形态的暴力手段是否是社会革命，有严格的标准：这种行动是推翻和摧毁反动

---

① 参见《马克思恩格斯选集》第2卷，人民出版社1972年版，第620页。

阶级的政治统治，并从各方面冲击旧制度，改造旧的生产关系，建立和发展新的社会制度，促进生产力迅速发展，并为科学技术、文化教育和艺术事业的发展扫清道路。但是，在我国学术界，把社会革命作了狭隘的理解，并且不适当地泛化概念，即把被压迫阶级用武装起义或内战方式向统治阶级争夺统治权的斗争，理解为革命，出现了"奴隶革命""农民革命"等学术用语。其实，在马克思主义经典著作中，是没有这样的概念的。根据马克思主义经典作家所确立的社会革命概念及其内涵，可见：奴隶起义不能造就新的社会制度，把社会推向更高的社会阶段，这一任务客观上是由地主阶级来完成的；农民起义不能造就新的社会制度，即使在封建社会不断地改朝换代，农民终究走不出中世纪，而这一任务是由资产阶级来完成的。奴隶起义、农民造反，它们只具有被统治阶级反抗剥削阶级的深刻意义，但不具备推进历史发展阶段的社会属性。任何一种类型的社会革命，必须是新的生产关系的承担者，即"新生产方式担当者"①。只有这个"担当者"，才能从根本上解决生产关系不适应生产力状况的矛盾，才能出现被马克思主义经典作家所规范的"社会革命时代"。为什么奴隶不是奴隶社会革命的承担者，这是由奴隶的经济地位决定的。马克思说："在古代的罗马，阶级斗争只是在享有特权的少数人内部进行，只是在自由富人与自由穷人之间进行，而从事生产的广大民众，即奴隶，则不过为这些斗士充当消极的舞台台柱。"②恩格斯也说："古代是没有用胜利的起义来消灭奴隶制的事情的"③，甚至举例说："斯巴达克的失败，也证明他们不可能解放自己。"④而列宁的解说则更是经典性的了："我们知道，奴隶举行过起义，进行过暴动，掀起过国内战争，但是他们始终未能造成自觉的多数，未能建立起领导斗争的政党，未能清楚地了解他们所要达到的目的，甚至在历史上最革命的时机，还是往往成为统治阶级手下的小

---

① 参见［苏］尼·布哈林《历史唯物主义理论》，何国贤等译，人民出版社1983年版，第302页。
② 参见《马克思恩格斯选集》第1卷，人民出版社1972年版，第599—600页。
③ 参见《马克思恩格斯选集》第4卷，人民出版社1972年版，第153页。
④ 参见《马克思恩格斯全集》第19卷，人民出版社1963年版，第332页。

卒。"① 至于说农民起义为什么不是社会革命，翦伯赞先生依据马克思主义理论做过精辟的分析："农民反对封建压迫、剥削，但没有，也不可能意识到把封建当作一个制度来反对。农民反对封建地主，但没有，也不可能意识到把地主当作一个阶级来反对。农民反对封建皇帝，但没有，也不可能意识到把皇权当作一个主义来反对。"② "历史上农民暴动的结果不是被镇压下去，就是在农民战争的废墟上产生新的王朝，而社会的根本状态，即封建的经济和政治制度，仍然没有改变。"③ 当然，奴隶起义、农民造反的积极意义还是应当充分肯定的。其中最有历史意义的是：促进统治阶级主动地调整生产关系，即采取让步政策，在一定时期和一定程度上促进社会生产力的发展和社会安定。

2. 社会革命不是仅仅以夺权为目的的单纯的暴力斗争，不是寓于社会矛盾之的突发事件或社会冲突，而是一种有序列的社会变革状态

社会革命的第一序列是思想革命。马克思主义认为，任何一种社会制度不仅建立在一定的经济基础上，而且也依赖于占统治地位的社会意识形态。支配物质生产资料的阶级，同时也支配着精神生产资料，这就是说，统治阶级的思想在每一时代都是占统治地位的思想。④ 因此，要进行社会革命，首先必须使代表先进生产力的阶级率先在思想上摆脱统治阶级的精神束缚，实现思想的革命化，并运用先进理论鼓动人民群众起来同反动统治进行斗争。

社会革命的第二序列是政治革命，即新的革命的阶级夺取国家政权，重建社会政治结构。它是运用革命的理论，践行本阶级的社会理想。列宁指出：一切革命的根本问题是国家政权问题。⑤ 又指出，国家政权从一个阶级手里转到另一个阶级手里，都是革命首要的基本的标志。⑥ 虽然在阶级社会里，无论政权怎样转移，统治阶级所建立的国家

---

① 参见《列宁选集》第4卷，人民出版社1972年第2版，第55页。
② 参见《翦伯赞历史论文选集》，人民出版社1980年版，第60、174页。
③ 同上。
④ 参见《马克思恩格斯全集》第3卷，人民出版社1956年版，第52页。
⑤ 参见《列宁选集》第3卷，人民出版社1972年第2版，第19、25页。
⑥ 同上。

机器都是旧的国家机器,但具体来说,在社会历史交替的每一历史阶段,即在社会革命后,新的统治阶级的代表总要或多或少地改变旧国家机器的部分零件与存在形式,使之与政治理想统一起来,使之对社会生产力的发展在一定时间内起到积极的推动作用。这正是马克思主义所揭示的:"革命之所以必需,不仅是因为没有任何其他的办法能推翻统治阶级,而且还因为推翻统治阶级的那个阶级,只有在革命中才能抛掉自己身上的一切陈旧的肮脏东西,才能成为社会的新基础。"① 这就切中了社会革命的本质和要义。

社会革命的第三序列是经济革命。夺取政权的新的统治阶级总要利用政权作为经济变革的杠杆,改造旧社会的生产关系,建立与先进生产力发展相应的生产关系形式。地主阶级是如此,资产阶级更是如此。关于这一点,《共产党宣言》说得再明白不过了:"过去一切阶级在争得统治之后,总是使整个社会服从于它们发财致富的条件,企图以此来巩固它们已经获得的生活地位。"②"资产阶级除非使生产工具,从而使生产关系,从而使全部社会关系不断地革命化,否则就不能生存下去。"③在社会政治革命完成后,生产关系的重组与重建,是无论如何也不能避免的了。当然,随着基本上适应先进生产力发展的新的生产关系形式的建立,社会生产力会以更快的速度、更大的规模发展,常常为技术革命的实现开辟道路。

当然,社会革命中的三种革命序列是否同时展开?哪一序列先行展开?这都要由该国的具体条件而定。

由此看来,社会革命是一种具有内在历史规定性与规律性的社会实践。

3. 社会革命,是社会进步阶段上的突变,是一种特殊形式

可以从以下几点对其进行理解。

首先,从人类历史发展的全过程来看。社会革命,只是阶级社会的历史现象,而不能贯穿于人类社会的始终。马克思指出:"被压迫阶级

---

① 参见《马克思恩格斯选集》第 1 卷,人民出版社 1972 年版,第 77、262、254 页。
② 同上。
③ 同上。

的存在就是每一个以阶级对抗为基础的社会的必要条件。因此，被压迫阶级的解放必然意味着新社会的建立。要使被压迫阶级能够解放自己，就必须使既得的生产力和现存的社会关系不再继续并存。在一切生产工具中，最强大的一种生产力是革命阶级本身。革命因素之组成为阶级，是以旧社会的怀抱中所能产生的全部生产力的存在为前提的。"[①] "只有在没有阶级和阶级对抗的情况下，社会进化将不再是政治革命。"[②] 在历史上，奴隶主阶级、地主阶级、资产阶级曾经扮演过革命阶级的角色，但是，无产阶级，只有无产阶级，才是人类社会真正革命的阶级，它将社会历史推进到共产主义社会，实现了人类历史在高级阶段上的复归。由此可见，在人类社会演进的全过程中，相对于社会改革而言，社会革命只不过是一种特殊的历史现象。

其次，从阶级社会演进的几个阶梯来看。社会革命具有特定性，它只是在从一种社会形态向另一种社会形态转变的关节点上才发生，它要有特定的历史条件。

根据对社会关系发展的总体把握，马克思把阶级社会划分为若干阶段："生产关系总和起来就构成为所谓社会关系，构成为所谓社会，并且构成为一个处于一定历史发展阶段上的社会，具有独特特征的社会。古代社会、封建社会和资产阶级社会都是这样的生产关系的总和，而其中每一个生产关系的总和同时又标志着人类历史发展中的一个特殊阶段。"[③] 这几个独特的历史阶段嬗递，往往要经历社会革命。这就意味着，社会革命只能存在于社会历史阶段的交替环节。这是因为，社会革命的发生，是阶级社会的某一历史阶段上的社会基本矛盾、主要矛盾对抗方式的产物，是这两大矛盾的最后解决形式。因此，它不可能发生在任何"特殊阶段"的社会中期。

在人类社会几个"特殊阶段"的交替环节，不可避免地产生社会革命，还在于其内在的历史规定性。生产力最后要冲破生产关系的束缚，必然反映在社会阶级矛盾上，引起社会矛盾的连锁反应：第一，统治阶级不可能照旧不变地维持自己的统治，统治集团的某种危机，即统

---

① 参见《马克思恩格斯选集》第1卷，人民出版社1972年版，第160、161页。
② 同上。
③ 参见《马克思恩格斯全集》第6卷，人民出版社1956年版，第487页。

治阶级的政治危机，被统治阶级的愤怒和不满造成一个爆破的突破口，单单是下层人民不能照旧生活下去，对革命的到来通常是不够的，要使革命到来，还必须是统治阶级也不能照旧生活下去；第二，被压迫阶级的贫困和灾难超乎寻常地加剧，加速了革命的到来；第三，群众的历史主动性与革命积极性大大提高，这些群众在"和平时期"忍受着统治阶级的掠夺，而在动荡时期，整个危机和统治集团都迫使他们去进行独立的历史性的发动。

可见，社会革命并不是经常发生的，是在某一特定的历史阶段、特定条件下发生的。它比统治阶级及其统治集团为了缓解生产关系对生产力发展造成的束缚，为了缓和社会主要矛盾而实施的社会改革这种方式，要特殊得多、复杂得多。

既然社会革命有其特殊的适用性，它是社会进步的特殊形式，因此，任何夸大社会革命而排斥社会改革的观点，都是失之偏颇的。

三　改革，是社会进步的普遍形式

社会改革，是社会阶级矛盾以及其他社会矛盾妥协性、调和性解决的一种手段。社会主导阶级及其权力集团通过领导自上而下的社会变革，实现社会机制的转换，发挥社会机体的再生力，促进社会稳定和发展。社会改革通常有两种形式：一种是社会制度的根本变革，转轨换型；另一种是社会制度的自我完善，具有革命性意义的除旧布新。

前者是通过和平的方式，进行自上而下的变革，取得社会革命的结果。它是在阶级矛盾激化之前，统治阶级中的健康力量和革命的阶级联合起来，实现具有革命性质的社会制度的根本性变革，由一种社会制度转换为另一种社会制度，实现社会形态的更替。

在奴隶制国家向封建制国家的转变中，一种类型的国家是沿着社会改革的道路行进的。譬如中国古代社会的战国时代，在奴隶制礼崩乐坏、奴隶反抗、国人暴动的社会危机面前，一部分奴隶主主动向新兴的地主阶级转化，并与之联合起来，领导奴隶制国家向封建国家转变。魏国有李悝变法，赵国有公仲连改革，楚国有吴起变法，韩国有申不害变法，齐国有邹忌改革，更为波澜壮阔、影响深远的则是秦国的商鞅变法，通过秦始皇统一中国的战争，六国变法的成果在全国范围内得到巩固，社会改革使旧时代的权力结构、社会经济制度、社会政治制度以及社会礼乐制度发生了根本变化。通过改革，新型的统治阶级——地主阶级登上了历史舞台。从世界范围来看，这种类型的国家还有古代的日本，如大化革新等。

在封建制国家向近代资本主义国家的转变中，也有一些国家是沿着第一种类型的社会改革道路行进的。譬如19世纪中叶的俄国。在俄国，由于资本主义的发展受到当时占统治地位的封建农奴制的严重压制和束缚，废除农奴制，为新的生产力开辟前进的道路，便成为历史发展的迫切要求和必然趋势，历时400多年的农奴制陷入了深刻的危机。1856年，亚历山大二世告诉莫斯科的贵族说："现行农奴领有制不能一成不变，从上而下废除农奴制，比等到从下面自行废除要好一些。"1861年，废除农奴制的改革，是资产阶级性质的改革，它是俄国历史从封建生产方式过渡到资本主义生产方式的转折点。农奴制的废除，使资本主义的发展获得了必需的劳动力、市场和资金，此后，俄国的社会生产力有了较快的发展，资本主义经济在俄国逐渐占据统治地位；同时，沙皇专制制度的阶级基础扩大了，沙皇专制政府成了地主阶级与资产阶级的联合专政。列宁指出：如果总的看一看1861年俄国国家全部结构的改变，那就必然会承认，这种改变是封建君主制向资产阶级君主制转变的道路上的一步，这不仅从经济观点来看是正确的，而且从政治观点来看也是正确的。① 1861年以后，俄国资本主义的发展是这样的迅速，只用数十年的工夫就完成了欧洲某些旧国家整整几个世纪才能完成的转变。从世界史角度看，进行这种类型改革的国家还有近代的英国、日本、德国等。

前述第二种类型的社会改革，是统治阶级的自体调节，即统治阶级集团内部的健康力量对倾危的政治、经济、文化制度的自救运动，兴利除弊，拨乱反正；它是使社会主体结构适应变化了的历史条件而进行的自我调适，自我更新，继续发展。它是社会制度的自我更新和自我完

---

① 参见《列宁全集》第17卷，人民出版社1959年版，第96页。

善，是社会生产关系和上层建筑对生产力、生产方式的"让步"，其结果一般是，在较大程度上促进社会进步。这种形式的改革，超越社会历史形态，更具有普遍深刻的历史意义。

在封建社会，在世界各国，无不以社会改革作为其存在的形式之一。中国专制主义中央集权的社会历经两千多年，社会改革贯穿其始终。从汉代至清朝，每一个延续较长历史的王朝，在其开端，或至其中叶，或在其末世，无不进行深刻的社会改革运动。汉代有文景时代的改革、刘秀改革，唐代有贞观—开元盛世的改革、杨炎改革，宋代有王安石变法，明代有张居正改革，清代有康熙改革，等等。在俄国中世纪，通过伊凡四世所推行的政治、经济、司法、军事方面的改革，加强了沙皇的中央集权，巩固了俄罗斯的封建专制制度，使分裂的王公贵族势力受到打击，由基辅俄罗斯发展壮大为一个庞大的封建帝国。通过改革，俄罗斯的封建经济、文化得到了一定程度的发展，迎来了鼎盛的封建制时代。

在近代资本主义社会，资本主义也是在不断的社会改革中前进和壮大的。在资本主义生产方式确立以后，即使在资本主义制度还处在上升阶段的国家里，也爆发了工人阶级为改善其政治、经济地位而进行的反抗。人民反抗，促进了资本主义的自体调节。资产阶级进行社会改革，完善了资本主义社会体制。

就拿最早进入资本主义社会的英国来说，19世纪三四十年代，英国产业革命已经进入到完成阶段，在这种历史背景下，工业资产阶级与地主贵族、金融寡头的矛盾激化了，工人阶级与资本主义剥削制度的矛盾也日益尖锐了。于是爆发了具有世界历史意义的"宪章运动"。正是英国宪章运动，带来了近代资本主义制度的深刻变化。资本主义通过改革，使社会形态更具有顽强的社会伸张能力。恩格斯在谈到宪章运动的历史作用时说："它失败了，但是斗争给胜利了的资产阶级留下很深刻的印象，所以从那时起，它就甘愿以不断向工人让步为代价来换取比较长期的休战。"[①] 从宪章运动以后，资本主义不断进行了一些社会改革，如在政治上实行自由主义政策，允许一定程度上的言论、出版、集会、

---

① 参见《马克思恩格斯全集》第19卷，人民出版社1963年版，第284页。

结社自由；从优厚的利润中抽出一部分，在工人阶级中推行工联主义；不对劳动时间实行强制的法律限制，从 1833 年至 1864 年不断修订工厂法；等等。由于英国资产阶级所推行的这些社会改革措施，大大促进了资本主义社会的社会稳定与经济发展。由于这种改革的办法具有示范效应，因此，后起的资本主义国家也不能不加以借鉴和推广。

从原始积累的资本主义到工业革命后的资本主义，其间经历了一个重大变化。这个重大变化是因为工人阶级的反抗和资产阶级的社会改革而造成的。经过宪章运动后的资本主义的社会改革，确立了近代资本主义社会的定型制度。我们通常所谓的近代资本主义，就是指宪章运动以后至第二次世界大战前的资本主义。它带来了资产阶级政治制度、经济制度、思想文化制度和社会管理制度的完善，促进了资本主义在近一个世纪内以较高的速度发展，迅速显示出作为还处在上升时期的新社会形态的繁荣景象。从工业革命的资本主义到现代资本主义，又发生了一个重大变化。它经历了第二次世界大战后资本主义又一次在全世界范围内的社会改革。这次改革主要限于经济制度和科技文化制度方面。通过这次改革，资本主义显示社会生产关系仍有一定的潜力可以保证发达的社会生产力继续前进的生命力，它带来了高科技和全面现代化的资本主义。总之，如果离开了社会改革，在资本主义体内，就不会产生定型的社会制度，资本主义就不能发展到现代资本主义阶段。

正是基于对人类社会发展史，特别是阶级社会发展过程的历史考察，马克思主义经典作家充分肯定社会改革的历史推动作用，并预言社会主义也必须经过不断的社会改革，才能取得长足的进步和全面发展。1890 年，恩格斯说道：我认为，所谓"社会主义社会"不是一种一成不变的东西，而应当和其他社会制度一样，把它看成是经常变化和改革的社会。[①] 改革，是社会主义发展的直接动力。在无产阶级取得政权后，建设社会主义，必须进行社会改革，通过改革，加快人类走向共产主义，实现人类社会向高级公有制复归的历史性过程。

在完成了资本主义向社会主义转变的无产阶级革命后，巩固和发展社会主义的重要途径和动力，是社会主义改革。社会改革，在社会主义

---

① 参见《马克思恩格斯全集》第 37 卷，人民出版社 1971 年版，第 443 页。

阶段是普遍存在的，只有它才能促进社会主义的蓬勃发展。这主要有以下几个原因。第一，在无产阶级革命中，对未来社会主义发展模式的设计，难免存在主观与客观相脱离，马克思主义普遍真理同具体国情相脱节的偏失。因此，在社会主义建设实践中，必须对原先所设计的社会发展模式进行全面改革。第二，社会主义还只是共产主义的第一阶段，生产关系与生产力状况、上层建筑与经济基础状况既有相适应又有冲突和不相适应的部分，因此，必须通过改革来调解这种冲突和不适应性，以保证社会生产力迅速发展，保证社会主义优越性全面发挥出来。第三，由于社会主义是共产主义的第一阶段，因而决定了在社会现实生活中，还存在利益层次、利益集团的纠纷和矛盾，因此，这就需要通过社会改革来调整社会利益关系，以保证社会主义事业顺利进行。因为在社会主义条件下，这种全社会范围内的利益冲突与利害纠葛，主要是人民内部矛盾，因而解决的途径与方法，就不能是社会革命的方式，而只能是社会改革的方式。

当然，在社会主义这个历史阶段所进行的社会主义改革，是后一种意义的改革，即社会制度的自我完善，而不是由一种社会形态向另一种社会形态的交替。

纵观人类社会发展的全过程，社会改革作为推动人类社会进步的普遍方式，就在于它贯穿于人类历史发展的始终。

四　革命与改革，共同决定社会历史进程

社会革命与社会改革，是共生于人类历史发展过程中的一对范畴。如果没有社会革命与社会改革的矛盾运动，人类社会的步履就要停滞，人类文化的发展就不能延续。只有社会革命而没有社会改革，人类社会就必然会乱成一团，人类文明就没有生存与积累的稳定条件；只有社会改革而没有社会革命，人类社会就必然如死水一潭，人类文明也不可能有发展和进步。因此，单单就这对范畴的某一方面而言，它们各自并不具备历史发展的决定作用；只有在两者依存共进的演化中，才能产生支配历史发展的伟力。社会革命与社会改革的关系如下所述。

1. 社会革命与社会改革，既有区别，又相联系

社会革命与社会改革，是在人类历史发展过程中起重大作用的两个事物，有明确的分界线。诚如列宁所指出的：改革的概念，无疑是同革命的概念相对立的；忘记这个对立，忘记划分两种概念的界线，就会经常在一切历史问题的推断上犯最严重的错误。① 关于两者的界限与区别，可从以下几个方面来考察。

第一，从社会历史发展过程来看，社会革命只存在于阶级和国家这段历史长河内；而社会改革则存在于人类社会始终。因此，社会革命是人类社会发展的特殊形式，而社会改革则是社会进步的普遍形式。

第二，从人类社会发展过程的序列来看，社会革命一般发生在某一旧的社会形态走向衰亡、新的社会形态即将到来的历史转折时期；而社会改革则要么是社会革命的准备，要么是社会革命的补充或后续（表现为巩固革命成果的行为）。因此，社会革命是激烈的急风暴雨式的阶级斗争，而社会改革则是社会发展在步骤上、方式上的和平推进。

第三，从事物发展的内在规定性来看，社会革命是突破事物发展的质的临界点的根本性变化，是从旧质到新质的飞跃；而社会改革则局限于事物发展的质的临界点的渐进。因此，社会革命总是表现为所有制的质变，而社会改革则表现为所有制在新的发展程度上量的积累。

由于两者各因不同的历史环境而存在，因此，不能把它们混为一谈。在推进社会发展中运用好这两种形式，一定要区别对待。列宁认为：

> 对于一个真正的革命家来说，最大的危险，甚至也许是唯一的危险，就是夸大革命性，忘记适当地和有成效地运用革命方法的限度和条件。真正的革命家如果开始用大写字母开头写"革命"二字，把"革命"奉为几乎是神圣的东西，丧失理智，不能最冷静最清醒地考虑、权衡和检查一下究竟应该在什么时候、什么环境、什么场合采取革命行动，应该在什么时候、什么环境、什么场合转

---

① 参见《列宁全集》第17卷，人民出版社1959年版，第97—98页。

而采取改良主义的行动,那他们就最容易为此而碰得头破血流。……尽量冷静地考虑到:在什么时候,哪些任务可以用革命方法解决,哪些任务不能用革命方法解决。①

之所以区别社会革命与社会改革的差异,是为了认识各自存在的历史合理性与历史作用,防止走向单纯的、绝对的革命主义或抽象的、片面的改良主义。

社会革命与社会改革,是对立的存在,但又不是各不相干的事物,而是一个互相联系的矛盾体。我们可以从以下几个方面来分析。

首先,从人类历史发展角度来看,社会改革寓于社会革命之中,社会革命,是存在于社会改革过程中的革命,没有社会改革,就没有社会革命。因为,只有当生产关系不适应生产力状况的矛盾变成对抗性质时,社会的自救运动(主体调节)无能为力时,社会革命才能爆发。因此,社会革命是相对于社会改革而存在的。反之,在历史发展的各不相同的社会历史阶段,改革的程度与水平、形式与方法的差异,却因社会革命而反映出来。没有不同历史阶段转换中的社会革命,就不会体现出不同历史发展阶段上社会改革的差异,如地主阶级改革与资产阶级改革之不同,乃在于地主所有制取代奴隶主所有制、资产阶级所有制取代地主所有制的不同。

其次,从历史发展的质的规定性来看,社会改革反映着历史发展的连续性。社会结构处于稳定的发展状态之中,即社会生产关系还有提供生产力发展的潜力时,社会改革就为历史发展的连续性开辟着道路;反之,社会革命就体现着历史发展的阶段性,即不同的所有制形式体现着人类社会的不同发展阶段。在历史发展的连续性与阶段性中,社会改革总是为历史发展的阶段性进行着量的积累和补偿,而社会革命则总是为历史发展的连续性开辟着新的发展方向和道路。列宁所说的在十月革命后采取新经济政策,是"所谓改良主义式的办法"②,就反映了社会革命与社会改革的联系性。

---

① 参见《列宁选集》第4卷,人民出版社1960年版,第575—576、575页。
② 同上。

抹杀了社会革命与社会改革的联系性，同样也不能科学地揭示社会历史进程。

2. 社会革命与社会改革，既互相渗透，又互相转化

由于社会革命与社会改革共生于人类历史过程，它们不以人们的意志为转移地必然联系在一起，因此，在一定的历史时期，往往互相渗透。这就是说，在社会革命中，往往有改革措施；在社会改革中，又常常有革命手段。在前面的讨论中已涉及过具体事例，在此不再赘述。社会革命与社会改革的联系性，是两者在历史进程中相互渗透的必要前提和客观条件。

马克思主义唯物辩证法同形而上学的差别在于，它是科学的思想方法，认为世界上的一切统一体中的矛盾，既相互区别，又相互联系，在一定条件下更可以相互转化。恩格斯在《自然辩证法》中精辟地指出：

> 一切差异都在中间阶段融合，一切对立都经过中间环节而互相过渡……辩证法不知道什么绝对分明的和固定不变的界限，不知道什么无条件的普遍有效的"非此即彼！"，它使固定的形而上学的差异互相过渡，除了"非此即彼！"，又在适当的地方承认"亦此亦彼！"，并且使对立互为中介；辩证法是唯一的、最高度地适合于自然观的这一发展阶段的思维方法。①

如果离开了矛盾转化，事物就不能发展，世界就会漆黑一团。这就是社会革命与社会改革相互转化的理论依据。从人类社会的发展，尤其是阶级社会的变迁来看，也是如此。譬如，列宁称俾斯麦实行改革，"他完成了一系列的'上层革命'"②，又说"俾斯麦依照自己的方式，依照容克的方式完成了历史上进步的事业"③。在人类历史长河中，社会革命与社会改革在一定条件下相互转化的事例，实在是太多了。

综上所述，人类社会的历史进程，全因社会革命与社会改革这两种

---

① 参见《马克思恩格斯选集》第3卷，人民出版社1972年版，第535页。
② 参见《列宁全集》第18卷，人民出版社1959年版，第533页。
③ 参见《列宁全集》第21卷，人民出版社1959年版，第86页。

形式此消彼长，有序地奔涌向前；如果离开了社会革命与社会改革的对立统一，人类社会的发展就失去了动力和活力。这当然是显而易见的。

马克思主义是如何看待社会历史进程中的代价问题的

社会历史前进的步履,是否总是伴随着历史性代价?在人类历史进程中,是存在进步愈大、代价愈巨的铁定规律?还是存在进步愈快、代价愈小的铁定规律?近年来,学术界在讨论中各执一词。引人注意的是,不论论者持何种观点,在剖析社会历史进程中的代价现象时,他们都申明自己依据了马克思主义的经典论述。那么,马克思主义是如何看待社会历史进程中的代价问题的?本文试作研究。

一 马克思主义是在何种条件下肯定"代价"的

正如有的论者所引证的那样,马克思主义经典作家确实论述过代价与社会历史进步的关系,认为历史的巨大进步与巨大代价是联系在一起的。但是,值得注意的是,这些论述并不是从一般的、普遍的理论意义上讲的,他们并没有说社会历史的进步总是同巨大的历史代价联系在一起的;而是从印度古代历史向近代历史转折这个前提条件下论述的,他们将历史进步与付出代价作为一个对子讨论时,有明确的历史条件和理论前提。显然,很难把他们关于具体的历史认识当成普遍的理论。

在关于英国殖民主义对近代印度统治的两篇文章《不列颠在印度的统治》《不列颠在印度统治的未来结果》中,马克思针对印度由古代村社制的发展进入近代资本主义的历史,把印度殖民统治作为印度近代化(资本主义化)的代价。这是从单线论的世界历史理论角度论述的。

在马克思看来,古代村社制给印度历史带来了灾难,这是由印度历史发展的内因造成的。从很古老的时候起,印度居民就散居全国各地,因农业和手工业的家庭结合而聚居在各个很小的地点,村社制度便承担着社会管理的职能,这种制度使每一个社会的小单位都成为独立的组织,过着闭关自守的生活;居民在这种简单的自治制度的管理形式下生活着,村社的边界很少变动,因而居民对于王国的崩溃和分裂毫不在意,只关心村社是否完整无损。"这些田园风味的农村公社不管初看起来怎样无害于人,却始终是东方专制制度的牢固基础;它们使人的头脑局限在极小的范围内,成为迷信的驯服工具,成为传统规则的奴隶,表现不出任何伟大和任何历史首创精神。"① 马克思深刻分析道,古代印度历史的灾难不仅仅在于"内战、外侮、政变、被征服、闹饥荒"这些苦难事件的本身,而恰恰在于村社制度对"人性"所造成的伤害:

> 我们不应该忘记那种不开化的人的利己性,他们把自己的全部注意力集中在一块小得可怜的土地上,静静地看着整个帝国的崩溃、各种难以形容的残暴行为和大城市居民的被屠杀,就像观看自然现象那样无动于衷;至于他们自己,只要某个侵略者肯来照顾他们一下,他们就成为这个侵略者的无可奈何的俘虏。我们不应该忘记:这种失掉尊严的、停滞的、苟安的生活,这种消极的生活方式,在另一方面反而产生了野性的、盲目的、放纵的破坏力量,甚至使惨杀在印度斯坦成了宗教仪式。我们不应该忘记:这些小小的公社身上带种姓划分和奴隶制度的标记;它们使人屈服于环境,而不是把人提升为环境的主宰;它们把自动发展的社会状况变成了一成不变的由自然预定的命运,因而造成了野蛮的崇拜自然的迷信,身为自然主宰的人竟然向猴子哈努曼和牡牛撒巴拉虔诚地叩拜,从这个事实就可以看出这种迷信是多么蹧(疑为"糟"——引者注)踏人了。②

归纳起来,古代印度的灾难,是历史停滞性发展的灾难。马克思既

---

① 参见《马克思恩格斯选集》第2卷,人民出版社1972年版,第67—68页。
② 同上。

对印度古代历史发展的这种停滞性、稳定性深表同情，又从世界历史观角度着眼，认为必须打破古代印度历史进程中的这种停滞性和稳定性，进行必要的社会革命，使印度历史的发展和全世界各民族的历史发展一样，进入世界历史轨道。

在马克思看来，由古代村社制统治下停滞性发展的印度进入近代资本主义历史阶段，英国殖民主义在印度统治所造成的灾难，同古代印度历史的灾难相比，是不可同日而语的。英国破坏了印度社会的整个结构；印度失掉了它的旧世界而没有获得一个新世界；不列颠统治下的印度斯坦同自己的全部古代传统，同自己的全部历史，断绝了联系。因此，马克思断言："不列颠人给印度斯坦带来的灾难，与印度斯坦过去的一切灾难比较起来，毫无疑问在本质上属于另一种，在程度上不知要深重多少倍。"① 因为英国殖民主义在印度的统治，是在亚洲式的专制基础上建立起来的欧洲式的专制，"这两种专制结合起来要比萨尔赛达庙里的狰狞的神像更为可怕"，如同殖民统治者自己所招供的："它是把政治家的全部实际技巧同商人的全部垄断利己心肠结合在一起进行统治的"，因此，"这就使它的居民现在所遭受的灾难具有了一种特殊的悲惨的色彩"。②

马克思毕竟是一个历史的理性论者，他虽然对印度历史在英国殖民主义统治下的悲惨遭遇深切同情，"从纯粹的人的感情上来说，亲眼看到这无数勤劳的宗法制的和平的社会组织崩溃、瓦解、被投入苦海，亲眼看到它们的成员既丧失自己的古老形式的文明又丧失祖传的谋生手段，是会感到悲伤的"③；同时，他也批判了"资产阶级文明的极端伪善和它的野蛮本性"④。但是，马克思认为英国资本主义改变了印度历史发展的方向，"结果，就在亚洲造成了一场最大的、老实说也是亚洲历来仅有的一次社会革命"⑤。因为英国在印度的近代纺织工业，破坏

---

① 参见《马克思恩格斯选集》第 2 卷，人民出版社 1972 年版，第 63、63—64、67、74、69、70 页。

② 同上。

③ 同上。

④ 同上。

⑤ 同上书，第 67 页。

了印度的小小的半野蛮半文明的公社，这就破坏了他们的经济基础；海港在印度的使用，使印度摆脱了孤立状态，而孤立状态正是印度过去处于停滞状态的主要原因；铁路在印度的开辟，瓦解了印度种姓制度所凭借的传统的分工方式，而种姓制度则是印度进步与强盛道路上的基本障碍。在马克思看来，支配印度历史发展的村社制度，决定了印度历史的停滞性和稳定性，因此马克思认为："印度本来就逃不掉被征服的命运，而且它的全部历史，如果要算做它的历史的话，就是一次又一次被征服的历史。……我们通常所说的它的历史，不过是一个接着一个的征服者的历史，这些征服者就在这个一无抵抗、二无变化的社会的消极基础上建立了他们的帝国。"[①] 马克思所讨论的问题，"并不在于英国殖民者是否有权利来征服印度，而在于印度被不列颠人征服是否要比被土耳其人、波斯人或俄国人征服好些"。由于英国殖民者比印度人以及土耳其人、波斯人或俄国人具有更高级的社会文明，因而印度文明不仅影响不了他们，反而可以被他们所消灭。就是在这个意义上，马克思把英国殖民主义在印度的统治，归结成为著名的"双重使命论"："英国在印度要完成双重的使命：一个是破坏性的使命，即消灭旧的亚洲式的社会；另一个是建设性的使命，即在亚洲为西方式的社会奠定物质基础。"[②] 古代印度文明被破坏，造成了印度文明的悲剧色彩，前文已述及，不再赘述；建设性的使命，是指英国殖民统治把古代印度纳入近代资本主义的历史范畴，在印度移植西方文明，从而使印度走上马克思主义所规范的世界历史道路。在马克思的视域中，英国在印度所奠定的"西方式的"社会物质基础，是同印度进入世界历史进程联系在一起的；英国殖民者实现了在印度更加牢固和占地更广的政治统一，这是使印度复兴的首要前提；电报的使用，将使这种统一巩固永远地存在下去；新式军队的组建，是印度自己解放自己和不再一遭遇侵略者就被征服的必需条件；自由报刊的创办，是改造这个社会的新的强有力的因素；在一些地方，勉强受到一些很不充分的教育的土著居民中间，正在成长起一个具有管理国家的必要知识并且接触了欧洲科学的新的阶层；

---

① 参见《马克思恩格斯选集》第2卷，人民出版社1972年版，第69页。
② 同上书，第70页。

蒸汽、海港和铁路的使用，使印度摆脱了孤立的状态。如此，"这个一度是神话中的国度就将同西方世界实际地联结在一起了"①。

马克思在将古代印度历史的灾难性发展，同英国殖民者在促使印度向近代社会转轨过程中所造成的苦难做了比较后认为，后者的苦难程度比前者不知要大多少倍。尽管如此，前者不能通向国家复兴之路；至于后者，"无论如何我们都可以满怀信心地期待，在多少是遥远的未来，这个巨大而诱人的国家将复兴起来"，这是有依据的："这个国家里的人民文雅，用萨尔梯柯夫公爵的话来说，甚至最低阶级里的人民'都比意大利人更精细更灵巧'；这个国家里的人民的沉静的高贵品格甚至抵销了他们所表现的驯服性；他们看来好像天生疲沓，但他们的勇敢却使英国的军官们大为吃惊；他们的国家是我们的语言、我们的宗教的发源地，从他们的札提身上我们可以看到古代日耳曼人的原型，从他们的婆罗门身上我们可以看到古代希腊人的原型。"② 作为一个历史的理性论者，马克思是将近代资产阶级的罪恶、社会历史发展所付出的代价，同历史进步的步履联系起来考察的："难道资产阶级做过更多的事情吗？难道它不使个人和整个民族遭受流血与污秽、穷困与屈辱就达到过什么进步吗？"③

正是将资产阶级的罪恶、历史发展所付出的代价同社会历史进程联系起来，马克思阐发了两条关于社会历史进程中需要付出代价的论述。前者着眼于付出代价的一方（古代印度），阐述了历史尺度与价值尺度的统一；后者偏重于制造代价的一方（近代资产阶级），阐述了现实与目标（理想）的统一：

> 的确，英国在印度斯坦造成社会革命完全是被极卑鄙的利益驱使的，在谋取这些利益的方式上也很愚钝。但是问题不在这里。问题在于，如果亚洲的社会状况没有一个根本的革命，人类能不能完成自己的使命。如果不能，那末，英国不管是干出了多大的罪行，它在造成这个革命的时候毕竟是充当了历史的不自觉的工具。这么

---

① 参见《马克思恩格斯选集》第2卷，人民出版社1972年版，第71、73—74、73页。
② 同上。
③ 同上。

说来，无论古老世界崩溃的情景对我们个人的感情是怎样难受，但是从历史观点来看，我们有权同歌德一起高唱：

"既然痛苦是快乐的源泉，
那又何必因痛苦而伤心？
难道不是有无数的生灵，
曾遭到帖木儿的蹂躏？"①

历史中的资产阶级时期负有为新世界创造物质基础的使命：一方面要造成以全人类互相依赖为基础的世界交往，以及进行这种交往的工具，另方面要发展人的生产力，把物质生产变成在科学的帮助下对自然力的统治。资产阶级的工业和商业正为新世界创造这些物质条件，正象地质变革为地球创造了表层一样。只有在伟大的社会革命支配了资产阶级时代的成果，支配了世界市场和现代生产力，并且使这一切都服从于最先进的民族的共同监督的时候，人类的进步才会不再象可怕的异教神像那样，只有用人头做酒杯才能喝下甜美的酒浆。②

马克思发表以上两段论述的时间分别是 1853 年 6 月和 7 月。众所周知，在 1875 年以前，马克思主义东方社会理论的明确对象是中国和印度。而东方社会理论是马克思主义世界历史理论的重要组成部分之一。而马克思主义关于科学社会主义的理论基石之一，则正是他们的世界历史理论。在将俄国纳入马克思主义东方社会理论的视域之前（1875 年之前），马克思主义的世界历史理论是循着单线论前进的。③其内容具体如下。

第一，在 19 世纪四五十年代，马克思主义认为，社会主义革命只能在资本主义这个历史阶段发生，并且必将首先在资本主义的发达国家英、法、美、德等国家发生。

第二，资本主义的商业、世界贸易开辟了人类世界历史的轨道，任

---

① 参见《马克思恩格斯选集》第 2 卷，人民出版社 1972 年版，第 68 页。
② 同上书，第 75 页。
③ 参见张艳国《马克思主义世界历史理论由单线论向多线论的发展》，《中州学刊》1999 年第 2 期。

何国家、任何民族都将被纳入世界历史进程。在《共产党宣言》中，马克思主义经典作家指出："资产阶级，由于开拓了世界市场，使一切国家的生产和消费都成为世界性的了。……过去那种地方的和民族的自给自足和闭关自守状态，被各民族的各方面的互相往来和各方面的互相依赖所代替了。物质的生产是如此，精神的生产也是如此。"① 在《资本论》第1卷第1版的序言中，马克思指出："问题本身并不在于资本主义生产的自然规律所引起的社会对抗的发展程度的高低。问题在于这些规律本身，在于这些以铁的必然性发生作用并且正在实现的趋势。工业较发达的国家向工业较不发达的国家所显示的，只是后者未来的景象。"② 他认为，随着世界资本主义的进一步拓展，一切前资本主义时代的土地关系，都必将让渡给资本主义生产方式的土地所有权形式。

第三，资本主义是世界历史进程的起点，而共产主义则是其终点。后进入世界历史进程的国家，就是后进入资本主义的国家。人类社会的世界历史进程是必然的，共产主义的历史结果也是必然的。在《德意志意识形态》中，马克思主义经典作家指出："各个相互影响的活动范围在这个发展进程中愈来愈扩大，各民族的原始闭关自守状态则由于日益完善的生产方式、交往以及因此自发地发展起来的各民族之间的分工而消灭得愈来愈彻底，历史也就在愈来愈大的程度上成为全世界的历史。"③ "共产主义……是以生产力的普遍发展和与此有关的世界交往的普遍发展为前提的。"④ 当然，在1875年以后，当马克思主义东方社会理论探讨了俄国农村公社以后，它就由单线论的世界历史理论发展为多线论的世界历史理论了。他们认为，落后国家可以跨越资本主义的卡夫丁峡谷而进入共产主义，人类的世界历史进程并不是单线性的，而是多线性的，因而通往共产主义的道路也是多种多样的。

由上可以看出以下几点。其一，在讨论英国殖民主义在印度的统治时，马克思预设了一个问题，"如果亚洲的社会状况没有一个根本的革命，人类能不能完成自己的使命"？这里所谓的"使命"，是指世界历

---

① 参见《马克思恩格斯选集》第1卷，人民出版社1972年版，第254—255页。
② 参见《马克思恩格斯选集》第2卷，人民出版社1972年版，第206页。
③ 参见《马克思恩格斯选集》第1卷，人民出版社1972年版，第51、40页。
④ 同上。

史进程。如果不经过世界历史进程，人类就不能实现共产主义，人类就不能由必然王国这个此岸世界进入自由王国那个彼岸世界，人类就不能完成自然历史过程。正是在这个意义上，马克思认为，印度历史在转轨中必然遭受极大的苦难，但这是值得的。因为他接着解答了自己提出的这个重大问题："如果不能，那末，英国不管是干出了多大的罪行，它在造成这个革命的时候毕竟是充当了历史的不自觉的工具。"英国殖民者是古代印度跨入世界历史进程这一革命性转折的不自觉的历史工具。其二，英国殖民者在印度奠定"西方式的"社会物质基础时，印度必然要付出历史性代价。这种历史性代价是以什么为补偿的呢？是以印度加入世界历史进程，进入共产主义时代为补偿的。只有在世界历史进程的终点，在无产阶级社会主义革命支配资产阶级时代的革命成果时，人类历史的进步才能得到补偿，即不必像可怕的异教神像那样，只有用人头做酒杯才能饮下甜美的酒浆。正是在世界历史进程和共产主义这个意义上，印度以遭受英国殖民主义的苦难成为历史进步的代价，这才算成立。

显而易见，马克思主义在这里所讨论的历史代价问题，是十分明确的：当资本主义是落后国家进入共产主义的中介时，落后国家必须付出陷入资本主义苦难的深重代价。这也是马克思主义承认历史进程中代价现象具有合理性的理论前提。

二 马克思主义是在何种条件下否定"代价"的

在19世纪70年代中期以后，马克思主义创始人把俄国社会的发展前途纳入了他们的东方社会理论范畴。通过对东方社会历史发展状况、社会特征和发展趋向的分析，马克思主义世界历史理论获得了新的生长点，由单线论发展为多线论。他们将人类历史的发展划分为东方和西方两种类型，从而认为：第一，东西方社会的历史发展自古以来就走着不同的道路，具有不同的历史特点，西方社会经历资本主义的长期发展，必然进入共产主义，东方社会则能够跨越资本主义的卡夫丁峡谷，进入共产主义；第二，资本主义开辟了世界历史进程，而东方社会的发展也并不是处在世界历史进程之外,它是以农村公社为起点,通过吸收资本主义的文明成果而开始的;第三,世界历史进程分列为东西方两条线索,它们的各自进程,主要取决于各自所处的具体历史环境。不论如何,共产主义的历史发展都适合其历史进程,而共产主义正是它们所展开的世界历史运动的终结点。由于19世纪70年代中期后马克思主义在世界历史理论上的转折,他们关于社会历史发展与代价问题的论述,也就发生了相应的变化。

马克思主义认为,在东方农村公社基础上建立共产主义的大厦,可以不经过资本主义的苦难。换言之,以消灭农村公社、经历资本主义的苦难作为进入共产主义的必备条件,即代价,是不值得的。理由有以下几点。

其一,马克思主义认为,资本主义对于俄国农村公社来说,是一种灾难。在1877年11月《给〈祖国纪事〉杂志编辑部的信》中,马克思指出:"如果俄国继续走它在1861年所开始走的道路,那它将会失去当时历史所能提供给一个民族的最好的机会,而遭受资本主义制度所带来的一切极端不幸的灾难。"① 在1881年2—3月间给俄国女革命家维·伊·查苏利奇的复信草稿中,马克思指出,俄国政府消灭公社所有制,推进资本主义的做法,是"正在尽一切可能准备把群众推入这一灾祸之中"②。1893年10月,恩格斯在致尼·弗·丹尼尔逊的信中也指出,俄国由农村公社经历资本主义所遭受的苦难,将要比西欧资本主义化所遭受的苦难大得多:毫无疑问,从原始的农业共产主义过渡到资本主义的工业制度,没有社会的巨大变革,没有整个阶级的消失和它们转变为另一些阶级,那是不可能的;而这必然要引起多么巨大的痛苦,使人的生命和生产力遭受多么巨大的浪费,我们已经在西欧看到了,虽然是在较小的规模上。③ 既然资本主义对于俄国农村公社是灾难,那么,就可以考虑其他发展道路。

其二,由于农村公社所有制是共产主义的支点,因此,俄国进入共产主义可以不必经历资本主义的苦难。换言之,俄国在农村公社的基础

---

① 参见《马克思恩格斯全集》第19卷,人民出版社1963年版,第129、441、439页。
② 同上。
③ 参见《马克思恩格斯全集》第39卷,人民出版社1963年版,第47页。

上进入共产主义，完全可以不必付出经过资本主义的巨大代价。

马克思把俄国农村公社放置到世界资本主义发展中看，认为它是新生的共产主义的社会支点："'农村公社'的这种发展是符合我们时代历史发展方向的，对这一点的最好证明，是资本主义生产在它最发达的欧美各国中所遭到的致命危机，而这种危机将随着资本主义的消灭、随着现代社会的回复到古代类型的最高形式，回复到集体生产和集体占有而结束。"① 资本主义化是将一种私有制转变为另一种私有制形式，而在俄国农村公社中进行资本主义化，则是将农民的公有制变为私有制，这是违背历史发展方向的。

从农村公社的存在条件和存在形式上看，它可以成为共产主义的新的社会支点。马克思分析道，俄国是在全国范围内把"农业公社"保存到今天的欧洲唯一的国家。它不像东印度那样，是外国征服者的猎获物。同时，它也不是脱离现代世界孤立地生存的。一方面，土地公有制使它有可能直接地、逐步地把小土地个体耕作变成集体耕作，并且俄国农民已经在没有进行分配的草地上实行着集体耕作。"农民习惯于劳动组合关系，有助于他们从小土地经济向合作经济过渡；最后，长久以来靠农民维持生存的俄国社会，也有义务给予农民必要的垫款，来实现这一过渡。另一方面，和控制着世界市场的西方生产同时存在，使俄国可以不通过资本主义制度的卡夫丁峡谷，而把资本主义制度的一切肯定的成就用到公社中来。"② 马克思认为，正因为如此，所以通过俄国"农村公社"的进一步发展来保存它是和俄国社会总的运动一致的，"俄国社会的复兴只有用这个代价才能获得"，甚至从纯经济的观点来看，俄国也只能用通过本国农村公社的发展来摆脱它的农业现在所处的绝境；"用英国式的资本主义的租佃来摆脱这种绝境的尝试，是徒劳无功的，因为这种制度是同俄国国内整个农业条件相抵触的"③。

1882年1月，马克思恩格斯在为《共产党宣言》俄文版第2版所写的序言中，他们关于俄国公社"是能够直接过渡到高级的共产主义的公共占有制形式呢？或者相反，它还须先经历西方的历史发展所经历

---

① 参见《马克思恩格斯全集》第19卷，人民出版社1963年版，第129、441、439页。
② 同上书，第435—436、437、326、130页。
③ 同上。

的那个瓦解过程呢？"这个问题的答复是："假如俄国革命将成为西方无产阶级革命的信号而双方互相补充的话，那末现今的俄国土地公社所有制便能成为共产主义发展的起点。"①

其三，马克思明确申明，他们关于西欧资本主义发展道路的分析，只适合于西方。这种分析，不是一种一般的历史哲学理论，适用于任何国家和任何民族。因此，他认为俄国由农村公社走上共产主义道路而不经过资本主义，是由其历史的内在规定性决定的。而俄国走上共产主义道路进入世界历史进程，不必付出资本主义发展的苦难的代价，也正是由其历史特性决定的。

马克思在给维·伊·查苏利奇复信的草稿中说，他关于资本主义生产的起源的论述，关于资本主义发展的"历史必然性"的论述，"明确地限于西欧各国"。他反对把这种理论变成一种"超历史的""一般历史哲学理论"。他在《给〈祖国纪事〉杂志编辑部的信》中严肃指出："他一定要把我关于西欧资本主义起源的历史概述彻底变成一般发展道路的历史哲学理论，一切民族，不管他们所处的历史环境如何，都注定要走这条道路，——以便最后都达到在保证社会劳动生产力极高度发展的同时又保证人类最全面的发展的这样一种经济形态。但是我要请他原谅。他这样做，会给我过多的荣誉，同时也会给我过多的侮辱。"②

在时隔24年之后，马克思表述了与他在讨论印度村社制社会发展的不同思想：先前他认为，古代印度由区域史、民族史转入世界历史、进入共产主义的历程中，必将伴随资本主义化的巨大灾难性代价；此时他认为，东方社会进入世界历史进程，进入共产主义社会，可以不付出巨大的苦难的历史代价。应该看到，此时与他在24年前讨论问题所确立的理论前提是全然不同的。先前他是从单线论的世界历史理论出发的，即认为只有经历资本主义才能通向共产主义；而此时，他则认为农村公社的公共所有制也能通向共产主义，由于它同资本主义是同时代的东西，也就可以直接借用其文明成果，而不必经历资本主义的苦难。因此，他认为任何国家、任何民族历史的发展道路，由其自身所处的历史

---

① 参见《马克思恩格斯全集》第19卷，人民出版社1963年版，第435—436、437、326、130页。

② 同上。

环境决定，不能用普遍的历史法则去要求它。

三　马克思主义是否认为社会进步要以牺牲道德为代价

在讨论马克思主义关于社会历史进程中代价问题的论述时，还有一个问题值得注意，即马克思主义是如何看待社会进步与道德水平的关系的？有论者认为，马克思主义是主张"社会进步与道德水平'二律背反论'"的；有论者则认为，马克思主义是"社会发展与道德进步同步"论者。笔者认为，在不同的理论范畴，马克思主义有不同的看法：从人类社会的整个发展过程看，即从原始社会向共产主义演进的历史角度，马克思主义反对"二律背反论"，认为人类社会的发展与人们自身的道德进步是高度一致的；单单考察私有制社会，即从阶级和国家的历史发展过程看，马克思主义承认"二律背反论"的客观合理性，即在社会发展过程中，往往伴随着道德损害的代价。

从人类社会发展的整个历史过程的角度看，马克思主义历史观分析道德与社会历史进程的关系时认为，在原始社会，古代氏族社会淳朴的道德达到了高峰，人们的公正正义、团结友爱、互助合作、集体主义得到充分发挥。而这些，正是未来共产主义新道德的原型和基础。未来共产主义是对人类阶级社会的战胜，是人类在高级的公有制上的复归，是社会进步的最高程度，是社会文明的最高阶段。只有当社会历史发展到这一阶段，人类的道德才能全面得到完善。真正意义上的社会的人，是人类道德全面完善的前提和基础，只有在共产主义，才是"人同自然界的完成了的本质的统一"[1]，"在那里，每个人的自由发展是一切人的自由发展的条件"[2]。这就意味着，只有到共产主义历史阶段，才能建立"真正人的道德"——共产主义新道德。恩格斯断言：只有在不仅消灭了阶级对立，而且在实际生活中也忘却了这种对立的社会发展阶段上，超越阶级对立和超越对这种对立的回忆的、真正人的道德才成为可

---

[1]　参见《马克思恩格斯全集》第42卷，人民出版社1979年版，第122页。
[2]　参见《马克思恩格斯选集》第1卷，人民出版社1972年版，第273页。

能。① 因此，从人类社会由原始氏族制到共产主义的发展来考察，社会发展与道德进步是高度一致的。

但是，从原始公有制到共产主义高级公有制，其间经历了漫长的阶级和国家社会，历史的发展过程也对道德相应地提出了挑战。从原始社会胎胞里分裂出来的阶级和国家，正是对原始公有制道德的背叛，是以牺牲原始公有氏族制社会淳朴的道德为代价的。马克思主义认为，"最卑下的利益——庸俗的贪欲、粗暴的情欲、卑下的物欲、对公共财产的自私自利的掠夺——揭开了新的、文明的阶级社会；最卑鄙的手段——偷窃、暴力、欺诈、背信——毁坏了古老的没有阶级的氏族制度，把它引向崩溃。而这一新社会自身，在其整整两千五百余年的存在期间，只不过是一幅区区少数人靠牺牲被剥削和被压迫的绝大多数人的利益而求得发展的图画罢了"②。正是从这一个角度（两千五百余年间的阶级社会），马克思主义赞同黑格尔的说法，恶劣的情欲、贪欲和权势成了历史发展的杠杆。从奴隶社会到资本主义社会，经济取得巨大发展，而资本主义为共产主义直接奠定了物质基础，可是，正是在阶级社会，它仍然在背叛原始社会淳朴的道德的轨道上前进，最后又经历自我扬弃，实现向共产主义新道德的复归。因此，从阶级社会的发展来说，社会发展同道德进步往往是背反的。向着共产主义新道德的必然扬弃与演进，只是阶级社会的发展充当了历史的不自觉的工具。在阶级社会里，由于阶级社会的本质特征是不平等的和自私自利的，因而其道德本质是排他的和自私的。马克思主义承认在阶级社会里社会发展与道德进步是二律背反的，其理论依据是："道德始终是阶级的道德。"③

显而易见，马克思主义在讨论社会发展与道德水平的关系时，并不是僵化地、凝固地进行评估，而是充满了历史的辩证法智慧，他们总是在唯物史观的范畴内讨论这一问题的。他们既没有规律性地认定人类社会的历史进程存在社会进步与道德水平的二律背反论，也没有认为人类社会的发展与道德水平总是同步的，而是主张在不同的历史阶段内做具

---

① 参见恩格斯《反杜林论》，人民出版社1970年版，第92页。
② 参见《马克思恩格斯选集》第4卷，人民出版社1972年版，第94页。
③ 参见恩格斯《反杜林论》，人民出版社1970年版，第91页。

体分析，形成科学认识和看法。

四　几点看法

通过以上对马克思主义围绕社会发展进程中代价问题进行具体讨论（如古代印度、俄国）的粗略考察，可以形成以下几点看法。

第一，马克思主义总是在哲学的范畴内，辩证地、历史地讨论社会历史进程中的代价问题的。在代价问题上，他们的着眼点不是规律论（如认为和主张社会历史进程的"代价论"，即是把马克思主义肯定在一定历史阶段和一定范围内存在的代价现象的合理性，当成铁定的历史规律了；而"同步论"，其思维方式与方法，亦是如此），而总是充满历史的辩证法智慧的。以上所述关于印度古代历史向近代化转折的分析，关于俄国村社制向共产主义转化的论述，关于社会发展与道德水平的阐释，就是如此。

人是社会历史的主体，具有能动的选择机制。而"代价"只是作为一种价值尺度，一种客观的历史存在。人类在社会历史进程中，可以选择它作为历史进步的加速器，也可以避开它以另外的形式为自己的加速发展开辟道路。因而历史代价与历史进程只可能是相对地存在，而不是绝对地、普遍地联系在一起的一对范畴。譬如战争，人们可以选择它作为历史进步的工具，也可以避开它，选择发展生产力的途径，加快历史进程。当然，历史的选择过程远比主体的想象要无限丰富和精彩得多。

第二，在讨论问题时，要么把马克思主义归结为"代价论"者，要么归结为"同步论"者，都有失于全面考察和分析马克思主义对此问题的论述，疏于估价马克思主义分析此问题时不同的历史条件与理论前提。把马克思主义的论述归结为"代价论"，就是把社会发展过程中在一定历史阶段上、在一定范围内合理存在的代价现象规律化，认为历史进程中付出代价是普遍的、永恒的。这是一种误解，这只是讨论者先入为主的个人意见，不能等同于马克思主义的看法。对于所谓的"同步论"，亦作如是观。同步论者的认识方法是机械主义的、以偏概全的，其研究方法与马克思主义不是同一范畴。

第三，马克思主义关于社会历史进程中代价问题的研究，对于哲学社会科学研究的启示在于：用马克思主义分析社会历史问题的唯物辩证法与历史主义的方法为指导，具体问题具体分析。不能把马克思主义的具体论述做规律化的理解，更不能等同于分析一切历史问题的结论。马克思主义早就指出，社会界同自然界的规律千差万别，不能用理解自然界规律的方法来理解社会界。他们提醒道："极为相似的事情，但在不同的历史环境中出现就引起了完全不同的结果。"① 各个国家、各个民族历史的具体发展道路、发展状况、发展趋势，"一切都取决于它所处的历史环境"②。因此，我们分析和研究社会历史进程中的代价问题，就必须运用马克思主义历史观的原则精神、科学方法为指导，"从最顽强的历史事实出发"，进行具体的科学的研究。

---

① 参见《马克思恩格斯全集》第19卷，人民出版社1963年版，第131、451页。
② 同上。

历史的创造者、创造力与创造条件

自黎澍先生的《论历史的创造及其他》一文发表后，引起了理论界的高度重视，也引发出许多不同意见。持相反意见的观点归纳起来，就是维护"人民群众是历史的创造者"和"人民群众是历史的主人"是历史唯物主义的原理。黎文的意义，不仅仅在于文章本身的观点，而且还在于敢于公开向多年来被曲解了的却被视为马克思主义"经典"的所谓原理质疑，真正体现了科学无禁区的自由探索精神，树立了一种求真求实的良好学风。持相反观点的文章，对于经典作家的文论进行了一番深入的考证和诠释，力图证明马克思主义创立者们早就明确阐发了这一思想，无可厚非。但问题却在于：如果这一思想并非为马克思主义经典作家所阐明，我们该不该进行探讨并明确地发表研究结果；如果马克思主义经典作家在论述这一思想时有所失误或不够确切，我们该不该本着科学的探索精神予以补正或发展；如果马克思主义经典作家在阐述这一思想时有一定的时代局限，我们该不该本着实践的观点、发展的观点、创造的观点，把它推向前进。很明显，考察经典作家们对这一问题的有关论述是必要的，但却不是解决问题的全部和根本，重要的是将这两个命题与历史的实践结合起来进行深入而确切的考察。因此，本文不拟如黎澍等同志一样，着力于考察经典论述，而从理论分析的角度进行探讨，略述己见，以供讨论。

一 "人民群众"与"英雄"各自创造自己的历史，而又相辅相成、相互激荡

首先要明确的是，马克思主义历史科学中所说的"历史"是指什么，"历史"又是由什么构成的，因为这是我们讨论问题的前提。广义的历史概念既包括自然的历史，又包括人类的历史。但是，由于人类和自然是密不可分的，因此，自然的历史与人类的历史是彼此制约的。马克思恩格斯明确规范了历史科学的概念，他们说："我们所需要研究的是人类史"[1]，"任何人类历史的第一个前提无疑是有生命的个人的存在。因此第一个需要确定的具体事实就是这些个人的肉体组织，以及受肉体组织制约的他们与自然界的关系。……任何历史记载都应当从这些自然基础以及它们在历史进程中由于人们的活动而发生的变更出发"[2]。所以，历史就是人类改造自然的历史。由于全体社会成员都参与了对自然的活动，因此，从总体上说，历史就是人类社会的历史，即是由每个人的历史所构成。这就是，"人们的社会历史始终只是他们的个体发展的历史，而不管他们是否意识到这一点。他们的物质关系形成他们的一切关系的基础"[3]，首先有个人的历史，然后才有依照宗法血缘关系形成的组织（氏族公社），或依照地域关系结成的组织（马克公社），或依照共同经济利益形成的组织——如政治集团的历史；首先有群体的历史，而后才有全体社会成员的历史。人类史是我们自己创造的[4]。人们各自创造着自己的历史，各自创造着社会集团的历史。这些历史共同构成为人类的历史，形成了一幅统一的历史画面。

人类历史的早期，是由一个个彼此不相联系的原始人群构成的。无论是东方的北京周口店人、广西柳江人、台湾左镇人，还是西方的尼安德特人、克罗马农洞人、塔勒尔人，他们都在彼此孤立，在一定的自然区域之内，创造着自己的历史，同时，共同创造了人类早期的历史文

---

[1] 参见《马克思恩格斯全集》第3卷，人民出版社1956年版，第20页注文。
[2] 同上书，第23—24页。
[3] 参见《马克思恩格斯选集》第4卷，人民出版社1972年版，第321、51页。
[4] 参见《马克思恩格斯全集》第23卷，人民出版社1972年版，第409—410页。

化。尽管这种早期的区域性文化类型各异,水平高低参差,但是,不能否认,不论早期的人类历史如何,都是由一个个原始人、一个个原始人群的文化结晶构成了人类的早期文化史。

自从氏族公社,特别是父系氏族公社出现后,人类就区分出两个对立的集团,居于支配地位、起领导作用的"独裁集团"和居于从属地位、起服从作用的被压迫集团。恩格斯称在血缘关系中后起的父权制,是"人类所经历过的最激进的革命之一"①。父权制的确立,意味着个别人的个性开始上升于氏族之上②,这就是父亲开始支配子女,丈夫开始奴役妻子,主人开始压迫奴隶。"男子独裁"的两大特征:一是父权;二是役使奴隶,包括奴隶在内。它包含有后来在社会和国家中广泛发展起来的一切对抗性的缩影。③ 这时,人们就开始分化,出现了被我们称之为"人民群众"的集团和"英雄"的集团。这样,我们就开始发现他们各自创造自己的历史:统治阶级创造着自己的历史,被统治阶级创造着自己的历史。到目前为止,尽管这两个系列的历史是相互对立的,但是,人类历史就是这对矛盾的统一体,人类历史就是由这两个阶级的人们共同创造的。

一方面,有所作为的政治家也好,大奸大恶的政客也罢,要么顺应人民的意愿,大展政治抱负,历史就表现为:秦始皇统一中国;汉武帝肃清边患;唐太宗轻徭薄赋、天下大治;康熙帝平定三藩、收复西土。要么逆人民的意志而行,或者暂时将自己的意愿强加于众,作恶多端,历史常常这样表现:赵高专权,秦二世而亡;唐末藩政,民不聊生;秦桧兴狱,南宋一隅;魏忠贤柄政,政治腐败。古今中外,莫不如斯。历史上的"英雄",或谓之"杰出历史人物",他们在历史的规范内创造着自己的历史。另一方面,人民群众为了基本的生活需要——衣、食、住、行,在统治制度的束缚下,创造着自己的历史。但是,无论是英雄集团对历史创造的多少,还是人民群众对历史创造作用的大小,往往互相作用、相互影响。其主要表现如下。

第一,人民群众是社会物质生活的主体,统治阶级所设置的政治制

---

① 参见《马克思恩格斯选集》第4卷,人民出版社1972年版,第321、51页。
② 参见马克思《摩尔根〈古代社会〉一书摘要》,人民出版社1972年版,第38页。
③ 同上。

度又对这种历史的创造作用产生深远的影响。

人类生存的第一前提，也就是一切历史的第一个前提，就是："人们为了能够'创造历史'，必须能够生活。但是为了生活，首先就需要衣、食、住以及其他的东西。因此第一个历史活动就是生产满足这些需要的资料，即生产物质生活本身。"① 毫无疑问，人民群众是物质资料的主要承担者，而英雄集团一般不直接参加这一历史活动。但是不可忽视，这一历史活动却是在一定的社会制度中进行的。一定的生产方式、管理方式对于这种物质生活的主体，有重大影响，有时甚至起决定的作用。在中国古代，一些被誉为明君贤臣的英雄人物，如果执行与民休息、奖励耕织、轻徭薄赋的政策，则会给农业生产的发展以巨大的推进，王朝政治往往会出现被封建史家所赞誉的"太平盛世"，如文景之治、汉武盛世、太康之治、贞观之治、开元盛世、康乾之治等。而那些对生产力发展起巨大推动作用的科学发明，生产管理方式变革，也往往是在社会安定、人民安居的社会环境里产生的。西汉的凿井技术、代田法，三国时马钧发明的翻车，唐朝的筒车、二熟制、三熟制的出现，田间管理的章程化……这些，都与英雄集团的作为密切相关。在近代，由于资产阶级政府制定奖励发明创造，鼓励技术革新的政策，一系列科学发明、技术革新甚至决定了世界物质文明的发展方向。电的发明，电灯的使用；蒸汽机的发明，火车的创制、轮船的出现；自动化管理程序的研制，机器人的发明；核燃料技术的开发，核能的利用……这些，都已经成为推动人类前进的巨大力量。现代科学表明，科学技术是生产力，科学管理是生产力。人民群众创造着生产力，从事生产管理的英雄集团在通常情况下也创造着生产力。当统治阶级制定反动的管理措施，维护那些极端束缚人们从事物质资料生产实践活动的法规时，就往往使这种历史的创造趋于零。

第二，人民群众是社会变革的主体，居于统治地位或在未来居于统治地位的英雄集团，往往是变革的领导力量。

当生产关系对生产力的发展起巨大的阻碍作用甚至是破坏作用的时候，当既有的统治集团腐朽得已经丧失了自体调节能力的时候，社会革

---

① 参见《马克思恩格斯全集》第3卷，人民出版社1956年版，第31页。

命就要发生。这是社会变革的一种形式，即暴力的方式。另一种是和平的方式。当旧的生产关系的弱点已经暴露无遗，当统治阶级内部还存有清醒之士，还不曾丧失以天下为己任的抱负时，他们总会千方百计地发挥统治集团内部的调节机制，维护并改善既有的统治。这种形式，往往以改革或变法的面貌出现。在这两种社会变革的运动中，首先，变革的意志、要求主要来自人民群众，他们要求统治者改弦更张。其次，当社会变革无论是以和平的方式，还是以暴力的方式展开时，他们都积极投身其中，成为进步事业的巨大推动力，这正如列宁所指出的："没有千百万觉悟群众的革命行动，没有群众汹涌澎湃的英勇气概，没有马克思在谈到巴黎工人在公社时期的表现时所说的那种'翻天覆地'的决心和本领，是不可能消灭专制制度的。"① 再次，不论是统治阶级的自体调节运动，如王安石变法、张居正改革、戊戌变法、明治维新、彼得改革等，还是发生于人民群众中的革命运动，首先是由居于变革运动前列的政治家、活动家、宣传家、思想家起了唤醒民众的作用，以及对运动的组织领导作用。列宁在谈到人民群众彻底埋葬专制制度时强调指出，从事这场革命的是"千百万觉悟群众"。列宁还指出："在我们看来，一个国家的力量在于群众的觉悟。只有当群众知道一切，能判断一切，并自觉地从事一切的时候，国家才有力量。"② 而要促使群众觉悟，唤起人民群众的主动性、积极性，这些活动常常是由那些进步的政治家、思想家、活动家、宣传家主动承担的。列宁指出："没有革命的理论，就不会有革命的运动。"③ "思想家"之所以配称为思想家，就是因为他走在自发运动的前面，为它指出道路，善于比其他人更先解决运动的"物质因素"自发地遇到的一切理论的、政治的、策略的和组织的问题。④ 当清朝廷对外屈膝臣服，对内政治不修时，林则徐呼吁"睁眼看世界"；孙中山呐喊"亟拯斯民于水火，切扶大厦之将倾"，宣扬革命主张，领导资产阶级民主革命运动。当日本的门户洞开于西方列强的坚船利炮下，被迫签订了不平等条约后，进步思想家和活动家大久保利

---

① 参见《列宁全集》第15卷，人民出版社1959年版，第152页。
② 参见《列宁选集》第3卷，人民出版社1972年第2版，第361页。
③ 参见《列宁选集》第1卷，人民出版社1972年第2版，第241页。
④ 参见《列宁全集》第5卷，人民出版社1959年版，第283页。

通、木户孝允等宣传"兰学",主张维新、变革,领导了资产阶级的改良运动。总之,人民群众也好,英雄集团也好,他们在创造各自历史的同时,共同创造了人类的历史。

需要说明的是,在历史上坏事干尽,从来没有起过进步作用的"英雄人物",如赵高、秦桧、魏忠贤、西太后、东条英机、希特勒等,是否也参与了历史的创造呢?答案是肯定的。第一,前面已经说过,每个人都创造着自己的历史。因此毫无疑问,他们也创造了自己的历史,只不过是一部反动的历史、污浊的历史罢了。第二,历史上一切反动的"英雄人物",他们往往能够在某一特定的历史条件下,欺世盗名,混淆视听,将自己的意志强加于民,干尽反动勾当。如希特勒在"要大炮不要黄油""勒紧裤带备战"的口号下,推行法西斯专政,最后成为第二次世界大战的罪魁。他们或者为了贪婪地满足自己的情欲、权欲、私欲,利用手中窃取的大权朋比为奸、迫害忠良、草菅人命,如秦桧、魏忠贤之流,无论如何,他们的倒行逆施,往往激起广大人民群众及其优秀代表起来反抗,直到取得最后胜利。如希特勒的暴行早先就受到过季米特洛夫、台尔曼等进步人士的抗争,最后法西斯为进步力量所击败;魏忠贤腐败集团,就遭到了东林党人的坚决反对;等等。斗争的结果,往往是促进广大人民群众的觉悟,激发创造历史的巨大热情,在自己的领袖人物的领导下,创造出伟大的历史成果。因此,一切反动、腐朽人物的历史活动,却为正义、进步的历史事业提供了可资利用的历史偶然性,为正义、进步的历史活动提供了活的参照系。这就是说,反动的历史人物也参与了人民群众和他们的杰出历史人物所共同进行的历史创造。

因此,我们有理由认为,历史上的一切人都参与了历史的创造,人类历史就是由所谓英雄人物和所谓人民群众共同创造的,真可说是一个你中有我、我中有你的历史胶固体。当然,历史运动的方向,总是由那些首先觉悟的人们所首先发现和指出的。

二 "人民群众"与"英雄"都是历史运动的推动力量,他们对历史的推动作用常常交织在一起

"人民群众是历史的主人"与"人民群众是历史的创造者",是两个相互关联的命题。前者是后者的深化,后者是前者的前提。

所谓"人民群众是历史的主人",实质意义是说,人民群众是历史的主宰,是社会性质的决定力量,是历史发展方向的操作者。唯物辩证法告诉我们,事物的性质是由矛盾中处于支配地位,起主导作用的方面所决定的,矛盾的主要方面支配矛盾的次要方面,在一定条件下双方各自朝着自己的对立面转化。在奴隶社会,奴隶主是矛盾的主要方面,奴隶主阶级的统治决定社会性质是奴隶社会;在封建社会,地主阶级的统治决定社会性质是封建社会;同理,其他各社会形态的性质莫不依此而论。各阶级社会性质的变化,是矛盾的主要方面与次要方面发生根本变化的结果。由此看来,在阶级社会的漫长岁月里,人民群众并不能自己决定自己的命运,既没有主宰社会历史,更没有决定社会的性质。具体可从以下几个方面论述。

第一,在漫长的阶级社会里,居于统治地位的思想总是统治阶级的思想。

在奴隶社会,奴隶主阶级为了维护自身利益,总是通过一套成体系的思想来麻痹人民(奴隶和平民),使他们成为奴隶主阶级自觉的、驯顺的工具。在中国奴隶社会,奴隶主阶级宣扬"上帝""天命"思想,认为自己是"上帝"在人间的代表,自己是"天命"的发布人,宣称"普天之下,莫非王土;率土之滨,莫非王臣"。为了维护奴隶主阶级的等级制、分封制、宗法制、世袭制的"神圣",他们又制定了"礼",作为维护奴隶主等级名分的行为规范。"殷因于夏礼","周因于殷礼",损益相传。与"礼"密切联系,交互对社会作用,"孝"也成为约束人民群众的重要观念,所谓的"有孝有德",正是维护奴隶社会宗法等级的亲亲之道、尊尊之义的重要思想武器、精神鸦片。在中国专制主义社会,地主阶级的正统思想家,极力宣扬"君权神授"论,制定"君君、

臣臣、父父、子子"之道德的、行为的规范，为专制主义社会奠定了普遍的思想基础。一方面，以家庭为模板，通过建立"父子有亲，长幼有别，父慈子孝，父为子纲"的家庭规范，把它演绎为"君臣有义，尊卑有序，君礼臣忠，君为臣纲"的国家政治准则、社会规章，以家庭为中心，普遍地宣扬"修身、齐家、治国、平天下"的政治伦理思想；另一方面，以社会教育体系为渠道，系统教授专制社会所需的政治、经济、军事思想，专制主义的道德伦理，并以此为阵地，为统治阶级训练统治人才。总之，专制统治者千方百计、卓有成效地使统治阶级的主流思想和全体社会成员的行为规范、道德准绳融为一体，使统治阶级的主流思想成为全体社会成员行为的自觉指导。这恰如马克思和恩格斯所精辟论述的：

> 统治阶级的思想在每一时代都是占统治地位的思想。这就是说，一个阶级是社会上占统治地位的物质力量，同时也是社会上占统治地位的精神力量。支配着物质生产资料的阶级，同时也支配着精神生产的资料，因此，那些没有精神生产资料的人的思想，一般地是受统治阶级支配的。占统治地位的思想不过是占统治地位的物质关系在观念上的表现，不过是表现为思想的占统治地位的物质关系；因而，这就是那些使某一个阶级成为统治阶级的各种关系的表现，因而这也就是这个阶级的统治的思想。此外，构成统治阶级的各个个人也都具有意识，因而他们也会思维；既然他们正是作为一个阶级而进行统治，并且决定着某一历史时代的整个面貌，不言而喻，他们在这个历史时代的一切领域中也会这样做，就是说，他们还作为思维着的人，作为思想的生产者而进行统治，他们调节着自己时代的思想的生产和分配；而这就意味着他们的思想是一个时代的占统治地位的思想。[①]

在封建社会是如此，在资本主义社会也是如此，绝对没有例外。

第二，在漫长的阶级社会里，统治阶级窃夺了人民群众的物质成

---

① 参见《马克思恩格斯全集》第3卷，人民出版社1956年版，第52页。

果，并反过来用它支配、压迫人民群众。

如前所肯定，人民群众是社会物质资料的直接生产者，一切生活资料都是他们通过劳动提供的。他们不仅为自己提供衣、食、住、行，而且为统治阶级提供更加优越、更加奢华的生活必需品；不仅如此，他们还为自己提供了被压迫、被奴役的物质力量。

中国古代社会商王的"肉林酒池""长夜之饮"，是广大奴隶和平民用血汗换来的；专制王朝的每一个盛世，固然与统治者采取比较开明的政策有着直接关系，但是，所有的一切物质成就几乎总是由人民群众直接用汗水浇灌出来的。资本主义发达的物质文明，也无不是工人阶级和从事直接劳动的知识分子竭尽心血建立起来的。"被压迫阶级的存在就是每一个以阶级对抗为基础的社会的必要条件。"① 在这个意义上，与其说被压迫阶级是为了自身而存在，不如说是为了统治阶级而存在。每一次统治阶级的"盛世"出现之后，都给被统治阶级带来了更大程度的灾难。充裕的物质力量，给统治阶级提供了更为丰厚、更为强大的物质基础，军队、监狱、警察，更加完备而巩固地束缚人民群众的自由，依赖于物质力量和精神枷锁，统治组织一代超越一代地更加巩固地、完善地建立起来。"自从阶级产生以来，从来没有过一个时期社会上可以没有劳动阶级而存在的。这个阶级的名称、社会地位改变了，农奴代替了奴隶，而他自己又被自由工人所代替，所谓自由，是摆脱了奴隶地位的自由，但也是除了他自己的劳动力以外一无所有的自由。"② 总之，统治阶级依仗他们所牢牢控制的思想武器、剥削制度的力量，巧妙地、绝对地占有了人民群众的劳动成果，迫使人民群众的劳动成果发生了异化——通过自己的劳动，使自己成为统治者驯顺的奴隶。

固然，在阶级社会里决定社会历史性质的是历史上占统治地位的阶级，但是，这却并不否认人民群众（被列宁称为工人、劳动者）是"全人类的首要的生产力"③，因此，人民群众是历史进步的伟大力量，恐怕这是不成问题的。然而问题却在于，统治阶级决定着历史运动的性质，他们是不是历史发展的重要力量呢？答案是肯定的。

---

① 参见《马克思恩格斯选集》第1卷，人民出版社1972年版，第160页。
② 参见《马克思恩格斯全集》第19卷，人民出版社1963年版，第315页。
③ 参见《列宁选集》第3卷，人民出版社1972年第2版，第843页。

在统治阶级内部，从来都存在着开明的、眼光较为长远的集团和腐朽的、极端反动的集团。一般说来，开明集团往往能比较自觉地束缚自己的贪欲，使统治权力对人民群众的榨取保持在人民群众所能够承受的"度"内；他们往往能够采取发展生产、与民休息的政策；他们在整个统治阶级愈加腐朽的时候，往往能够从全局利益出发，拯救危亡，实施自体调节运动；他们比较关心人民群众的疾苦，认同并顺应人民群众一些善良的愿望，在一定时期内显得顺乎民心。特别是在某一阶段、某一特殊的历史时期，当整个统治阶级濒于彻底崩溃时，他们还能够从中分化出来，比较自觉地走到他们原先所从属的利益阶层、利益集团的对立面，担负起改朝换代的任务，如范增、萧何、刘秀、李世民、赵匡胤、朱升、李善长、范文程等。当然，从根本上说，他们是借助人民群众的力量来完成某一历史使命的。但是，毋庸讳言，他们基本上还是顺乎民意的，将自己的知识、文化、思想转化为社会变革的实际力量，率领整个阶层，甚至是整个集团投入到运动之中，常常释放出巨大的社会能量。在那种特定的历史条件下，他们对历史所起的重大推动作用，是与人民群众推动历史发展的作用交融在一起的。因此，开明集团是统治阶级内部的活力因素，是矛盾的主要方面，他们始终维护着统治阶级的既得利益和现有秩序。为了达到这个战略目标，他们往往采取了对历史发展有积极意义、起推动作用的战术。当然，他们或许仅仅是着眼于战略目标迫不得已如此罢了，或许这些结果是他们所未曾预料到的。然而，这却是历史的真实。如同人民群众有劳动异化一样，统治阶级也有政治异化：在一定历史阶段内的开明政治，终究是为剥夺这一时期的统治集团的统治扫清了道路。必须指出的是，对于统治阶级中开明集团的健康力量在历史上的作用，切不可孤立地考察，而应该采用动态的方法，把历史上所有的开明集团及其作为联系起来。

当然，对于统治阶级中的腐朽集团也不能简单地分析，做出草率的结论。因为他们毕竟是历史发展的活的参照物。尽管他们坏事干尽，腐化堕落，但是，他们对历史的破坏作用却往往能够引发出巨大的、于历史发展有积极作用的反作用力——人民群众及其杰出历史人物的觉醒，充分发挥其历史的积极性、主动性和创造性；开明集团强化统治的自体调节机制，救亡图存，挽救危机。这一切，都常常对历史的发展起到巨大的推动作用。当这两种力量汇聚起来时，就会生发出这样的历史定律：每一次历史的反动，总是伴随着巨大的历史进步加以补偿。

综上所述，我们有理由认为，人民群众和历史上的英雄集团，都是历史运动的巨大推动力，他们对历史的发展作用，相辅相成、互相促进。人民群众为英雄集团的推动力提供了充足的能源，而在推动历史向前发展的过程中，他们却又从英雄集团那儿吸取了巨大的精神力量，获得了强大的思想武器。

三 各种社会意志、目标和行为模式综合的结果，往往形成波澜壮阔的历史画面

马克思说："人们自己创造自己的历史，但是他们并不是随心所欲地创造，并不是在他们自己选定的条件下创造，而是在直接碰到的、既定的、从过去承继下来的条件下创造。"[①] 人民群众和英雄集团创造历史也好，推动历史前进也罢，都不是没有约束的，也不是没有条件的。这首先当然是经济的条件、政治的条件，此外，还有没有别的什么呢？当然是有的。具体有如下几点。

第一，达成历史的合力意志，是人类创造世界历史、推动人类历史进步的重要条件。

放眼世界，用世界历史的眼光看，在一个封建意识浓厚、生产力水平较低、广大人民群众科学文化水平较为低下的历史范畴内，要建立资产阶级民主立宪的政治体制，当然是徒劳无功的。历史的结果，往往都是君主立宪。英国如此，日本如此，俄国亦如此。在那里，潜入人民群众底层的君主意识得到了全社会的承认和尊重，而那些激进的资产阶级民主思想对封建主义进行扫荡的结晶，并不能使全社会普遍地抛掉封建主义的衣钵，换上资本主义的袈裟，作为心理上的安慰，哪怕是保存一点封建主义的形式也行！但两相让步的结果，是君主立宪历史局面的出现——其先决条件，就是历史合力意志的形成。在资本主义制度刚刚建立即处于上升阶段，社会所能容纳的生产力尚未完全发挥出来的时候，

---

① 参见《马克思恩格斯选集》第1卷，人民出版社1972年版，第603页。

试图在人间建立共产主义，这只能是一种空想。因为，这种历史的创造，并不具备先决条件——历史的合力意志。在法国近代史上，有过扫荡全国的三次资产阶级革命。以路易十六为代表的封建集团把法国历史推进了黑暗的深渊而不可自拔，即便是资产阶级提出君主立宪的主张，他们也不能答应。最后，革命爆发，大资产阶级掌握了政权。大资产阶级政权并没有解决农民所迫切需要解决的土地问题，在与封建力量的斗争中，并没有给予人民以民主权利，于是遭到了自由派贵族、工商业资产阶级（中产阶级）和小资产阶级的暴力反对。最后，代表中产阶级的吉伦特派掌握了政权。然而，他们却并没有给另外各阶层带来福音，反而在政权危机面前与封建势力勾结起来，破坏革命。于是，雅各宾派在人民群众的支持下取得了胜利，小资产阶级取得了政权。后来，革命虽然有热月政变、雾月政变的尾声，但是，资产阶级的政治法则却成为社会普遍遵循的行为准则。法国资产阶级革命的最后结局，正是大资产阶级、工商业资产阶级、小资产阶级、农民、工人和平民以及封建保皇派、立宪派、外国反动势力等诸多复杂意志相互选择的结果。各种复杂意志的产生，正是革命历程艰难曲折、跌宕起伏的思想基础。"人们通过每一个人追求他自己的、自觉期望的目的而创造自己的历史，却不管这种历史的结局如何，而这许多按不同方向活动的愿望及其对外部世界的各种各样影响所产生的结果，就是历史。"① 人类对历史的创造，正是以合力意志为条件的。历史结局的产生，正如系统论所认为的，系统的功能是由系统的每个元素决定的。

第二，整个统治集团在一定的时空内对历史的创造功能趋于零，或者产生负功，也是人类创造历史、推动历史发展的重要条件。

如前所述，统治阶级是社会上占统治地位的物质力量，同时也是占统治地位的精神力量，他们决定着一定历史阶段的社会性质。当统治阶级腐朽得连开明集团的自体调节机制都不能有效地施控，腐败集团居于极端险恶的统治时，占统治地位的物质力量和精神力量往往破坏着推动社会前进的生产力，而且常常使社会生产力倒退、人民生活倒退、社会精神生活崩溃——全社会的历史创造成果趋于零或成为负数。而统治阶

---

① 参见《马克思恩格斯选集》第 4 卷，人民出版社 1972 年版，第 243—244 页。

级的腐朽集团为维护自身利益,强化反动统治的劣迹暴露无遗,这时,一些以天下为己任、先天下之忧而忧的思想家、政治活动家改革社会、拯救政治危难的意识也会充分地释放出来,人民群众要求变革社会,不愿在旧有的社会秩序中生活下去的愿望也会或迟或早地表达出来。为此,他们奋不顾身积极创造世界历史的行动也就充分地表露出来了①。各种社会意志、目标、行为模式综合的结果,往往形成波澜壮阔的历史画面。如辛亥革命中的清朝廷极力维护自己作为历史负功的统治,革命党人努力进行创建新的社会生产关系的活动,立宪派的君主立宪努力,农民暴动,外国资本主义列强对中国政治格局采取各种态势,便使辛亥革命铸成一幅极为壮观、辉煌的历史图景。由此看来,每一次社会意志的综合,便是在历史的合力支配下的较为开明、进步、平静的政治局面,社会各方面对于历史的创造性可以在较大程度内充分发挥出来,而历史的进步则达到一个新的高度。这就是,旧的历史结构的平衡体被瓦解,总是伴随着全新的、较为稳固的历史平衡体得以建立;而前提必须是该旧平衡体的施控机制失灵,功率为零,或者产生负功。

第三,人类实现其对历史惰性的战胜,是人类创造历史、推动历史前进的重要条件。

由于人们长期生存于被压迫、被剥削的制度之下,接受的是某一统治阶级的思想文化,因此形成了一套成体系的历史传统。这些历史传统往往带着旧时代的深深印迹,是社会前进的巨大包袱,因此,也被称为历史的惰性。在封建社会,人们压抑个性,被动适应,泯灭了自主意识和主体性意识,毫无人的价值、人的尊严可言;在资本主义社会,人得到了一次解放,在社会历史上的价值被确立了,但是金钱第一、残酷竞争及利己主义,使人们又换上了尔虞我诈、文明欺骗的面罩。无论它在现实社会的存在,还是作为一种历史的遗留,都严重地阻碍了人们创造历史之积极性、主动性的发挥。"传统是一种巨大的阻力,是历史的惰性力,但是由于它只是消极的,所以一定要被摧毁"②,只有彻底战胜传统,才能使人们发挥历史的积极性和主动性,从事创造历史的伟大

---

① 参见《列宁选集》第1卷,人民出版社1972年第2版,第690页。
② 参见《马克思恩格斯选集》第3卷,人民出版社1972年版,第402页。

事业。一方面,社会产生出一批反传统的进步的思想家、宣传家,宣扬先进思想,传播进步文化,如在推翻封建专制统治的法国大革命中,进步的思想家们起草、公布了《人权宣言》;马拉等创办了《人民之友》报,宣传革命思想;罗伯斯庇尔创建了"雅各宾俱乐部",成为思想启蒙的活动中心,即是说,在社会变革来临之际,充分实现思想家、宣传家的主体性自觉。另一方面,广大人民群众在传统束缚中苏醒过来,积极投身到进步事业中去,如同在法国革命中的巴黎人那样:"这些巴黎人,具有何等的灵活性,何等的历史主动性,何等的自我牺牲精神!在忍受了六个月与其说是外部敌人不如说是内部叛变所造成的饥饿和破坏之后,他们在普军的刺刀下起义了,好像法国和德国之间不曾发生战争似的,好像敌人并没有站在巴黎的大门前似的!历史上还没有过这种英勇奋斗的范例!"[①] 对历史惰性的战胜,既来自思想文化方面,更来自主体实践活动方面。它是进一步复苏人的自觉的过程,是创造历史的必备过程。

综上所述,人类创造历史的过程、推动历史的过程,正是人类为达到这一目的而形成历史活动的合力意志的过程,正是打破历史上一切负功的过程,正是战胜历史上一切惰性的传统的过程。人类不能超越这些条件去创造历史,也就不能超越这些条件去推进历史的发展。这虽然只是一种理论的抽象,却正好反映了历史的实情。

---

① 参见《马克思恩格斯选集》第4卷,人民出版社1972年版,第392页。

恩格斯与唯物史观命题

马克思主义唯物史观，是在19世纪中期作为与资产阶级唯心主义历史观相对立的思想体系而形成和发展起来的。中外学术界有学者以马克思主义经典作家的某一篇论著作为他们创立唯物史观体系的标志，与此不同，笔者则认为，马克思主义唯物史观有一个创立过程，它在时间上表现为一个阶段和时期。这个时期大致从1843年至1859年，其中，又分为前后两个阶段：前一阶段，是从1843年夏的《黑格尔法哲学批判》至1846年的《德意志意识形态》；后一阶段，是从1847年的《哲学的贫困》至1859年的《〈政治经济学批判〉序言》。经过两个阶段的发展，马克思主义唯物史观体系就完形了。这个崭新的历史观体系，无疑是马克思和恩格斯共同辛勤劳动的成果。对此，恩格斯曾在1885年说道：马克思和我，可以说是从德国唯心主义哲学中拯救了自觉的辩证法并且把它转为唯物主义的自然观和历史观的唯一的人。[①] 这应该是没有异议的。

恩格斯对于这一崭新的历史观体系创立的伟大贡献，体现在另一方面，就是关于这个历史观的命名及其对它的内涵界定与阐释。在马克思主义唯物史观完形前后，创始者们对这个崭新的历史观只用了一些惯常使用的说法："这种历史观"[②]，"我们……的历史观"[③]，以及"指导我的研究工作的总的结果"[④]，并没有给予它一个正式的学术概念，以示

---

① 参见恩格斯《反杜林论》，人民出版社1970年版，第8页。
② 参见《马克思恩格斯选集》第1卷，人民出版社1972年版，第43、76页。
③ 同上。
④ 参见《马克思恩格斯选集》第2卷，人民出版社1972年版，第82页。

与唯心主义历史观相对应和区别。正是恩格斯，给这一崭新的历史观以规范的理论命名。从1872年开始，恩格斯用"唯物史观"命题取代了惯常使用的"我们的历史观"① 这一用语，在此后20年间，他反复予以申论，不断充实了理论内涵。当然，在此后的个别地方，恩格斯还使用过"我们的历史观"用语，不过，这只是用来指称唯物史观的。

在西方学术界，有一种颇具代表性的观点，认为恩格斯用唯物史观命题代替"我们的历史观"用语，用唯物史观术语界定马克思主义历史观，显露了恩格斯晚年同马克思在历史观上的分歧。这是对马克思主义唯物史观思想体系形成和发展的曲解，更是对恩格斯同马克思一道创立唯物史观体系的卓越贡献的一种抹杀。本文试图考察恩格斯在三个历史时期对唯物史观的四次界定以及对唯物史观理论所做的深刻发挥，以就教于读者。

一 用"唯物史观"高度概括马克思主义历史观

1872年，恩格斯写成著名的论文《论住宅问题》。在文中，他首次给马克思主义历史观赋予规范的学术概念——唯物史观："唯物史观是以一定历史时期的物质经济生活条件来说明一切历史事变和观念、一切政治、哲学和宗教的。"② 恩格斯运用唯物史观的理论武器，批判了蒲鲁东及蒲鲁东主义者在住宅问题上的改良主义，这种改良主义不能根本改变无产阶级的经济命运和社会政治地位，它企图使资本主义的经济关系法理化，从而揭露了这种社会改良的反动本质，指出了无产阶级解放的根本道路。在论述中，恩格斯运用了他同马克思创立的唯物史观的基本原则，同时又发挥了历史唯物主义。这主要体现在以下几个方面。

其一，从生产的发展出发考察和分析任何一种历史现象。

工人阶级住宅缺乏现象，是资本主义生产方式的发展和资本主义现代化发展的结果。恩格斯认为，一方面，由于大批农村工人突然被吸引

---

① 参见《马克思恩格斯选集》第4卷，人民出版社1972年版，第475页。
② 参见《马克思恩格斯选集》第2卷，人民出版社1972年版，第537、459页。

到发展为工业中心的大城市来；另一方面，随着生产规模的扩大，旧城市日益扩展为崭新的大城市，旧街道在拓宽，新街道在开辟，铁路扩展到市区，等等，使得一批旧的住宅迅速拆除。这样，就出现了工人以及以工人为主顾的小商人和手工业者的住宅缺乏现象。"当一个古老的文明国家这样从工场手工业和小生产向大工业过渡，并且这个过渡还由于情况极其顺利而加速的时期，多半也就是'住宅缺乏'的时期。"①

蒲鲁东将住宅问题由经济关系即经济学领域转移到社会一般关系即法律领域，体现了他判断一切经济关系时不是依据经济规律，而只是依据这些经济关系是否符合他既成的永恒的公平的观念。蒲鲁东的住宅改良方案是，希望有这么一个世界，在那里，每个个人制造出各自的产品，可以立即用来消费，也可以拿到市场上去交换；如果这时每个人能以另外一种产品的形式补偿自己劳动产品的十足价值，那么，"永恒公平"就得到了满足，而最好的世界就在地球上建立起来了。这种理想完全无视生产发展的铁的规律，将生产的发展与永恒公平的理性关系颠倒了。而生产发展的铁律注定要打破蒲鲁东式的最好的世界愿景："这种工业发展早已消灭了大工业一切部门中的单独劳动，并且日益消灭着小工业和最小工业各个部门中的单独劳动，而代之以依靠机器和已被征服的自然力来进行的社会劳动，它所生产的可以立即用来交换或消费的产品是许多人共同劳动的成果，这种产品必须经过许多人的手才能生产出来。正是由于这种工业革命，人的劳动生产力才达到了这样高的水平，以致在人类历史上破天荒第一次创造了这样的可能性：在所有的人实行合理分工的条件下，不仅进行大规模生产以充分满足全体社会成员丰裕的消费和造成充实的储备，而且使每个人都有充分的闲暇时间从历史上遗留下来的文化——科学、艺术、交际方式等等——中间承受一切真正有价值的东西；并且不仅是承受，而且还要把这一切从统治阶级的独占品变成全社会的共同财富和促使它进一步发展。"② 生产发展的结果，是使一切统治阶级最终失去自己存在的理由，"统治阶级的存在，日益成为阻碍工业生产力发展的愈来愈大的障碍，同时也成为阻碍科学

---

① 参见《马克思恩格斯选集》第 2 卷，人民出版社 1972 年版，第 537、459 页。
② 同上书，第 478—479、479、537、494 页。

和艺术发展,特别是阻碍文明交际方式发展的愈来愈大的障碍"①。每当人的劳动生产力发展到这样高的程度时,统治阶级就会归于灭亡。那么,就失去了由统治阶级恩赐给工人阶级所有的一方小屋子的理由,而蒲鲁东式的资产阶级社会主义改良方案不能不陷于破产。

因此,只能从生产发展的角度讨论住宅问题,从生产发展的角度解决工人阶级的住宅缺乏问题。

其二,社会利益是社会生产关系的反映,社会利益的不平等反映了阶级关系的不平等;要调整社会利益,达到永恒的正义和公平,只有消灭阶级的不平等。

恩格斯指出:"每一个社会的经济关系首先是作为利益表现出来。"②而社会的经济关系又造成了社会的阶级关系,经济关系的不平等反映为阶级关系的不平等,"无产阶级的存在是由资产阶级生产关系所造成的而同时又是这些生产关系继续存在的条件"③。

资产阶级与无产阶级反映在住宅问题上的不平等,是由资本主义生产方式造成的,这种利益关系的出现,是一种必然的现象:

> 这种现象是资产阶级社会形式的必然产物;这样一种社会没有住宅缺乏现象就不可能存在,在这种社会中,绝大多数劳动群众不得不专靠工资来过活,也就是靠为维持生命和延续后代所必需的那些生活资料来过活;在这种社会中,机器技术等等的不断改善经常使大量工人失业;在这种社会中,工业的剧烈的周期波动一方面决定着大量失业工人后备军的存在,另一方面又时而把大批失业工人抛上街头;在这种社会中,工人大批地拥塞在大城市里,而且拥塞的速度比在当时条件下给他们修造住房的速度更快;所以,在这种社会中,最污秽的猪圈也经常能找到租赁者;最后,在这种社会中,作为资本家的房主总是不仅有权,而且由于竞争,在某种程度上还应该从自己的房产中无情地榨取最高的房租。在这样的社会

---

① 参见《马克思恩格斯选集》第 2 卷,人民出版社 1972 年版,第 478—479、479、537、494 页。
② 同上。
③ 同上。

中，住宅缺乏现象并不是偶然事件，它是一个必然的现象；这种现象连同它的一切影响健康等等的后果，只有在产生这些后果的整个社会制度都已经根本改革的时候，才能消除。①

正是从经济关系着手分析社会的利益关系、阶级关系，才能发现，只有彻底消灭资本主义生产方式，才能实现资产阶级与无产阶级在政治、经济、文化等方面的公平与正义。当资本主义生产方式还存在的时候，企图单独解决住宅问题或其他任何同工人命运有关的社会问题都是愚蠢的。真正的解决办法在于消灭资本主义生产方式，由工人阶级自己占有全部生活资料和劳动资料。②

其三，法律、法权、公平、永恒正义，是生产、分配和产品交换发展的结果，因而只是一个历史的概念。要接近一定的具体的社会关系，第一步是要研究这些关系，考察其实际的经济关系。

恩格斯认为，人们每天重复着的生产、分配和产品交换行为日益有共同概括为一个规则的社会需要，设法使个人养成服从生产和交换的一般条件的习惯，这样就形成了法律；紧接着就必然产生了以维护法律为职责的机关，这种公共权力机关，即国家。在社会的进一步发展中，法律的发展便成为或多或少广泛的立法；立法的日益复杂，以至其表现方式也日益不同于社会日常经济生活条件所借以表现的方式，人们便很自然地从法权本身抽象出最一般的观念表现，即公平。这样，在人们的印象中，立法好似一个脱离社会经济关系的独立因素。于是，从此以后，在法学家和盲目相信他们的人们眼中，法权的发展只在于力求使获得法律表现的人类生活条件愈益接近于公平理想，即接近于永恒公平。而这个公平却始终只是现存经济关系在其保守方面或在其革命方面的观念化、神圣化的表现。③ 殊不知，永恒的公平是不存在的，它是阶级的、历史的观念的反映。譬如，"希腊人和罗马人的公平观认为奴隶制度是公平的；1789年资产者阶级的公平观则要求废除被宣布为不公平的封建制度。在普鲁士的容克看来，甚至可怜的专区法也是破坏永恒公平

---

① 参见《马克思恩格斯选集》第2卷，人民出版社1972年版，第495、525、539页。
② 同上。
③ 同上。

的。所以，关于永恒公平的观念不仅是因时因地而变，甚至也因人而异"①。

由于一种预先设计的永恒公平是不存在的，因而只有从现实的具体的社会关系入手，研究现实社会的正义和公平。恩格斯说："从研究以前各种生产方式的基本条件出发，我们顶多只能断定：随着资本主义生产的倾覆，旧社会所特有的一定占有形式就将成为不可能的了。"② "没有人比马克思在《资本论》中更加'接近一定的具体的社会关系'了。他用了二十五年功夫来从各方面研究这些关系，而且他的批判工作的结果到处都包含有种种在现今一般可能实现的所谓解决办法的萌芽。"③

以上三条，是恩格斯在《论住宅问题》中坚持和发挥唯物史观的主要思想。这些观点，坚持了他同马克思在1843—1859年创立唯物史观中所表述的基本精神、核心思想。马克思和恩格斯在1845—1846年的巨著《德意志意识形态》中是这样表述唯物史观的基本精神的：

> 这种历史观就在于：从直接生活的物质生产出发来考察现实的生产过程，并把与该生产方式相联系的、它所产生的交往形式，即各个不同阶段上的市民社会，理解为整个历史的基础；然后必须在国家生活的范围内描述市民社会的活动，同时从市民社会出发来阐明各种不同的理论产物和意识形式，如宗教、哲学、道德等等，并在这个基础上追溯它们产生的过程。……这种历史观和唯心主义历史观不同，它不是在每个时代中寻找某种范畴，而是始终站在现实历史的基础上，不是从观念出发来解释实践，而是从物质实践出发来解释观念的东西，由此还可得出下述结论……这种观点表明：历史并不是作为"产生于精神的精神"消融在"自我意识"中，历史的每一阶段都遇到有一定的物质结果、一定数量的生产力总和，人和自然以及人与人之间在历史上形成的关系，都遇到有前一代传给后一代的大量生产力、资金和环境，尽管一方面这些生产力、资

---

① 参见《马克思恩格斯选集》第2卷，人民出版社1972年版，第495、525、539页。
② 同上书，第548、549页。
③ 同上。

金和环境为新的一代所改变，但另一方面，它们也预先规定新的一代的生活条件，使它得到一定的发展和具有特殊的性质。①

1859 年，马克思在《〈政治经济学批判〉序言》中，表述了我们所熟知的唯物史观的核心思想，即生产关系一定要适应生产力状况发展的规律、上层建筑一定要适合经济基础状况的规律，是全部人类历史发展的基础。"……这个意识必须从物质生活的矛盾中，从社会生产力和生产关系之间的现存冲突中去解释。无论哪一个社会形态，在它们所能容纳的全部生产力发挥出来以前，是决不会灭亡的；而新的更高的生产关系，在它存在的物质条件在旧社会的胎胞里成熟以前，是决不会出现的。……资产阶级的生产关系是社会生产过程的最后一个对抗形式……在资产阶级社会的胎胞里发展的生产力，同时又创造着解决这种对抗的物质条件。因此，人类社会的史前时期就以这种社会形态而告终。"②

由此可以看出，恩格斯在 1872 年首次界定的"唯物史观"命题，正是对马克思和他本人关于马克思主义历史观基本精神和核心思想的高度概括；而他在《论住宅问题》中所阐释的历史观理论，也坚持了马克思主义历史观创立时期的基本理论原则。

二　对唯物史观做出"最为详尽的阐述"

从 1878 年到 1886 年，恩格斯在一系列论著中重申了唯物史观的科学含义，并且深刻地阐释了唯物史观的基本原理，发展了唯物史观理论。这体现在被恩格斯称为"对历史唯物主义作了就我所知是目前最为详尽的阐述"的"两部书里"③，即 1878 年的《反杜林论》和 1886 年的《路德维希·费尔巴哈和德国古典哲学的终结》。在《反杜林论》中，恩格斯着重重申了唯物史观命题的基本理论内涵。他说：

---

① 参见《马克思恩格斯全集》第 3 卷，人民出版社 1956 年版，第 42—43 页。
② 参见《马克思恩格斯选集》第 2 卷，人民出版社 1972 年版，第 83 页。
③ 参见《马克思恩格斯选集》第 4 卷，人民出版社 1972 年版，第 479 页。

> 唯物主义历史观从下述原理出发：生产以及随生产而来的产品交换是一切社会制度的基础；在每个历史地出现的社会中，产品分配以及和它相伴随的社会之划分为阶级或等级，是由生产什么、怎样生产以及怎样交换产品来决定的。所以，一切社会变迁和政治变革的终极原因，不应当在人们的头脑中，在人们对永恒的真理和正义的日益增进的认识中去寻找，而应当在生产方式和交换方式的变更中去寻找；不应当在有关的时代的哲学中去寻找，而应当在有关的时代的经济学中去寻找。①

根据唯物史观理论，恩格斯在理论上阐述了阶级产生的历史以及它消亡的过程。生产的发展，造成了分工的规律；分工的规律就是阶级划分的基础。"社会分裂为剥削阶级和被剥削阶级、统治阶级和被压迫阶级，是以前生产不大发展的必然结果。当社会总劳动所提供的产品除了满足社会全体成员最起码的生活需要以外只有少量剩余，因而劳动还占去社会大多数成员的全部或几乎全部时间的时候，这个社会就必然划分为阶级。"② 阶级的划分是因生产的不发达而出现的，因而它必然被现代生产力的充分发展所消灭。由于在资产阶级时代，"社会化生产和资本主义占有的不相容性，也必然愈加鲜明地表现出来"，"资本主义生产方式日益把大多数居民变为无产者，同时就造成一种在死亡的威胁下不得不去完成这个变革的力量。这种生产方式迫使人们日益把巨大的社会化的生产资料变为国家财产，同时它本身就指明完成这个变革的道路。无产阶级将取得国家政权，并且首先把生产资料变为国家财产"③。这样一来，无产阶级同资产阶级一道都消亡了。这就是"人类从必然王国进入自由王国的飞跃"④。历史地考察阶级的发展以及在资本主义时代的命运，并做出科学解释，这既是对马克思在《〈政治经济学批判〉序言》中对唯物史观基本原理的发挥，也是恩格斯本人对他自己在《论住宅问题》中关于唯物史观理论的发展。

---

① 参见恩格斯《反杜林论》，人民出版社 1970 年版，第 264 页。
② 同上书，第 278、277、280、263—264、265 页。
③ 同上。
④ 同上。

在《反杜林论》中，恩格斯不仅对唯物史观的基本理论予以开掘，而且指出了运用唯物史观观察人类社会发展的重大意义，特别是运用于解析资本主义生产方式："大工业已经把潜伏在资本主义生产方式中的矛盾发展为强烈的对立，以致这种生产方式的日益迫近的崩溃可说是可以用手触摸到了；只有采用同生产力的现在这个发展阶段相适应的新的生产方式，新的生产力本身才能保存和往前发展；由以往的生产方式所造成并在日益尖锐的对立中不断再生产的两个阶级之间的斗争，遍于一切文明国家并且日益剧烈；而且人们也已经了解这种历史的联系，了解由于这种联系而成为必然的社会改造条件，了解同样由这种联系所决定的这种改造的基本特征。"①"正如从前工场手工业以及在它影响下进一步发展了的手工业同封建的行会桎梏发生冲突一样，大工业得到比较充分的发展时就同资本主义生产方式用来限制它的框框发生冲突了。"②《反杜林论》堪称运用唯物史观基本理论考察资本主义必然灭亡的典范。

《路德维希·费尔巴哈和德国古典哲学的终结》，是马克思同恩格斯在1846年合著《德意志意识形态》关于历史唯物主义思想和精神的继续，它在马克思主义历史观与最有代表性的唯心主义历史观——黑格尔历史观、费尔巴哈历史观之间，建立了一座分水岭，彻底结束了历史领域中的唯心主义，弘扬了历史学的科学性与严肃性。

在《路德维希·费尔巴哈和德国古典哲学的终结》中，恩格斯在以下几个方面发挥了唯物史观。第一，人是社会历史活动的主体，是历史的人、具体的人，因此，"必须把这些人当做在历史中行动的人去研究"③。第二，任何历史人物活动的动因，不论是伟大历史人物，还是普普通通的人民群众，历史人物的动机背后并且构成历史的真正的最后动力，不是精神的，而是物质的，即任何一个历史时代的经济关系，恩格斯从研究阶级起源、国家意志、法的关系、宗教的发展到现代资本主义，认为："在现代历史中至少已经证明：任何政治斗争都是阶级斗

---

① 参见恩格斯《反杜林论》，人民出版社1970年版，第278、277、280、263—264、265页。
② 同上。
③ 参见《马克思恩格斯选集》第4卷，人民出版社1972年版，第236—237、247、243、243—244页。

争,而任何争取解放的阶级斗争,尽管它必然地具有政治的形式(因为任何阶级斗争都是政治斗争),归根到底都是围绕着经济解放进行的。因此,至少在这里,国家,政治制度是从属的东西,而市民社会,经济关系的领域是决定性的因素。""在现代历史中,国家的愿望总的说来是由市民社会的不断变化的需要,是由某个阶级的优势地位,归根到底,是由生产力和交换关系的发展决定的。"① 第三,人类社会的发展是一个辩证的历史过程,其中有起支配作用的一般运动规律。恩格斯高度肯定了黑格尔把历史看成一个变化过程的思想,由于历史发展表现为必然性与偶然性的统一,因此,它是一个生动的辩证发展过程,而不是一个一成不变的事物的集合体。而历史研究的任务,"归根到底,就是要发现那些作为支配规律在人类社会的历史上为自己开辟道路的一般运动规律"②。

对于马克思主义历史观来说,《路德维希·费尔巴哈和德国古典哲学的终结》最主要的是运用唯物史观解释了历史是什么的问题。在历史是什么这个重大理论问题上,从来都体现着唯物主义历史观与唯心主义历史观的尖锐对立。一切唯心主义历史观归根到底地认为,历史只是上帝意志的展开,而不是社会历史主体活动的结果。从马克思主义唯物史观创立时期以来,马克思主义经典作家十分重视回答"历史是什么",把它当成建立唯物史观思想体系的重大内容。恩格斯根据唯物史观,认为:"人们通过每一个人追求他自己的、自觉期望的目的而创造自己的历史,却不管这种历史的结局如何,而这许多按不同方向活动的愿望及其对外部世界的各种各样影响所产生的结果,就是历史。"③ 这是恩格斯对马克思主义历史观关于什么是历史的原则精神的张扬,并在另一个理论层面上的演示。

在马克思主义唯物史观创立时期,马克思和恩格斯在论著中对"历史是什么"的问题,有下述深刻的论述。

第一,"任何人类历史的第一个前提无疑是有生命的个人的存在。

---

① 参见《马克思恩格斯选集》第 4 卷,人民出版社 1972 年版,第 236—237、247、243、243—244 页。

② 同上。

③ 同上。

因此第一个需要确定的具体事实就是这些个人的肉体组织,以及受肉体组织制约的他们与自然界的关系。……任何历史记载都应当从这些自然基础以及它们在历史进程中由于人们的活动而发生的变更出发。"[1] 这是从人与自然的关系展开这个角度讨论的。

第二,"它的前提是人,但不是某种处在幻想的与世隔绝、离群索居状态的人,而是处在一定条件下进行的、现实的、可以通过经验观察到的发展过程中的人。只要描绘出这个能动的生活过程,历史就不再像那些本身还是抽象的经验论者所认为的那样,是一些僵死事实的搜集,也不再像唯心主义者所认为的那样,是想象的主体的想象的活动。"[2] 这是从历史主体活动的过程性角度讨论的。

第三,"由此可见,一开始就表明了人们之间是有物质联系的。这种联系是由需要和生产方式决定的,它的历史和人的历史一样长久;这种联系不断采取新的形式,因而就呈现出'历史',它完全不需要似乎还把人们联合起来的任何政治的或宗教的呓语存在。"[3] 这是从人类的历史同工业和交换的历史联系角度讨论的。

第四,"历史不外是各个世代的依次交替。每一代都利用以前各代遗留下来的材料、资金和生产力;由于这个缘故,每一代一方面在完全改变了的条件下继续从事先辈的活动,另一方面又通过完全改变了的活动来改变旧的条件。"[4] 这是从人类历史发展的性质角度讨论的。

第五,"它们在整个历史发展过程中构成一个有联系的交往形式的序列,交往形式的联系就在于:已成为桎梏的旧的交往形式被适应于比较发达的生产力,因而也适应于更进步的个人自主活动类型的新的交往形式所代替;新的交往形式……会变成桎梏并为别的交往形式所代替。由于这些条件在历史发展的每一阶段上都是与同一时期的生产力的发展相适应的,所以它们的历史同时也是发展着的、为各个新的一代所承受

---

[1] 参见《马克思恩格斯全集》第3卷,人民出版社1956年版,第23—24、30、34、51、81页。
[2] 同上。
[3] 同上。
[4] 同上。

下来的生产力的历史，从而也是个人本身力量发展的历史。"① 这是从历史主体的社会关系嬗递角度讨论的。

第六，"人们不能自由选择自己的生产力——这是他们的全部历史的基础，因为任何生产力都是一种既得的力量，以往的活动的产物。所以生产力是人们的实践能力的结果，但是这种能力本身决定于人们所处的条件，决定于先前已经获得的生产力，决定于在他们以前已经存在、不是由他们创立而是由前一代人创立的社会形式。单是由于后来的每一代人所得到的生产力都是前一代人已经取得而被他们当做原料来为新生产服务这一事实，就形成人们的历史中的联系，就形成人类的历史，这个历史随着人们的生产力以及人们的社会关系的愈益发展而愈益成为人类的历史。"② 这是从社会历史的性质角度讨论的。

由上可知，马克思主义唯物史观在其创立时期所表述的"什么是历史"的思想，紧紧围绕着社会历史主体的物质关系展开论述，贯穿了历史发展的唯物主义精神原则。而恩格斯在《路德维希·费尔巴哈和德国古典哲学的终结》中所申论的"什么是历史"的问题，角度虽异，思想原则其实是一致的。

从上述可以看出，在这一时期，以这两本著作为代表，围绕着唯物史观命题所展开的论述，恩格斯毫无疑问地丰富和发展了唯物史观的思想内涵。

三　恩格斯晚年致力于丰富唯物史观命题的理论内涵

恩格斯晚年围绕着唯物史观命题及其思想内涵，写下了大量书信，阐述了许多精辟见解，丰富和发展了唯物史观理论体系，这主要体现在1890—1894年的理论创造中。

在这个时期，关于唯物史观命题，恩格斯有两次说明：一次是在

---

① 参见《马克思恩格斯全集》第3卷，人民出版社1956年版，第23—24、30、34、51、81页。
② 参见《马克思恩格斯选集》第4卷，人民出版社1972年版，第321页。

1890年9月20日，恩格斯写信给约·布洛赫，从历史发展的决定论角度，阐释了唯物史观的基本思想：

> 根据唯物史观，历史过程中的决定性因素归根到底是现实生活的生产和再生产。无论马克思或我都从来没有肯定过比这更多的东西。如果有人在这里加以歪曲，说经济因素是唯一决定性的因素，那末他就是把这个命题变成毫无内容的、抽象的、荒诞无稽的空话。经济状况是基础，但是对历史斗争的进程发生影响并且在许多情况下主要是决定着这一斗争的形式的，还有上层建筑的各种因素：阶级斗争的各种政治形式和这个斗争的成果——由胜利了的阶级在获胜以后建立的宪法等等，各种法权形式以及所有这些实际斗争在参加者头脑中的反映，政治的、法律的和哲学的理论，宗教的观点以及它们向教义体系的进一步发展。这里表现出这一切因素间的交互作用，而在这种交互作用中归根到底是经济运动作为必然的东西通过无穷无尽的偶然事件（……）向前发展。①

简言之，历史发展过程中有诸多因素起作用，它们都被社会的经济因素聚合在一起，决定历史发展的面貌和进程。

另一次是在1892年4月20日，恩格斯为《社会主义从空想到科学》单行本所写的英文版导言中，他说，"用'历史唯物主义'这个名词来表达一种关于历史过程的观点，这种观点认为一切重要历史事件的终极原因和伟大动力是社会的经济发展、生产方式和交换方式的改变、由此产生的社会之划分为不同的阶级，以及这些阶级彼此之间的斗争"②。这是从历史发展的过程论角度阐述的，基本上扼要涵盖了唯物史观的理论内涵。

与此相应的是，恩格斯在这一时期，还指明了唯物史观的理论前提："我们视为社会历史的决定性基础的经济关系，是指一定社会的人们用以生产生活资料和彼此交换产品（在有分工的条件下）的方式说

---

① 参见《马克思恩格斯选集》第4卷，人民出版社1972年版，第477、505页。
② 参见《马克思恩格斯选集》第3卷，人民出版社1972年版，第389页。

的。"① 这应该成为人们理解和研究唯物史观的出发点和关节点。

与阐释唯物史观理论命题相联系，恩格斯还阐发了一系列重要的唯物史观思想。其具体如下。

其一，人们自己创造自己的历史的有条件论，或称历史发展进程的有前提论。

恩格斯认为，我们自己创造自己的历史，有以下两个十分确定的前提和条件。第一，经济的前提和条件归根到底是决定性的，譬如"普鲁士国家也是由于历史的、归根到底是经济的原因而产生出来和发展起来的"。第二，历史进程取决于合力作用。恩格斯指出：

> 历史是这样创造的：最终的结果总是从许多单个的意志的相互冲突中产生出来的，而其中每一个意志，又是由于许多特殊的生活条件，才成为它所成为的那样。这样就有无数互相交错的力量，有无数个力的平行四边形，而由此就产生出一个总的结果，即历史事变，这个结果又可以看作一个作为整体的、不自觉地和不自主地起着作用的力量的产物。因为任何一个人的愿望都会受到任何另一个人的妨碍，而最后出现的结果就是谁都没有希望过的事物。所以以往的历史总是像一种自然过程一样地进行，而且实质上也是服从于同一运动规律的。但是，各个人的意志——其中的每一个都希望得到他的体质和外部的、终归是经济的情况（或是他个人的，或是一般社会性的）使他向往的东西——虽然都达不到自己的愿望，而是融合为一个总的平均数，一个总的合力，然而从这一事实中决不应作出结论说，这些意志等于零。相反地，每个意志都对合力有所贡献，因而是包括在这个合力里面的。②

恩格斯在他的最后岁月里，还重申了他的历史前提论。在 1894 年 1 月 25 日致瓦·博尔吉乌斯的信中，他写道："人们自己创造着自己的历史，但他们是在制约着他们的一定环境中，是在既有的现实关系的基

---

① 参见《马克思恩格斯选集》第 4 卷，人民出版社 1972 年版，第 477、505 页。
② 同上书，第 478—479、506 页。

础上进行创造的,在这些现实关系中,尽管其他的条件——政治的和思想的——对于经济条件有很大的影响,但经济条件归根到底还是具有决定意义的,它构成一条贯穿于全部发展进程并唯一能使我们理解这个发展进程的红线。""人们自己创造着自己的历史,但是到现在为止,他们并不是按照共同的意志,根据一个共同的计划,甚至不是在某个特定的局限的社会内来创造这个历史。他们的意向是相互交错着的,因此在所有这样的社会里,都是那种以偶然性为其补充和表现形式的必然性占统治地位。在这里透过各种偶然性来为自己开辟道路的必然性,归根到底仍然是经济的必然性。"①

上述思想是对马克思主义唯物史观创立时期关于人们自己创造历史的理论的重大发展。在1846年的论述中,马克思同恩格斯在论述人类生存的第一个前提,亦即一切历史的第一个前提时,只阐述了一切历史的基本条件,即基本的物质条件:"人们为了能够'创造历史',必须能够生活。但是为了生活,首先就需要衣、食、住以及其他东西。因此第一个历史活动就是生产满足这些需要的资料,即生产物质生活本身。同时这也是人们仅仅为了能够生活就必须每日每时都要进行的(现在也和几千年前一样)一种历史活动,即一切历史的一种基本条件","第二个事实是,已经得到满足的第一个需要本身、满足需要的活动和已经获得的为满足需要用的工具又引起新的需要。这种新的需要的产生是第一个历史活动"②。

恩格斯晚年阐述的合力论思想,是对他在《路德维希·费尔巴哈和德国古典哲学的终结》一文中关于历史发展的必然性与偶然性、历史运动的一般规律论的重大补充和发展。在该文中,他是这样论述的:

> 在所发生的任何事情中,无论在外表上看得出的无数表面的偶然性中,或者在可以证实的这些偶然性内部的规律性的最终结果中,都没有任何事情是作为预期的自觉的目的发生的。反过来看,在社会历史领域内进行活动的,全是具有意识的、经过思虑或凭激

---

① 参见《马克思恩格斯选集》第4卷,人民出版社1972年版,第478—479、506页。
② 参见《马克思恩格斯全集》第3卷,人民出版社1956年版,第31—32页。

情行动的、追求某种目的的人；任何事情的发生都不是没有自觉的意图，没有预期的目的的。但是，不管这个差别对于历史研究，尤其是对个别时代和个别事变的历史研究如何重要，它丝毫不能改变这样一个事实：历史的进程是受内在的一般规律支配的。即使在这一领域内，尽管各个人都有自觉期望的目的，在表面上看，总的说来好像也是偶然性在支配着。人们所期望的东西很少如愿以偿，许多预期的目的在大多数场合都彼此冲突，互相矛盾，或者是这些目的本身一开始就是实现不了的，或者是缺乏实现手段的。这样，无数的个别愿望和个别行动的冲突，在历史领域内造成了一种同没有意识的自然界中占统治地位的状况完全相似的状况。行动的目的是预期的，但是行动实际产生的结果并不是预期的，或者这种结果起初似乎还和预期的目的相符合，而到了最后却完全不是预期的结果。这样，历史事件似乎总的说来同样是由偶然性支配着的。但是，在表面上是偶然性在起作用的地方，这种偶然性始终是受内部的隐蔽着的规律支配的。①

用历史发展的合力论来阐解必然性与偶然性的一致，具有强劲的理论深刻性。

其二，对社会历史运动中经济基础同上层建筑及社会意识形态的关系，注入了新的理论内涵。

在马克思主义历史观创立时期，创始者只是对历史发展中的经济基础与上层建筑、与社会意识形态之间的辩证关系做了一般原理性的精练的说明。恩格斯晚年在书信中，逐一予以阐释。

恩格斯认为，国家是生产分工和发展的结果，但是它又成为一种相对独立的社会力量，虽然从总的方面说它是尾随经济运动的，但它又反过来对生产的条件和进程产生影响。"这是两种不相等的力量的交互作用：一方面是经济运动，另一方面是追求尽可能多的独立性并且一经产生也就有了自己的运动的新的政治权力。总的说来，经济运动会替自己开辟道路，但是它也必定要经受它自己所造成的并具有相对独立性的政

---

① 参见《马克思恩格斯选集》第4卷，人民出版社1972年版，第243页。

治运动的反作用,即国家权力的以及和它同时产生的反对派的运动的反作用。"恩格斯还具体地指明了国家权力对于经济发展产生反作用的三种可能情形:①它可以沿着同一方向起作用,在这种情况下就会发展得比较快;②它可以沿着相反方向起作用,阻碍经济发展;③它可以阻碍经济发展沿着某些方向走,而推动它沿着另一种方向走,这种情况归根到底还是归结为前两种情况中的一种。很显然,在第二种和第三种情况下,政治权力能给经济发展造成巨大的损害,并且能够引起大量的人力和物力的浪费①。

恩格斯认为,经济发展同法的关系也和国家权力同经济发展的关系一样。产生了职业法律家的新分工一旦成为必要,立刻就又开辟了一个新的独立部门,这个部门虽然一般地完全依赖于生产和贸易,但是它仍然具有反过来影响这两个部门的特殊能力。"在现代国家中,法不仅必须适应于总的经济状况,不仅必须是它的表现,而且还必须是不因内在矛盾而自己推翻自己的内部和谐一致的表现。"②

关于经济发展同哲学和文学艺术的关系,也是如此。恩格斯认为,虽然哲学的发展具有相对独立性,但是它最终受到经济发展的支配:"每一个时代的哲学作为分工的一个特定的领域,都具有由它的先驱者传给它而它便由以出发的特定的思想资料作为前提。因此,经济上落后的国家在哲学上仍然能够演奏第一提琴……但是,不论在法国或是在德国,哲学和那个时代的文学的普遍繁荣一样,都是经济高涨的结果。经济发展对这些领域的最终的支配作用,在我看来是无疑的,但是这种支配作用是发生在各该领域本身所限定的那些条件的范围内……"③ 此外,经济发展同各种社会思想的关系也是同样的道理。对此,恩格斯特别强调道,唯物史观并不否认在历史中起作用的各种思想有独立的历史发展,并不否认它们对于历史有任何影响,"当一种历史因素一旦被其他的、归根到底是经济的原因造成的时候,它也影响周围的环境,甚至

---

① 参见《马克思恩格斯选集》第 4 卷,人民出版社 1972 年版,第 482—483、483、485、502、506 页。
② 同上。
③ 同上。

能够对产生它的原因发生反作用"①。

1894年,恩格斯在致瓦·博尔吉乌斯的信中又精辟地重申道:"政治、法律、哲学、宗教、文学、艺术等的发展是以经济发展为基础的。但是,它们又都互相影响并对经济基础发生影响。并不是只有经济状况才是原因,才是积极的,而其余一切都不过是消极的结果。这是在归根到底不断为自己开辟道路的经济必然性的基础上的互相作用。"② 这可视为唯物史观关于经济基础同上层建筑与社会意识形态产生必然关系的最权威、最经典的解说。

恩格斯的以上论述,是对1859年马克思在《〈政治经济学批判〉序言》中总括唯物史观原理时,关于社会历史发展的经济基础同上层建筑、同社会意识形态辩证关系的重要阐释;同样也是对他自己在《路德维希·费尔巴哈和德国古典哲学的终结》一文中若干思想的重要补充和发挥。其思想的深刻性和理论解说的规范性,是显而易见的。

其三,唯物史观是研究社会历史问题的理论指导,是一个不断发展的理论体系。作为马克思主义历史观的创立者之一,恩格斯告诉人们对待唯物史观所应持的科学态度,这一点对于研究唯物史观来说,尤其重要。

恩格斯既把马克思主义历史观作为对黑格尔、费尔巴哈历史观的扬弃与发展,又认为它吸纳了资本主义时代一切有益的历史思想、理论,包括资产阶级历史学家梯叶里、米涅、基佐等人在内,因而它是历史发展的产物,它也必然随着人类认识的发展而不断向前推进。所以,恩格斯告诫道:"首先我必须说明:如果不把唯物主义方法当作研究历史的指南,而把它当作现成的公式,按照它来剪裁各种历史事实,那末它就会转变为自己的对立物。"③ 此后,他还在批评用唯物史观贴标签的恶劣学风时强调道,"我们的历史观首先是进行研究工作的指南"④。这就是说,既不能把唯物史观等同于历史研究的具体结论,也不能把它作为

---

① 参见《马克思恩格斯选集》第4卷,人民出版社1972年版,第482—483、483、485、502、506页。
② 同上。
③ 同上书,第471—472、475、459、460页。
④ 同上。

一种理论的教条。

在19世纪80年代后期，恩格斯在致美国女士弗·凯利—威士涅威茨基夫人的两封书信中，也曾严肃地指出过："我们的理论不是教条，而是对包含着一连串互相衔接的阶段的那种发展过程的阐明。"① "我们的理论是发展的理论，而不是必须背得烂熟并机械地加以重复的教条。"② 从维护一种理论的科学性出发，恩格斯对马克思同他一起创立的唯物史观的严肃态度，是十分鲜明和坚定的。

恩格斯在唯物史观理论体系上所持的科学态度，对于我们学习、研究和发展唯物史观理论，有着极大的鞭策作用。

四　简短的结论

通过对恩格斯关于唯物史观命题及其思想内涵所做阐释的历史考察，我们可以发现以下几点。

首先，尽管恩格斯在三个阶段四次整合唯物史观的概念，其理论角度不同、理论覆盖的层面有所差异，但其核心思想、理论原则和研究方法却是始终如一的；在表述上，是清楚、明确、规范的，没有前后矛盾的概念或范畴。

其次，恩格斯所表述的唯物史观概念及所发挥的理论内涵，是对马克思主义历史观创立时期一系列重要思想的阐发，其中的核心思想贯穿如一，对理论原则恪守不二。恩格斯在马克思主义唯物史观创立后，通过对唯物史观命题的界定及其阐解，极大地丰富和发展了马克思主义历史观体系；恩格斯的理论创造同马克思主义唯物史观创立时期构成为一个连续的理论发展整体，不可分割。

再次，恩格斯通过唯物史观命题对马克思主义历史观所做的阐发，同马克思对马克思主义历史观的阐述一样，是一个理论整体，他们的理论出发点是一致的，所作的理论概括也是一致的。因此，不存在晚年恩

---

①　参见《马克思恩格斯选集》第4卷，人民出版社1972年版，第471—472、475、459、460页。

②　同上。

格斯同马克思在历史观上存在分歧之说。

最后，还要指出的是，恩格斯在创立和发展唯物史观上所体现出来的虚怀若谷和谦逊礼让的学德和楷模风范。恩格斯是马克思主义唯物史观的创始人之一，这是没有争议的。但是，在很多地方，恩格斯把唯物史观的发明权归功于马克思，而从不张扬自己对马克思主义唯物史观的突出贡献。① 这种崇高的理论家风度，堪为万世师表。②

---

① 参见《马克思恩格斯选集》第3卷，第574页，第4卷，第253、500页，其中，在第4卷第500页上所表述的文字，尤其感人，令人肃然起敬，油然而生景仰之情。他是这样说的："您加在我身上的功绩大于应该属于我的，即使把我经过一定时间也许会独立发现的一切都计算在内也是如此，但是这一切都已经由眼光更锐利、眼界更开阔的马克思早得多地发现了。如果一个人有幸能和马克思这样的人一起工作四十年之久，那末他在后者在世时通常是得不到本来似乎应当得到的承认。后来，伟大的人物逝世了，他的不大出色的战友就很容易被给以过高的评价——而这种情况看来现在就正好落在我的身上。"（《恩格斯致弗·梅林》）

② 本文原载于《马克思主义研究》1995年第5期，北京大学哲学系施德福教授曾为本文做了两条补充，见该刊1996年第1期《关于〈恩格斯与唯物史观命题〉一文的来信》。

坚持走马克思主义史学理论
中国化之路

在20世纪的学术史上，关于历史学，显然有两件大事占有极其重要的地位：一件是从20世纪20年代开始的中国马克思主义史学思潮以及随之而来的马克思主义史学理论中国化，李大钊、郭沫若、范文澜等前辈学者殚精竭虑，倾毕生之力，做出了巨大成就；另一件是从20世纪80年代开始的史学反思思潮以及随之而来的建构中国特色与中国流派的马克思主义史学理论体系，中国史学会史学理论研究分会所组织、团结的一批学者用功尤勤、用力尤深，取得了显著成绩。两点一线，骨架分明，构成80多年来中国马克思主义史学发展的清晰脉络。

一 史学界形成的广泛共识

告别20世纪，进入21世纪，中国史学要有新面貌，有待于中国马克思主义史学理论体系的建设有突破性发展。史学的学科理论对于史学研究的开展，无疑具有决定性的指导意义。这已经成为史学界的共识。

史学理论研究要有突破性的发展，必须善于总结20世纪中国史学发展的经验、教训，以成绩为起点，以教训为镜子。20世纪中国史学的基本走向是：马克思主义史学理论的中国化与建构中国特色马克思主义史学理论体系的初步兴起。具体来说就是，虽然在20世纪80年代以前，史学界将唯物史观与史学理论等同起来，但在此前60年历程中，随着马克思主义唯物史观的传入，经过一代又一代的中国史学家学习、吸纳和消化唯物史观，逐步确立了马克思主义唯物史观（亦即我们常说的运用马克思主义的基本立场、观点和方法）在史学研究中的指导地位，并逐步由浅入深、由表及里、由粗到细地从唯物史观出发研究中国历史，确立了一套全新的话语系统和历史意识。这既可视为是中国马克思主义历史学的成长，又可视为是马克思主义史学理论的中国化。其最大成就与特征，就是中国通史体系与理论、世界通史体系与理论的确立。虽然在今天看来，它还显得不是那么成熟和完备，但它却是合乎认识规律的。20世纪80年代以后，随着人们对唯物史观理解的加深，逐步认识到唯物史观不等于史学理论，历史学应该有自己的学科理论，即史学理论；运用唯物史观指导史学理论研究，建构中国流派的马克思主义史学理论，是马克思主义史学理论中国化发展的深化与必然方向，并最后在80年代中后期形成人们的共识。虽然史学理论研究较之其他人文社会科学起步晚了些，但其开端很好。应该说，中国马克思主义史学理论学科建设的开端之所以良好，在于它孕育的时间长，并成为研究者的共识，因此，这项工作开展起来，参与者众，举凡史学研究各领域的学者都有热情和兴趣参加，并很快形成了一支专业化的史学理论研究队伍。这是中国史学在20世纪最后20年最为突出的一个学术现象。

但是，在这个基本走向中，曾经出现了两大偏离，影响了中国马克思主义史学的顺利发展。一是从20世纪50年代中后期开始，在长达20年的时间内受到政治运动的冲击，受到极左思潮的干扰和破坏，将马克思主义史学曲解成"阶级斗争史学"，割裂了马克思主义史学的科学性。尤其是长期错把苏联史学等同于马克思主义史学，全盘照搬了苏联史学的模式，教条主义、思想僵化盛行，马克思主义史学研究受到冲击。这个偏离，使中国史学长时间经历曲折，在思想迷惑中徘徊。二是在近一段时间，有一股很坏的学风时隐时现、时起时伏。研究西方史学及其理论，吸取人类文化的优秀成果，本是丰富和发展马克思主义史学理论的题中之义，但有一股倾向，将两者对立起来。这就是要么借研究西方史学及其理论之名，否定马克思主义史学理论；要么借坚持马克思主义史学理论之名，排斥批判地吸收西方史学及其理论。这些做法，都偏离了中国马克思主义史学发展的正确道路，给马克思主义史学理论研究带来了消极作用。

21世纪的中国马克思主义史学理论研究，除必须力戒两个偏离外，还要坚持一个学风——马克思主义史学理论中国化的优良传统和学风。这个优良传统和学风，科学地处理了坚持与发展马克思主义史学理论的辩证关系，在21世纪值得大力弘扬。

史学理论研究要有突破性发展，尤其要总结改革开放以来史学理论研究中的经验与教训，发扬创新精神，再创新高。虽然最近30年的史学理论研究从总的方面看，呈现一种热趋势，不可决然地按年代考察其详，但是，从时段角度的观照，却让我们分析问题更为直观和简捷。事实上，20世纪80年代的史学理论研究同90年代的史学理论研究相比，各有不同特点。这具体表现为如下几个方面。

第一，从思维路向上来看。20世纪80年代的史学理论研究同90年代的史学理论研究相比：前者表现为理论反思的特征要突出些，后者表现为理论观照的特征要浓重一些；前者是由社会思想领域全面拨乱反正、开展马克思主义各门学科建设的大势决定的，后者主要表现为巩固已有成果，在科学事业发展的快车道上，运用唯物史观指导史学理论的学科建设。

第二，从研究领域来看。20世纪80年代的史学理论研究主要集中在两个方面：一是关于全面地科学地理解唯物史观及其方法问题，如关于社会形态问题、社会历史发展动力问题、历史的创造者问题、历史发展的规律性问题、历史发展的道路性问题、人民群众与杰出人物的关系问题、地理环境与历史发展的问题、唯物史观与史学理论的关系问题等；二是关于通史体系及其理论问题，如关于东西方民族差异、文化差异、历史发展差异问题，农民战争与历史发展问题，常规性与变异性问题，如何处理历史要素与内容问题，历史发展阶段划分问题，民族关系问题，等等。20世纪90年代的史学理论研究，似乎无重点可言，但它却映现了一个鲜明的路径，即在建构中国特色的马克思主义史学理论体系的同时，运用已经获得的关于马克思主义史学理论的认识，指导各个领域的史学研究，在具体的研究中深化对马克思主义史学理论的认识和理解，在此基础上，进行理论升华，显示出马克思主义史学理论的历史特征与实践特性。在研究成果上，除了关于唯物史观的研究、关于通史体系及其理论继续有收获外，关于史学主体、史学认识、史学发展等领域都有其代表性成就。

第三，从研究力量上来看。毫无疑问，20世纪80年代史学理论研究是重点投入人力，几呈"全民皆兵"之势。因为要拨乱反正，还马克思主义史学的科学面目，不能不从理论上着眼，史学研究者不能不关心并思考史学研究中的理论问题。这正是出现史学理论热的时代原因与学科原因。在80年代，仅由中国社会科学院牵头，就召开了6次全国范围的学术研讨会，每次与会者至少逾百人之众。进入20世纪90年代后，史学理论热有趋缓或谓减退之势。这应该视为正常现象：一是随着史学领域拨乱反正的完成，一部分史学工作者成为历史学理论研究的专业工作者，更多的学者则转入一些具体的研究领域，这符合学术发展的规律；二是随着学科调整，在20世纪90年代，史学学科发展呈萎缩趋势，史学理论研究队伍也不可避免地减员；三是20世纪80年代的史学理论研究声势要大些，为了引起人们对史学理论研究的重视，开始造些声势是必要的，而进入90年代后，主要是开展默默无闻的、扎实的研究工作，"看热闹的人"自然也就减少了。客观地讲，作为史学的分支学科与原理论的史学理论，不必要也不可能有太多的人投入。

第四，从研究的水平来看。20世纪80年代的史学理论研究热闹些，当然"水分"也要大一些；90年代的史学理论研究沉寂一些，当然"水分"也要少一些。若从史学理论的标准衡量，笔者认为，20世纪80年代的史学理论研究的理论味道要"淡"些，而90年代的史学理论研究的理论味道则要"浓"些。

当然，囿于时代的主题和学科发展的需要，在不同时代必然有所差异，前后两个时段内关于史学理论研究的选题与布点，有轻有重、有明有暗、有长有短、有得有失，这也是十分明显的，这更是立足于学术史、强化史学理论研究所应当重视并予以克服的。

在学术发展史上，一时出现热点甚至热潮，对于学术进步当然是有利的。但是，正常的学术研究并不是立足于"热"或"冷"之上的，而是在于有一股恒力，把事业恒久地推向前进。因此，并不能指望史学"理论热"永久地持续下去。只要有一批有责任心和使命感的学者投身于中国马克思主义史学理论学科建设事业中去，建立中国特色和中国流派的马克思主义史学理论体系就大有希望。

二　史学研究发展的必然要求

深化马克思主义史学理论研究，笔者认为，前提是完整掌握马克思主义史学理论体系，关键是创立中国特色、中国流派、世界水平的马克思主义史学理论体系和学科。这既是中国史学工作者的历史重任，更是史学理论研究者不可推卸的社会职责。

深化史学理论研究，还有一些基础工作要做。譬如，20世纪80年代以后成功地解决了唯物史观与史学理论的联系与区别问题，并严肃地提出了重视和推动史学理论研究的重大课题。现在，我们还面临着一个认识史学概论与史学理论的关系问题。在这一轮史学理论热中，产生了10余种史学概论著作，很多人将史学概论和史学理论等同起来，这样就会为史学理论研究制造许多认识误区。譬如，史学概论主要是追踪史学发展，描述史学全貌，为史学研究的开展提供一个规范的概念，它对史研究一般不具有理论的指导意义；而史学理论则是史学研究的前提和总结，是史学研究的灵魂和指导，因为它是历史学的元理论，为它提供学科理论。如果将两者等同起来，就无法认识其学术意义及其科学功能。在笔者看来，史学概论与史学理论是有联系更有区别的两个个体，它们在区别性上，各有不相同的研究视角和领域，它们在联系性方面，表现为在研究范围上有交叉；但史学理论的范围要远远大于史学概论，若论理论形态和差异，两者更是相去万里。

深化史学理论研究，要不断地根据社会历史发展的广度和深度，解答新问题，进行历史学的理论说明。譬如，人类的主题与命运问题、科技创新与社会发展问题、科技进步与人文关系问题、文化在世界历史进程中的地位和作用问题等问题，应该重新进行认识，开展深入研究，这有利于深化历史本体论，丰富历史主体与客体的认识。史学理论要深化对史学认识论的研究。这既是史学理论研究的重点，也是难点。如何确立历史事实，如何认识历史事实，历史认识的发生及其规律如何等，都关切历史学的性质及其学科个性。

"一代之人，必有一代之学。"今人胜古人的奥秘就在于：后人总是善于继承前人的成果和事业,发现新问题,立足于新的时代高度,不断提高认识水平。进入新世纪,随着东西方文化交流的扩大和深入,随着中国马克思主义史学理论体系的建立,随着研究领域的不断拓展,随着新生力量的不断加盟,可以预言,21世纪中国马克思主义史学理论研究一定可以获得突破性的发展。

马克思主义唯物史观与史学理论

在20世纪上半期，苏联曾是马克思主义历史科学发展的基地和中心。在很长一段时间内，苏联史学界把马克思主义唯物史观等同于史学理论；只是在20世纪50年代末和60年代初，史学理论与方法论成为普遍的研究热点，人们才注意到唯物史观与史学理论的差异。在我国，自20世纪30年代始，受到苏联史学界的影响，历史学科没有分析唯物史观与史学理论的联系与区别；只是在80年代初，随着史学反思的出现，史学理论日益成为历史学的分支学科，史学界才逐渐意识到它们的不同：不能把历史唯物主义的一般原理等同于马克思主义史学理论，无疑，辩证唯物主义和历史唯物主义是马克思主义史学理论的基础，正像马克思主义哲学不能代替任何一门自然科学学科本身的理论、方法论一样，历史科学如果本身没有理论和方法论，那它就很难成为一门独立的学科。[①] 承认唯物史观对历史科学的指导意义，并给予史学理论以应有的学科地位，这是近些年来我国史学界在学科建设上取得的突出成就和一个巨大进步。

基于此，认识马克思主义唯物史观与史学理论的区别与联系，是十分必要的，也是有学术意义的。

---

① 参见陈启能《史学理论与历史研究》，团结出版社1993年版，第49页。

一　唯物史观与史学理论有区别

我们可以从以下两个方面分析唯物史观与史学理论的区别。

首先，唯物史观与史学理论的学科属性不同。前者属哲学学科，后者属历史学科。

马克思主义哲学是关于世界观的理论体系，是关于自然、社会和思维知识的概括和总结。哲学是人们社会实践的结果。而世界观则是人们对整个世界总的和根本的看法，人们总是依据一定的世界观来从事社会实践活动。历史观与世界观相伴而生，历史观是世界观在历史领域的运用和展现。换言之，人们所形成的历史观总是依据一定的世界观，有什么样的世界观，就会产生相应的历史观。由此可见，世界观是关于整个世界的一般看法，唯物史观是马克思主义哲学的重要组成部分；而历史观则是关于人类社会发展的一般状态的解答。

在19世纪四五十年代，马克思主义创始人创立了唯物史观学说。在唯物史观的创立过程中，他们的思维、方法是哲学的，其理论视野超越了历史学科。① 在唯物史观创始者那里，其思维方式是抽象的、宏观的、辩证的，即运用科学思维梳理人类社会的历史发展；其研究的方法主要是理论方法，而人类社会发展的过去、现在和将来，都在其宏大的视野之中。他们在论证、表述唯物史观时，所运用的理论概念、范畴也是哲学的，如生产力、生产关系、经济基础、上层建筑、生产方式、社会形态、偶然性与必然性、普遍性与特殊性、原因和结果等。而我们惯常所见的1859年马克思在《〈政治经济学批判〉序言》中关于唯物史观的经典表述，就是哲学的，而非历史学的。马克思和恩格斯在《德意志意识形态》中的论述，便是佐证：

> 这种历史观就在于：从直接生活的物质生产出发来考察现实的

---

① 参见张艳国《对马克思主义唯物史观创立时期的历史考察》，《学习与探索》1995年第1期，又见《新华文摘》1995年第5期。

生产过程，并把与该生产方式相联系的、它所产生的交往形式，即各个不同阶段上的市民社会，理解为整个历史的基础；然后必须在国家生活的范围内描述市民社会的活动，同时从市民社会出发来阐明各种不同的理论产物和意识形式，如宗教、哲学、道德等等，并在这个基础上追溯它们产生的过程。这样做当然就能够完整地描述全部过程（因而它就能够描述这个过程的各个不同方面之间的相互作用）了。①

史学理论则是对历史学的理论反思与理论观照，其研究对象是史家主体与客体、历史主体与客体的关系。所谓理论反思，是对具体的研究结论进行理论升华与提炼；所谓理论观照，是运用既得的正确认识，指导研究实践，以形成新的理论成果。很显然，史学理论是历史学科的。其思维、方法、理论视野，不能逾越史学轨范。它以史学特有的实证研究为基础，以史料为依据，以一定的历史观为指导，以得出历史结论为特征。

其次，唯物史观与史学理论研究的角度及其范围、方法不同。这是由其学科属性决定的。

虽然历史发展的客观过程是唯物史观与史学理论研究的共同点，但是，各自的理论切入点不同。唯物史观的理论切入点是回答人类社会的发展是怎样的；而史学理论则解释人们如何去认识历史，以及怎样认识历史才是科学的。换言之，前者以回答历史是什么为其视角，后者则以怎样去认识历史为其出发点。

根据学科属性，唯物史观的研究范围主要涉及人类历史发展中的各种因素的相互联系性与发展的规律性，它主要表现为对历史过程论（本体论）的解说。恩格斯正是在这个意义上回答唯物史观这一理论命题的："唯物史观是以一定历史时期的物质经济生活条件来说明一切历史事变和观念、一切政治、哲学和宗教的。"② 时隔20年后，他又进一步解释道，"用'历史唯物主义'这个名词来表达一种关于历史过程的

---

① 参见《马克思恩格斯全集》第3卷，人民出版社1956年版，第42—43页。
② 参见《马克思恩格斯选集》第2卷，人民出版社1972年版，第537页。

观点，这种观点认为一切重要历史事件的终极原因和伟大动力是社会的经济发展、生产方式和交换方式的改变、由此产生的社会之划分为不同的阶级，以及这些阶级彼此之间的斗争"①。唯物史观的理论视角、研究范围，决定了它的理论特色。列宁指出：唯物主义历史观"指出了对各种社会经济形态的产生、发展和衰落过程进行全面而周密的研究的途径……即把历史当做一个十分复杂并充满矛盾但毕竟是有规律的统一过程来研究的途径。……马克思主义给我们指出了一条指导性的线索，使我们能在这种看来迷离混沌的状态中发现规律性"②。也正是由于唯物史观的理论视角与研究领域，决定了它的基本理论内涵。譬如，关于人类社会的发展是一个自然历史过程的理论；关于人是社会历史活动的主体，而这种活动又是有规律可循的理论；关于生产方式是社会性质、社会变迁的终极原因的思想；关于探寻社会观念的变迁应当从社会存在中寻找原因的思想；关于阶级和阶级斗争是人类社会的物质实践活动发展到一定阶段的产物，是阶级社会特有的现象，是阶级社会发展的直接动力的学说；等等。

根据历史学科，史学理论的研究范围主要是对历史学发展的各因素及其相互关系的规律性描述，并揭示史学研究的科学方法。譬如，历史的主体与客体、史家主体与客体、历史学的性质与学科个性、历史学与现时代、历史学与邻近学科的关系等。也就是说，除了唯物史观所关注的历史本体论（历史过程论）外，它所基本不涉及的史家主体论、史学认识论、史学发展论、史学方法论，都是史学理论的重点认识领域。

就研究方法而言，唯物史观的研究方法主要是哲学的方法，即逻辑的方法：分解的方法与总和的方法、归纳的方法与演绎的方法、历史的方法与理论的方法、从抽象到具体的方法与从具体到抽象的方法，等等。它们既是哲学的基本方法，也规范为社会科学的一般方法。在史学理论研究中，上述方法当然适用，但史学理论指导下的史学研究主要还是运用历史学的方法。譬如，考察因果联系的方法（包括顺向考察与逆向考察的方法、过程分析方法、阶段分析方法）、层次分析方法、定

---

① 参见《马克思恩格斯选集》第3卷，人民出版社1972年版，第389页。
② 参见《列宁选集》第2卷，人民出版社1972年第2版，第586—587页。

量与定性分析相结合的方法、阶级与阶层分析方法、比较分析方法，等等。它还借助适合特定领域的具体方法，比如，心态分析方法、考古学的方法、文化人类学的方法、文献与史料的方法，等等。

从唯物史观与史学理论的研究范围与方法的分野，从知识类群的不同集合，也可以看出它们各自局限于学科的此疆彼界。而认识唯物史观与史学理论的差异，正是为了给予史学理论以恰当的学科地位，重视和加强史学理论研究，促进史学理论研究取得突破性发展。

二 唯物史观与史学理论有联系

从哲学的意义上说，区别只是联系中的区别。通过以上对唯物史观与史学理论差异的分析，已经可以发现两者互为联系的蛛丝马迹。其具体表现在如下几个方面。

首先，唯物史观与史学理论的联系性表现在关于历史发展过程论的科学解释上。

马克思主义世界观在人类历史发展问题上的理论观照就表现为马克思主义历史观。马克思主义历史观认为：人类社会的发展是一个自然历史过程，这个过程是历史主体——人类制作的，其发展由社会基本矛盾与主要矛盾推动着；人类历史发展是客观的，是有规律可循的；而这个客观历史过程及其规律是可以被认识的。在唯心主义历史观那里则是这样看的：历史发展要么如黑格尔所说的那样，是上帝意志的体现，因而他研究历史是"从纯粹思维出发"[1]，历史研究只是他的逻辑结构的证明罢了；要么如同圣布鲁斯一样，从观念出发来"描绘"历史，他们不以历史事件、历史进程以及真正的研究为依据，"而是以任意的虚构和文学胡诌为根据"，这些"理论家们一旦着手探讨真正的历史主题，例如十八世纪的历史，那末他们也只是提供观念的历史，这种历史是和构成这些观念的基础的事实和实际过程脱离的"[2]；要么像兰克那样，

---

[1] 参见《马克思恩格斯选集》第 2 卷，人民出版社 1972 年版，第 120 页。
[2] 参见《马克思恩格斯选集》第 1 卷，人民出版社 1972 年版，第 46 页。

认为历史只是若干事实的堆积，没有什么规律可言，"如果我说，'制约着'，我决不意味着受绝对的必然性所制约着"①。在他们眼里，历史可以被描述，但不可能被根本认识。

马克思主义历史观同一切旧历史观的根本区别正在于：第一，考察了人们从事历史活动的思想动机，以及产生这些动机的原因，触摸到社会关系体系发展的客观规律，发现了物质生产发展程度是这种社会关系的根源；第二，考察了人民群众的历史活动及其动因，分析了人民群众生活的社会条件以及这些条件变更的由来。我们说，马克思主义唯物史观的创立是一次伟大的科学革命，它确立了历史学的科学地位，正是从历史观这个意义上讲的。马克思主义唯物史观关于历史过程论的阐解，为史学理论科学地解说历史本体论提供了理论指导。事实上，马克思主义史学理论关于历史本体论的学说，其理论精神、理论原则与唯物史观是一致的。在史学理论体系中，历史本体论是史学理论的前提和基础，对历史过程的不同阐述，反映着史学理论发展的不同认识路线。

其次，唯物史观是马克思主义史学理论的核心与精髓，马克思主义史学理论是唯物史观在历史学科中的体现、学科理论化。

马克思主义唯物史观，确立了科学的历史观，把历史学从神学的婢女、唯心主义的奴仆地位中解救了出来，使它得以发挥科学的学术功能与崇高的社会功能。唯物史观关于历史的过程论、规律论、可知论等，成为史学理论的根本观点，成为史学理论体系的立足点和理论标志。循此理论原则出发所构建的史学认识论、史家主体论、史学发展论、史学方法论体系，就有科学的认识途径可言。因此，马克思主义史学理论才体现了唯物史观的理论特色和本质，才映现出它是唯物史观在历史研究领域的学科理论化，才体现出它的科学精神与理论原则对历史学的指导作用。

最后，唯物史观对历史学的指导是理论精神指导，是它所倡导的科学方法指导，但它必须运用一定的中介，也就是通过史学理论发挥作用。在这个意义上说，史学理论是唯物史观与历史学科的中介。

唯物史观将社会发展的诸因素分为：生产力、生产关系、上层建

---

① 转引自赵吉惠《史学概论》，陕西师范大学出版社1990年版，第150页。

筑、意识形态、社会基本矛盾、社会主要矛盾、所有制、阶级、国家、领袖、人民群众，等等，这就为我们在史学研究中科学地归类历史现象与史料，透过历史的表象认识其本质，提供了可靠的思维依据；它将历史的演变及其层次分别为：社会形态的依次交替，从原始社会到私有制向非阶级社会的高级复归，异化与对自我异化的战胜，国别史、区域史、民族史向整体史、世界史演进，人类发展由必然王国进入到自由王国，等等，为我们在史学研究中分侧面、分层次地认识历史提供了科学的思维路向。在阐发唯物史观的同时，马克思主义还为历史研究指出了科学的态度与方法，譬如："研究必须充分地占有材料，分析它的各种发展形式，探寻这些形式的内在联系"[1]，即"必须从最顽强的事实出发"[2]的原则与方法；"使他们成为小资产阶级代表人物的是下面这样一种情况：他们的思想不能越出小资产者的生活所越不出的界限，因此他们在理论上得出的任务和作出的决定，也就是他们的物质利益和社会地位在实际生活上引导他们得出的任务和作出的决定。一般说来，一个阶级的政治代表和著作方面的代表人物同他们所代表的阶级间的关系，都是这样"[3]，即阶级分析的原则与方法；"马克思了解古代奴隶主，中世纪封建主等等的历史必然性，因而了解他们的历史正当性，承认他们在一定限度的历史时期内是人类发展的杠杆；因而马克思也承认剥削，即占有他人劳动产品的暂时的历史正当性；但他同时证明，这种历史的正当性现在不仅消失了，而且剥削不论以什么形式保存下去，已经日益愈来愈妨碍而不是促进社会的发展，并使之卷入愈来愈激烈的冲突中"[4]，它所体现的理论原则与方法就是："在分析任何一个社会问题时，马克思主义理论的绝对要求，就是要把问题提到一定的历史范围之内"[5]，即历史地分析问题的原则与方法；等等。在唯物史观的创立过程中，马克思主义还为我们科学地从事历史研究，提出了严谨的学风与美好的学德要求。恩格斯指出："即使只是在一个单独的历史实例上发

---

[1] 参见《马克思恩格斯选集》第2卷，人民出版社1972年版，第217、120、118页。
[2] 同上。
[3]、参见《马克思恩格斯选集》第1卷，人民出版社1972年版，第632页。
[4] 参见《马克思恩格斯全集》第21卷，人民出版社1965年版，第557—558页。
[5] 参见《列宁选集》第2卷，人民出版社1972年第2版，第512页。

展唯物主义的观点,也是一项要求多年冷静钻研的科学工作,因为很明显,在这里只说空话是无济于事的,只有靠大量的、批判地审查过的、充分地掌握了的历史资料,才能解决这样的任务。"① 总之,唯物史观对历史研究的指导,是理论原则的(如理论概念、范畴的运用,原理、观点的阐发等),是思想精神的(如理论立场、学术品德等)。正是在这个意义上说,我们不能用唯物史观取代具体的史学研究结论,只能依靠其原则精神来启发人们从事具体的研究。

为什么唯物史观必须依靠史学理论才能起到具体地指导史学研究的作用? 应从以下几点原因来考察。

第一,从学科属性上来说。唯物史观属哲学范畴,其理论形态是客观的、抽象的,把它运用到历史研究领域,必须将它转化为学科理论,即史学理论。这正如马克思主义哲学不能直接指导经济学研究,而必须使之转化为马克思主义经济理论一样。

第二,从理论覆盖面上来说。由于唯物史观是高屋建瓴的、粗线条的,而其理论视角点和研究范围重在历史本体论,因而具体到历史研究中,不能不产生理论的局限性。而马克思主义史学理论则除了历史本体论外,还建立了关于历史认识论、史家主体论、史学发展论、史学方法论等成体系的学说,它吸纳了唯物史观的理论精髓,因而对史学研究的指导作用是直接的、具体的,而且体现了充分的、雄浑的理论力度。

第三,从研究方法论上来说。唯物史观关于历史研究的原则要求,提供了从事史学研究的科学启示,但它对于庞大而复杂的史学研究来说,则是不完备的,因而必须依靠史学方法论。而史学理论关于史学方法论的规范,确立了史学研究的科学的方法论体系,直接适用于史学研究,可以保障马克思主义历史学的繁荣发展。史学方法论将唯物史观关于历史研究的原则精神吸纳其中,转化为适用于史学研究各领域的具体方法、手段,为唯物史观指导历史研究提供了可能。

史学理论与唯物史观,是历史学与哲学的学科联系的缩影。认识唯物史观与史学理论的联系性,有助于我们正确认识唯物史观的科学地位,研究、丰富和发展唯物史观,有助于坚持唯物史观的科学精神与理

---

① 参见《马克思恩格斯选集》第2卷,人民出版社1972年版,第217、120、118页。

论原则对历史学的指导。

三 研究唯物史观，加强史学理论学科建设

20世纪80年代初，当有识之士提出"唯物史观不等于史学理论"的命题后，有人疑虑：唯物史观不等于史学理论，如何体现唯物史观对史学研究的指导作用呢？有了唯物史观，何必再搞什么史学理论学科建设呢？这种疑虑在目前也还存在。

唯物史观不等于史学理论，这是由各自的理论内涵与学科属性决定的。这是显而易见的。之所以在相当长时期把两者混为一谈，造成中国史学无史学理论的特殊现象，有其特定的历史成因。第一，20世纪30年代至新中国成立前，中国最早的马克思主义史学家传播唯物史观，主要依据苏联学术界的成果，在那时，苏联学术界也没有弄清两者的区别和联系。第二，新中国成立后较长时间内，我国的历史教研体制学习和照搬苏联，强化了"唯物史观等于史学理论"的观念；加之20世纪50年代中期后的阶级斗争扩大化与"教育革命"，人们不可能也不敢对"等同论"进行怀疑，更谈不上另作主张。虽然在20世纪60年代苏联开始了史学理论学科建设，但由于中苏关系恶化与意识形态领域激烈的阶级斗争，我们也不可能像苏联史学界那样进行史学理论学科建设。

既然唯物史观与史学理论存在差异，因此必须分领域地大力加强对唯物史观和史学理论的研究。尤其是加强史学理论研究，具有加强学科建设的意义，应予重视。

区分唯物史观与史学理论的差异，不会动摇唯物史观对历史学科的指导。因为，"历史科学理论是马克思主义理论体系的一个组成部分，是在唯物史观基本原理指导下，对历史科学作为整体及其组成要素和相互关系进行理论考察的结果"[1]，它是唯物史观在历史学领域的学科理论化，因此，不仅不会动摇其指导地位，反而只会有助于加强唯物史观对史学研究的指导。分析其联系与区别，有利于学好、用好唯物史观，

---

[1] 参见蒋大椿《唯物史观与史学》，吉林教育出版社1991年版，第148页。

促进史学理论研究事业的大发展,从而促进中国史学的大繁荣。

在讨论唯物史观与史学理论的课题中,有两个问题应引起我们的关注。

其一,唯物史观要处理好坚持与发展的关系。由于唯物史观对于历史学学科建设关系重大,因此必须重视这个问题。

唯物史观的创立与完形,有其历史文化背景。唯物史观创立的时代,是国际无产阶级与资产阶级激烈搏斗的时代,是马克思主义理论全面创立的时代,因此,阶级斗争的理论特色映现了产生理论的时代特征。随着无产阶级革命在一些国家和地区取得胜利,随着社会主义建设蓬勃展开,随着资本主义世界内部调整与改革进行,随着人类社会主题变换,历史唯物主义就不可避免地面临着一系列崭新的理论课题,如改良与革命、公平与效率、和平与发展、工业化与环境保护、人口与资源等。对这些问题的科学解答,必将大大地丰富和发展唯物史观理论。当然,对待唯物史观的正确态度是:坚持是前提,发展是根本;在坚持理论原则的条件下不断谋求发展,在发展的过程中永恒地坚持其理论精神。这是因为,不坚持其精髓,就谈不上科学的历史观与历史科学;不发展唯物史观理论,就会使之封闭和僵化,窒息科学发展。

其二,史学理论既要处理好同唯物史观的关系,又要处理好同国外史学理论的关系。这对于加强史学理论的学科建设,对于促进历史学的发展也有重大关联,对此必须重视。

只要分清了史学理论与唯物史观的联系和区别,两者的关系就不难处理。摆正各自的学科地位,找准各自的生存与发展空间,就可以收到相得益彰的效果。由于马克思主义唯物史观与史学理论在相同性质的意识形态中相处,我们完全有信心处理好两者的关系,推进对唯物史观与史学理论的研究。

而处理马克思主义史学理论与外国史学理论的关系,则要复杂一些。首先应当看到,国外对史学理论与方法论的探讨比较活跃,尤其在运用自然科学的先进方法研究历史方面更为强劲。在一些西方国家,大学设置了系统讲授史学理论与方法论的课程,并且出版了数量可观的同类学术专著。相对来说,我国的史学理论研究还只是处于起步阶段,需要借鉴国外同行的有益成果之处不少。其次应当承认,自21世纪初以来，西方学术界关于历史理论的研究，取得了长足的进步。尤其是历史哲学将研究对象由客体转向主体，"发展了能动的方面"①，固然它是历史唯心主义改变了形式的一种发展，但是，它在若干方面取得了有一定深度的积极成果。对此，我们了解得还不够，知之不多，用之较少。有鉴于此，我们必须树立科学的态度：仔细收集资料，客观分析，冷静判断，吸取精华，加快自身发展。在此问题上，我们应该学习马克思主义经典作家的光辉榜样。马克思主义唯物史观的创立过程，就是批判地继承资产阶级唯心主义历史观的过程，如黑格尔、费尔巴哈、杜林……我们在新的历史条件下批判地吸收国外关于史学理论的成果，是有积极意义的，也是符合科学的发展规律的。在科学史上，谁善于吸收对方所长，谁就常常居于领先的地位。科学史的历史启示，胜过任何出于崇高道德的义愤。

总而言之，不能把马克思主义唯物史观与史学理论混为一谈，它们既有联系，更有区别。承认两者的区别，不会动摇唯物史观对历史科学的指导地位，但有利于促进史学理论学科的发展；认清它们的联系，有利于坚持和发展唯物史观，有利于发挥史学理论作为唯物史观与历史学的中介作用，开创史学研究的新局面。

---

① 参见《马克思恩格斯选集》第1卷，人民出版社1972年版，第16页。

"史学概论"的学科体系究竟应该如何确定

如何建立史学概论的学科体系？史学概论应该包容哪些内容？对于史学界的讨论成果，仲伟民在《新时期以来史学理论体系研究述评》①中做过很好的观照。"至于史学理论体系究竟由哪些具体内容所组成，学术界尚有争议，这一点恐怕还需要较长时间来解决"，笔者仔细研读过几种同类著作②和关于史学概论的论文，不揣浅陋，认为史学概论体系应由"五论"构成：历史过程论、历史主体论、史家主体论、史学发展论、史学理论与方法论。这样既体现了完整的学科体系，也映现了严整的逻辑结构。兹分述如下。

一 历史过程论

不论我们如何确立史学研究的对象，历史发展的过程应该是史学研究的基本点。历史所包容的万事万物，均被其过程性所兼纳。历史研究所关注的过程性问题，是史学的基本要素。因此，历史过程论是史学概论应予首先论述的问题。

历史发展过程展开的根本原因，在于人类社会的基本矛盾规律：生

---

① 参见仲伟民《新时期以来史学理论体系研究述评》，《江汉论坛》1995年第5期。
② 几种史学概论著作包括：葛懋春、谢本书主编的《历史科学概论》；白寿彝主编的《史学概论》；吴泽主编的《史学概论》；陈光前编写的《史学概论》；李振宏的《历史学的理论与方法》；姜义华等合著的《史学导论》；赵吉惠编著的《历史学概论》；王有录等主编的《史学概论》。

产关系一定要适合生产力状况的规律，上层建筑一定要适合经济基础状况的规律。人类社会的基本矛盾律贯穿于社会历史的始终。因社会基本矛盾的运动和嬗递，产生了私有制和阶级。在阶级社会里，是私有制对人的强制，于是，社会主要矛盾就表现为剥削阶级与被剥削阶级的矛盾。社会基本矛盾与主要矛盾的运动，便构成了社会形态的世代交替。新生的社会制度战胜旧的腐败的社会制度，是人类历史不可抗拒的铁的定律。正是在这个意义上，马克思主义经典作家认为，"经济社会形态的发展是一种自然历史过程"[①]，"所以以往的历史总是像一种自然过程一样地进行，而且实质上也是服从于同一运动规律的"[②]。因此，马克思主义解说人类社会的发展，总是着眼于人类社会发展的过程论的。

从原始的无阶级社会，进入到私有制的阶级社会，是私有制强制人的历史，是人的异化的历史，因此，阶级社会的发展历程，便是人类异化的过程。而共产主义则是对这种异化过程的战胜和终止，它实现了人类历史在高级阶段上的复归。马克思精辟地论述道：

> 共产主义是私有财产即人的自我异化的积极的扬弃，因而是通过人并且为了人而对人的本质的真正占有；因此，它是人向自身、向社会的（即人的）人的复归，这种复归是完全的、自觉的而且保存了以往发展的全部财富的。……它是人和自然界之间、人和人之间的矛盾的真正解决，是存在和本质、对象化和自我确证、自由和必然、个体和类之间的斗争的真正解决。它是历史之谜的解答，而且知道自己就是这种解答。[③]

在历史发展过程论中，马克思主义史学同一切非马克思主义史学的对立，集中表现为规律论与非规律论的对立。马克思主义认为，"物质生活的生产方式制约着整个社会生活、政治生活和精神生活的过程"[④]。物质资料的生产，是历史进程的基础，依此来解说历史，是唯物史观的

---

① 参见《马克思恩格斯全集》第 23 卷，人民出版社 1972 年版，第 12 页。
② 参见《马克思恩格斯选集》第 4 卷，人民出版社 1972 年版，第 478 页。
③ 参见《马克思恩格斯全集》第 42 卷，人民出版社 1979 年版，第 120 页。
④ 参见《马克思恩格斯选集》第 2 卷，人民出版社 1972 年版，第 82 页。

基本点，也是揭示历史规律的出发点。恩格斯指出，"在像达尔文发现有机界的发展规律一样，马克思发现了人类历史的发展规律，即历来为繁茂芜杂的意识形态所掩盖着的一个简单事实：人们首先必须吃、喝、住、穿，然后才能从事政治、科学、艺术、宗教等等；所以，直接的物质的生活资料的生产，因而一个民族或一个时代的一定的经济发展阶段，便构成为基础，人们的国家制度、法的观点、艺术以至宗教观念，就是从这个基础上发展起来的，因而，也必须由这个基础来解释"[①]。当然，马克思主义历史过程论所述的历史规律，是辩证规律论，而不是机械规律论。"世界历史发展的一般规律，不仅丝毫不排斥个别发展阶段在发展的形式或顺序上表现出特殊性，反而是以此为前提的。"[②] 人类历史发展的规律既表现为共性，又表现为特殊性和多样性。历史发展过程是一般规律与个别规律的统一，是总规律与无限多样的个体规律的统一。

马克思主义解说了历史发展的过程论，揭示了蕴藏其中的规律论。但是，他们并不认为发现历史规律就万事大吉了，就不需要具体地研究历史了。他们认为对过程论及其规律论的阐发，只具有方法论的意义，便于人们更进一步地发现真理，不断打通通往真理的道路。恩格斯明确地提示道："马克思的整个世界观不是教义，而是方法。它提供的不是现成的教条，而是进一步研究的出发点和供这种研究使用的方法。"[③] 对此，我们在运用马克思主义规律论时应有清醒的认识。不能把马克思主义对历史规律的揭示，等同于史家主体的具体的研究结论。对此，史学界的有识之士已有明确的、十分中肯的看法：

> 历史发展规律是宏观的命题，它只反映总的历史趋向和线索，而不一定和所有的历史事件和历史人物都有直接的联系。所谓大的历史趋向，是指诸如不同社会形态的更替，以及在历史进程中共同起作用的内在因素，如在阶级社会中的阶级斗争规律等。因此，历史发展规律的揭示，只为历史研究指明了方向，却不能代替历史研

---

① 参见《马克思恩格斯全集》第19卷，人民出版社1963年版，第374—375页。
② 参见《列宁选集》第4卷，人民出版社1972年第2版，第690页。
③ 参见《马克思恩格斯全集》第39卷，人民出版社1974年版，第406页。

究的结论。对每一个历史事件和人物都要花大力气去研究，才能说明这些历史事件、历史人物和历史发展规律的关系。①

与马克思主义历史规律论决然相反，资产阶级历史学家否认历史规律的存在。19世纪在西方最有影响的兰克学派，就是非规律论者，其创始人宣称：在我们面前我们看到一系列事件，它们一个跟着一个，而且彼此相互制约着，如果我说，"制约着"，我绝不意味着受绝对的必然性所制约着。② 英国历史学家费舍在《欧洲史》中声称：我看到一个接一个的突然事件，犹如一浪接着一浪；我只看到一个对历史学家来说是可靠的法则，即历史学家应当承认人类命运的发展中的偶然的和不可预知的意外事件。③ 在现代西方历史哲学界颇有影响的卡尔·波普尔则直言不讳：从我们的观点看来，不可能有什么历史规律。④ 在历史发展规律论上的对立，反映着马克思主义历史观与资产阶级历史观的对立。这是马克思主义史学与资产阶级史学对立的一大焦点。

历史发展的过程性，表现为辩证发展的过程性和能动发展的过程性。所谓辩证发展的过程性，是针对机械论者而言的，历史发展没有单一的平坦笔直的大道，它迂回曲折，但总是向前行进；它是无限丰富多样的历史因素的集合体，决定历史发展的异常复杂性。因而历史发展总是体现出历史的辩证法。前进和倒退，简单和复杂，个体与群体，区域性与世界性……总是历史地交织在一起。所谓能动发展的过程性，是针对教条主义的规律论者而言。历史发展过程的主体是具有无限能动力量的人类，它决定了历史发展的必然性与偶然性的统一。研究历史发展过程，离开了辩证的观点和能动的观点，仍然要陷入资产阶级历史观的泥潭。

历史发展的过程性，揭示了历史向前发展的必然趋向。那么，支配

---

① 参见张艳国主编《我的史学观——史学家自述》，武汉出版社1994年版，第156—157页。

② 转引自赵吉惠《史学概论》，陕西师范大学出版社1990年版，第60页。

③ 转引自［德］康恩《哲学唯心主义与资产阶级历史思想的危机》，生活·读书·新知三联书店1956年版，第267—268页。

④ 参见田汝康、金重远选编《现代西方史学流派文选》，上海人民出版社1982年版，第150页。

和决定历史向前发展的力量是什么呢？当然是历史规律。而它又通过什么样的现实力量来表现呢？是阶级斗争？是生产力？抑或其他？关于历史发展的动力论，学术界在20世纪70年代末和80年代中期，有过两次大规模的讨论，但都没有形成一致的意见。而每一种看法，都似乎可以从马克思主义理论中找到依据。在笔者看来，寓于历史过程中的动力，不是别的，正是合力。恩格斯晚年，对马克思主义唯物史观做出了杰出贡献。他所阐发的历史过程合力论，是对历史动力论所作的最精辟、最权威的解说。在致约·布洛赫的信中，恩格斯指出："历史过程……表现出这一切因素间的交互作用，而在这种交互作用中归根到底是经济运动作为必然的东西通过无穷无尽的偶然事件……向前发展。""历史是这样创造的：最终的结果总是从许多单个的意志的相互冲突中产生出来的，而其中每一个意志，又是由于许多特殊的生活条件，才成为它所成为的那样。这样就有无数互相交错的力量，有无数个力的平行四边形，而由此就产生出一个总的结果，即历史事变，这个结果又可以看作一个作为整体的、不自觉地和不自主地起着作用的力量的产物。因为任何一个人的愿望都会受到任何另一个人的妨碍，而最后出现的结果就是谁都没有希望过的事物。……每个意志都对合力有所贡献，因而是包括在这个合力里面的。"① 而后，他在致康·施米特的信中则又说："整个伟大的发展过程是在相互作用的形式中进行的（虽然相互作用的力量很不均衡：其中经济运动是更有力得多的、最原始的、最有决定性的），这里没有任何绝对的东西，一切都是相对的。"② 历史过程的合力论能够科学地说明历史发展的内在动力，其原因在于以下几点：第一，它以历史发展的无穷多样性和无限复杂性为基础，考察了历史发展过程中多重力量的交互作用。历史合力论包纳了阶级斗争动力论、生产力动力论、社会基本矛盾动力论，等等。单一动力论，不能揭示历史的全貌，也不足以揭示历史过程的本质力量。历史合力论较之单一动力论有更为充分的理论力度和说服力，这是显而易见的。第二，它把历史过程中经济运动的力量看成是归根到底的因素，这是基于历史合力论的看

---

① 参见《马克思恩格斯选集》第4卷，人民出版社1972年版，第477—479、487页。
② 同上。

法；它是在多重力量的冲突与制约中，分别出居于主要作用的力量，从而考虑了历史过程中诸种力量的历史性作用。依此，马克思主义历史观在理论上同被它批判的机械决定论（经济决定论、庸俗决定论、"一般历史哲学理论"）划清了界线，使马克思主义所论述的经济因素是归根到底的决定力量有了充分的理论依据和突出的理论特色。

历史发展的过程性，其基本的表现形式有如下几种：历史发展的渐变与突变的统一，历史发展的量变与质变的统一，历史发展的阶段性与连续性的统一，历史发展的常规性与变异性的统一，历史发展的多样性与同一性的统一。它们共同决定了历史发展的基本体相，而在历史过程的辩证性发展中，它又包容着多对范畴，体现出历史发展的无限丰富性和复杂性：历史发展的可能性与现实性，历史发展的必然性与偶然性，历史发展的决定性与选择性，历史发展的原因和结果（一因一果、多因多果、一因多果、多因一果），历史发展的滞后性与超越性，等等。认识历史发展的过程，不能离开对上述五大关系、五对范畴的论说。

到目前为止，史学概论编纂中暴露出的不可回避的体系性缺陷，就在于忽视了历史过程论在其中的突出重要地位。

二 历史主体论

人是社会历史存在的前提；离开了人，就无所谓人类历史。历史的轨迹，总是由人类留下来的烙印。因此，人是社会历史过程的主体，讨论历史过程论，相关联地，史学概论不能不探讨历史主体论。

历史主体论首先关注的是人在历史过程中的几种演变形态。马克思主义是在历史发展过程论中讨论历史主体的活动及其形态的。从社会生产方式嬗递的角度出发，历史主体经历了"亚细亚的、古代的、封建的和现代资产阶级的"以及未来共产主义的几个历史阶段；从生产关系的总和即社会关系的演变角度出发，社会主体则经历了"古代社会、封建社会和资产阶级社会"以及未来共产主义社会；从社会生产关系中生产资料所有制的交替角度出发，历史主体则分别属于部落的、古代的、封建的、资产阶级的和共产主义的几种类型。从总体上说，社会主体在历史过程中经历了以下三个阶段和三大形态：人对人的依赖关系（直接的社会关系）、人对物的依赖关系（物化的社会关系）、个人的全面发展（自由人的联合体）。第三阶段是对第一阶段的高级复归，是对人的隶属性以及自我异化的战胜。马克思指出："人的依赖关系（起初完全是自然发生的），是最初的社会形态，在这种形态下，人的生产能力只是在狭窄的范围内和孤立的地点上发展着。以物的依赖性为基础的人的独立性，是第二大形态，在这种形态下，才形成普遍的社会物质变换，全面的关系，多方面的需求以及全面的能力的体系。建立在个人全面发展和他们共同的社会生产能力成为他们社会财富这一基础上的自由个性，是第三个阶段。第二个阶段为第三个阶段创造条件。"① 只有在共产主义社会，人的个性才能得到全面发展，从而建立自由人联合体。

人是社会历史的主体，是具体的人、活生生的人、真实的人，而不是观念的人、抽象的人。因此，研究历史主体，必须依据科学的理论原则。马克思主义研究历史主体的"出发点是从事实际活动的人"，他们"不是从人们所说的、所想象的、所设想的东西出发，也不是从只存在于口头上所说的、思考出来的、想象出来的、设想出来的人出发，去理解真正的人"②。其理论内涵就是：首先，必须具体地考察历史过程中历史主体的生态条件、文化条件；其次，必须考察历史主体的社会生产活动，即人们所赖以维持生存的物质资料生产方式；再次，必须考察人们在社会生产过程中所形成的一定的社会关系以及由此产生的意识形态。只有站在社会主体的现实活动的基础上，从主体的物质实践活动出发考察其历史轨迹，才能科学地理解人类社会从氏族社会到私有制，从私有制到阶级、国家，从阶级、国家到共产主义的历史，才能科学地解说人类文明的发展轨迹。

在历史过程中，主体是划分为领袖和群体的，即杰出历史人物与人民群众。在阐述历史主体的时候，对于这对范畴应有深透的说明。在旧历史观那里，宣扬英雄史观，抹杀了人民群众的历史作用，这是唯心主义的历史观；在"以阶级斗争为纲"的年月里，"史学革命"成了"革

---

① 参见《马克思恩格斯全集》第46卷（上），人民出版社1979年版，第104页。
② 参见《马克思恩格斯选集》第1卷，人民出版社1972年版，第30页。

命史学",只承认人民群众的历史作用,而否定杰出历史人物的作用,这就走向了另一个极端,是非科学的。马克思主义史学理论的科学性正在于,既肯定人民群众的伟大历史作用,也给予杰出历史人物以应有的地位。人民群众是历史进程的推动者,是社会基本面貌的决定力量,是最现实的历史条件;杰出历史人物则是应时而出的骄子,他能推进或延缓历史进程,任何历史巨人,他都是一定社会利益阶层或集团的代表和代言人,其作为对社会现实有多重影响。承认历史巨人的作用,绝不意味着人民群众的历史作用只是"1"后的零尾数;而肯定人民群众的历史作用,也绝不排斥对历史巨人的历史作用的深切关注。他们的作用互相关联,互相影响。这正如新民主主义时期毛泽东同中国人民的关系一样。

在历史过程中,主体是划分为阶级的,即统治阶级与被统治阶级。在阐述历史主体论时,对这对范畴也应有深透的论述。只承认统治阶级的历史地位和作用,抹杀被统治阶级的巨大历史作用,是旧史观的呓语;而只突出被统治阶级的历史作用,忽视统治阶级在历史进程中的地位,也失之偏颇。统治阶级与被统治阶级在历史过程中的作用,总是历史地、辩证地关联在一起的。针对抹杀被剥削阶级历史地位的旧史观,恩格斯指出:"自从阶级产生以来,从来没有过一个时期社会上可以没有劳动阶级而存在的。这个阶级的名称、社会地位改变了,农奴代替了奴隶,而他自己又被自由工人所代替……但是有一件事是很明显的,无论不从事生产的社会上层发生什么变化,没有一个生产者阶级,社会就不能生存。"① 针对出发于"道德"和"正义"的义愤,恩格斯深刻地指出,在唯物史观中统治阶级亦有其不可抹杀的历史地位。他论述道,"只有奴隶制才使农业和工业之间的更大规模的分工成为可能,从而为古代文化的繁荣,即为希腊文化创造了条件。没有奴隶制,就没有希腊国家,就没有希腊的艺术和科学;没有奴隶制,就没有罗马帝国。没有希腊文化和罗马帝国所奠定的基础,也就没有现代的欧洲。我们永远不应该忘记,我们的全部经济、政治和智慧的发展,是以奴隶制既为人所公认、同样又为人所必需这种状况为前提的。在这个意义上,我们有理

---

① 参见《马克思恩格斯全集》第19卷,人民出版社1963年版,第315页。

由说：没有古代的奴隶制，就没有现代的社会主义。"① 对于资产阶级历史地位的论述，除了我们所熟知的《共产党宣言》里的著名论断外，恩格斯还从生产组织的作用出发，进行了深刻的论述："把这些分散的小的生产资料加以集中和扩大，把它们变成现代的强有力的生产杠杆，这正是资本主义生产方式及其体现者即资产阶级的历史作用。"② 因此，在分析历史主体中统治阶级的历史作用时，要用理性和历史主义代替"高尚的义愤"和片面性。在社会历史进程中，作为主体的两大对立阶级，其历史作用总是互相关联而又互为相对、互相依存而又互为制约地交织在一起。

讨论历史过程中主体作用的问题，实质上关联着史学界近年来一直在讨论的"历史创造者"的问题。③ 历史的创造者与历史进程中的主体作用，是一个命题的两种表述。在笔者看来，统治阶级与被统治阶级、人民群众与杰出历史人物，他们都是历史的创造者，只不过因时因地而异。在不同的历史阶段、在不同的历史条件、在不同的历史侧面，他们各自发挥了自己或大或小、或深或浅的历史创造作用。如果肯定一方而否定另一方的历史创造作用，就很难完整地、科学地解释人类社会历史。

与讨论历史主体作用相关联的重大理论问题，是对统治阶级与杰出历史人物的评价。后者更受史家重视，常有新论见诸书刊。关于前者，笔者认为：其一，从总体上看，统治阶级的历史作用不能被抹杀或轻视，没有统治阶级的历史作用，就谈不上整个人类文明，当然，评价统治阶级的历史地位一定要同被统治阶级的历史作用联系起来考察，反对唯一论和任意夸大的做法；其二，在不同的历史时期，在不同的历史阶段，统治阶级的历史作用有较大差异，例如，统治阶级在其历史上升时期和衰败时期，前期、后期和比较稳定发展的中期，其历史作用的大小、侧重点是大不相同的；其三，要对统治阶级的整体与集团或阶层中的个别人物，始终采取既有联系又有分别的态度进行历史分析，不能胡

---

① 参见恩格斯《反杜林论》，人民出版社1970年版，第178、266页。
② 同上。
③ 参见本书"历史的创造者、创造力与创造条件"相关内容。

子眉毛一把抓。关于后者，史学界已在理论和方法上取得了比较成熟的意见。比如，历史地、具体地分析杰出历史人物，客观地分析功过是非，结合社会需要考察历史人物的社会实践，等等；对历史人物进行阶段分析、阶级属性分析、社会阶层分析、历史角色分析、功过成分分析、动机与效果相结合分析；等等。还有一点，笔者觉得应在历史人物评价中引起学术界的重视：对历史人物的功过进行动态分析，即对历史人物的作为进行流向性考察，进行远期效果评析。史学界常常只对历史人物在社会现实中产生的影响予以关注，而对其久远的文化影响重视不够。譬如，司马迁《史记》的通史观念和严谨的学风、高尚的品德，汉武帝奠定中华民族基本版图并培育中华民族的疆域观念，张骞凿空的勇气与发挥的文化功能，等等，世代流传，成为千百年来中华儿女的文化信念和精神追求；而秦始皇对知识及知识分子的蔑视，刘邦对功臣的诛杀，等等，亦成为一种极有影响力的负面文化，积淀为一种有透射力的文化因子，千百年间影响了中国政治的行为规范和政治价值观念。由此可见，在历史人物评价中，从这一视角出发，重视其久远的文化影响，是大有裨益的。

三　史家主体论

历史发展的过程与活动于这一舞台的历史主体，是历史学家的研究视野。在史学研究这种特殊的精神文明创造中，历史学家是其认识主体。因此，史家主体论有两个着眼点：一是从事史学研究的主体应该具备什么样的素养（即史家修养论）；二是史家主体应该具备怎样的认识能力以及如何认识历史（即史学认识论）。

历史学家具备良好的研究素质的前提和基础，是史家主体的社会意识。历史学家的社会意识，就是史家主体的社会责任感与历史使命感。[①] 史家的社会责任感，就是对历史学发展的负责精神。它要求史学家勤勉、客观、公正，关心社会进步与人类命运。任何有抱负的史学

---

① 参见张艳国《责任感·使命感·为时而著》，《光明日报》1995年6月19日。

家，都希冀历史著述对社会发展有所帮助，甚至不惜付出生命的代价。我国的齐太史、晋董狐就规范了中国史学的这一价值取向："书法不隐"，"不虚美，不隐恶，善善恶恶，贤贤贱不肖"，"仗气直书，不避强御"，"肆情奋笔，无所阿容"。孔子著《春秋》，司马迁写《史记》，司马光编《资治通鉴》，就是这种价值观的践行。所谓"《春秋》之笔法""究天人之际，通古今之变，成一家之言""鉴于往事，有资于世道"，等等，就为这种社会责任感所激扬。历史学家的历史使命感，表现为通过史学研究获取智慧和百折不挠地进行真理性认识，促进政治昌明，经济繁荣，文化发展。它要求史家主体具备历史的通识，从历史发展的整体着眼，研究社会历史发展中的重大主题，如进步与倒退、战争与和平、革命与改良、公正与效率、人口与资源、人类与环境、合作与和谐等。《春秋》《史记》以至当代中外史学名著的产生，无不为这种崇高的历史使命感所驱动。历史使命感是历史学家笔下的无穷力量，是活跃于史家主体血液中的文化因子。史家主体的社会责任感与历史使命感的统一，是真、善、美的价值标准在史学研究中的体现，是科学精神在历史领域的贯彻。它是史家主体确立职业道德、具备良好的科研素养的坚实基础。

史家主体的社会意识，是其确立职业道德的基础，是其获得良好的治史素养的文化基础，成为一切进步历史学家的共识。20世纪30年代，美国著名历史学家毕尔德断言：从长远来说，历史学家的价值将"取决于他预测未来的眼光长远与正确的程度"[①]。1950年，美国历史学家萨缪尔·莫里逊在发表就职美国历史协会主席的演说中意味深长地说："历史学家本身的责任主要是为他的读者或听众阐明过去"，"任何历史学家都免不了要利用——事实上也不应该拒绝利用——他那一代所提供的最好的灯，因而他是写过去而不是为过去而写；他是为了今天和明天的公众而写的"。史家主体的社会意识，是造就史家主体具备良好素养的基石，这已经引起了中国史学界有识之士的关注和重视。刘泽华教授呼吁，历史学家"应该是通古今之变，关切民族与人类的命运"，

---

① 参见张文杰等编译《现代西方历史哲学译文集》，上海译文出版社1984年版，第265页。

"史学家应当以自己的智慧、见解与时代的需要进行平等的交换。历史学研究的内容不涉及或很少涉及当代，而当代所提出的问题史学又很少关心，这样的史学不能不走向'困境'，陷入'危机'"，"关注现实与满足当代社会需要的史学研究，是历史学的龙头，其他都不过是龙身。如果龙头抬不起来，龙身就只能在水中拖曳"①。这是切中弊端的警醒之辞。

史家主体的素养集中表现为知识的渊博性与思维模式的科学性。知识的渊博性是指：贯穿古今，打通中西；纵横文史哲，兼涉政经法，了解现代自然科学的重大成果；既有扎实的专业基础，又有厚重的马克思主义理论根基。从科研范式上讲，它是打井式与掘湖式的结合。彭树智教授把它规范为"四训"和"五功"。"四训"，即勤奋、严谨、求实、创新。勤奋是基础，严谨是要求，求实是原则，创新是方向。"五功"也称为"治史五功"，即理论功底、知识功底、外语功底、古汉语功底、写作功底。"治史五功"是一个整体。一个史学家应当具有知识渊博、思路敏锐、哲理深邃、文笔隽永的素质和修养。② 思维模式的科学性，是指建筑在现代思维科学基础上的思维范式，它是以一定时代哲学为基础，以史学的研究方式、史学的智能结构、史学的价值认识和史学的审美标准为表现形态的思维过程。其中，史学的研究方式与史学的智能结构是史学思维模式的核心部分。就史学的研究方式而言，是指以史学特有的研究方法为主，以跨学科综合性研究方法为辅的两者结合，它突破了史学研究中的单线性考察与单一方法运用，丰富了马克思主义史学方法论与研究内容；就史学的智能结构而言，它是研究主体各种智能成规则、有机地组合在一起，构成为一个多序列、多要素、多层次的动态有机综合体，它是史家主体的德、学、识、才的有机统一，综合运用。③

史家主体具备良好的素养，在科研实践中的表现形式，就是义理、考证、文章的统一。清人姚鼐所谓的义理、考证、文章，虽有特指，是

---

① 参见张艳国主编《我的史学观——史学家自述》，武汉出版社1994年版，第120、595—597页。

② 同上。

③ 参见本书"论史学思维模式的转换"相关章节。

从桐城派的学术眼光出发的,但却反映了深远的学术意境,体现了学术研究的共性。在史学研究中:义理,是指对马克思主义史学理论的运用,由此得出创新的见解,体现出史家主体的理论慧识与理性光芒;考证,是指史学研究对把握史料的特殊要求,爬梳、整理、辨伪、取材,进行实事求是的工作;文章,是指合理的构架,准确地表达主体的思想,运用优美的语言吸引读者,行文走笔抒发深刻隽永的意境。没有深厚的素养,不能达到义理、考证、文章的和谐统一。在这个意义上,姚氏所论,极有创见,"学问之事有三端焉,曰:义理也,考证也,文章也。是三者,苟善用之,则皆足以相济;苟不善用之,则或至于相害"[①]。

不论史家主体如何认识历史,都因他们对历史是否可以被认识的不同回答而被分为两大类群:可知论者的历史认识与非可知论者的历史认识。从而由此决定了历史学发展道路上的两大分野。在可知论那里,历史发展被看成是一个有机的过程,而这个过程是有规律的,史家主体的认识则表现为一个探求的过程,只要符合认识规律,历史是可以被认识的,因而认为历史学是一门科学。非可知论者认为,历史是杂乱无章的历史事件与人物的堆砌,人们只可能无限地接近历史中的个别,而不能复原历史整体,更不可能认识历史的本来面目,历史学至多只是一门艺术,而不是科学。

史家主体,是史学认识过程中的主体。史学认识过程,是认识主体与客体的统一。历史认识的主体是历史学家,他是掌握专门知识、依据专门理论与方法从事历史著述与专题研究的人。他是历史客体的人格化,是主体对客体的能动反映。历史客体是认识主体的对象化,是为认识主体所解读的对象,它是客观存在、不以人的意志为转移的客观实在。它可以被认识,但不能被篡改。在认识对象的意义上说,没有客体就没有认识主体;在认识能动性的意义上说,没有认识主体,也就无所谓客体。

历史客体被史家主体所感知、所理解、所解读,但它不能被体验。因为历史是已经消逝的过去,不能被复原,也不能重演。历史研究所认

---

① 参见(清)姚鼐《述庵文钞序》,上海古籍出版社1992年版。

识的客体，常常表现为认识的"中介"，它是史家视野中具有客观真实性的史料（文献的、考古的、口碑流传的），因此，它不同于一般认识论，比通常所言的科学认识更为复杂，具有特殊性。认识对象的特殊性决定了认识过程、认识途径、认识特征、认识成果具有特殊性。可将其具体表述如下。

第一，从认识过程的复杂性来看。它要经历由感性认识到知性认识，再到理性认识的全过程，只有经由这种认识过程的无穷反复，才能不断接近历史真实，从而获得历史真理；它要经历由表及里、由浅入深、由现象到本质，去伪存真、去粗取精地不断改造制作，实践—认识—再实践—再认识的若干认识单元的递进与反复，从而不断地发现历史真理。

第二，从认识途径的复杂性来看。一般认识论认为，从生动的直观到抽象的思维，并从抽象的思维到实践，这就是认识真理、认识客观实在的辩证途径。[①] 可是，史学认识往往要以前人的认识为依据，进行再加工，再认识。所谓史料，主要以文献为表现形式，是前人的认识成果。史家主体在此基础上进行深入认识，对它的客观性、真实性进行再认定，而后进行解读，按照一般认识过程进行加工、制作。

第三，从认识特征的复杂性来看。它是形象思维与抽象思维的综合运用——形象思维是为了客观地复原历史场景的细节，具有科学的艺术性；抽象思维是为了说明历史的真实全貌，揭示历史的规律性和本质。它要求总体地运用史学认识的多种形式，即考实性认识、价值性认识和抽象性认识（理论性认识）。考实性认识是史学认识活动的基础工作；价值性认识规范着考实性认识的范围与取舍程度以及认识的维度；抽象性认识是主体的最后表现形式，它决定着史学研究的学术功能与社会功能。

第四，从认识成果被检验的复杂性来看。一般认识论认为，任何认识成果，都要回到社会实践中去接受检验，以期认定认识的深度、广度和可信度。但是，由于史学认识对象的特殊性，对历史认识的检验却不能仅仅依靠社会实践去完成。虽然它一方面要依赖无限广阔的社会实

---

① 参见《列宁全集》第55卷，人民出版社1990年版，第142页。

践,但主要的还是依据不断发现的认识中介(文献、文物等),客观的检验标准折射到不断被发现和发掘的文献与文物资料上。它在无限广阔的社会实践中接受检验,具有无穷的久远性,不能企望一遭一次可以完成。例如:作为历史认识的结论,"落后就要挨打",须得世世代代的检验;"政治腐败足以亡国",也要经受若干世代、若干国家的历史检验;等等。

第五,从认识成果的复杂性来看,在一般认识论中,认识成果易于取得一致意见,所谓"一是一,二是二",它有可供检验的绝对标准。而史学认识则不然,认识成果既具有客观性,又具有主观性,而客观性决定着主观认识的程度,决定着主体意识渗透的多少。所谓"见仁见智","百家争鸣",等等,就是这种认识成果的多元化、复杂性的展现。在一定时间和认识过程内,人们无法就认识结果取得一致。史学认识还是绝对性与相对性的统一,而绝对性决定相对性。历史的真理性认识是绝对的,但不能经由一次或几次,甚至在一个短过程内完成,要经过若干认识单元甚至若干代人的持续努力;而每一认识单元、每一代人的努力只具有无限接近真理的相对性。这种相对性,又要受到逼近真理的绝对性所引导。

史家主体论,规范了历史研究中认识主体活动的广度和深度。

四 史学发展论

史家主体对历史认识的成果,一般表现形态是史家著述。有了职业史学家及其队伍的成长、壮大,就有了史学的发展。在史学概论中,不能没有史学发展论的地位。在阐述了史家主体论后,就应该论述史学发展论了。在史学概论中阐述史学发展,应有别于作为分支学科的史学史,对史学发展予以理论形态的表述。之所以目前的史学概论在兼纳史学史的内容后,给人以"拼盘"的感觉①,其缺陷在于,对史学发展的视角、切入点以及理解与史学概论的结构要求不协调。因此,笔者认

---

① 参见仲伟民《新时期以来史学理论体系研究述评》,《江汉论坛》1995年第5期。

为，在史学概论学科体系中把握和表述史学发展，从总体上看，应该是对史学发展道路的反思和检讨，其表现形式是理性的和理论形态的。具体来说，主要包括两大方面：历史编纂学与历史观念。

自从有了历史认识，产生了历史学后，史学的发展首先表现为在编纂学上跨越时空地交替。大致说来，有11个门类和流派。

（1）《尚书》家，专载号令，汇编政治文件，主要是纪言体。

（2）《春秋》家，以事系日，以日系月，记载朝廷大事，是一种编年纪事体，对后世影响很大。

（3）《国语》家，分国别以载述其人其事。

（4）《史记》家，是以纪传体编写的通史，此为中国古代史学体裁演变之大宗。

（5）《汉书》家，是以纪传体编写的断代史，为汉世之后宗则。

（6）《通典》家，分门别类，记述历代典制。

（7）《通鉴纪事本末》家，分列目次，各自成篇，综述原委经过。

（8）《明儒学案》家，以学派为纲，论述学者们的生平与学术成就，成一代学术史。

（9）《历代史表》家，以图、表为表述方式，省略繁文，条理脉络，总括遗漏，补充正史。

（10）评论家（起自《过秦论》），论得失，辩兴废，评议人物，思想放达，形体洒脱，得之于心而述之以文。

（11）章节家，依据说明、记述的内容与主题，将历史事件及人物条列章、节、目，记述结合，以理性思维为主而辅以形象思维。

总括以上11类，计有10体：纪言体、纪事体、编年体、纪传体、典志体、纪事本末体、学案体、图表体、文征体、章节体。各依其表达的体裁，进行著述。

无论是中国还是外国，编纂流派虽异，而体裁则不逾其中轨范。依照流派与体裁的变迁，可以表征人类历史学发展的一大方面。每一流派与体裁的产生与演变，总是与史学家们所生活的历史条件、文化条件联系在一起的，是史家主体创造的结果。其中具有革命性、里程碑意义者有二端：一是史学体裁的发轫，它标示着史学认识发生的意义，也是史学诞生的一大标志；二是史学体裁演进到近代章节体，标志着史学认识在体裁上的跃迁,古典时代的史学体裁,主要包容着形象思维,而近代章节体,所表现的则主要是抽象思维。

在史学发展论的表述中,应以体裁、流派为中心,类聚古今,横越中外,突出论述其理论特色,从而最大限度地体现史学概论的"概论"特征。

对历史观念的检索,也主要是理性的和理论形态的。不宜按时序依某著作体现某些史学思想来写,或分断代对史学的发展进行综述;否则,都会显得支离破碎,从而与史学概论的学科要求相去甚远。笔者认为,以时间序列为经,以历史观念及流派的理论内涵为纬,总纳古今中外,符合史学概论这门理论学科的要求。总览史学的步履,支配史学认识的历史观念约而言之,计有如下12种。

(1) 天道、神道史观。在上古时期,人类由洪荒时代而来,以为人类社会的发展命脉执于天、神之手,而缺乏自知、自信和自觉。李大钊曾深刻地论述道:古昔的历史观,大抵宗于神道,归于天命,而带有宗教气味。当时的哲人,都以为人类的运命实为神所命定,国社的治乱兴衰,人生的吉祥祸福,一遵神定的法则而行,天命而外,无所谓历史的法则。[1]

(2) 英雄史观。在上古时期,人类对英雄时代犹存追忆,认为伟人、圣贤、英雄、豪杰,"具有旋乾转坤的伟力神德",历史的发展如同英雄时代一样,英雄人物是决定的力量。它将历史发展的动力归诸英雄人物。英雄史观与天道、神道史观亦有思想联系。因为它把英雄的力量来源归诸"聪睿天亶""嵩生岳降",而仰托神灵的庇佑以临治斯民。[2] 中国古史关于圣贤、帝王降生的异兆,就源于此。

(3) 德化或教化的历史观。在它看来,越上溯往古,人伦越昌,道德越明,教化越盛,至于后来,道德不行,教化日浊。人类历史是道德沦丧或教化败坏的历史。

(4) 进步与退落对立的历史观。这种史观认为,人类社会要么是进步的,要么是退落的,所谓"今胜于昔"或"今不如昔",就是如

---

[1] 参见《李大钊文集》下卷,人民出版社1984年版,第265页。
[2] 同上。

此。在上古时期，一些思想家关于上古时代的追溯，关于理想社会的设计中，起支配的历史观往往是退落的历史观。而与它相对立的理论，便是进步论史观。

（5）英雄史观与群伦史观相交的二元论史观。在中世纪的历史观念中，人们在思想的王国普遍存在英雄史观与群伦史观的对立与媾和。它既认为英雄、帝王有绝对的力量，又在一定程度上承认群伦、世俗的重要作用。

（6）循环的历史观。在中世纪的东西方，历史循环论盛行。这种史观认为历史的运行如同在一个封闭的巨轮上盘绕，循环往复，只有量变，没有质变。

以上几种史观，遗存着原始思维的明显特征，带着史学认识发生时期的原始遗迹，应从认识发生论角度予以考察。

（7）人文主义的历史观。14—16世纪文艺复兴时期，是人文主义昌盛的时代，人文主义的历史观是那个时代居于主导地位的历史观念。它冲破了基督教神学的束缚，批判虚妄、锢蔽人心的宗教史观，反对把《圣经》中那些荒诞不经的传说当作人类历史，反对以犹太史和教会史为中心的世界史体系，主张着眼于"人"和"人的事业"，历史应该记载"人事"，探求社会现象中的因果联系，发挥历史的垂训、鉴镜功能。人文主义的历史观念盛行于西方。

（8）理性主义的历史观。18世纪，是西方历史上的启蒙时期，也是理性主义的时代。于是理性主义成为时代的历史观念。这种史观主张扩大历史的视野，人类在社会实践中所积累起来的一切经验教训，都属于历史研究的范围，历史学应该是一门综合性学科，运用科学的观点予以解说；它主张用批判的眼光审视历史，否定习以为常的成说，提出独立的正确见解；它主张历史发展是一个过程，这个过程孕育着历史的因果关系，这个过程由低级向高级发展，今胜于昔，人类必将有一个美好的发展前景；它主张用资产阶级的世界观来解释世界历史，推翻中世纪神学史观。理性主义的历史观孕育了一大批杰出的史学著作。

（9）历史主义的历史观。它产生于18世纪末至19世纪中前期，以"浪漫主义"为旗号，风靡西方史坛。这种史观主张历史主义，反对理性主义和割断历史的非历史主义倾向；它强调各民族的历史特征、崇高的民族精神和民族文化，主张写民族史和国别史，而反对理性主义史学所推崇的世界史模式；它主张在历史研究中抒发作者的情怀，而反对进行理性分析。

（10）客观主义的历史观。19世纪40年代后，产生了在西方影响甚大的兰克学派。它宣扬客观主义的历史观，影响迄于20世纪初，在全球均有回响。它以"客观主义"和"科学方法"相标榜，宣扬"史料高于一切"，"有一份史料说一分话"，主张史家主体超然于世，不偏不倚，不搞党同伐异；它认为历史发展没有规律可循，轻视理论对于史学研究的指导作用。

（11）马克思主义唯物史观。马克思主义唯物史观是在19世纪40—50年代创立和发展起来的，它批判地继承了古代以来特别是近代的优秀历史观，确立了辩证唯物主义的历史观，把史学从神学的婢女地位解救出来，完成了一场具有深远意义的史学革命，使史学成为真正的科学。马克思主义史学在东方的历史实践，表现出了它的强大生命力。早在20世纪初，中国马克思主义史学的开路人李大钊就热情地肯定道，迄于马克思的唯物史观，才把历史真正意义发明出来，此等功绩，实为历史学界开一新纪元。①

进入近代，由于中国史学的近代化受到西方史学的导引，因而中国近代学者所致力的中国史学近代化，其历史观皆源于西方，很少有独立的创造。它是近代西方史学在中国史坛的回响。

（12）现当代多元化的历史观及其流派。20世纪以来，历史学的发展因历史观的多元化而呈现多样化的道路，多元化的历史观指导众多学派的发展景观，蔚然于史坛。其中有代表性、方兴未艾的史学流派有：分析的或批判的历史哲学理论、文化形态史观与历史形态学派、总体历史理论与新史学等。它们刷新了20世纪后半期的史坛面貌。

因此，在史学概论中评析史学发展，其基本做法是：按照历史观及其流派，建立跨越东西方、贯穿古今的类或项，进行理论观照。譬如，关于唯物史观，无论是东方还是西方，无论是19世纪中期还是现当代，只要属于这一流派并卓有成就，就应归并其中予以论述。这样，有利于

---

① 参见《李大钊文集》下卷，人民出版社1984年版，第674、347页。

强化史学概论的内在逻辑结构，发挥史学概论的理论力度；而且在科学的关联性上，其认识成果也与史学史相呼应了。

五　史学理论与方法论

在探讨了历史过程论、历史主体论、史家主体论、史学发展论之后，史学概论所要关注的问题，当然是史学理论与方法论了。这里所谓的史学理论，是特指超越了理论的专门性、具有元理论意义的史学理论，不是历史学科中通用的即作为大概念使用的史学理论。

史学理论首先要求回答历史是什么的问题。

在每位史学家的头脑中，他总是依据一定的历史观解释"什么是历史"的问题。在西方史学界，有几个影响很大的著名命题。20世纪初，意大利历史学家克罗齐在他轰动一时的著作《历史学的理论与实际》中宣称："一切真历史都是当代史。"① 而后，英国历史学家爱德华·霍列特·卡尔则说：历史是一个不断前进的过程，历史学家则在这个过程中随之前进。② 足以在史学界掀起波澜的命题，是英国当代史学家柯林武德的"一切历史都是思想史"③ 的解说。这些，都是从历史认识论出发的历史哲学命题，打下了唯心主义认识论的深重烙印。由于其影响所及，辐射整个史坛，因此，在讨论这个问题时，应对上述命题有所评析。

马克思主义则不然，他们对历史是什么的回答，是从唯物史观的立场和理论原则出发的。从历史主体与自然环境的关系出发，马克思主义认为："任何历史记载都应当从这些自然基础以及它们在历史进程中由

---

① 参见［意］贝奈戴托·克罗齐《历史学的理论和实际》，傅任敢译，商务印书馆1986年版，第2页。
② 参见［英］爱德华·霍列特·卡尔《历史是什么》，吴柱存译，商务印书馆1981年版，第146页。
③ 参见［英］R. G. 柯林武德《历史的观念》，何兆武、张文杰译，中国社会科学出版社1986年版，第244页。

于人们的活动而发生的变更出发。"① 从主体的历史过程出发，马克思主义认为："只要描绘出这个能动的生活过程，历史就不再像那些本身还是抽象的经验论者所认为的那样，是一些僵死事实的搜集，也不再像唯心主义者所认为的那样，是想象的主体的想象的活动。"② 从历史主体的物质联系出发，马克思主义认为："这种联系是由需要和生产方式决定的，它的历史和人的历史一样长久；这种联系不断采取新的形式，因而就呈现出'历史'，它完全不需要似乎还把人们联合起来的任何政治的或宗教的呓语存在。"③ 从历史主体的生产方式出发，马克思主义认为："历史不外是各个世代的依次交替。每一代都利用以前各代遗留下来的材料、资金和生产力；由于这个缘故，每一代一方面在完全改变了的条件下继续从事先辈的活动，另一方面又通过完全改变了的活动来改变旧的条件。"④ 从主体的社会关系嬗变的角度出发，马克思主义认为："由于这些条件在历史发展的每一阶段上都是与同一时期的生产力的发展相适应的，所以它们的历史同时也是发展着的、为各个新的一代所承受下来的生产力的历史，从而也是个人本身力量的发展历史。"⑤ 从社会历史的性质角度，马克思主义认为："单是由于后来的每一代人所得到的生产力都是前一代人已经取得而被他们当做原料来为新生产服务这一事实，就形成人们的历史中的联系，就形成人类的历史，这个历史随着人们的生产力以及人们的社会关系的愈益发展而愈益成为人类的历史。由此就必然得出一个结论：人们的社会历史始终只是他们的个体发展的历史，而不管他们是否意识到这一点。他们的物质关系形成他们的一切关系的基础"。⑥

马克思主义在历史是什么的重大理论问题上，从不同侧面做过深刻论述，应该引起史学理论界的重视，使之成为我们论述"历史是什么"的理论启示。

---

① 参见《马克思恩格斯全集》第3卷，人民出版社1956年版，第23—24、30、34、51、81页。

② 同上。
③ 同上。
④ 同上。
⑤ 同上。
⑥ 参见《马克思恩格斯选集》第4卷，人民出版社1972年版，第321页。

史学理论还要求回答历史学的研究对象与学科个性这一重大问题。

近代以来的资产阶级历史学者，从本体论和认识论的角度出发，对历史学的研究对象与学科个性有种种解答。马克思主义史学理论在史学概论中不能回避这一重大理论问题。

人是怎样产生的？阶级、国家是怎样发源的？人类是怎样从刀耕火种的原始社会发展到全面现代化阶段，及至于信息社会和知识经济时代？这种变化、发展的过程，是史学研究的永恒主题，它决定了史学研究的根本任务是正确地和准确地描绘真实的历史过程[①]，从中获取历史真知。因此，从研究对象上说，是把人类社会的变化看成一个动态过程来考察，把人类历史的发展作为一个整体来解释。只要是与这个动态过程相关的内容，就为这个动态的整体所包纳，就成为史学研究的范围。从研究内容来说，它是研究人类物质生活与精神生活在过去阶段上的客观状况。由研究内容决定，历史学科是一门资料性学科和基础理论学科。从学科发展来看，它是一门源远流长，十分成熟、完备和复杂的学科。历史学伴随着阶级和国家的出现就产生了，它在世界各国、各民族培育了浓厚的"历史"这一文化观念，支配着各国、各民族选择未来的发展走向。因此，历史学科对于治史者有着特别的学识、品德、理论与方法论要求。

史学理论还要求探求史学的社会功能这一重大问题。

历史学是一门科学，那么，其社会功能理应受到研究者的重视，受到社会的重视。恩格斯指出，"我们根本没有想到要怀疑或轻视'历史的启示'，历史就是我们的一切，我们比任何一个哲学学派，甚至比黑格尔，都更重视历史"[②]。史学的社会功能，就表现为"历史的启示"。在笔者看来，可以把史学的社会功能分解成以下四个层面。

其一，对于个人而言，有助于净化心灵，陶冶情操，予以智慧的启迪。中国马克思主义史学的开路人李大钊曾指出："历史学是研究人类生活及其产物的文化的学问，自然与人生有密切的关系；史学既能成为一种学问，一种知识，自然亦要于人生有用才是。"[③] 史学对人生的启

---

① 参见《列宁选集》第1卷，人民出版社1972年第2版，第30页。
② 参见《马克思恩格斯全集》第1卷，人民出版社1956年版，第650页。
③ 参见《李大钊文集》下卷，人民出版社1984年版，第761页。

示，在于激扬人的真、善、美，树立科学的人生观、世界观、历史观，使人成为一个品德高尚、乐观进取的人。

其二，对于国家和民族而言，有利于聚结历史感和时代意识、未来意识、世界意识，振奋民族精神，自强于世界民族之林；有利于增强民族凝聚力，弘扬优秀的民族文化传统，培育时代精神的精华，促进社会进步；有利于增强民族和国家的认同感，增强战胜任何艰难险阻的信心，始终立于不败之地。

其三，对社会的现实发展而言，有利于人类正确地处理同自然的关系，增强人与自然和谐共处、和谐共生的理念和信念，避免因过度向自然界索取而招致自然对人类的惩罚；有利于执政党和政府科学地决策，减少决策失误，少走弯路。

其四，就科学功能而言，它对于其他学科的发展，有重要的借鉴意义。历史学理论与方法论的突破，能够给邻近学科以智慧的启迪，带来发展与创新的契机；它还可以促进新的交叉科学的生成与发展。比如，社会历史学、心态史学、计量史学，等等，便是史学的惠泽。

此外，史学理论还要求在史学概论中探讨历史学与邻近学科的关系。譬如，史学与哲学、史学与文学、史学与经济学、史学与政治学、史学与思维科学、史学与民俗学、史学与民族学、史学与考古学、史学与心理学、史学与现代自然科学，等等。阐述此问题，有利于认识史学的学科地位，有利于科学地借鉴邻近学科的理论与方法。在目前的史学概论体系中，对于此问题已有足够的重视，差异只是重此轻彼或重彼轻此，分歧并不太大，因此本文不必赘述。

对于史学方法论，几种同类著作各有解说。不尽如人意之处在于：或介绍一两种，或介绍两三种，没有全面地说清楚史学方法论在史学概论中的地位以及各种方法的用途。笔者认为，可以把史学方法分成三种类型，进行分类解说。

第一种类型，基础方法论。它是科学研究的共同基础，也就是说，这类方法既适用于历史学科，又适用于其他学科。其主要表现形式为逻辑方法。比如，分解的方法和总和的方法、归纳的方法和演绎的方法、历史的方法与理论的方法、从抽象到具体的方法和从具体到抽象的方法，等等。它们是史学研究最基本的方法。

第二种类型，基本方法论。它是历史学科的方法论，是史学研究中通用的、基本的方法与手段。比如，考察因果联系的方法（顺向考察法、逆向考察法、过程与阶段分析法）、程度分解的方法（层次分析方法）、定量与定性相结合的方法、比较的方法、阶级分析的方法、系统分析的方法、矛盾分析的方法，等等。它们是史学研究中普遍使用的基本方法，具有学科属性。

第三种类型，专业方法论。它只适用于某些特定领域或专门问题的研究，在史学研究中不具有普遍的适用性。如果说上述两类方法适用于宏观研究，那么，这一类型的方法则只适用于微观研究领域。比如，文献与史料的方法（辨伪、校勘、音韵训诂、考据）、心态分析方法、个案分析方法、统计的方法、文化人类学的方法、考古学的方法，等等。这些都是研究专门学问的方法，在史学研究中有其特定的适用范围，不能随意乱用。

在史学概论学科体系中讨论史学方法论，要系统全面，不能只强调或重视某几种，而忽视或排斥另外几种。任何一种方法，在学科领域都有其不可替代的重要价值。

综上所论，由历史过程论、历史主体论、史家主体论、史学发展论、史学理论与方法论这"五论"构成一个"史学概论"体系，其逻辑结构更严整，其学科体系更完整，在编纂与阅读上也会相应地显得更便捷。是耶？非耶？读者、同人审裁之。

20世纪80年代我国史学概论逻辑体系建构比较分析*

在20世纪80年代，我国史学理论学科建设是从史学概论教材编写起步的。在短短的十年间，出版并被相关高校确定为历史学本科生甚至是延伸为研究生教学指定参考书的"史学概论"，计有11本之多，如下表所示。

作者及成书类型	书名	出版社及出版时间	版次
陈光前（编写）	《史学概论》	1982年	函授教材未公开出版
葛懋春、谢本书（主编）	《历史科学概论》	山东教育出版社，1983年	第一版
白寿彝（主编）	《史学概论》	宁夏人民出版社，1983年	第一版
田昌五、居建文（编著）	《历史学概论》	河南人民出版社，1984年	第一版
吴泽（主编）	《史学概论》	安徽教育出版社，1985年	第一版
李勤德（编写）	《史学概论》	1985年	郑州大学内部出版
赵吉惠（编著）	《历史学概论》	三秦出版社，1986年	第一版
王有录、夏春江（主编）	《史学概论》	中州古籍出版社，1989年	第一版

---

* 2012届史学理论专业研究生潘静静同学协助收集了资料。

续表

作者及成书类型	书名	出版社及出版时间	版次
姜义华、瞿林东、赵吉惠、马雪萍（合著）	《史学导论》	陕西人民教育出版社，1989年	第一版
李振宏（独著）	《历史学的理论与方法》	河南大学出版社，1989年	第一版
胡方恕、林校生（合著）	《历史学论纲》	辽宁民族出版社，1989年	第一版

正如首部《史学概论》作者陈光前所预见的那样："十亿人口的大国，才出版两三种史学概论教材，很难适应不同的情况和需要，应当多有几种不同风格、不同形式的教材，百花开放。在科学的春天里，史学概论这一品类的鲜花，一定会争相开放。"① 从改革开放以来新时期史学发展的历史眼光看，应该承认，这十年是史学概论繁荣的十年，是改革开放新时期史学的一大亮点。

应该看到，11本史学概论著作出自众人之手，由于史家主体对史学概论的研究对象、任务、学科定位的界定有不同的理解，加上他们有不同的人生经历、职业习惯和教学研究体会，就形成了不同的心路历程，这些都在他们各自的史学概论中打下了深深的烙印，由此表现为不同的学术风格，各有各的逻辑体系。还要看到，史学概论体系建构研究，不仅是20世纪80年代的一个时髦话题，而且也是史学概论学术史上的永恒话题②，立足于当下，必须借鉴和反思历史经验。因此，比较他们在史学概论建构中逻辑体系的差异，既有利于研究我国改革开放新时期史学起步阶段的时代特点、时代精神，又有利于科学总结处于学术繁荣时期的史学概论体系建构经验，规避其时代性、主体性失误，继续把中国特色的史学概论体系建构工作推向前进。

---

① 中国社会科学院历史研究所史学研究室编：《历史科学的反思》，中州古籍出版社1987年版，第135页。

② 张艳国：《"史学概论"的学科体系究竟应该如何确定》，《学习与探索》1996年第3期。

一 综合模式

还是在当时,就有学者研究指出,部分史学概论体系表现出突出的综合模式①特征。因此,这里所说的史学概论体系综合模式,实际上是一个借用的概念,即史学概论=部分1+部分2+部分3。在史学家所构建的史学概论体系中,有很多学者立足于教学或历史研究的实际需要采用了这种部分相加等于整体的结构体系,但同时还要特别指出的是,这种综合模式并不等于说就是一个"拼盘",因为史学家在构建其结构时都有自己特定的需要。

具体来看,在20世纪80年代,采用这种综合模式来建构其史学概论的著作有葛懋春、谢本书主编的《历史科学概论》(1983年第一版,1985年第三版)、白寿彝主编的《史学概论》和田昌五、居建文编著的《历史学概论》。应该说,这三本教材,是20世纪80年代前期首批公开出版的史学概论类著作,因此具有很强的代表性。

1. 葛懋春、谢本书主编《历史科学概论》(简称葛本)② 的逻辑体系内涵

从总体上看,葛本的逻辑结构是:历史科学的基本问题+唯物史观的具体运用+史料和史学的研究方法+中外史学史=历史科学概论。具体地展现为如下方面。

第一,绪论(修订时增写),总论《历史科学概论》一书的主旨问题,共7页,占全书比例为7/477=1.47%。

第二,历史科学的基本问题(第一章),主要解决什么是历史科学这一基本问题,共55页,占全书比例为55/477=11.53%,主要包括:历史、历史学、历史科学基本概念辨析,共15页,占全书比例为15/477=3.14%;历史科学在认识对象、认识过程、认识检验上的主要

---

① 参见曹伯言、张耕华《试论史学概论之对象》,《学术界》1989年第5期。
② 此处以葛懋春、谢本书主编《历史科学概论》(山东教育出版社)1985年第三版为主,兼顾了之前版本的变化。

特点，共 15 页，占全书比例为 15/477＝3.14％；历史科学的作用，共 8 页，占全书比例为 8/477＝1.68％；历史科学的革命性与科学性，共 8 页，占全书比例为 8/477＝1.68％；历史科学工作者的基本素养，共 9 页，占全书比例为 9/477＝1.89％。

第三，唯物史观及其在历史研究中的具体运用（第二章至第九章），主要回答如何将马克思主义唯物史观运用于历史研究中的理论和方法问题，共 217 页，占全书比例为 217/477＝45.49％，主要包括：唯物史观是唯一科学的历史观，共 61 页，占全书比例为 61/477＝12.79％；科学分析社会基本矛盾，共 26 页，占全书比例为 26/477＝5.45％；正确运用阶级分析方法，共 17 页，占全书比例为 17/477＝3.56％；辩证考察人类历史的运动过程，共 20 页，占全书比例为 20/477＝4.19％；民族和民族关系问题，共 30 页，占全书比例为 30/477＝6.29％；关于历史人物的评价，共 26 页，占全书比例为 26/477＝5.45％；批判地继承文化遗产，共 21 页，占全书比例为 21/477＝4.40％；史论结合，共 16 页，占全书比例为 16/477＝3.36％。

第四，史料搜集与处理的知识和方法（第十章至第十一章），主要说明如何搜集和处理文献史料和实物史料的问题，共 50 页，占全书比例为 50/477＝10.48％，主要包括：中国历史文献资料的情况简介及其搜集、鉴别、校勘的方法，共 35 页，占全书比例为 35/477＝7.34％；考古学和历史研究，共 15 页，占全书比例为 15/477＝3.14％。

第五，中外史学史概述（第十二章至第十三章），主要论述从古代到近代中国以及欧美史学的发展情况，共 111 页，占全书比例为 111/477＝23.27％，主要包括：中国史学史概述，共 46 页，占全书比例为 46/477＝9.64％；欧美史学史概述，共 65 页，占全书比例为 65/477＝13.63％。

第六，当代国外几种史学方法述评（第十四章，修订时增写），主要介绍当代国外比较流行的几种史学方法，共 37 页，占全书比例为 37/477＝7.76％，主要包括：历史比较研究法，共 13 页，占全书比例为 13/477＝2.73％；历史数量研究法，共 14 页，占全书比例为 14/477＝2.94％；历史系统研究法，共 10 页，占全书比例为 10/477＝2.10％。

通过量化分析可见，葛本逻辑体系的最大特点是重温并强调唯物史观的基本理论,并强调在史学研究中运用唯物史观,即史学研究的理论指导问题。

2. 白寿彝主编《史学概论》(简称白本)的逻辑体系内涵

从总体上看,白本的逻辑结构是:历史学基本问题+史学的内部问题(历史观+历史文献+历史编纂)+史学的外部联系(史学与其他学科的关系)+中国近现代史学史+史学当前的主要任务=史学概论。具体表现如下。

第一,叙论(第一章),总论《史学概论》一书涉及的历史学基本问题及其编写大意,共30页,占全书比例为30/426=7.04%,主要包括:历史、史料、史学基本概念辨析,共9页,占全书比例为9/426=2.11%;史学遗产的批判继承,共11页,占全书比例为11/426=2.58%;本书的编写大意,共10页,占全书比例为10/426=2.35%。

第二,史学的内部问题(第二章至第六章),主要论述历史观、历史文献、史书的编著、史书的体例、历史文学等属于史学内部结构的问题,共199页,占全书比例为199/426=46.71%,主要包括:历史观→史学的灵魂,主要以历史观中的重要问题来贯穿论述历史上各种不同的历史观点,共42页,占全书比例为42/426=9.86%(其中论述马克思主义唯物史观的内容,共15页,占全书比例为15/426=3.52%);历史文献→史学的基础,着重从历史角度回顾了中国历史文献的发展历程和重要成就,并在论述中渗透了文献的搜集和整理的方法,共50页,占全书比例为50/426=11.74%;历史编纂→史学的成果表达,共107页,占全书比例为107/426=25.12%,分为三个问题:首先论述了史书的体裁及编和著的问题,共30页,占全书比例为30/426=7.04%;其次论述了史书的体例问题,共36页,占全书比例为36/426=8.45%;再次论述了历史文学即历史写作文字方面的问题,共41页,占全书比例为41/426=9.62%。

第三,史学的外部联系,即史学和其他学科的关系(第七章),着重论述了史学与科学、哲学、考古学、民族学、艺术、天文学、地质学等学科的关系问题,共50页,占全书比例为50/426=11.74%,其中论述史学和哲学关系的内容,共12页,占全书比例为12/426=2.82%;

史学和考古学的内容，共4页，占全书比例为4/426＝0.94%。

第四，中国近现代史学史（第八章至第九章），主要回顾和评述了近代以来中国史学发展情况和重要问题，共103页，占全书比例为103/426＝24.18%，主要包括：近代史学，共47页，占全书比例为47/426＝11.03%；马克思主义史学在中国的传播和发展，共56页，占全书比例为56/426＝13.15%（其中论述毛泽东同志对马克思主义史学理论杰出贡献的内容，共17页，占全书比例为16/426＝3.99%）。

第五，史学当前的主要任务（第十章），在前文的基础上，探讨了当前史学工作面临的主要任务，指明史学发展方向，共44页，占全书比例为44/426＝10.33%，主要包括：研究和进行历史教育，共15页，占全书比例为15/426＝3.52%；开阔视野，治史修史，不断提高史学水平，共16页，占全书比例为17/426＝3.76%；强大史学队伍，培养史学人才，共13页，占全书比例为13/426＝3.05%。

通过量化分析可见，白本逻辑体系的最大特点是对中国近代史学史的概述，及对中国史学史脉络的把握。特别值得指出的是，新时期史学对中国近代史学史的关注和研究，应该说起自白寿彝主编的《史学概论》。现在看来，其初始倡导之功，殊为有益。

3. 田昌五、居建文编著《历史学概论》（简称田本）的逻辑体系内涵

总的来说，田本的逻辑结构是：历史学基本问题＋历史研究的基本观点和方法（唯物史观的具体运用）＋史学史＋研究历史必备的资料和工具（文献学、考古学）＝历史学概论。具体地看，主要表现如下。

第一，历史学基本问题（第一章），重点论述了历史学研究的对象和任务，共25页，占全书比例为21/245＝8.57%，主要包括：历史学研究的对象，共11页，占全书比例为11/245＝4.49%。此处还论述了历史学与其他学科的联系及区别，共4页，占全书比例为4/245＝1.63%；历史学研究的目的和任务，共10页，占全书比例为10/245＝4.08%。

第二，历史研究的基本观点和方法，即唯物史观及其在历史研究中的具体运用（第二章至第五章），主要论述唯物史观作为历史研究的基

本观点和方法在历史研究中的具体运用,共162页,占全书比例为162/245 = 66.12%,主要包括:历史观的基本问题,共37页,占全书比例为37/245 = 15.10%,这里分为两个问题:一是两种历史观,主要论述了唯心史观和唯物史观的区别与联系问题及史论关系问题、党性与科学性的问题,共17页,占全书比例为17/245 = 6.94%。二是历史诸因素的相互关系,主要从唯物史观的角度重新阐述经济与政治、思想等因素的相互关系,共20页,占全书比例为20/245 = 8.16%;阶级斗争的相关原理及其在历史研究中的运用,共52页,占全书比例为52/245 = 21.22%(其中在论述阶级分析方法时,特别提到了历史的方法、逻辑的方法、辩证的方法、比较的方法,共9页,占全书比例为9/245 = 3.67%);个人和人民群众的关系问题,共28页,占全书比例为28/245 = 11.43%;辩证地看待历史发展的统一性与多样性,共45页,占全书比例为45/245 = 18.37%。

第三,史学史,即历史学的过去与现状(第六章),回顾和评述了中外史学发展的基本情况,共46页,占全书比例为46/245 = 18.78%,主要包括:中国的封建史学,着重论述了中国古代的历史哲学和史书的体裁问题,共19页,占全书比例为19/245 = 7.76%;近代资产阶级史学,着重介绍了近代中国新史料的发现和梁启超与王国维的史学成就,共11页,占全书比例为11/245 = 4.49%;现代马克思主义史学,主要论述了李大钊和郭沫若的马克思主义史学成就,共5页,占全书比例为5/245 = 2.04%;历史学的现状和当前的任务,首先叙述了西方史学的发展情况,共7页,占全书比例为7/245 = 2.86%,其次论述了中国史学的现状与教训,共4页,占全书比例为4/245 = 1.63%。

第四,研究历史必备的资料和工具(第七章),主要介绍历史研究中史料方面的相关知识,共16页,占全书比例为16/245 = 6.53%。主要包括:古文献资料及其相关的知识,共10页,占全书比例为10/245 = 4.08%;史学与考古学(实物史料方面),共6页,占全书比例为6/245 = 2.45%。

通过量化分析可见,田本逻辑体系的最大特点是阐述历史研究的基本观点及研究方法,强调遵循唯物史观,运用唯物史观,重点强调了马克思主义阶级斗争理论与方法。应该注意的是,田本与前述葛本的逻辑主色调虽同为唯物史观,但重点和导向却是不一样的:葛本重史观,从历史学的基本问题入手强调唯物史观是唯一科学的历史观;田本重方法,强调运用唯物史观,就是要运用唯物辩证法。

综上所述,我们不难发现,这种综合模式的内在逻辑虽然都是"部分相加等于整体结构",但是,各本所囊括的内容及各部分内容所占比例因史家主体的认识差异就在用笔量上表现出很大不同;当然,在具体实践中,也因为操作性的问题难免存在各自无法克服的缺陷。对于这些问题,就是在当时三本著作出版不久,就有学者毫不讳言地予以指出。比如,在1984年,蒋大椿在《建设历史科学概论的有益探索——评介〈历史科学概论〉和〈史学概论〉》一文中就指出,虽然"从着手建设历史科学概论这门学科来看,两书(葛本和白本——笔者注)的首倡之功,应当得到充分的肯定",但是两书还存在许多问题,需要我们进一步努力解决,其中"历史科学概论的研究对象及其范围"是亟待明确的首要问题,因为"历史科学概论应是一门有自己特定研究对象和范围的专门学问"。[①] 又如,在1985年,姜义华在《从〈史学要论〉到〈史学概论〉》一文中指出,葛本、田本和白本三书"最主要的问题看来就在于这几部著作内容稍嫌庞杂。它们几乎毫无例外地都想集历史哲学(历史唯物主义)、历史编纂学、史学史于一身,结果,反而使史学概论自身所要专门考察的问题被排挤或淹没了"[②]。除了蒋大椿、姜义华先生指出的毛病外,这种综合模式使各部分之间的联系还是显得不够紧密,尤其是缺乏一条贯穿始终的主线,对于谋求使"史学概论"成为一门独立的学问作用不大,只能起到史学教学概要和普及历史学学科知识的作用。

二 理论和方法模式

从理论和方法角度来建构史学概论的体系,我们将它简称为理论和

[①] 蒋大椿:《建设历史科学概论的有益探索——评介〈历史科学概论〉和〈史学概论〉》,《红旗》1984年第13期。

[②] 姜义华:《从〈史学要论〉到〈史学概论〉》,《书林》1985年第1期。

方法模式。赵吉惠是这种模式的首倡者，他编著的《历史学概论》（简称赵本）是该模式的实践成果。总体来看，赵氏"历史学概论"意在从理论和方法的角度，概述历史学及其发展的主要方面和主要问题，因此，其逻辑结构就是：历史学基本问题+理论部分+方法部分=历史学概论。其具体表现为如下几点。

第一，历史学基本问题（引言），总论历史学概论的研究对象与内容，共19页，占全书比例为19/347＝5.48%，主要包括：历史、历史记录、历史学、历史学理论、历史学概论等基本概念辨析及《历史学概论》一书的主旨论述，共12页，占全书比例为12/347＝3.46%；历史教学与研究的意义及史学工作者的必备品质，共7页，占全书比例为7/347＝2.02%。

第二，理论部分（第一章至第八章），着重从理论角度来梳理史学发展历程和历史观方面的一些理论问题，共152页，占全书比例为152/347＝43.80%，主要包括：一是从理论和方法角度概述中外史学的发展历程，分为三个小部分：中国封建旧史学的发生、发展与终结，共20页，占全书比例为20/347＝5.76%；历史上各种历史观的主要形态（梳理中外各种历史观并兼论近代中外史学），共32页，占全书比例为32/347＝9.22%（其中唯物史观的内容，共6页，占全书比例为6/347＝1.73%）；中国马克思主义历史科学的产生与初步发展，共16页，占全书比例为16/347＝4.61%。二是历史学与其他相关学科之关系（主要论述了历史学与文学、哲学、经学、考古学、地理学的关系问题），共29页，占全书比例为29/347＝8.36%。三是唯物史观在历史研究中的具体运用，主要论述了四个问题：关于历史发展的必然性与偶然性，共14页，占全书比例为14/347＝4.03%；关于历史发展的统一性与多样性，共14页，占全书比例为14/347＝4.03%；关于历史发展的动力，共14页，占全书比例为14/347＝4.03%；关于历史遗产的继承与批判，共13页，占全书比例为13/347＝3.75%。

第三，方法部分（第九章至第十六章），主要论述史学研究和编纂的一些重要方法，共176页，占全书比例为176/347＝50.72%，主要包括：一是马克思主义是史学方法论的根本指导原则，共13页，占全书比例为13/347＝3.75%。二是搜集、整理、运用史料的方法，共36页，占全书比例为 36/347 = 10.37%；史学研究方法，主要论述了 6 种，分为五章。三是阶级分析方法，共 16 页，占全书比例为 16/347 = 4.61%；历史分析方法与逻辑分析方法，共 22 页，占全书比例为 22/347 = 6.34%；历史比较研究方法，共 30 页，占全书比例为 30/347 = 8.65%；历史系统研究方法，共 20 页，占全书比例为 20/347 = 5.76%；历史计量研究方法，共 18 页，占全书比例为 18/347 = 5.19%。四是史著的体例与编纂方法（其中还特别提到了撰写史学论文的要求与方法），共 21 页，占全书比例为 21/347 = 6.05%。

应当看到，赵本从理论与方法角度建构史学概论体系，以历史学的理论与方法为论述重心，这就抓住了史学概论的核心问题；并且以理论和方法来贯穿全书，这就有一线串珠之感，使全书有"灵魂"，使全书各部分之间有了更为紧密的内在逻辑联系。相对于葛本、白本而言，赵本的逻辑体系更为严密，所囊括内容的比例也更为合理一些。对此，时人何振东在《从几本〈史学概论〉看本学科的主要内容》一文中有过论述。他认为，与葛本、白本的内容庞杂相较而言，赵本"将有关历史文献、史书的体例，以及中外史学的基本知识，均归纳到'中国封建旧史学的发生、发展与终结'和'历史上各种历史观的主要形态'这两章中"，"叙述时进行纵横交叉，有机结合，这样就显得概而不杂，丰而有序"，这样处理就显得很好。① 当时对此持肯定性意见的还有徐万发，他在《史学主体与〈史学概论〉研究对象》一文中指出，"赵本的处理是一种大胆的探索，'从理论和方法的角度出发，对历史学的整体做比较概括地论述'。它自然而然地调正了'史料与文献学、编纂学'等学科在史学概论中的位置，又从与理论、方法相关的世界观出发，处理了史学概论与史学史的关系"，全书"自成体系，有另辟蹊径之功"②。

---

① 何振东：《从几本〈史学概论〉看本学科的主要内容》，《陕西师范大学学报（哲学社会科学版）》1988 年第 1 期。

② 徐万发：《史学主体与〈史学概论〉研究对象》，《青海师范大学学报（哲学社会科学版）》1988 年第 4 期。

三 认识论模式

认识论模式，即以历史研究的主体认识活动为中心来建构史学概论体系，简称认识论模式。在20世纪80年代，从认识论角度来思考史学概论体系问题并付诸实践的，主要有吴泽主编的《史学概论》和姜义华、瞿林东、赵吉惠和马雪萍合著的《史学导论》。虽然如此，但还要注意的是，这两本书无论是在体系建构，还是在所囊括的内容等方面，都存在很大的不同。具体表现在以下几个方面。

1. 吴泽主编《史学概论》（简称吴本）的逻辑体系内涵

根据吴本"前言"和第一章"绪论"可知，作者试图以历史研究中的主体和客体（史家主体与史学客体）关系为主线来展开论述，从而确立史学概论体系的内在的逻辑关系。因而作者将由此贯穿起来的内容归纳为：基础理论、基本方法和基本知识三大部分。简单地表述吴本的逻辑结构是：史学概论＝历史研究基础理论＋历史研究基本方法＋历史研究基本知识。

从表面上看，吴本的结构与上面论述的综合模式似乎有一定的相似性，但是，其内在逻辑则是不同的。具体地说，其内在逻辑是这样展开的。

首先，根据史学研究的根本任务是研究人类社会发展规律这一规定性来说，回答人类历史的起点是什么？人类历史的变化发展是由什么决定的？人类社会是怎样变化发展的？其基本规律和特点是什么？诸如此类这些最基本的理论问题，涉及历史观这个根本问题，这是历史研究的灵魂。只有马克思主义唯物史观，才第一次真正科学地解答了这些问题。因此，唯物主义历史观就顺理成章地成为史学概论的一个重要课题。在作者看来，历史研究的基础理论主要是阐述唯物史观及其在具体历史研究中的运用。

其次，一次完整的历史研究过程，不仅包括研究者根据史料来分析历史人物和历史事件，从中引出科学结论的过程，而且还包括研究者把科学结论写成史学著作的过程。而在这个过程中，史料作为历史研究的出发点，存在着分散、讹误的问题；科学结论的得出，存在着如何从感性认识上升为理性认识的问题；史学著作作为最终成果，存在着史学观点如何表述的问题，为此，研究者必须掌握搜集、鉴定和整理史料的方法，分析与综合、归纳与演绎、具体与抽象、逻辑和历史相统一的方法，以及编写史学论著的方法，正是历史研究的基本方法，也是史学概论研究的重点。

最后，在历史研究中，史学家不仅要用天文学、地理学、人类学、考古学、社会学以及某些自然科学的知识和方法来辅助历史研究，而且还要通过史学评论来了解现实对于史学的要求，通过研究史学的历史与现状来不断丰富史学概论，因此，这些史学与其他有关科学之间的关系、史学评论、马克思主义史学的产生以及当今世界上各种史学流派等问题，都可看作是历史研究所必备的基本知识，以此来帮助研究者解决历史研究中主体和客体的矛盾。

吴本的史学认识论模式具体表现为如下几点。

第一，绪论（第一章），总论史学概论的相关问题，共 18 页，占全书比例为 18/398＝4.52%。

第二，历史科学的基础理论（第三章），着重论述唯物史观的理论及其在历史研究中的具体运用，共 36 页，占全书比例为 36/398＝9.05%，主要包括：生产劳动是人类历史的起点和基础，共 9 页，占全书比例为 9/398＝2.26%；历史上人类的共同体，共 10 页，占全书比例为 10/398＝2.51%；人类历史发展的动力，共 8 页，占全书比例为 8/398＝2.01%；人类历史的辩证运动（历史的统一性和多样性、历史的现象和本质、历史的必然性和偶然性、历史发展的渐变和突变、人类历史的螺旋式发展），共 9 页，占全书比例为 9/398＝2.26%。

第三，历史研究的基本方法（第四章至第六章），分为三个部分：首先，论述了辩证逻辑的思维方法在历史研究中的运用，共 40 页，占全书比例为 40/398＝10.05%，主要包括：分析和综合研究法（将阶级分析法囊括其中），共 13 页，占全书比例为 13/398＝3.27%；历史比较法，共 7 页，占全书比例为 7/398＝1.76%；历史归纳法（演绎法），共 6 页，占全书比例为 6/398＝1.51%；历史研究中的具体和抽象，共 7

页，占全书比例为 7/398 = 1.76%；历史方法和逻辑方法的统一（历史主义原则），共 7 页，占全书比例为 7/398 = 1.76%。其次，史料和史料学，着重论述了史料学的相关问题，并介绍了处理史料的相关方法，共 38 页，占全书比例为 38/398 = 9.55%。再次，历史编纂学，论述了史书的体裁、体例、表达等史学成果表达的方法问题，共 35 页，占全书比例为 35/398 = 8.79%。

第四，历史研究的基本知识（第二章、第七章至第九章），分为三个部分：首先是中外史学的发展情况，主要包括：马克思主义对史学的伟大变革（第二章），在回顾马克思主义产生之前中外史学发展情况的基础上，重点论述了唯物史观的产生与发展，以及马克思主义史学在中国的传播和发展，共 63 页，占全书比例为 63/398 = 15.83%；国内外近现代史学流派述评（第九章），主要述评了梁启超、顾颉刚等中国近现代史学家的史学成就和美国计量历史学派、法国年鉴学派等国外近现代史学流派，共 51 页，占全书比例为 51/398 = 12.81%。其次是史学和其他学科的关系（第七章），主要论述了史学和哲学、考古学、民族学、历史地理学、文学、自然科学等学科的关系问题，共 50 页，占全书比例为 50/398 = 12.56%。再次是史学评论（第八章），主要论述了史学评论的性质、标准、作用问题，共 53 页，占全书比例为 53/398 = 13.32%。

第五，史学发展和史学工作者的修养（第十章），立足现实变化对史学发展的新要求，论述了史学工作者的修养问题，共 14 页，占全书比例为 14/398 = 3.52%。

从总体上看，吴本建构史学概论体系是从史学认识论角度来思考的，他看到了历史研究中主体和客体的矛盾，但是从其逻辑进程以及它所囊括的内容来看，他并没有紧紧抓住历史认识论这一重大问题展开论述，只能说是初步体现了作者试图从史学认识论角度来建构史学概论的一些思考。即便如此，与前述葛本、白本、田本相比，吴本从史学认识论角度所构建的"史学概论 = 历史研究基础理论 + 历史研究基本方法 + 历史研究基本知识"的逻辑体系还是显得很有特点的。我们今天这样看，还是要立足于产生作品的时代，尤其不能用今天的眼光来要求过去的问题。对此，研究者肖马在《史学理论建设的新成果——读吴泽教授主编的〈史学概论〉》一文中曾经有比较中肯的评价，他说，吴本的"第一个特点是系统性、逻辑性强。全书共分十章，无论横观、纵观，在内容上都是完整的有机联系，而不是生硬拼合"①。

2. 姜义华、瞿林东、赵吉惠和马雪萍合著《史学导论》（简称姜本）的逻辑体系内涵

其实，早在 20 年代 80 年代之初，姜义华就敏锐地对史学概论体系进行了思考，并撰文论述了他对于史学概论体系的设想。② 他的这一设想，后来大体上体现在他与瞿林东等学者合著的《史学导论》之中。

姜义华在《用现代思维科学武装历史研究工作——论史学概论的核心与时代使命》一文中，意在利用现代思维科学与现代科学方法论的丰硕成果，从认识论和方法论的角度来构建史学概论体系。他结合现代思维科学的成就，认为"历史研究活动，是一种三级思维活动"，即"历史研究活动乃是认识主体（历史学家）经由中介质（历史资料）与认识客体（历史实际）在实践基础上能动的统一"；"一个正确的历史认识的获得，大体上得经历'感性'、'知性'、'理性'这样几个必要的阶段"，同时，历史认识活动的这些特性，还决定了历史著作的编纂不可能直接反映历史实际及历史认识无法在实践中得到检验的问题，因此，他认为必须在马克思主义的指导下建立科学的历史认识论。另外，鉴于"史学研究方法是历史认识的工具、手段、途径"，还必须坚持认识论与方法论相统一的原则，加强对史学方法论的研究；鉴于现代历史科学日益现代化和社会化，必须提高史学工作者的修养。③ 这些观点在《史学导论》一书中打下了深深的思想烙印，结合这篇文章，有利于我们理解姜本的逻辑结构，具体表现如下。

第一，史学导论研究的对象与任务（引言），论述史学概论的相关问题，共 3 页，占全书比例为 3/349＝0.86%。

---

① 肖马：《史学理论建设的新成果——读吴泽教授主编的〈史学概论〉》，《历史教学问题》1986 年第 5 期。
② 姜义华：《用现代思维科学武装历史研究工作——论史学概论的核心与时代使命》，《复旦学报（社会科学版）》1985 年第 1 期。
③ 参见姜义华《用现代思维科学武装历史研究工作——论史学概论的核心与时代使命》，《复旦学报（社会科学版）》1985 年第 1 期。

第二，历史学的发展历程及其社会功能与科学地位（绪论），共 81 页，占全书比例为 81/349＝23.21%，主要包括：历史意识的产生和历史学的形成，意在论述中外史学由传说到科学史学的发展历程，共 38 页，占全书比例为 38/349＝10.89%；历史学的社会功能，主要论述了历史学在人类认识活动和人类社会实践活动中的作用，共 27 页，占全书比例为 27/349＝7.74%；历史学在科学发展中的地位，鉴于一切科学都是历史科学，历史学的科学功能就表现为对其他学科的发展具有推动作用，共 16 页，占全书比例为 16/349＝4.58%。

第三，历史认识的基本特征（第一章），意在从历史认识论的高度对历史认识的基本特征和主要过程进行总体分析，共 63 页，占全书比例为 63/349＝18.05%，主要包括：历史认识活动的结构与过程，即主要论述了历史认识的三级能动统一结构和历史认识的感性、知性与理性认知过程的问题，共 25 页，占全书比例为 25/349＝7.16%；历史思维的方式与范围，即主要论述了历史思维中的形象思维、逻辑思维与直觉思维和微观、中观、宏观的历史考察的问题，共 18 页，占全书比例为 18/349＝5.16%；历史认识的真理性及其检验，即主要论述历史真理的相对性与绝对性和历史认识的真理性在史料、科学认识总体及社会实践三个层面上的检验问题，共 20 页，占全书比例为 20/349＝5.73%。

第四，研究历史的主要方法（第二章），主要论述了一些研究历史的具体方法，共 57 页，占全书比例为 57/349＝16.33%，主要包括：历史事实还原的方法即史料搜集、辨析与抉择的方法和史实编次与整列的方法，共 21 页，占全书比例为 21/349＝6.02%；历史过程分析与解释的方法，主要论述了定量分析（历史计量方法）和定性分析、历史分析和逻辑分析、结构分析和阶级分析、整体研究（系统分析）和跨学科研究及历史心理研究方法，共 24 页，占全书比例为 24/349＝6.88%；历史的比较研究，共 12 页，占全书比例为 12/349＝3.44%。

第五，历史本体与历史规律的探究（第三章），意在回顾古今中外史学家对历史本体与历史规律即历史本质追寻的基础上，着重论述马克思主义对历史全面本质的认识，共 45 页，占全书比例为 45/349＝12.89%。

第六，历史研究成果的社会表现形态（第四章），意在论述历史学著作及其内容、形式和要求的问题，共 52 页，占全书比例为 52/349＝

14.90%，主要包括：历史研究成果的社会性与多样性，主要论述了历史撰述的社会性与多层次性和历史编撰构架的多样性与多层次性问题，共24页，占全书比例为24/349＝6.88%；历史撰述的根本原则与不同要求，主要论述了历史撰述中的客观主义、先验主义倾向与信史原则的问题、历史主义与当代意识的问题和语言表述的美学要求的问题，共28页，占全书比例为28/349＝8.02%。

第七，历史学家的素养与时代使命（第五章），意在论述作为历史研究主体的历史学家的相关问题，共48页，占全书比例为48/349＝13.75%，主要包括：历史学家的优良传统与现代素养，主要论述历史学家的知识结构与研究能力和历史学家的社会责任与献身精神方面的问题，共23页，占全书比例为23/349＝6.59%；历史学家的个体与群体研究，共10页，占全书比例为10/349＝2.87%；历史科学的时代使命，共15页，占全书比例为15/349＝4.30%。

综上所述，虽然姜本与姜义华最初在论文中表露的设想有些不同，如编写体例等，但是，不可否认，姜本所体现的史学概论体系的主旨与姜义华早先的设想还是一致的。这不仅体现了著者对历史认识论问题的重视，力图以历史认识论为主线来建构自己的逻辑体系，而且还通过这一逻辑关系使姜本的各部分内容之间有了较强的逻辑联系，使全书成为一个密不可分的有机整体。还要指出的是，后来姜本分别于2003年和2010年得到了修订，但是，对比三个版本来看，全书的史学概论体系框架并没有发生很大变化。正如赵梅春在评论2003年的修订本时所指出的，"全书各章以历史认识活动为主线，将历史认识、史学方法、对历史本体及其发展规律的探索、史学成果的社会表现形态及历史认识主体自身的素质作为历史认识活动的几个必要环节并将其作为一个统一的整体进行论述，形成了一个较为系统的理论体系"[①]。应该说，赵文的评论比较如实地勾勒出姜本的亮点和特色。特别要指出的是，由于在中国史学界坚持唯物史观、运用唯物史观，是一条原则和常识，因此，姜著同类似著作的明显差异是，不再在唯物史观问题上大费笔墨。

---

① 赵梅春：《史学的发展与史学理论的探索——读修订本〈史学导论〉》，《中国图书评论》2003年第11期。

四　史学理论体系模式

所谓历史学理论体系模式，是指部分学者从历史学理论体系建构角度出发，把史学概论作为建构历史学理论体系的基本内容。在20世纪80年代，有历史学者提出了许多相关设想，但在当时将其付诸实践的却只有李振宏所著《历史学的理论与方法》一书，这在当时无疑是具有史学理论探索勇气的。

李振宏在其1986年发表的《关于史学理论与史学概论的初步意见》① 一文基础上，在《历史学的理论与方法》中进一步提出史学本体论、历史认识论和史学方法论三者构成完整的史学理论体系观点，即史学理论＝史学本体论＋历史认识论＋史学方法论＝历史学的理论体系。在他看来，"史学本体论，是对史学研究活动进行本体论反思的理论产物，它把人们的史学研究实践作为一种'存在'去研究，弄清这一人类认识活动的目的、性质及其意义，从本体论的角度回答'什么是历史科学'的问题，规定整个史学认识活动的方向和任务，对整个历史学科的发展起指导作用；历史认识论，是对史学研究成果作知识性反思的理论产物，它集中回答历史知识如何形成、何以可能的问题，即要研究历史知识的性质。……史学方法论，是对史学研究的经验程序、思想方法、研究途径进行反思的理论产物，是对史学研究的思维活动程序作抽象化、形式化、相对固定化的研究，它解决历史认识手段、方法、途径的合理性、科学性问题，为如何获得正确的历史认识提供方法论指导"②。由此，李振宏按照他所界定的史学本体论、历史认识论、史学方法论构成的结构体系，安排了《历史学理论与方法》一书的逻辑体系，其具体结构如下。

第一，绪论，总论《历史学理论与方法》一书的写作主旨，共8页，占全书比例为 8/447＝1.79%。

---

① 李振宏：《关于史学理论与史学概论的初步意见》，《文史哲》1986年第4期。
② 李振宏：《历史学的理论与方法》，河南大学出版社1989年版，第7页。

第二，史学本体论（第一章至第七章），集中回答了"什么是历史科学"的问题，意在对史学本体进行整体性和理论性认识，共144页，占全书比例为144/447＝32.21%，主要包括：历史是什么，主要论述了历史的定义、人类历史活动的特征、历史的客观规律性及其争议等问题，共18页，占全书比例为18/447＝4.03%；历史学是科学的根据，共17页，占全书比例为17/447＝3.80%；历史科学的特性和任务，共16页，占全书比例为16/447＝3.58%；历史科学内部的学科结构，主要介绍了通史、专门史、史学理论、历史编纂学、史料学、史学评论等等历史学内部各学科的情况，并进一步论述了诸学科间的相互关系，共23页，占全书比例为23/447＝5.15%；历史科学与一般社会科学，着重论述了史学和政治经济学、文学、考古学、历史地理学、目录学的关系问题，意在加以借鉴，共29页，占全书比例为29/447＝6.49%；历史科学的现实性品格，即史学与现实的关系问题，共16页，占全书比例为16/447＝3.58%；历史科学的理论方法论基础，即唯物史观的相关问题，主要论述了唯物史观的创立与完善及其原理指导历史研究的方法论原则，共25页，占全书比例为25/447＝5.59%。

第三，历史认识论（第八章至第十二章），集中论述了历史认识的相关问题，意在加强史学界对历史研究主体问题的重视，共116页，占全书比例为116/447＝25.95%，主要包括：历史学家的主体意识，主要论述了主体意识的结构、主体意识在历史认识中的渗透、主体意识的社会性、增强历史认识中的主体意识等问题，共36页，占全书比例为36/447＝8.05%；历史认识中的客体范畴，主要从历史认识角度论述了历史存在、历史客体、史料客体的相关问题及后二者对主体的影响，共26页，占全书比例为26/447＝5.82%；历史认识的一般形式，着重论述了考实性认识、抽象性认识、价值性认识及其相互关系，共20页，占全书比例为20/447＝4.47%；历史再认识及其推动因素，共18页，占全书比例为18/447＝4.03%；历史认识的检验，共16页，占全书比例为16/447＝3.58%。

第四，史学方法论（第十三章至第二十章），主要论述了进行历史研究的一些方法问题，意在为取得正确的历史认识提供方法论的指导，共179页，占全书比例为179/447＝40.04%，主要包括：相互作用思想及其方法论意义,共 27 页,占全书比例为 27/447 = 6.04%;史学研究中的历史主义原则,共 28 页,占全书比例为 28/447 = 6.26%;阶级分析方法,共 19 页,占全书比例为 19/447 = 4.25%;历史人物评价的理论和方法,共 25 页,占全书比例为 25/447 = 5.59%;民族关系史研究的理论和方法,共 21 页,占全书比例为 21/447 = 4.70%;文化史研究的理论和方法,共 23 页,占全书比例为 23/447 = 5.15%;历史比较研究的理论和方法,共 20 页,占全书比例为 20/447 = 4.47%;运用史料的理论与方法,共 16 页,占全书比例为 16/447 = 3.58%。

对于以上安排,正如李振宏自己所说,书中内容的实际安排由于研究欠缺和教学需要的原因与最初的设想存在一些差距,不过,这并不影响该模式优越性的发挥,尤其是对历史认识论的重视和在史学本体论部分完全坚持以史学为研究对象的做法,从而使史学理论名副其实。这种"史学理论 = 史学本体论+历史认识论+史学方法论 = 历史学的理论体系"模式一经提出,就引起同行学者的关注和共鸣,在得到相应肯定的同时,被付诸多本史学概论类著作(教材)中。如闻晓在李本出版后不久,就在《史学理论研究的新收获——〈历史学的理论与方法〉评介》一文中指出,李本"第一次提出以史学本体论、历史认识论、史学方法论这三大范畴,建构史学理论体系",并认为该体系"在史学界独树一帜,具有很大的合理性。可以说,只有依此看待史学理论研究的对象、内容和范围,才能廓清史学理论与历史唯物主义、历史哲学等学科的界限,保持史学理论学科自身的特性"[①]。有理由认为,上述评价是中肯的,是实事求是的,这一评论经受了时间的考验,虽然经过了 25 年时间的学术检验,这一评价依然站得住脚。我们认为,在以上诸本史学概论著作中,李本是最有史学理论味道和最具有历史反思精神的一本,它所张扬的"史学本体论、历史认识论、史学方法论",着力构建中国风格的史学理论,使该著具有独特的理论风骨和学术个性,至今仍不失其深邃的学术价值。

---

① 闻晓:《史学理论研究的新收获——〈历史学的理论与方法〉评介》,《东岳论丛》1990 年第 4 期。

五　史学学模式

有史家认为，从科学学角度看，史学概论体系的建构也可借鉴西方科学发展史的解析方式，基于学科发展趋势考量，史学自身的理论学科应该是史学学而不是史学概论，其理论体系为史学学模式。① 在20世纪80年代，从科学学角度来建构史学学体系的学者不乏其人，但是，真正将其设想付诸实践的却只有胡方恕一人而已。1989年，胡方恕在《历史、历史学与元史学》一文中，提出了他对元史学或史学学理论体系的设想："其一，历史学性质论。它包括说明历史学的对象、性质、特征、结构、功能、任务、地位等等"；"其二，历史学发生论。说明史学的起源与历史意识的形成，历史学的不断构建及其与其他学科的关系，它怎样神学化，又怎样科学化、现代化，人类的历史哲学观是怎样成熟起来，历史学发展的自身规律，等等"；"其三，历史学认识论。应包括史学主体与史学客体的关系，史学思维的特点，史学的逻辑推理，史学认识的检验等等"；"其四，历史学方法论。……它至少包括历史学传统方法的总结，……马克思主义历史研究法的学习，……当代史学方法新变革的探讨……"② 这一设想在差不多同时出版的他和林校生合著的《历史学论纲》中得以实践。

具体地讲，胡本的逻辑体系内涵是如下。

第一，绪论（第一章），总论历史、历史学、史学学等概念的相关问题，共18页，占全书比例为18/277＝6.50%。

第二，历史学性质论（第二章至第四章），主要包括：历史学的对象及其特征，主要论述历史学对象的主观性和客观性、综合性和个别性、多样性和整体性、连续性和网络性、既往性和现实性等问题，共

---

① 该设想首次提出于王也扬的《"史学概论"与"史学学"》，《光明日报》1984年10月17日。

② 胡方恕：《历史、历史学与元史学》，《辽宁教育学院学报（社会科学版）》1989年第3期；另外，在胡方恕、林校生合著的《历史学论纲》第13—14页（辽宁民族出版社）中也有相关内容。

13 页，占全书比例为 13/277 = 4.69%；历史学的结构，主要论述中国史书的传统分类、史学的主要分支学科、史学知识的梯级结构等问题，共 15 页，占全书比例为 15/277 = 5.42%；历史学的功能，主要论述历史学的"建构—解释—启示"功能模式和历史学的神学—宗教功能、政学—资治功能、人学—教育功能等问题，共 11 页，占全书比例为 11/277 = 3.97%。

第三，历史学发生论（第五章），即历史学与其他学科的关系，主要论述历史学与文学、社会科学、自然科学、哲学等学科的关系问题，共 15 页，占全书比例为 15/277 = 5.42%。

第四，历史学认识论（第六章至第八章），主要包括：史学认识活动的基本特征，主要论述史学客体的二阶性、史学主体的多级性、史学实践的双向性等问题，共 10 页，占全书比例为 10/277 = 3.61%；史学认识真理性的检验，主要论述史学认识真理性检验的性质和标准等问题，共 10 页，占全书比例为 10/277 = 3.61%；史学认识的逻辑推理，主要论述史学演绎和归纳的逻辑推理的方式和方法问题，共 23 页，占全书比例为 23/277 = 8.30%。

第五，历史学方法论（第九章至第十一章），主要包括：历史研究的传统方法，主要论述史料的搜集、史书的鉴别、史实的考辨、史书的编写等方法问题，共 61 页，占全书比例为 61/277 = 22.02%；马克思主义史学的思想方法，主要论述历史的唯物解释法、历史的辩证考察法、历史的阶级分析法，共 45 页，占全书比例为 45/277 = 16.25%；当代史学方法的新趋势，主要论述历史跨学科研究法、历史比较研究法、历史数理研究法等问题，共 42 页，占全书比例为 42/277 = 15.16%。

第六，建设具有中国特色的历史科学（第十二章），主要从坚持马克思主义唯物史观的理论指导、发扬中国史学的优良传统、借鉴各国史学研究新方法、加强历史科学工作者的队伍建设进行了论述，共 14 页，占全书比例为 14/277 = 5.05%。

正如胡方恕自己所言，该书题名《历史学论纲》是源于他们能力有限，只做了一些纲要性论述，该书所体现的史学学体系确实还存在一些问题，尤其是历史学发生论部分过于单薄。尽管如此，我们对于其探索尝试的初衷和所做努力的辛劳，还是要给予肯定的。史学学模式出现于 20 世纪 80 年代后期，一方面是研究者借鉴科学学的发展趋势对史学理论学科建设的反思结果；另一方面，也是研究者试图克服相对散乱的史学概论表述及其构建理论的一种努力成果。历史地看，这种探索还只是初始的，具有理论上的不成熟性，创新上的不充分性，以及与既有同类著作在区分上的不鲜明性等特点。

六　余论

我们将 20 世纪 80 年代我国史学概论体系建构，总览其时公开出版或内部出版但实际使用为大学历史系教材的 11 本史学概论著作，以文本为载体，从自身逻辑体系出发，相应地将它们予以理论概念归纳，依次为：综合模式、理论与方法模式、认识论模式、史学理论模式和史学学模式，由此建立一个学术坐标，对它们的理论探索予以定量分析，明确其理论特色和学术特点，由此进行差异性比较。它们的差异本文已逐部分予以剖析，一孔之见，见仁见智，这里不再重复。但在文末还要特别指出的是，学术史的永恒规律是：差异即个性，个性即特色，特色即学术生命力。在改革开放新时期史学发展的头十年，首先出现史学概论繁荣的亮点和热点，它不是以著作或相关论文之多而取胜的，而是以差异化、个性化、学术特色化竞相纷呈为创造力的，这"三化"不仅影响此后 25 年来中国史学概论乃至于史学理论发展的脉络，而且拨动着改革开放中国新时期史学的理论神经，期间一系列史学反思或理论讨论都在他们中间可以找到智慧的种子。在这个意义上说，改革开放新时期史学再出发，正是从史学概论体系建构探索中起步的。从史学史的角度看，这无疑是具有极其重要的学术意义的事情，因而是值得研究者予以"同情和理解"式的理论观照的。

历史学需要哲学思辨
——兼评佘树声著《历史哲学》的学术价值

马克思主义创始人把辩证唯物主义哲学引入历史学，从而以人类最高尚的理性之光照亮了这座古老的学术殿堂，把作为神学的、宗教的、统治阶级的婢女的历史学解救了出来。只有当哲学进入历史学，史学才具有最严密、最完整的学科形式，从而为人类由必然王国进入到自由王国提供了巨大的精神鼓舞。马克思主义创始人的伟大实践表明，历史学时刻都需要哲学的思辨。只有当历史哲学成为人们自觉的理论思维时，历史学才不再成为中世纪皇权与神权御用的工具。改革开放以来，在中国史学界出现了历史哲学研究较活跃的势头，表明了中国史学的这种自觉精神。因此，佘树声研究员的新著《历史哲学——关于过去、现在及未来的思考》[①] 的出版，便是一件有意义的事。本文将通过建立历史哲学坐标系，寻找佘著在坐标系上所处的位置，从而判定其学术价值及其学术意义。

一 黑格尔《历史哲学》关于中国历史的思辨

作为高层次历史学的"历史哲学"在近代的产生，是伴随着18世纪资产阶级启蒙运动的伟大成果而出现的。在这段历史时期，欧洲各国的先进思想家揭橥理性主义，宣传自然科学成果，反对中世纪神学的虚妄愚昧，批判封建专制主义，宣扬理性主义和自由、民主思想，要求建

---

① 该书由陕西人民出版社1988年4月出版。

立资本主义这样一种新的社会秩序。这一时期的历史学家，冲破了宗教神学的束缚与羁绊，他们认为，历史研究的范围包罗了人类在社会实践中所积累的一切经验教训，否认神的旨意是历史发展的终极力量，重视经济因素和文化因素在历史活动中的重要作用，从而倡导用科学的观念来解释历史；他们高扬"唯理主义"精神，敢于否定习以为常的成说，提出新鲜正确的看法，主张用批判的眼光审视一切历史，在以"理性"衡量一切的标准下，把历史发展的来龙去脉归结为普遍的因果联系；他们否定中世纪的社会秩序，从他们所代表的新兴的资产阶级利益的立场出发，用资产阶级世界观来解释历史，阐明历史是继续向前的，鼓吹人类有一个光辉灿烂的前景，这实质上是要求实现政治上的变革。正是在这种前提下，"基督教世界把它的内在本质，寄托在那些文明与自由的国家里，才能是时机成熟，不仅可以有一部以哲学为根据的历史，并且可以有'历史哲学'的出现"[①]。于是，正如俄国诗人普希金高度评价法国历史学家伏尔泰时所说的："第一个走上了新道路，他把哲学的明灯带进了幽暗的历史档案库。"伏尔泰强调用"理性主义"精神研究历史，主张尊重科学，从而理智地检讨过去，衡量前人的功过得失，总结经验教训，以资治世，他强调用批判的眼光分析历史，而不是歌功颂德，仅仅把历史作为一种见证，使后人知所鉴戒。因此，他反对简单地列举事实，简单地铺叙历史的经过，而主张撰写"有哲学意味的历史"[②]。正是这样，伏尔泰率先在人类思想史上开创了"历史哲学"，从而成为第一个历史哲学家。[③] 不过，在伏尔泰那里，"历史哲学"作为一个思想界定，并没有以后及今天这样宽泛与复杂。他的意思不过是指批判的或科学的历史，是历史学家用以决定自己想法的一种历史思维的类型，而不是自己在古书中找到的故事。在今天的学者看来，这种"批判的历史"只属于"历史哲学"这样一种史学形式的较低层次。这

---

① 参见［德］黑格尔《历史哲学》，干斯博士为原书第一版所作的序，王造时、谢诒征译，上海商务印书馆1936年版，第1页。
② 参见郭圣铭《西方史学史概要》，上海人民出版社1983年版，第122页。
③ 对此，史学界尚有分歧。郭圣铭在《西方史学史概要》及《历史科学概论》中认为：西方第一个试图论证关于社会发展规律的历史哲学家是意大利人维科。李大钊在《鲍丹的历史思想》一文中，认为始倡历史哲学研究者是法国历史学家鲍丹，而英国历史学家柯林武德在其所著《历史的观念》一书中，则主张第一个历史哲学家是伏尔泰。

样说，并不为过。19世纪中期，著名历史哲学家黑格尔在其所著《历史哲学》中，把人类历史学的编著形式进行了分类，依思维层次由低级到高级状态的过程，顺次定为："原始的历史""反省的历史""哲学的历史"。依黑格尔所划定的标准，伏尔泰所创发的历史哲学，只相当于所谓"反省的历史"中第三类形式："批判的历史"——"它是对于各种历史著述之一种批判和对于他们的真理与确实性之一种调查。它在事实基础上旨趣上的特质在于著史者的锐利的眼光，能从史料的字里行间寻出一些东西来。"他关于"法兰西人在这类历史著作中，曾经贡献了许多深湛的与精辟的东西"的评论①，大抵可以冠在伏尔泰的头上。尽管如此，伏尔泰毕竟发明了这样一种史学致思模式，全球历史哲学研究的勃兴与繁荣，正是受惠于伏尔泰在这一领域开了先河，从而使史学研究在逻辑思维上步入了最高形式。这种创造之功，是不容低估的。

由此看来，黑格尔似乎自视甚高，但却也不尽是实情。以黑氏《历史哲学》而论，确有创见与独到的东西。说黑格尔继承和发扬了始创于18世纪的这种史学思维形式，犹不为过。黑格尔通过他的《历史哲学》，扩大了史学思辨的范围。在黑格尔以前或大抵同时代的历史学家，或者维科，或者赫德尔，或者密芝勒，或者基佐②，等等，都只是从某一民族历史发展，某一国家历史发展，甚或是它们的某一发展阶段，或者就某一历史发展的方面来从哲学的角度予以理论型的思考，阐发其历史哲学观点。而黑氏则以整个人类历史发展为考察对象，施以世界历史的眼光，这样恢宏的气势与广阔的历史胸怀，确是历史哲学领域的破天荒。如果说，伏尔泰已经有"以世界为整体的历史观"的研究尝试，并试图"把世界上所具有巨大文化中心的事件联系起来进行考察"③，那么，正是黑格尔，把这种粗具眼光的研究系统化、具体化了，成为近代史学史上第一个真正具有世界眼光与世界整体观念的历史哲学家。黑格尔通过他的《历史哲学》，构建了一个充满思辨的"世界历史"体系，即他所谓的"世界历史的理性世界"。他构筑了一个严密的

---

① 参见［德］黑格尔《历史哲学》，干斯博士为原书第一版所作的序，王造时、谢诒征译，上海商务印书馆1936年版，第1页。
② 他们的卒年虽晚于黑格尔，但其主要历史哲学著作却略早于黑格尔的《历史哲学》。
③ 参见孙秉莹《欧洲近代史学史》，湖南人民出版社1984年版，第99页。

历史唯心主义史学体系，把人类历史的全部现实统统归入他所臆造出的"精神世界"中，从而通过唯心主义辩证法，抽象地描绘了世界上各个地区的"民族性格"。在黑格尔以前或大抵与他同时代的历史哲学家，虽或在一些具体的历史哲学问题的研究上大有贡献，但是，他们还不曾用成体系的历史哲学理论去构筑一套历史哲学逻辑。此外，黑格尔以前的历史哲学以及他所处时代的历史哲学，还存在有如干斯博士所指出的若干缺陷："在晚近百年间出现的关于历史哲学之作品……常常只是历史哲学之单纯的象征，而非其确实的结构。……意大利人与法兰西人所作的历史哲学显然都与一个普遍的思想系统很少联系，殊不能构成为它的有机的分子；而他们的见解，虽然常常是正确与动人的，并不能显现他们自己的内在的必要性。这类贡献的功绩在许多地方虽是不容否认的，但犹未登这门学术之大堂。"① 此论虽是为了给黑氏溢美，但罗列黑氏以前历史哲学的种种缺漏，倒也是实情。黑格尔历史哲学可以称得上是继伏尔泰以后历史哲学发展道路上的一块璀璨之碑，它的出现，标志着资产阶级历史哲学的思维已进入成熟阶段。因此，他的历史辩证法、世界历史眼光和把人类历史作为一个整体来对待的整体性历史观，以及对人类历史发展之精神领域的探讨，成为马克思主义历史哲学所吸收的合理内核与源头活水。中国历史学者对黑氏历史哲学的重视一方面在于此，另一方面却在于彼——黑格尔是在历史哲学发展道路上把中国的历史发展纳入其历史哲学体系中的第一人。也就是说，人类历史上第一次有黑格尔对中国历史的发展做哲学的思辨，并把这种思辨作为其历史哲学的组成部分之一纳入其所设计、所构想的"精神世界"中了。

黑格尔是在演绎出世界历史发展的"精神世界"体系后，以地理环境决定论的历史观与欧洲中心主义的文化观为依据对中国历史发展进行哲学思辨的。

黑格尔把世界范围内的自然条件作为构成其"精神世界"面貌的决定力量。他"开宗明义"地说道：助成民族精神之产生的那种自然的联系，亦即地理的基础……我们不得不把它看作"精神"所从而表

---

① 参见［德］黑格尔《历史哲学》，干斯博士为原书第一版所作的序，王造时、谢诒征译，上海商务印书馆1936年版，第4—5页。

演的场地，它也就是一种主要的而且必要的基础……精神赋形于这种自然形式之内，容许它的各种特殊形态采取分别的生存。①（以下未注释的引文均出自于黑格尔《历史哲学》）既然如此，不同的自然地理条件便相应地决定了民族的"性格"。在他看来，"在极热与极寒的地带上，人类不能作自由的运动；这些地方的酷热与严寒使'精神'不能为它自己建筑一个世界来"；在非洲，"自有历史以还，阿非利加本部，对于世界各部始终没有任何联系，始终是在闭关之中，它是拘束于自身之内的黄金地——幼年时代的地方，尚笼罩在夜的黑幕里，看不到自己意识的（自觉的）历史之光明"。这样，便注定了"黑人表现着完全野蛮与不驯服的状态里的自然人"和"不属于世界历史的部分"的命运；在亚洲，尽管"精神之光明"是从这里升起的，但由于自然地理与欧洲隔绝，因此，这种历史发展地处"世界历史"运动之外，"这些民族未曾依照一种真正历史的方式而发展为一种强有力的冲动所左右着，驱使他们把形容改变得像民族国家"，因而"他们未尝具有一种历史的性格"；在美洲，由于欧洲的殖民，"随身带来了欧洲的独立精神"，因此，美洲的历史发展，便算得上是欧洲历史的"一种余波"。尤其是北美，又由于它拥有山地、河流与海滨三位一体，况且"这海岸地带"为美利坚合众国带来了"最美满的利益"，因此，北美的共和政体，就成为"永久的楷模"。既然在极热与极寒地带没有精神世界可言；既然非洲是"非历史的、未开发的精神"，"只能算作踏在世界历史之门限上面"；既然亚洲是隔离在欧洲的历史之外，主要地体现着"终古无变的政制精神"；既然美洲得力于欧洲的"开发"，才有一线精神的光明，那么，他所谓的世界精神的"心脏"和"终极"在哪里呢？在欧洲。他和盘托出道："'世界历史'之舞台；我们必须注意的，是旧世界（指新大陆发现前之世界——引者注）之各种自然因素与自然环境。……地中海是地球上四分之三面积之结合的因素，也是世界历史之中心，这儿位于希腊历史上之光明的焦点。……是故地中海为旧世界之心脏，因为它是旧世界成立的条件，和赋予旧世界以生命的东西。没有地

---

① 参见［德］黑格尔《历史哲学》，王造时、谢诒征译，上海商务印书馆1936年版，第164页。

中海，'世界历史'便无从想起。"这样，他便可以描述"世界历史"发展的路线了："世界历史的旅程系自'东'往'西'，欧洲绝对地是历史的终点，亚洲是起点。"于是，他便断言欧洲是世界精神的终极，是理性的终极。既然如此，世界上其他各地的民族历史都是附庸于欧洲历史发展的。以超历史的自然地理环境为历史的决定力量，加以人为的附会，便奠定了他的"欧洲中心主义"文化观的逻辑图式。这不过是为迎合处在殖民主义时期的资本主义需要而编造的一种海盗理论而已！既然先进的欧洲是"世界精神的中心"，是终极的理性力量，而"静止"的亚洲，"野蛮"的非洲，不就需要欧洲这种"理性"力量去"开发"吗？就黑氏历史哲学的现实性价值而言，它是为资本主义海盗精神服务的。

囿于上述历史观与文化观，黑格尔对中国历史所作的历史思辨就表述为以下几点。

第一，只有当先进的欧洲介入中国历史发展时，中国历史发展才能被纳入"世界精神"的范畴。在他看来，中国社会发展停滞的根源在于："它的客观的存在与它内部的运动上的客观自由仍缺少一种对比，遂无从发生任何变化，而一种终古如此的固定性，已代有了一种真正的历史。"既然如此，依靠什么来打破这种"固定性"呢？他认为：中国的历史"犹在世界历史的局外，而只是预期着，等待着若干元素的结合，然后可得活泼生动的进步"，其力量来源是处于文化中心的欧洲理性精神。在他看来，似乎没有先进的欧洲向落后的亚洲进行殖民的"恩惠"，"停滞"的东方便要永远落后下去。令人寻味的是，其《历史哲学》出版后的三年，即爆发了中英鸦片战争。

第二，他把中国封建社会长期存在的根本原因，归结为部分上层建筑与人的精神的矛盾。他认为：在中国，"我们无从发现'主观性'的成分，主观性者，即个人意志的自己反省与'客观性'（包含着主观性的那种权力）成为对峙者；亦即明白认识那种权力为与它自己的主要存在为一体，知道他自己在那权力里面是自由的。那普遍的意志径从个人的行动中表现它的行动：个人全然没有认识它自己与那个客观的、绝对的存在是相对峙，个人犹未把'客观性'看做一种与它自己站于相对地位的权力"。他认为由于中国人没有主体意识，没有个人人格的高扬，所以消极地把自己融入皇权之中——使"'客观'精神与个人""混合一体"，这样便形成了"那终古无变的政制的'精神'"。在他看来，中国封建社会的主要矛盾则是主体性与"普遍的意志"（即皇权）的矛盾，似乎中国"知道他自己在那权力里面是自由的"，才能打破这种社会存在。这样，他就把部分上层建筑作为了决定社会整体的力量了。

第三，他囿于欧洲中心主义的偏见，极力描绘中国人的卑微与丑陋。他认为："唯其自暴自弃，造成了中国人极大的不道德。他们以撒谎见著，他们随时随地都能撒谎。朋友欺诈朋友，假使欺诈未能达到目的，或者为对方所知时，双方皆恬不以为怪，恬不以为耻。"这不是历史事实。中国传统的教化是"仁、义、礼、智、信、忠、孝、廉、耻"，因此，才在世界上赢得了"礼仪之邦"的美称。在他看来，中华民族的语言文字也阻碍了科学的发展，因而是落后的。在他看来，"人民对于自己，则自视为最卑贱，自信生来专给皇帝拉车的"。这就更无视中华民族文化对人类的伟大贡献以及那种被称为"民族脊梁"的伟大精神了。不仅如此，他还极武断地给中国人的民族性格做了总括："它的显著的特色，即凡属于'精神'的一切，——在实际上与理论上，绝无束缚的道德，名副其实的'心'，内在的'宗教'，'科学'与'艺术'——一概非他所有。"正是在黑格尔的"历史哲学"的图式中[①]，他推进了西方资产阶级的东方学，使之有了历史观、文化观上成系统的理论依据，因此，又为此后的资产阶级东方学的发展奠定了基础。正是由于黑格尔对西方资产阶级东方学的理论贡献，便使偏见与谬误距离真理与真实更远：在此后的西方资产阶级东方学家的笔下，东方——中国，成了人类历史发展中黑暗的魔窟，是一个没有理性之光照耀，永远停滞，为专制主义所笼罩的国度，是落后与野蛮的同义语。

---

① 在黑格尔历史哲学的逻辑图式中，当然包含着对中国历史思辨之合理部分，如认为中国封建社会的结构体制是家庭模板的放大，等等。限于本文的角度，对此姑置不论。

二　对近代西方历史哲学予以回应是一个时代性课题

西方资产阶级历史学家与汉学家以对中国历史发展所作的歪曲性、诬蔑性的"哲学思辨"向中国史学界发出了呼叫，对此，中国史学家理当回应。但是，中国近代资产阶级文化如同他在政治上软弱无为一样，辜负了历史交给他们予以回应的责任。只是进入 20 世纪 30 年代后，才有中国的马克思主义历史学家联合其他方面的进步史学家重新担负起这一历史课题。但是，由于历史的局限，他们的这种回应只是在某一专题、某一方面中得到体现的，尚未形成历史哲学的体系性回应。而佘著的出版，则填补了这一历史性空白。佘著以全然不同于西方历史哲学家的主观唯心主义、客观唯心主义之形而上学的历史哲学体系，从马克思主义的历史唯物主义及其唯物辩证法的立场、观点、方法出发，以世界历史发展的整体性为哲学思辨对象，勾画出东方气魄的马克思主义历史哲学体系。以这样一种科学的历史哲学体系为依托，佘著对西方资产阶级历史哲学对中国历史发展所作的歪曲性、诬蔑性的思辨，进行了痛快淋漓的批驳，既有理论深度，也有石破天惊之力。针对西方资产阶级历史哲学及其东方学的理论基础——地理环境决定论，佘著以马克思主义的历史唯物主义为依据，对它进行了批判："马克思对地理环境决定论的历史唯物主义的改造，恰恰宣告了近代资产阶级东方学地理环境单结构决定论基础上建立起的特殊东方社会的破产。"针对西方资产阶级历史哲学所谓的东方社会永远停滞论以及依靠外力打破论，佘著不仅予以断然批驳，并且指出他们在理论上的反动本质，认为其"全部结构"都打上了"海盗印记"。佘著进而指出了中国社会陷于"真正停滞"的原因：由于世界各民族的历史发展自有其特定模式，由落后向先进发展，先进和落后并非一成不变的，因此，如果没有西方殖民主义的入侵，中国也会在其固有的模式中达到所谓"先进的欧洲"的状态，不会永久停滞，正是"在西方资本主义残酷地统治和掠夺下的东方社会，陷入了新的殖民地半殖民地停滞的灾难深渊"！总之，佘著以与西方资产阶级历史哲学相对峙的独立体系，全面批驳了西方资产阶级历史学家对中国历史发展所做的歪曲性、诬蔑性的历史哲学思辨，从而真正实现了这种"回应"。总之，佘著的出版，使我们高兴地看到：持续了一百多年没有中国历史哲学家参加的世界性历史哲学讨论的局面，终于被打破了。因此，笔者觉得，佘著对于整个历史哲学界来说，是有重要意义的。以佘著为标志，当中国出现了独立体系的历史哲学，便走向了世界，这是值得高兴的。笔者认为，有了佘著的开拓之路，以后我国将会产生更多的历史哲学著作贡献给世界历史哲学界。我们不应该不屑于做"呼叫—回应"的工作，既然通过与外界的学术对话可以壮大、发展自己，何乐而不为呢？

如前所述，近代历史哲学这样一种史学思维模式的产生，是人类历史发展到资本主义时代的产物。在欧洲出现完整的、成熟的资产阶级历史哲学，正是以发达的资本主义文明为养料的。而中国近代历史哲学的发展则不然。虽然在晚清经世实学中，也曾有过近代意义上的历史哲学的萌芽，但是，它终究伴随着资本主义在中国的缓慢发展而步入了近代社会的坎坷之路。自1840年英国殖民主义以坚船利炮为开路先锋，轰开了中国封建社会的壁垒，西方资本主义列强从此便以军事与经济并举的方式，一步一步地把中国历史发展逼进了半殖民地半封建社会的轨道。这样，中国社会内部固有的进入资本主义文明的模式被摧毁了，因此，中国近代便没有产生强大有力的资产阶级，因而也便没有产生独立形态、完整意义上的资本主义。资本主义文化的形成，是以资本主义的蓬勃发展为沃壤的。由于近代中国资本主义发展的艰难性，因此，也便没有能力产生完全形态的中国资本主义文化。作为资本主义文化一部分的资产阶级史学也是如此。不幸的是，由于中国近代半殖民地的特殊性，萌芽于晚清经世实学中的中国自己的近代历史哲学便被扼杀在摇篮中了。幸运的是，唯其中国近代具有半殖民地半封建社会的特殊性，灾难重重，出于救亡、变革、启蒙的需要，资产阶级中的先进知识分子便向西方学习，引进了大量的西方哲学社会科学，这其中自然包括西方历史哲学思想。这就形成了这样一种格局：一方面，中国近代没有产生于本民族文化土壤之中、独立发展、呈完整形态的资产阶级的历史哲学；另一方面，近代中国也不是没有资产阶级的历史哲学。这样，中国近代的资产阶级历史哲学就具备了近代中国史学发展的性质——"移植的"

和"不发达的",以及特点——"不成熟性"和"不充分性"。虽然如此,并不能否定中国近代资产阶级历史学家为建设中国近代的历史哲学所做的富有成绩的工作,特别是像康有为、梁启超——他们对于建设中国近代历史哲学是积极的、勤奋的,所取得的成绩也代表了中国近代历史哲学的最高水平。由于近代中国资产阶级没有建立起历史哲学的大厦,便把这一艰巨的民族文化工作让渡给了中国无产阶级的史学工作者,这是一种历史的必然。

三 佘著走在李大钊开辟的中国马克思主义历史哲学道路上

五四时期,先进的中国知识分子李大钊面对蜂拥而至的西方史学思潮,经过认真研究、细心辨鉴,热情地肯定了马克思主义历史哲学,"自有马氏的唯物史观,才把历史学提到与自然科学同等的地位。此等功绩,实为史学界开一新纪元。自时厥后,历史的学问日益隆盛"[①]。从而选择了马克思主义历史哲学。李大钊的这种选择,是独具慧眼的。因为即便是在人类思维发展取得了长足进步的当代,马克思主义历史哲学也为现代资产阶级历史哲学家所极力推崇。如法国历史学家雷蒙·阿隆认为,马克思主义历史哲学"是唯一的历史哲学……今天,它对西方文明已发挥着广泛而深刻的影响"[②];英国历史学家杰弗里·巴勒克拉夫也认为:今天仍保留着生命力和内在潜力的"历史哲学",当然是马克思主义。[③] 可以说,李大钊的这种选择,对于中国历史研究而言,具有划时代的变革意义。

李大钊对中国现代历史哲学的重要贡献,不只在于把马克思主义历史哲学介绍给中国史学界,更在于他从马克思主义历史哲学出发,试图创立马克思主义历史哲学的中国流派,因而他在唯物史观的指导下,做

---

① 参见《李大钊文集》下卷,人民出版社1984年版。
② 参见田汝康、金重远选编《现代西方史学流派文选》,上海人民出版社1982年版,第109页。
③ 参见[英]杰弗里·巴勒克拉夫《当代史学主要趋势》,杨豫译,上海译文出版社1987年版,第261页。

了大量的建构历史哲学体系的工作。他在批判了封建时代的神学史观、宗教史观以及辩证地批判了西方资产阶级的历史哲学体系后，对什么是历史、什么是历史学、什么是历史学的研究对象与根本方法、什么是史学研究的目的与根本任务、什么是历史哲学及其性质、历史学怎样上升为历史科学等问题，都站在马克思主义历史哲学的高度予以解答，提出了独创的见解。由于李大钊的过早牺牲，他没有能够建立起完备的历史哲学体系。虽然如此，他却为我们留下了如《由经济上解释中国近代思想变动的原因》《史观》《马克思的历史哲学与理恺尔特的历史哲学》《唯物史观在现代史学上的价值》《史学与哲学》《研究历史的任务》《史学要论》等充满历史哲学思想的大量论著。透过这些论著，我们便可以大致了解他为建立历史哲学体系的思维路向，使我们得以把建立中国流派的马克思主义历史哲学体系的工作继续推向前进。

在新民主主义革命中，虽然中国共产党号召马克思主义史学家们注重对历史哲学的研究，以便拿出中国样式的马克思主义历史哲学体系来。如毛泽东号召：认真地研究中国的历史，研究中国的经济、政治、军事和文化，对每一问题要根据详细的材料加以具体的分析，然后引出理论性的结论来。① 但是，由于中国革命的艰巨性、复杂性以及社会现实的紧迫性，不可能使史学家的精力集中到历史哲学的研究上来，而主要把精力花在如下两个方面：一是批判反动史学家对中国革命的责难和破坏，揭露反动的史学观点对革命的危害性，并对一些具有重大现实性的历史问题，从马克思主义立场和观点出发予以回答；二是从事对马克思主义的唯物史观的宣传、普及工作，如1938年出版的翦伯赞所著《历史哲学教程》一书，就是证明。此书一方面以大量的篇幅宣传了历史唯物主义的基本原理；另一方面集中地批判了陶希圣、李季、胡适和日本的佐野袈裟美等人的历史观，阐明了中国的半殖民地半封建的社会性质及进行新的民族民主革命的必要性。② 在战争年代复杂的社会环境里，革命者不可能进行专门性、成体系、深层次的历史哲学研究。新中国成立以后，我们首先要做的工作是花大力气确立马克思主义历史哲学

---

① 参见《毛泽东选集》第3卷，人民出版社1991年版，第814—815页。
② 参见《翦伯赞历史论文选集》，人民出版社1980年版，第493页。

在中国史学界的指导地位：一方面是下功夫做马克思主义历史哲学的普及、宣传工作；另一方面是对中国的旧史及其旧史观进行清算，确立科学的历史研究方法。其次是以郭沫若、范文澜、翦伯赞、吕振羽等为代表的一批马克思主义史学家，开始运用他们所学到的马克思主义的史学理论与方法对中国历史进行专题研究，如中国古史分期问题、中国农民战争问题、历史人物评价问题、中国资本主义萌芽问题和社会形态研究，都卓有成就，以他们的示范作用开创了中国史学界进行以马克思主义历史哲学为指导的历史研究学风，成果显著。但是，在他们还没有来得及开始进行中国流派的马克思主义历史哲学体系研究的时候，就开始受到了出现于20世纪50年代末而横行肆虐于六七十年代的极左路线的干扰、破坏。在"文化大革命"中，在林彪、"四人帮"的"帮史学"的把持下，史学成为极左政治的婢女，谁坚持马克思主义历史哲学，谁就要被围剿，从事马克思主义历史哲学的研究，要付出生命的代价。在林彪、"四人帮"的"文化专制主义"统治下，马克思主义历史哲学的研究成了重灾区和文化禁区。

中国共产党十一届三中全会以后，重新坚持"双百"方针，重新确立了"解放思想、实事求是、大胆探索"的学风，史学研究复苏了，并获得了较大发展。正是在这种良好的学术氛围下，马克思主义历史哲学的研究，又从天界回到了人间。另外，对史学研究进行拨乱反正、理论反思的需要和加强史学学科建设，都要求史学工作者开展马克思主义历史哲学的研究；对外开放，使史学界了解外国学者在历史哲学领域所取得的成就，以及所达到新的发展阶段，激发了史学工作者从事历史哲学研究的空前热情。正因为如此，历史哲学研究成为20世纪80年代中国史学界一股较强较热的学术势头。在这十年中，史学界对诸如史学认识论、史学主体与客体关系、历史主体与客体关系、历史的创造问题、历史发展动力问题、社会发展形态问题、历史规律问题、史学思维模式问题等属于历史哲学所要回答的问题，都进行了热烈讨论，并取得了为国内外学者所公认的开创性成果。但引为憾缺的是，还没有一部成体系的、以马克思主义历史哲学为指导的、大致能够反映这十年中国历史哲学研究水平并具有代表性的专著。而佘著的问世，无疑填补了这一空白。反过来说，佘著是20世纪80年代史学界形成研究马克思主义历史哲学热所氤氲化生的产物，因而，又可将佘著视为那十年中国的马克思主义历史哲学研究的代表性成果。由此，要特别指出的是，如果没有中共十一届三中全会以来的路线、方针、政策为史学研究开创了一个既严格要求、又宽松和谐的学术环境，没有出现这样一部有开拓性成果的历史哲学著作，史学研究还是不可思议的。同时，如前所述，佘著还是中国近现代以来第一部堪称有严密的逻辑体系、有严谨的实证研究的历史哲学著作，因此，又可把佘著视为中国近现代历史哲学发展的收获。佘著的出现，标志着由康有为、梁启超开始探索的，由李大钊奠定了坚实科学基础的中国历史哲学的发展登上了新台阶，也表明现代中国史学之进行历史哲学思辨基本成熟。这个事实可被视为，佘著在近现代中国历史哲学发展史上所占有的突出地位。

综上所述，如果允许作一个不甚恰当的类比，笔者要严肃地指出：如果将李大钊对中国历史哲学发展所做的贡献类比于伏尔泰之于人类历史哲学发展所做的贡献，那么，佘著的学术意义无疑可与黑格尔《历史哲学》相媲美，并引为人类东西方学术史上的双璧。

四　佘著的逻辑结构

佘著《历史哲学》分三编，共十五章，洋洋洒洒28万字，囊括了作者所经历的七个酷暑严冬，凝注着作者对史学的挚爱与追求，每一篇章，都浸润着作者所付出的艰苦劳动。

此书以马克思主义历史哲学为指导，系统地阐发了对人类历史发展特别是中国历史发展的哲学思考。在第一编中，佘著概括了整个人类历史发展的系统过程，模拟了历史行进的总体构造。这一编是对历史发展所作的规律性阐释。在简要地回顾了西方史学家关于历史发展规律的认识后，佘著以马克思主义唯物史观为指导，在纵向上探索了历史发展在序列上的常规性道路、变异性道路，以及这两种历史发展道路的对立统一关系；在横向上考察了历史发展的一元多样的成因与多元多样的统一性，勾勒了人类历史发展的几种文化模式运动。在第二编中，佘著站在理论的高度，剖析了人类历史在空间上所呈现的东西方两种模式，即对历史发展的途径进行了认识，并对关于历史途径的若干理论性看法予以辨析。在肯定了历史发展在五种生产方式基础上的逻辑一致性后，佘著便对东西方两种不同历史发展道路的形成，西方资产阶级历史学家关于东西方历史发展认识的困境予以了充分揭示，并站在马克思主义历史哲学的高度，给予了严肃的回答。作者在这一编中，力图运用文化模式理论对人类历史发展在空间上的两种主要路途进行具体认识。在第三编中，佘著以饱满的热情，对中国历史发展的过去：其嬗变的规律性、东方特色的历史道路及其选择机制，以及这种东方模式的存在基础——政治结构、经济结构、文化结构进行了演绎；而对历史发展经由今天走向未来的轨迹做了明确的、辩证的概括，——中国社会主义的胜利是历史发展常规性与变异性的统一，其国家体制是建立在东方历史发展特殊道路基础上的，以社会主义政权形态占主导地位的一国两制，因此，中国历史发展的自然逻辑便规范了这种特殊体制的前景及其在社会主义体制下向多样化方向发展的趋向。在这一编中，佘著力图阐释中国历史发展的由来，揭示中国历史发展的现实状态，由此勾画其走向未来的轨迹。在佘著的这个逻辑结构中，读者可以发现，佘著除了对马克思主义历史哲学理论运用得娴熟外，还可以品味到诸多精彩的发挥。就本书的逻辑体系来说，设计上匠心独运，大方而精巧。因此，这一设计是比较成功的。

通览全书，佘著除了运用唯物辩证法、阶级分析法、历史主义分析法与系统分析、层次分析方法外，造成该书作者运笔层层勾连、逻辑严整的颇具特色的主要逻辑方法是：模型解析法，即把所研究的对象作为一个模型来看待，一方面是从总体上对事物的认识由大宏观到亚宏观，再到具体的宏观；另一方面是在认识的层次上，由事物的外观进入内层空间，再到核心层次上。依此逻辑思维，佘著由对整个人类历史发展进行规律性的认识，深化到对东西方两种历史道路的具体认识，进而切入对中国历史发展道路的深入解析。这种认识方法，有利于层层缩小论题，集中回答问题，有利于掌握认识对象的整体性、系统性和层次性。佘著主要依靠这种认识方法建立了整个逻辑结构。运用正确的研究方法，确立适当的逻辑结构，正是马克思主义历史哲学研究的开拓者们所大力倡导的。该书在方法上的这种大胆探索，有积极的学术意义，也是值得肯定的。

五　佘著的史家精神

"一代风骚多寄托，十分沉实见精神。"正是由于佘著把握了科学的逻辑方法，所以该书才得以充分洋溢史家的主体意识，这主要体现在以下几个方面。

一是开拓意识，即发掘前人所不曾研究的课题。佘著在充分肯定马克思主义关于历史发展的常规道路——五种社会形态依次交替的同时，还揭示了历史的变异性道路：并生性变异形式、停滞性变异形式、超越性变异形式、逆序性变异形式和循环性变异形式。这样就发现了关于历史发展道路研究的新问题。佘著指出："在马克思主义的理论武库中，对历史的变异性形式研究的不足的弱点也日益暴露了出来，只有将历史发展的常规性形式和历史发展的变异性形式这两个对立的方面结合起来，才能使马克思主义的关于历史发展规律的科学体系，建立在更加牢固的科学的基础上来。才能使它的科学性和实践性的最佳优势最大限度地显示出来。"① "把历史的变异性形式纳入到历史发展的总体体系中来，并深刻地研究它在历史发展总行程中的作用和机制，对于开阔我们的视野，推进历史学的发展，将有着不容忽视的重要意义。"② 佘著是把开拓性的研究作为一种自觉意识并视为己任的，因此，凡属他认为对马克思主义历史哲学的发展有着重大意义而又未为史学界所青睐的问题，均予以热切关注，专章述论。

二是创新意识，即对于历史哲学领域已有过热烈讨论的问题，佘著充分发挥史家主体精神，以严肃的态度提出自己不同的看法。关于亚细亚生产方式的讨论，在国际范围内的大讨论，20世纪就出现了三次之多。作者舍得花时间，乐意下功夫收集资料，分类综合，把梳辨析，举凡介绍了争论中的16家观点，很有学术参考价值。不仅如此，佘著还以认真

---

① 参见佘树声《历史哲学》，陕西人民出版社1988年版，第56、85页。
② 同上。

的态度提出了第17种看法。他认为:第一,"亚细亚"具有确定性和动态性。"依据马克思对五种社会形态存在的序列性的规定,亚细亚作为生产方式只能是指原始公有制社会形态,马克思在《〈政治经济学批判〉序言》中写得很明白,这是谁也无法更改的。但,如果离开了亚细亚作为完整意义上生产方式的意义,它又具有动态性和不确定性"。第二,"搞清'亚细亚'不等于搞清了东方的特殊性,因为'亚细亚'既超越了东方的特殊性,又小于东方的特殊性"①。佘著不仅提出了一家之说,还将自己的思维路向示诸人知,"a. 不要吊死在五种社会形态一棵树上","b. 不要从五种社会形态理论彻底游离出去","c. 到社会发展的常规性道路同变异性道路对立统一的广阔天地去"②。佘著在对类似有争议的问题中提出新见解的同时,往往亮出自己的认识途径,这样便加重了新见解的学术分量。因此,这种创新之见更有启发性。

三是历史的现实性意识。任何哲学的思辨,都是社会现实的产物,作为一种哲学方式的历史哲学,也是如此。固然历史哲学是用哲学思维反省历史,但终归要对历史的现实状态持一种态度:或批判的,或否定的,或肯定的,或颂扬的,或前瞻的。这就是说,历史哲学一方面要非常富于思辨的活力;另一方面要有强烈的现实性意识。这一点,在佘著中得到了充分反映。第一,表现为对极左错误的批判,对改革开放的肯定。佘著在阐述了生产力发展的序列性规律对历史发展道路之常规性与变异形式的决定作用这一原理后,指出:"我们将不难找到阻遏生产力发展的极左路线支配下的'贫穷的社会主义'模式错误的根源……而极大地增强投身于历史的变革洪流中来的勇气和信心。"③ 进而佘著昭示了全书的逻辑归宿点是发生于中国大地上的伟大的社会主义改革与现代化建设实践:沿着历史发展的常规性与变异性相统一的历史方向行进着的中国四化建设和体制改革,必将获得最后胜利,因为这一改革和发展是符合历史发展的客观规律的。④ 第二,对社会主义如何继承资本主义的历史遗产,佘著在历史逻辑上作了回答。在经济方面,佘著在阐述

---

① 参见佘树声《历史哲学》,陕西人民出版社1988年版,第224、225、85、100页。
② 同上。
③ 同上。
④ 同上。

了历史唯物主义的科学构架与信息反馈系统的原理后,提出:"社会主义社会的以公有制为基础的生产关系,当然和以往任何建立在私有制基础上的生产关系是完全对立的,但即使如此,资本主义生产关系的商品生产的外壳,资产阶级的法权,同样要以变化了的形式被有条件地保留了下来。当然这种有条件地保留,是从有利于社会主义生产关系的发展,而不是不利于社会主义生产关系出发的。"① 在文化方面,佘著在阐述了文化模式发展的多元多样性及其主体构成是文化模式的灵魂这一原理后,总结了资本主义文化模式在19世纪到20世纪初这段历史时期内发展、壮大的经验,然后指出:"如果说,在社会主义形态存在于世界之前,资本主义文化模式的引诱力曾经是无可抵御的话,那么对于今天已经建立起来的社会主义文化模式的社会来说,资本主义文化的无敌的时代已经过去了,因之已经没有必要去惧怕它了。恰恰相反,需要的倒是应该像资本主义的近代文化模式曾经广泛地吸收了低于它的社会形态的各种文明而建立起了资本主义文明一样,我们也必须将资本主义社会形态的一切文明精华,统统吸收到社会主义文化模式中来,作为社会主义文化模式建立和发展的最重要的养料和基础。"② 依此,佘著以激昂的民族自尊心和自信心预测:"人类文明的中心又正在逐渐地向东方转化的这一现实前景,这是因为社会主义的文化模式正在东方扎根,当它一旦饱醺(疑为'蘸'——引者注)了西方以及一切世界的文明的精髓之后,距它腾飞的日子就不是遥远的了。可以预期:未来的二十一世纪,将是以东方的社会主义文化模式为人类文明的中心的伟大时代的降临。"③ 探求社会历史发展的规律,正是为了垂鉴社会现实。佘著不像其他许多学术著作所标榜的"在于重视学术价值,对于涉及现实的问题从略"云云,并不把学术价值与现实性分割开来。因此,这种努力是极为可贵的。在佘著所表露的现实性意识中,体现出一种至阳至刚的社会责任感,这也是值得称道的。由此,笔者认为,如果史学界充分地引以为共识,不是为了逃避历史和社会的责任而追求所谓高精尖的"学术价值",那么,可以预见:走出史学研究的低谷,把马克思主义

---

① 参见佘树声《历史哲学》,陕西人民出版社1988年版,第224、225、85、100页。
② 同上书,第126、127页。
③ 同上。

历史学研究推向繁荣，必将为时不远。

总之，就佘著所张扬的史学意识与所表达的主要的史学见解而言，它的探索是有学术价值、有社会意义、有较为突出的成效的。以清代郑板桥的诗论之："删繁就简三秋树，领异标新二月花。"殊不为过。

六　佘著的学术史定位

作为这样一本有开拓性研究成果的历史哲学著作，在中国马克思主义历史哲学研究的学术史上，占有重要位置。具体表现如下。

第一，佘著是在改革开放的形势下、在史学理论研究较活跃的20世纪80年代产生的第一本马克思主义历史哲学专著。

中国共产党十一届三中全会以后，广大史学工作者为推进马克思主义历史哲学研究进行了卓有成效的工作。而佘著《历史哲学》，就是其代表性成果，填补了这一项学术空白。

第二，推而远之，佘著还是我国现代以来第一部既以马克思主义历史哲学为指导，又有独立研究；既有宏观考察，又有实证研究的有体系、逻辑严谨的历史哲学专著。

自从马克思主义传播到中国开始，中国的马克思主义传播者便开始进行艰辛的马克思主义历史哲学的研究与探索。这其中最有代表性的便是杰出的马克思主义史学家李大钊了。他对马克思主义历史哲学进行了极有成果的独立研究，只可惜他的过早牺牲，使他写一部马克思主义历史哲学研究专著的愿望没有能够实现。但他的这种开拓性的工作与热情，激励了后世进步的史学家。佘著正是对中国马克思主义史学开山者们所追求的事业的承续，因而对于在新的历史条件下开展马克思主义历史哲学研究，起到了带动作用。

第三，佘著还是我国第一部以较为严密的历史哲学体系为依托，批驳近代以来西方资产阶级历史哲学家及东方学家对中国历史发展做歪曲性、诬蔑性的历史思辨的专著。

近代以来，西方资产阶级历史学家与东方学家如孟德斯鸠、里查·琼斯、赫德尔、黑格尔、J. S. 穆勒等囿于地理环境决定论与欧洲中心主义的历史观，对中国历史发展做了大量诬蔑性、歪曲性的历史哲学思辨。在他们的笔下，东方——中国成了人类历史发展中黑暗的魔窟，是一个没有理性之光照耀、永远停滞，为专制主义所笼罩的国度，是落后与野蛮的同义语。对这些谬论，中国进步的史学家与马克思主义史学家们都在一些研究专题中进行了较深刻的批判，如上海棠棣出版社于1951年出版的吴泽著《地理环境与社会发展》一书，便是其中的代表。但是，西方资产阶级历史哲学家与东方学家是在一种历史哲学的体系中对中国历史发展进行歪曲与诬蔑的历史思辨的，因而我国的史学家理当以成体系的历史哲学予以回敬。因此，佘著的问世，无疑填补了这一空白，是有积极的社会意义与学术价值的。

以学术史的眼光审视佘著的开创性研究，笔者认为，佘著是值得珍视的。

七　几点商榷意见

如同任何开创性事物一样，起先并非尽善尽美，必然包含着失误的成分。佘著不可能超越这种规律性的约束。笔者觉得，佘著主要有如下三个方面值得商榷和斟酌。

其一，佘著在历史哲学界存在关于"历史哲学"之含义有较大分歧的情况下，没有明确地、直率地表示自己对研究这一课题之不可回避的看法。

进行历史哲学研究，并试图确立研究主体的历史哲学体系，首先应该阐明主体对于"什么是历史哲学？我如何理解历史哲学"这样的问题进行回答，它既是研究主体不能绕过的重大问题，又牵涉到主体对体系的确立。考诸学术史，历史哲学家们在进行这一问题的研究时，都首先阐述了对这一问题的看法：中国的如李大钊，西方的如意大利历史学家贝奈戴托·克罗齐，英国历史学家R.G.柯林武德，美国历史学家J.H.哈威，法国当代史学家雷蒙·阿隆等。既如此，作为成一家之言的佘著，没有明确地、率直地阐明自己对"历史哲学"的理解，不能不说是一种失误。

其二，佘著没有明确地、仔细地表达中国历史发展之主体与客体的关系。

佘著的视野涵盖了历史发展之主体与客体的关系，并做了一些较为精彩的说明。但由于中国历史发展的历史哲学思辨是佘著的十分重要的内容，因此佘著的笔触就不应该只是止于运用马克思主义历史哲学的武器批判西方资产阶级历史哲学家与东方学家对中国历史发展之主体与客体关系上的歪曲性、诬蔑性思辨。既然马克思主义的唯物史观在批判了地理环境决定论后，确立了科学的自然地理环境与人类历史发展的辩证关系，那么，我们就可以以此为指导，对东方地理环境与中国历史发展做一番实证工作，阐发这对矛盾的正确关系。这是对中国历史发展做哲学思辨所不容绕过和回避的重大问题。

其三，佘著回避了中国封建社会的基本矛盾，也就没有对中国封建社会的基本矛盾与主要矛盾之间的关系加以说明，从而也就不能全面地、完整地回答造成中国封建社会特有的、带周期性政治震荡的原因。

由于中国封建社会在中国历史上有着突出的地位，因此，对中国封建社会的历史予以哲学思辨，也是佘著的重点内容。但是佘著是从封建社会的土地所有制角度来阐明中国封建社会的成形及其主要矛盾等一系列问题的，洋洋所论，不乏精当之处。唯其如此，这种思维路径便撇开了中国封建社会的基本矛盾与主要矛盾及其关系。其实，土地制度也好，精神相貌也好，中国封建社会的长期存在及其内在的周期性政治震荡也罢，莫不因中国封建社会的基本矛盾与主要矛盾关系互动而发生，社会变迁的根子正在这里。由此看来，佘著虽力图对中国封建社会的一系列重大理论问题予以高度哲理的说明，并揭示其根因，但由于其思路的涵盖面较窄，因此没有达到预期目的。在笔者看来，中国封建社会的基本矛盾是：人口生产的盲目性与无限性同土地私有的矛盾。依此，以地主阶级所特有的土地兼并律为中介，就构成了农民阶级与地主阶级之中国封建社会的主要矛盾。中国封建社会的基本矛盾决定了封建社会的社会结构，而其主要矛盾则决定了这种社会结构的变化。总之，中国封建社会的一切特色，无论是政治的、经济的，还是科学文化的，无论是精华还是糟粕，都一概地包容在这社会的基本矛盾与主要矛盾运行律中了。

千虑一失，挂万漏一。即便真有如上二点不足，也无损佘著具有重要的学术价值与社会价值的开创之功，正所谓瑕不掩瑜。况且，"在人文科学的研究上，一个新的错误往往比一个古老的真理要来得更有生命力，而拿一个有成果的错误去和一个没有成果的准确性相比，也是如此"[①]。

末了，想借佘著的成就表明：只有不断地运用马克思主义历史哲学来思辨中国历史，才能建立起中国气派和中国流派的、独立的中国现代历史哲学体系来，才能真正建立起现代中国史学之完整的最高形态，才能真正繁荣中国史学的研究，并使中国历史学在世界学术史上素称最为发达的美誉能够代代承嗣不辍。因此，本文的意思一方面在于彼，另一方面却在于此。

---

① 参见田汝康、金重远选编《现代西方史学流派文选》，上海人民出版社1984年版，第304页。

论历史学的学科个性及其相关问题

历史由自然史和人类社会史两大门类组成。自然史是关于自然界变化、发展规律的学问,是对自然界变化过程之总的说明;人类社会史是关于人类与自然、人与人、集团与集团、阶级与阶级、国家与国家关系变化、发展规律的学问,是对这些发展过程进行高度概括、宏观的说明。其中,对生产力与生产关系历史的研究,贯穿这门学科的始终,甚至可以说,人类社会的历史,就是生产方式的历史。人们所说的历史学,是指一般意义上的历史科学,即关于人类社会历史发展规律的科学,常常不把自然史的研究放置在界定之内。

历史学是一门涵盖面极广的综合性学科。马克思和恩格斯说:"我们仅仅知道一门唯一的科学,即历史科学"①,就是在这个意义上讲的。依照它所容纳的内容,可以分为:政治史、经济史、文化史、战争史、外交史、历史地理学、历史文献学、历史学历史以及它的技术性学科内容,如训诂学、考据学等;按照时序划分,有远古史、古代史、近代史、现代史、当代史;依照研究方法划分,有比较历史学、心理历史学、计量历史学等。无论如何划分,它的每一门史都有若干更小的分支。如政治史又可分为:政治制度史、政治思想史、政党史,等等。但万变不离其宗,无论它是怎样划分出来的,都由史料、史学理论、史学方法三大要素构成。

历史学科是人文科学中一门十分重要的学问,从前面的简略论述中已可以看得出来。那么,历史学科与其他人文学科有什么不同呢?或者

---

① 参见《马克思恩格斯全集》第3卷,人民出版社1956年版,第20页注文。

说，它的学科个性是什么呢？这个问题在目前的几本史学概论著作中很遗憾地被忽略了，在大量的历史论文中，也不太见对这个问题的阐述。其实，这个疏忽是不妥当的。我们不明白历史学的学科个性，又怎能认清研究它的特有的理论与方法，又怎能在喋喋不休的关于史学研究对象的论争中一辨事理？同时，不知其学科个性，也很难搞清它的功用。新中国成立以来，关于史学功用的讨论，至少有两次，仁者见仁，智者见智，可谓多矣，但总不会包罗穷尽对它的认识，总还可以从新的角度发表看法。当然，不明白史学的学科个性，也就搞不清楚这门学科的基本要求。对这一连串的相关问题，有探究之必要。

一 历史学的学科个性是什么

历史学本身包含的内容庞杂得不可胜数，而且，随着科学的飞速发展，可资历史学研究借鉴的理论与方法愈益增多，呈现了多元化的趋向。这样，史学研究的领域拓展得更为宽广，呈现得更为复杂，要认识历史学科的个性似乎显得更为艰难。其实，如果把历史学科作为一个复杂的结构来对待，分侧面地认识其学科个性，或许还可以化繁为简呢！具体可见下述所论。

第一，从研究对象上说，是把人类社会的变化作为一个动态的过程来考察，把人类历史的发展作为一个整体来解析。

人是怎样产生的？阶级、国家是怎样发源的？人类怎样从刀耕火种的原始社会发展到今天的宇宙飞船时代？这样一个变化、发展的过程，是史学研究的永恒主题，即正确地和准确地描绘真实的历史过程[①]。它不同于横断学科，如公共关系学、法学、经济学等，只是研究社会生活的某一个横截面或人类社会的横向联系。对历史学科来说，离开了纵向上的发展、变化，即时间上的过程，就无所谓历史了。另一方面，这种运动过程，绝非单链条的，而是人类社会的整体运动。也就是说，除了真实地描述人类社会纵向的发展状况，探寻纵向的演变规律外，还要

---

① 参见《列宁选集》第1卷，人民出版社1972年第2版，第30页。

研究横向发展的过程，还要把历史的过程作为一个复杂的系统来对待，即把运动中的每一个子系统当作一个网络联系的主体结构，当作一个有机物。大体说来，这个整体由阶级结构、政治结构、经济结构、文化结构和社会结构等网络联系构成。这种横向考察，是认识它们的相互作用的因果联系和相互制约、相互影响的规律性关联。

作为经向联系的过程，它又有时序性（在时间上的先后联系）、代谢性（新旧交替）、超越性（跨越发展的阶段）、多线性（发展变化上的多条线索、多重方向）等特征；作为一个纬向关联的整体，它又具备传承性（结构蜕变，功能延续）、层次性（作为一个复杂的历史结构，它由母体结构开始，相继建立基本结构和外层结构而成其为一个整体；作为一个联系体，它有内部联系层和中间联系层或称为中介以及外部联系层）、功能同向性（历史结构诸构成的功能之和的向性指标）等特征。这些特征，都是历史研究的对象，并且有特定的相应的研究方法。

第二，从研究内容来说，它是研究人类物质生活与精神生活的过去。这种对"过去"的研究，包括两个方面的内容。一方面是单纯地总结历史文化，如甲骨学、考据学、历史文献学、历史地理等，它是"认识死的过去"，对历史面貌做一些局部的修订工作，为进行高层次的研究架设云梯，具有学术意义。郭沫若先生把这方面的工作归结为"整理"，认为其"究极目标是在'实事求是'"①，即还原历史。另一方面，用现实的眼光来研究历史，它是历史学家的现实思想与历史资料的结合。用西方历史哲学家柯林武德的话说，是"历史学家对过去的想法"，"历史学家所研究的过去不是一个死的过去，而是在某种意义下仍然活在现在之中的过去"②；用另一位历史哲学家克罗齐的话说是"一切真历史都是当代史"，他认为，"过去的事实只要和现在生活的一种兴趣打成一片，它就不是针对一种过去的兴趣而是针对一种现在的兴趣"，因此，"我们就应当把历史跟生活的关系看作一种统一的关系；

---

① 参见《郭沫若全集·历史编》第1卷，人民出版社1982年版，第7—8、9—10页。
② 转引自［英］爱德华·霍列特·卡尔《历史是什么》，吴柱存译，商务印书馆1981年版，第18—19页。

当然不是一种抽象意义的同一，而是一种综合意义的统一"①。郭沫若把这一方面的工作归结为"批判"，认为"是要在'实事求是中求其所以然'"，即用"对于未来社会的待望"去"清算过往社会"②。历史的内容被复活了，成了"活的过去"。这样，历史学科相当多的内容便是认识"活的过去"。可以说，只有通过历史学才能认识到人类的过去面貌，才能判断它的现实合理性与未来发展轨道。

正是由于历史学科有着对过去开展研究这一特性，因此，又决定了它是一门资料性学科和基础理论学科。对"死的过去"研究，如前列种种，是为历史学科的宏观研究、总体研究以及其他学科的发展提供资料，铺平道路。如发掘和整理吐鲁番文书，便可以为更深入研究魏晋隋唐史提供新资料。对"活的过去"展开研究，如历史哲学、文化史、通史性研究等，可以为应用性学科提供理论和方法论的指导，甚至可以为现实社会的发展提供理论。这如同毛泽东所说：认真地研究中国的历史，研究中国的经济、政治、军事和文化，对每一问题要根据详细的材料加以具体的分析，然后引出理论性的结论来。③ 历史是过去的，无可重演，亦无从实践。因而它只能是一门资料性和基础理论学科。

也还由于它是对过去开展研究，又决定了它的另一个特性，即学问的广博性。一方面，以中国为例，从史料角度说，文献资料浩如烟海，民俗资料俯拾皆是，文物遗存，仅就已经出土和发现者而言，已为世界所仅有。另一方面，从每一事物的发展线索来说，一切既存的东西，都是现实的东西；一切现实的生命，都有它的过去。上至民族国家，中及社会阶层、团体、家庭，小到饮食、起居、服饰，它们的过去、发展、变迁，以及它们之间的联系，都是这门学科的学问。因此，对人类的过去开展研究，就是包罗万象、总揽诸端，其课题广若天空、深如海洋。可以说，世界上还没有哪一门学科所包举的内容有它庞杂，其学问有它博大。

第三，从学科发展来看，它是一门源远流长、十分成熟、完备和复

---

① 参见［意］贝奈戴托·克罗齐《历史学的理论和实际》，傅任敢译，商务印书馆1986年版，第2—4页。
② 参见《郭沫若全集·历史编》第1卷，人民出版社1982年版，第7—8、9—10页。
③ 参见《毛泽东选集》第3卷，人民出版社1991年版，第814—815页。

杂的学科。

历史学科是伴随着阶级、国家的出现而产生的，从奴隶制时代的史学算起，仅就中国而言，这门学科有文字可考的历史就有4000多年。① 其间流派，仅举荦荦大者，就有奴隶制时代的宗教迷信史学、封建社会的正统史学、资产阶级的进化论史学、马克思主义的阶级斗争史学以及古史辨派、战国策派等。如果细加核计，不下500个流派。从中可以窥见，它有多少研究理论与方法，又有多少历史观与社会发展理论！

仅以中国封建社会的史学而论，就可知其成熟与完备之一斑。对于史料，有史料的比勘、辨伪及其运用的理论与方法；对于研究者，有道德、思想、素质、才能、技巧的要求，这方面有专门的理论书籍，如《史通》《文史通义》等鸿篇巨制；对史书的撰述，有一整套成体系的理论与看法，形成了纪传体、编年体、纪事本末体等诸多学派。难怪西方文化史学者认为，中国传统的学术，以历史学最为发达，最为精细。不用描述，即可概知4000多年的史学史上，其间流派的兴废，研究方法的更替，价值取向的变化，史学理论的演变，有何等复杂！

二 再论历史学的功用

历史学的功用，早在古代就为有识之士所注目。统治者极端重视史书的修撰，把历史学与统治者的治乱兴衰紧密联系起来了。孔子著《春秋》，行褒贬之笔，微言大义。他认为："《春秋》之义行，则天下乱臣贼子惧焉。"② 一部《春秋》，几乎可以保证统治阶级的长治久安。唐太宗李世民则经常告诫他的大臣们重视历史的经验教训，认为"以古为镜，可以知兴替"③。他认为历史学可以帮助统治者建立封建盛世。到了中国近代，由于殖民主义和帝国主义入侵，中华民族面临着种族生存的危机。爱国主义和民族主义者们，认为熟知中国历史，是民族生存

---

① 笔者认为，中国史学的发生在奴隶制时代的夏，而不是更晚的西周，对此，"略论中国史学的流变"中有详细说明。
② 参见（汉）司马迁《史记·孔子世家》，中华书局1975年版。
③ 参见（宋）欧阳修、宋祁《新唐书·魏征传》，中华书局1975年版。

的强大精神支柱。他们把历史学与民族危亡紧密联系起来了。章太炎说:"史之有关于国本者至大,秦灭六国,取六国之史悉焚之;朝鲜亡后,日人秘其史籍,不使韩人寓目;以今日中国情形观之,人不悦学,史传束阁,设天降丧乱,重罹外族入寇之祸,则不待新国教育三十年,汉祖、唐宗必已无人能知,而百年之后,炎黄裔胄,决可尽化为异族矣!"① 曾鲲化则从更广阔的层面上、更为精辟地论述了历史学之于民族生存的重要作用:"历史学者,为学界最闳富、最远大、最切要之学科,社会上之龟鉴,文明开化之原理,国民爱国心之主动力也。"② 总之,历史学科有重要的功能,自古及今,在志士仁人看来,是没有异议的。至于侧重于哪一方面,强调什么,甚至如何认识,史学界则是有分歧的。笔者曾从历史的现实性价值的角度,论述过历史学对救亡图存与思想启蒙的功用。③ 在这里,还拟就其他几个方面谈谈历史学科的功用。

第一,对于个人而言,有助于净化心灵,陶冶情操,予以智慧的启迪。

培根的名言"史鉴使人明智"④,指的就是这个意思。人们在学习历史的过程中,可以在历史人物身上,辨明什么是善的,什么是恶的;什么是美的,什么是丑的;什么谓之高尚,什么谓之渺小;怎样对公众有益,怎样于社会有害。从中以为借鉴,或以为榜样,汲取力量,有所信念,有所追求。或以恶为戒,以莠为鉴,避免覆辙。可以在对历史事件的分析中,认识到什么是公正,什么是进步,什么是正义,从而树立崇高的历史责任感,惩恶扬善。这样,有利于驱除私心邪念,做一个高尚的人,有益于公众的人;退一步说,至少也足以使人格完善起来。通过学习历史,有所甄别,有所扬弃,有所收益,就会使心灵纯洁起来,人格高大起来。这就是中国历史上许多伟大人物所走过的道路,这就是那些堪称民族脊梁的精神力量。其中,南宋末年的民族英雄文天祥在狱中的自述,就有代表性,是对此的有力说明。他说:"时穷节乃见,一

---

① 参见章太炎《讲读史与文化复兴之关系》,讲义,1933年。
② 参见曾鲲化《中国历史·总叙》,东新译社,1903年。
③ 参见张艳国《历史与现实》,《青年论坛》1986年第9期。
④ 参见《培根论说文集》,水天同译,商务印书馆1983年第2版,第180页。

一垂丹青。在齐太史简，在晋董狐笔。在秦张良椎，在汉苏武节。为严将军头，为嵇侍中血。为张睢阳齿，为颜常山舌。或为辽东帽，清操厉冰雪。或为出师表，鬼神泣壮烈。或为渡江楫，慷慨吞胡羯。或为击贼笏，逆竖头破裂。是气所磅礴，凛烈万古存。当其贯日月，死生安足论！"① 正是历史上的伟大榜样和英雄壮举，才昂奋激发了他反抗暴虐的正气，凝练浇铸了他崇高的民族气节。而他的伟大人格，又成为此后千千万万人的楷模。"人生自古谁无死，留取丹心照汗青"的绝唱，成为中华民族追求进步、追求正义而前赴后继的巨大精神支柱之一。可见，千千万万个伟大人格、伟大心灵的塑造是与学习历史密切联系的；千千万万个伟大英雄、领袖人物的成长是与学习历史悠悠相关的。在相当长的历史阶段，史学知识成为启发他们的智慧、开发其茫荒之心的第一要素和主要工具。

当然，历史学科对人的这种裨益，是一个较长时间的过程，是一个潜移默化的过程。

第二，对社会而言，有如下三个方面的作用。

一是有利于认识中国历史、文化传统在社会现实中的作用，为建设有中国特色的社会主义贡献精神精品。对于国情的认识，分为两个方面：一方面是对社会现状的认识；另一方面是对历史文化的认识。如果说前一方面是其他人文学科的专长，那么，后一方面则非历史学科莫属。譬如，调动起全民族的爱国主义激情，振奋起建设社会主义现代化强国的巨大精神力量，则常常以中华民族优良的爱国主义传统和素材作为启发。又如，中国封建主义残余经久不绝，成为我们进行现代化建设的巨大羁绊，要清除封建主义残余在当今的消极影响，就得了解它的来龙去脉，对症施治。可以说，忽视了对中国历史国情的深入认识和全面掌握，对现实国情的认识难免会一知半解或失之准确，甚至可能做出错误的分析。因此，早在中国新民主主义革命时期，中国共产党人就清醒地认识到历史学的这一功用。毛泽东在《改造我们的学习》中，把不重视研究历史特别是中国的历史和不认真研究现状的弊失等同起来，认为这是"极坏的学风"，对此进行了严厉批评，他告诫道：如果不纠正

---

① 参见（宋）文天祥《文山先生全集·卷十四·正气歌》，商务印书馆1936年版。

这类缺点，就无法使我们的工作更进一步，就无法使我们在将马克思列宁主义的普遍真理和中国革命的具体实践互相结合的伟大事业中更进一步。①

二是帮助人们正确认识人与自然的关系，坚定人与自然和谐相处的信念；帮助人们正确认识社会发展规律，坚信人类的自我调适能力。

西汉大史学家司马迁认为，历史学的功用是"究天人之际，通古今之变"，其眼光是睿智的。世界文明史几千年，人类在严峻的大自然面前，战胜了严寒酷暑、水患瘟疫，由刀耕火种的低下生产力状态发展到高度自动化的发达生产力阶段。不但经受住了来自大自然的沉重磨难，反而有力地改造了大自然，认识了适应大自然、改造大自然、科学地利用大自然的许多规律，"它结聚着力量，积聚着意志，经历了亿万年代，通过无数兆亿的个别生命，直到它抵达今天这个世界的可悲的纷扰和混乱，这个世界是如此地充满着恐惧，然而又如此地充满着希望和机会。我们看到人类从孤独的开端上升到现今世界友谊的黎明，我们看到一切人文制度的生长和变化，它们现在比过去任何时期变化得更加急速"②。因此，可以这样说，雄辩的历史告诉我们：在明天无论遇到大自然的什么暴风骤雨、深重灾难，人类仍然能够顽强地战胜它；人类完全能够认识自然规律，掌握并运用自然规律，实现人与自然和谐共生！

在人类历史发展的长河中，人类曾走过许多弯路，经历过许多曲折，但正是在反思过去的历程中，慢慢地由对自然界和社会发展规律知之甚少到知之较多，由不自由到获得了较多的自由。这主要应归功于对自然界和历史经验教训的认识，"人的智力是按照人如何学会改变自然界而发展的"③，因此，从今天的历史经验中吸取教训以便应用于明天④，从而人类对历史规律有了较好的把握，对未来社会也有了较为科学的预测。这样，人类之舟便一步一步地驶入了文明和现代化。它表明，人类有能力通过对历史的认识而在灾难中调适自己、改变自己、振奋自己，战胜野蛮、战胜战争，自觉地沿着历史规律所规范的轨道

---

① 参见《毛泽东选集》第3卷，人民出版社1991年版，第796页。
② 参见［英］赫·乔·韦尔斯《世界史纲》，吴文藻等译，人民出版社1982年版，第6页。
③ 参见《马克思恩格斯选集》第3卷，人民出版社1972年版，第551页。
④ 参见《列宁全集》第8卷，人民出版社1959年版，第82页。

行进。

三是对执政党和政府做出的科学决策,有重要的参考作用。

马克思主义一向重视总结历史的经验教训,其重要原因之一,是因为把它作为进行科学决策的出发点,发挥了它的重要参考作用。只要我们重温一下十月革命所开辟的道路,就能有所体会。远的不拟详举,就说现在吧。众所周知,坚持"一个中心,两个基本点",是中国共产党及其领导的政府制定的在社会主义初级阶段的基本国策。对这个基本国策的制定,历史学科做出了特殊的重大贡献。资本主义之路不通——这是中国近代史昭示的历史真谛,因此必须走中国特色的社会主义道路(即不能照搬别国的社会主义模式);落后就要挨打——这是中国历史乃至全世界历史的昭示,因此,必须围绕经济工作而抓其他工作;僵化误国——这是中国现代史、中共党史所揭示的真理,在社会主义初级阶段,必须把握马克思主义活的灵魂,一切以时间、地点和条件转移,具体问题具体分析,破除教条主义、本本主义和思想僵化,反对"左"倾错误,创造性地发展马克思主义。可见,历史的经验教训一旦进入活生生的社会领域,有多么重大的意义,产生多么重大的功效!

历史学科不仅对总体的战略决策有重大的参考作用,同时对具体的工作也有不容轻视的借鉴。譬如治理河道、建立水库,历史上的水文资料就具有重要的参考价值,而历史上曾经有过的修建方案、利弊得失,则可开阔思路,如此等等,不一而足。

第三,对其他学科的发展,有重要的借鉴意义,而且还能促进交叉学科、横断学科等新兴学科的产生。

"他山之石,可以攻玉。"历史学科的理论、方法,常常给邻近学科的发展以重要启示和帮助,甚至直接推动其发展。如历史学科所特有的阶级分析方法,引入社会学后,即成为该学科重要的研究方法;历史主义的方法和阶层分析方法进入政治学领域后,即起到了特殊的作用,解决了许多学海疑案。至于其他学科的理论与方法引入历史学科,或者说,历史学科与其他学科特有的理论与方法杂交,可以产生学科的新品种——新学科或学科的新分支。如历史学与心理学交叉,产生了心理历史学;历史学与统计学交叉,孕育了计量历史学;历史学与社会学相交融,出现了社会历史学。新出现的交叉学科,也是科学研究领域的重要内容。

总之，只要历史学的发展，与社会变革、社会进步相合拍，与整个科学的发展相平行，就能取得极为重要的社会作用和学术作用，这是其他任何学科都不可替代的。

三 从理论上探讨研究史学的素质要求

在涉及史学者研究素质要求这个问题的讨论中，我们可以发现如下一些说法。有人认为，从事史学研究最重要的是掌握史料。的确，占有大量的史料才能从事深入的历史研究。但是，如果把收集、熟知史料看成最重要的因素，就会把史料看成史学研究的终极目标，舍本而逐末，就把探讨历史发展规律的历史学科变成了一门掌故学或史料学。有人认为，从事史学研究最重要的是掌握历史唯物主义，以致强调史学研究最重要的是"以论带史"。的确，史学是一门有阶级性的学问，马克思主义要求人们用唯物史观和唯物辩证法来分析旧史，研究当代史。但是，如果把掌握历史唯物主义作为从事史学研究之最重要的要求，那无疑抹杀了历史学科的个性；把它等同于马克思主义哲学学科，甚至容易在这样的倡导下只满足一般的理论原则，而不是以正确的理论和方法为研究指导，以具体的史料为出发点，导致唯理论或教条倾向。其实，马克思主义创始人之一的恩格斯就非常反对这样做，他曾经严厉地批评过德国青年作家的这种错误：

> 无论如何，对德国的许多青年作家来说，"唯物主义的"这个词只是一个套语，他们把这个套语当作标签贴到各种事物上去，再不作进一步的研究，就是说，他们一把这个标签贴上去，就以为问题已经解决了。但是我们的历史观首先是进行研究工作的指南，并不是按照黑格尔学派的方式构造体系的方法。必须重新研究全部历史，必须详细研究各种社会形态存在的条件，然后设法从这些条件中找出相应的政治、私法、美学、哲学、宗教等等的观点。……在这方面，我们需要很大的帮助，这个领域无限广阔，谁肯认真地工

作，谁就能做出许多成绩，就能超群出众。①

恩格斯这段话的意思是明确的，对史学研究具有适用性也是没有疑问的。有人认为，从事史学研究最重要的是具备处理好纵与横、深与广、博与约的关系。的确，从事史学研究，没有这种驾驭能力，就很难取得成果，但是，是不是处理好了这三对矛盾，就能把一套史料变成一部完整意义上的历史呢？答案是否定的。况且，其他学科，如文学、经济学、哲学等人文社会学科，就不需要这种才能吗？既然需要，那么，这不就是一般意义上的研究之于素质的要求吗？显然，这样，又把史学研究对于素质的要求泛化开来了。总之，把从事史学研究的素质要求推向极端也好，偏颇也好，没有抓到实质也罢，泛化开来也罢，恐怕都与对史学研究之素质要求与历史学科的个性认识相脱离有密切关系。作为一门学科的研究素养与要求，首先是建立在该学科的学科特征上的。这个道理是显而易见的，譬如我们不能用哲学学科的素质要求去从事史学研究，也不能用史学研究的素质要求去替代研究哲学的素质要求。因此，从事史学研究的素质要求是建立在历史学科个性基础上的，从而形成对研究者掌握该学科基本功、运用科学的基础理论与方法以及研究主体的智能结构等方面之特定的综合性要求。

前面已经简要地认识了历史学的学科个性，那么，接下来，我们可以从理论上而不是从经验上认识该学科的素质要求。

第一，科学研究的韧性精神和严谨的治学态度。

中国现代史学开山之一的范文澜先生说："板凳要坐十年冷，文章不写一字空。"前半句讲的是从事史学研究要有耐心，有韧性精神，也就是他常说的"坚定的信心，坚持的耐心，坚强的毅力"②；后半句讲的是要有严谨的治学态度，学问扎实。这可以说是治史者的基本素质要求。

由于历史学科是一门资料性与基础理论学科，与浩大的历史资料为伴，进行分析论证工作，这种工作的特性就决定了它是一种长期投入型

---

① 参见《马克思恩格斯选集》第4卷，人民出版社1972年版，第475页。
② 参见蔡美彪《范老论学四则》，载《怎样学习和研究历史》，中国青年出版社1985年版，第298页。

劳动；史学研究成果，是一种长线产品。要想在短时间内取得较大成就，基本上是不可能的。有人进行过调查统计，大有所成的史学家一般在45岁以上，他们往往从事专门的史学研究有20年以上的历史。司马迁成56万言的开山作《太史公书》，前后花了30年；郭沫若专心写《中国古代社会研究》，前后也整整花了两年的时间！因此，它要求入史问津者首先要有耐心，在市场经济社会里清心自守，个性恬静，能够从事长期艰苦的研究工作。

严谨治学，可以说是史学的真实性要求与治史者的直笔精神。中国史学的优秀传统倡导："不虚美，不掩恶"，"善善恶恶"，"仗气直书，不避强御"，"肆情奋笔，无所阿容"。史学的真实性，是历史学科的生命线，而非直笔，则无以真实。这种科学精神，为中西方史学所共通。德国著名史学家兰克在《〈罗曼与日耳曼各族史〉序言》中倡导写历史必须"如真实在所发生的情形一样"[①]，甚至公开宣称："人们一向认为历史学的职能在于借鉴往史，用以教育当代，嘉惠未来。本书并不企求达到如此崇高的目的，它只不过是要弄清历史事实发生的真相，按照历史的本来面目来写历史罢了。"因此，这门学科常常把公正、严谨，视为衡量史学家是否有良心的标准。它要求史学家能够忠实于客观历史，"善恶褒贬，务求公正"，即治史者不得以私意或主观臆断去品评人物、事件，而要客观地体察历史，公正、如实地反映历史本貌。臆想、武断、以偏概全，都是严谨的对立面；不辨史料，也是史家之大忌。

第二，治史者的基本智能结构是才、学、识的有机联系。[②]

所谓史才，就是指叙史的表达能力。收集了丰富的史料，如何进行分析、组织、整理、加工，使之成为人们所喜爱的历史著述，那就需要文才、文采，即驾驭历史写作的能力。

所谓史学，就是指具有渊博的历史知识，掌握丰富的历史资料，或简言之"广收博采"，而后才能"若蚕吐丝"；如果孤陋寡闻，是难成大器的。

所谓史识，就是指对历史发展、历史人物和历史事件的观察、鉴

---

① 转引自郭圣铭《西方史学概要》，上海人民出版社1983年版，第156页。
② 关于智能结构的概说，参见本书"论史学思维模式的转换"相关内容。

别、判断、分析、综合能力。如果没有较好的理论修养，不掌握比较先进的史学方法，而又不具备判别史料真伪、价值高低的能力，便纵有汗牛充栋的史料，也是枉然。

历史研究中的才、学、识，是一个有机联系的网络型思维系统，构成为史学的智能结构，对于其中的每一思维机制，都缺一不可、分割不可。这个智能结构，常被俗称为治史者的修养。

第三，治史者的知识结构要求是博览群书，兼包并蓄，学问渊博。

单单具备历史知识、史料学知识与史学理论、史学方法，恐怕也难以成功。总览中国史学史和西方史学史，可以惊人地发现，凡属有所作为的史学家，往往兼几门专长于一身。中国古代的如孔子，还是大哲学家、大教育家；司马迁，还是大文学家、天文学家；近代的如王国维，还是大美学家、文艺理论家；现代的如郭沫若，还是大作家、大诗人、考古学家、古文字学家。西方的如马基亚维利，还是大政治学家；培根，还是大哲学家、文论家；孟德斯鸠，还是大法学家、哲学家。古往今来，中外东西，不胜枚举。历史学科要求其研究者博览群书，兼包并蓄，学问渊博，这是由其学科个性决定的，不入其门道，不能成功。因为历史包容了政治学、经济学、文学、法学、心理学、社会学等学科的知识，如果治史者孤身一隅，便寸步难行。这似乎表明，一个成功的历史学家，往往是兴趣广泛的人。"他们的独创精神可能来自他们的博学。……独创精神往往在于把原先没有想到有关连的观点联系起来。此外，多样化会使人观点新鲜，而过于长时间地钻研一个狭窄的领域则易使人愚钝。"[1] 中国古代有学者称历史学为"杂学"，笔者认为，这既是对治学的内容而言，又是就治学的要求而言。正是由于这门学科内容广博，又相互联系，所以才突出地体现了触类旁通的治学规律，常常因成其一行而兼通其他。

当然，随着史学研究领域的延伸，研究的理论与方法必将日益得到丰富，相应地，随着史学范式的多元化、史学思维模式的转换，史学研究也会显得更为复杂，其素质要求也会产生新的变化，还会出现严整和

---

[1] 参见［英］W. I. B. 贝弗里奇《科学研究的艺术》，陈捷译，科学出版社1979年版，第4页。

复杂的趋势。总之，随着学科的发展而有新的素质要求，而素质要求与学科发展方向相平行，这应该是无可否认的。

历史学家的社会责任感与历史使命感

历史学家的社会责任感与历史使命感，从来就是一切有作为的史学工作者的共识。古今中外，举凡取得卓越成就的史学家，无不尊奉史学家的社会责任感与历史使命感为自己的职业信条。历史学家的社会责任感与历史使命感一直是支配历史学发展的优秀文化传统，一直是推动历史学发展的主旋律和主动力。

一 史家责任感

历史学家的社会责任感，就是历史学家对历史学发展的负责精神，对社会发展的参与意识与时代意识，处理科学与社会进步的能力和识见。它要求史学家勤勉、客观、公正，关心社会进步与人类命运。任何有抱负的史学家，他们对史学的发展都满腔热忱、敬业勤奋，以史学研究作为终身追求；他们有对史学研究和社会发展的高度负责精神，追求客观真实，一丝不苟，务求公正，并把这种追求作为时代的社会价值尺度，希望历史著述对社会发展有巨大帮助，甚至不惜付出生命的代价。

在南宋文天祥《正气歌》中被誉为"齐太史简"的春秋齐国太史公，崇尚正义，秉笔直书，弟兄三人付出了生命的代价；被称为"晋董狐笔"的董狐，孔子称他为"古之良史也，书法不隐"[1]。他们都有崇高的社会责任感。北宋司马光编著鸿篇巨制《资治通鉴》，正是从崇

---

[1] 参见《左传·宣公二年》，中华书局2011年版。

高的社会责任感出发的：一方面他深感千百年来史著浩繁，没有一部简明的通史性著作，不便阅读；另一方面，良莠参差，很少有"关国家盛衰，系生民休戚"的史家著述。因此，他的写作宗旨就是："欲托始于周威烈王命韩、魏、赵为诸侯，下讫五代……网罗众说，成一家之言"①，"善可为法，恶可为戒"，"鉴于往事，有资于治道"②。很显然，司马光的写作宗旨是为读者服务，为社会进步服务。

在国外，进步的史学家也是崇尚历史学家的社会责任感的。英国著名史学家赫·乔·韦尔斯在阐述他写作名著《世界史纲·世界史纲编纂的经过和宗旨》的初衷与动机时申明：值第一次世界大战结束后，全世界都在关心总结人类灾难的经验教训，关注人们所面临的世界事务的危机，关心人类从战争怪影中挣扎出来的世界前途，因此，他尝试着写一本世界通史；他希望在写作中戒除通常的那种历史学者十足的学究气，切忌读者"无法从历史学家那里找到我们这里所需要的东西"，使《世界史纲·世界史纲编纂的经过和宗旨》成为"一部适合于现今用的书"③。

可以说，我们能够从一切有成就的著名史学家的思想中，从一切史学家名著中，透视出史学家的崇高的社会责任感，寻找到他们如何矢志不渝地、一丝不苟地实践这种神圣的社会责任感的艰辛轨迹。

二 史家使命感

史学家的历史使命感，立足于他所遵奉的社会责任感，关心社会发展与人类命运，力图通过历史研究，发现历史运动的真谛和客观规律，运用知识的力量促进社会进步。它表现为：通过史学研究所取得的真理性认识，促进政治昌明，经济繁荣，社会进步；通过史学研究，为人类积累文化知识。它一般具有历史的通识意识，从历史发展整体着手，研

---

① 参见（宋）刘恕《通鉴外纪·后序》，商务印书馆1936年版。
② 参见（宋）胡三省《新注资治通鉴·序》，中华书局1956年版。
③ 参见［英］赫·乔·韦尔斯《世界史纲·世界史纲编纂的经过和宗旨》，吴文藻等译，人民出版社1981年版。

究或讨论历史发展中关切现时代走向将来的重大问题，如战争与和平，革命与改良，文明与野蛮，公正与效率，道德自律与社会强制，阶级冲突与调和，进步与倒退，人口、环境与自然资源，等等。

倾注历史使命感的著述，常常成为千古不朽的名作，为后世所推崇。为历代史家所宗则的《春秋》，正是激扬于一种崇高历史使命感的史学名著。董仲舒认为，孔子著《春秋》，实为历史使命感所激发："上明三王之道，下辨人事之纪，别嫌疑，明是非，定犹豫，善善恶恶，贤贤贱不肖，存亡国，继绝世，补敝起废，王道之大者也。"通过《春秋》，孔子定礼义之大宗，使后世知君臣、父子之道，明治国理家之理。所谓"有国者不可以不知《春秋》，前有谗而弗见，后有贼而不知；为人臣者不可以不知《春秋》，守经事而不知其宜，遭变事而不知其权；为人君父而不通于《春秋》之义者，必蒙首恶之名；为人臣子而不通于《春秋》之义者，必陷篡弑之诛，死罪之名"①。孔子正是对于乱世的忧惧，关心历史的未来发展，所以通过《春秋》而轨仪天下。司马迁也认为，孔子之时，王道缺，礼乐衰，他深为忧虑，于是修旧起废，删《诗经》，定《尚书》，作《春秋》，以为后世宗则。司马谈临终遗嘱司马迁写《史记》，"为太史，无忘吾所欲论著矣"②。就是源于一种浓烈的历史使命感。司马谈认为，"今汉兴，海内一统"，国力强盛，人文昌盛，名臣贤士云集，如果不将千百年来的历史发展记述下来，就是作为史官的失职，也对不起后世子孙。

在西方，也大抵如此。古希腊伟大的历史学家修昔底德写作《伯罗奔尼撒战争史》，就是以崇高的历史使命感为格律的。他确立判明本书是否有用的标准是，是否从中"得到关于过去的正确的知识，借以预见未来"，他申明，"我的著作不是为了迎合人们一时的兴趣，而是要作为千秋万世的瑰宝"③。古罗马史学家李维也认为，史学家应该从史学研究中总结出教训，用以指导当前和未来的行动。这就意味着，史学家的历史使命感，有助于史学家更深刻地认识历史发展中的重大问

---

① 参见（汉）司马迁《史记·太史公自序》，中华书局2007年版。
② 同上。
③ 参见[古希腊]修昔底德《伯罗奔尼撒战争史》，谢德风译，商务印书馆1978年版，第17—18页。

题，得出真理性认识，丰富人类知识宝库，为社会发展做出重大贡献。

三 史家责任感与使命感的内在统一

历史学家的社会责任感和历史使命感，从来就是内在统一地、不可分割地联系在一起的，它们相互支撑、相互激扬，铸就了史家不朽的灵魂和刚正的脊梁。没有社会责任感，就会搞出媚权史学、媚俗史学、媚钱史学等。这些，可以统统归于"伪史学"。"伪史学"必然导致假、丑、恶的猖獗。"伪史学"是谈不上历史使命感的。历史使命感立足于主体的社会责任感，是对主体的社会责任感的高扬与升华。历史学家的社会责任感与历史使命感的统一，是真、善、美的价值准则在历史学中的体现，是科学精神在史学研究中的贯彻。唐代大诗人白居易的名句"文章合为时而著"，很有卓见。历史学家的社会责任感与历史使命感的结合部，就是"为时而著"。如果历史学家不关切社会进步与人类发展的现时命运，还谈得上什么社会责任感与历史使命感吗？历史学还哪有存在的理由？

历史学家的社会责任感与历史使命感的统一，可以归结为学者的使命。任何一个堪称学者的人，必须具备学者的使命感，即德国近代哲学家费希特所界定的"高度注视人类一般的实际发展进程，并经常促进这种发展进程"[①]。这种学者的使命感表现在史学领域，就是历史学家的社会责任感与历史使命感。1941年5月，毛泽东在延安做了《改造我们的学习》的著名演讲，他在关涉历史学习与研究时指出，研究和学习中国的历史，要为着解决中国革命的理论问题和策略问题。这是对历史学家的社会责任感与历史使命感所作的经典性阐释。可以说，历史学家的社会责任感与历史使命感，是衡量每一时代的史学家贤与不贤的价值尺度。

中国历史学的发展，孕育了历史学家张扬社会责任感和历史使命感

---

① 参见［德］费希特《论学者的使命 人的使命》，梁志学、沈真译，商务印书馆1984年版，第40页。

的优秀文化传统。一代又一代的史学家以此相勉励、传承，谱写了历史学发展的壮丽篇章。如所谓"《春秋》之义行，则天下乱臣贼子惧焉"①；司马迁著《史记》，"究天人之际，通古今之变，成一家之言"，成为中国古代史学优秀的文化意识，绵延不衰，被后世发扬光大；范晔著《后汉书》，"欲因事就卷内发论，以正一代得失"②，成为世世代代传颂的佳话；刘知几在《史通》中所归纳的史家职责："实录""直笔"，即所谓"不掩恶，不虚美"，"仗气直书，不避强御"，"肆情奋笔，无所阿容"，等等，成为史家遵奉的基本的职业道德……迄于中国近代，一代又一代的爱国史学家，继承了中国古代史家的优秀品质，将史家的社会责任感与历史使命感倾注于笔端，关切中国社会发展的命运，鼓吹社会变革，批判国内腐朽政治，反抗外国殖民主义、帝国主义的侵略，谱写出中国近代爱国主义史学的光辉篇章。如研究边疆地理和蒙古史的主将张穆所说，《蒙古游牧记》就是要"通古今，稽史籍，明边防"；"新史学"的发起人梁启超宣称，史家应该着力探讨整个国家和民族兴衰之故，使之成为"国民资鉴"，激发全体国民的爱国之心。在 20 世纪 20 年代，中国马克思主义史学的开山李大钊，从历史学家的社会责任感与历史使命感出发，阐述了史学研究者的两大任务：一是整理事实，寻找它的真实的证据；二是理解事实，寻出它的进步的真理。③ 可以说，历史学家的社会责任感与历史使命感，是史学研究者的职业准则和要求，世世代代，它都受到了治史者的重视。

在现时代，我们应该认同和弘扬史学家的社会责任感和历史使命感，关心社会发展和人类的命运，关心中国的改革开放和社会主义现代化建设，发挥史学研究的文化功能和社会功能，为中国走向世界、走向现代化服务，以满足社会对它的要求和读者对它的企盼。

在强调史学家的社会责任感和历史使命感的时候，要反对两种倾向。一种是所谓"纯学术"的史学研究。这种倾向以追求史学的学术价值为号召，将主要精力用于偏怪问题的研究，将史学研究引入死胡同。当然，对有利于历史学发展而学术性很强的问题开展研究，是必要

---

① 参见（汉）司马迁《史记·孔子世家》，中华书局 2007 年版。
② 参见（梁）沈约《宋书·范晔传》，中华书局 1999 年版。
③ 参见《李大钊文集》下卷，人民出版社 1984 年版，第 678 页。

的；但是，这也不应该成为史学研究的主流。另一种是将史学家的社会责任感与历史使命感庸俗化，走向"影射史学"和"媚俗史学"的歧途，从而阉割了历史学的严肃性与科学性。

历史学家的社会责任感与历史使命感，应该成为我们时代的史学研究所高扬的主体精神和主旋律。只要史家主体紧随时代前进的步伐，关切社会进步和人类发展的命运，历史学就永远不会落伍于时代，反而会更加受到社会的尊重与欢迎。庶几则无"史学危机"之忧矣！

论史学思维模式的演变

中外史学史表明，历史学的发展已经历了古代的述事史学、近代的分析史学两个阶段，而且，正在向着新的阶段——现代的系统史学迈进。从而，史学的思维模式也经历了两次大的转换。

一 由述事史学向分析史学发展，由单向性、直观性史学认识朝着多向性、逻辑性方向演变

从《春秋左氏传》到《资治通鉴》，从《史记》到《清史稿》，从古希腊罗马的《希波战争史》《伯罗奔尼撒战争史》到中世纪德国的《神圣罗马帝国史》、拜占庭的《查士丁尼皇帝征战史》，从9世纪英国的《盎格鲁撒克逊编年史》到15世纪俄国的《诺夫哥罗德编年史》，尽管体裁各异，但都是以时间为经，以事件为纬，以人物、地点为中心，进行描述，并以记述为主的写作体裁。司马迁抱着"述往事，思来者"的思想，"于是卒述陶唐以来，至于麟止，自黄帝始"①。记述了从上古黄帝到西汉武帝3000多年的中国历史。希罗多德为了把它们（指希腊、波斯——引者注）之间发生战争的原因记载下来，以垂后世②，于是记述了近1000年的希腊波斯的战争历史。这些以记述为主的史书，一是为了昭示古代先民所创造的灿烂文明，表达对上古"大

---

① 参见（汉）司马迁《史记·太史公自序》，中华书局2007年版。
② 参见［古希腊］希罗多德《希波战争史》，王嘉隽译，商务印书馆1959年版，第167页。

同世界"的追怀之意；二是为了把历史上曾发生过的悲剧记载下来，以垂训后人，起到借鉴作用。这种以叙述为手段，对一因一果史事的记录，是单向思维模式的体现，即选择一个视角、一个向度去认识历史、描述历史。这种以不同体裁不厌其烦地对历史作通史性概述，都是古代人类对世界原始的、朦胧的整体认识和极其简单地分解事物的认识成果，是单向性、直观性思维模式在史学家身上的投影和反射。

恩格斯指出："每一时代的理论思维，从而我们时代的理论思维，都是一种历史的产物，在不同的时代具有非常不同的形式，并因而具有非常不同的内容。"① 古代史学家的这种思维模式，是以人们对世界整体性的模糊认识和对事物仅具有简单的分解能力为其哲学和思维基础的。物质世界的整体性和结构，在古代哲学家们的思考中占着十分重要的地位。他们都力图塑造一个完整的宇宙模型，建立自己感到满意的哲学体系，从而说明直观的宇宙体系。古希腊的米利都学派，如泰勒斯认为"水是万物的始基"，而阿那克西美尼则认为是"气"，"当它很稀薄的时候，便形成火；当它浓厚的时候，则形成风，然后形成云；而当它更浓厚的时候，便形成水、土和石头；别的东西都是从这些东西产生出来的"，米利都学派的这些思想，给后世以很大的影响。在我国古代，《周易》用乾、坤、震、离、巽、兑、坎、艮八卦交错配合产生64卦和384爻的思想，解释千变万化、复杂纷纭的世界体系，这是对物质世界的整体进行直观的认识。孔子用君君、臣臣、父父、子子的等级制度规范中国古代的社会结构，认为只有用封建伦理道德加以维系，才能构成一个稳态社会。这是对人类社会的整体进行直观的、简单的认识。古代的哲学家们，一方面面临着被认识的对象是个整体画面的事实；另一方面，要把握认识对象，又不得不把整体进行分解。然而，由于他们对外界环境的联系性认识毕竟十分有限，于是，这种分解不能不陷于简单、粗略。其整体的认识，就是按单个事物的共同特征组合成群。这种哲学思想和认识方法体现在史学家身上，便是力图展示他们所粗略知道的人类历史活动的整体性（通史），把他们已知的模糊性整体按时间以同类历史表象为特征书写下来。因此，古代的史书，要么以战争作为特征，成为军事史，如

---

① 参见《马克思恩格斯选集》第3卷，人民出版社1972年版，第465页。

《左传》《历史》《查士丁尼皇帝征战史》等；要么以政治斗争为特征，成为政治史，如《史记》《汉书》《新历史》等。古代的史学家们基于那个时代可能拥有的哲学思想和认识方法，对他们所知的人类历史进行了单视角和直观性认识，这便是古代的述事史学。

15世纪以后，实验科学和数学得到了发展。如同T.S.库恩在《科学革命的结构》中指出的：实验科学采取了，把复杂的现象分解成基本的部分和过程。同时，运用数学方法对事物之间的因果关系进行定量的描述和分析，又取代了以往那种笼统的描述。这种数学与实验方法的结合——当时科学家大都采取了的数学—实验方法和思路——得到了哲学家们的响应。恩格斯曾说：把自然界分解为各个部分，把自然界的各种过程和事物分成一定的门类，对有机体的内部按其多种多样的解剖形态进行研究，这是最近四百年来在认识自然界方面获得巨大进展的基本条件。① 这种方法论的演化，给科学带来了巨大进步。一些因果链条、基本的线性关系被弄清了，一些弄清这些关系的方法也找到了。这种哲学思想和认识方法投影到史学家身上，他们便对许多历史问题进行专题分类、分析论证，许多历史事件、历史人物、社会风俗、经济状况、民族文化、帝国政治等都成为专题研究的对象。近代史学家们所开展的历史研究，往往以论证（分析）为手段，而以逻辑层次为序列，力图表现每一历史事件背后多重、深层的联系。这样，便产生了近代的分析史学。

从文艺复兴时期马基亚维利的《论李维》到19世纪40年代达尔曼的《英国革命史》《法国革命史》，从梁启超的《新史学》到王国维《观堂集林》的历史篇章，都是着手对某一具体的历史现象、历史事件或历史过程进行分析研究，而且，这些研究者都在不同程度上借助了近代自然科学的一些理论、学说和研究方法。马基亚维利通过对李维的专题研究，希望人们能够从他这里得知古代罗马之所以伟大的原因，以古为鉴，对现实政治有所改革。他出于同样的动机，对历史上的那些著名战争做过仔细深入的研究，写下了《用兵之道》，成为近代军事科学的先导。更重要的是，他通过对历史的分析得出结论：民兵是保卫国家独立和自由的最可靠的武装力量。西方近代的史学理论与方法，深刻地影响了中国

---

① 参见恩格斯《反杜林论》，人民出版社1970年版，第18页。

近代资产阶级的史学，不论是康有为、梁启超，还是章炳麟、王国维。近代的分析史学，研究课题几乎涉及历史科学的各个领域：政治、经济、军事、文化、社会、教育、科技等。分析史学突破了古代史学家们对历史的整体性、模糊性认识，着力对某个历史事实或细节寻根究底、考镜源流。史学家们的思维由模糊的整体转换到细节的分析上来了。这是多向性、逻辑性思维的结果，是人们对整体性的认识开始深化在史学家身上的体现。这种思维模式的演变，应归功于近代实验科学的发展，也是近代哲学的机械主义、经验主义和归纳方法发展的结果。

二 由分析史学向系统史学发展，由多向性、逻辑性史学认识朝着纵向深入、横向综合方向发展

马克思说："那些发展着自己的物质生产和物质交往的人们，在改变自己的这个现实的同时也改变着自己的思维和思维的产物。"[①] 当科学的进军在19世纪末20世纪初，由宏观世界深入到微观世界的时候，当科学发展需要新的综合时，带着狭隘的经典时空观的人们就茫然了。在生物学要考察活的有机体的时候，那种分解的方法就难以取得更大的进展。总之，按照整体等于部分之和，按照组成部分的性质叠加起来解决多变数的复杂对象的可能性普遍地被动摇。整体（系统）思想又被历史召唤回来了。尤其是第二次世界大战以后，现代科学技术的飞跃进步给哲学社会科学的发展以巨大刺激。适应现代科学的分（纵向深入）、合（横向综合）同步进步的趋势，史学的研究正朝着高精度分解和高层次综合方向发展。这种分解，再也不是孤立地、片面地分解；这种综合，再也不是对史学统一体的朦胧认识。它以史学的统一体为前提，高度分解各个专题；它以专题研究的成果为依据，进行高度抽象，综合概括，找到整体内普遍的、必然的联系。这种分解，是把分解的对象作为整体中的元素，探讨其在整体功能中的作用和地位；这种综合，是通过对各元素功能的探讨，以整体结构为对象，探讨整体功能的性质。这种分与合同步

---

① 参见《马克思恩格斯全集》第3卷，人民出版社1956年版，第30页。

进行的思维模式，具有开放性、动态多变性和求同求异同步性等特点。这种史学思维模式，注重事物的多因多果，考察关联着事物的双向或多向联系。由此，我们的思维模式，正处在史学思维模式演变的第二个阶段上——由近代的分析史学向现代的系统史学迈进。

这种思维模式的演进，不仅表现为史学的日益专门化：史学工作者是受过专业训练的研究者，不再是近乎讲故事的人；史学著作的体裁更加多样化，由一般性叙述向说明历史启示转化；史学著作层次化，分为学术著作、通俗读物、历史故事等几个层次，分别满足不同文化层次的读者需要。这种转变不仅表现为史学研究对象的日益系统化；历史研究的重心由军事史和政治史向着社会经济史和社会文化史转化，由王公贵族的个人史向着亿万民众的大众史转化；传统史学从不问津的领域，诸如历史上的气候、人与死亡的关系、大众的饮食，等等，越来越受到研究者的重视；而且还表现为交叉渗透、互相融合的浪潮猛烈地冲击着历史科学，"学者们不再认为把自己囿于各自的界限内是合理的，历史学家开始摆脱历史主义的束缚"①；历史学不仅与经济学、社会学、地理学、人口学、统计学、语言学等学科结下了不解之缘，而且日益加强了与心理学、人类学、民族学、民俗学、人种学、宗教学、生态学、气候学等学科的密切联系，不断地开拓着历史研究的新领域，形成了诸如历史人口学、地理历史学、社会历史学、心理历史学、历史人类学、民族历史学等新兴学科。交叉、融合的结果，加深了人们对丰富多彩的历史及其发展、演进的多样化的认识。但是，这种专门化和深入性的史学研究，绝对不是史学家的目的，只是为丰富对历史的整体性认识提供便利罢了。正如美国历史学家詹姆斯·哈威·鲁滨孙所说：对这些素质固然可以进行分类的研究，而且很有裨益，但是假使没有人去研究它们的整体，那么分类的研究，一定要产生极荒谬的结果。那些研究整体过程的人，就是历史学家。② 笔者认为，完成史学思维模式的第二次转换，对于推进史学界所期许的史学现代化有着重大的意义。

---

① 参见［美］L. 斯通《二十世纪的历史科学与社会科学》，《国外社会科学》1983 年第 9 期。

② 参见［美］詹姆斯·哈威·鲁滨孙《新史学》，齐思和等译，商务印书馆 1964 年版，第 49 页。

论史学思维模式的转换

随着史学界对史学理论与方法论研究的深入,史学工作者的思维模式也被引起了相应的重视。所谓史学思维模式,就是建立在一定时代哲学基础之上,以史学的研究方式、史学的智能结构、史学的价值认识和史学的审美标准为表现形态的思维过程。其中,史学的研究方式和智能结构是史学思维模式的集中体现。任何一个时代的思维模式,除了受哲学、人文科学和社会科学的影响之外,还常常受着那个时代科学技术发展的作用。恩格斯说,"甚至随着自然科学领域中每一个划时代的发现,唯物主义也必然要改变自己的形式"①。史学的思维模式,以时代的哲学为中介,受自然科学的巨大影响,其演变也相应地经历了三个时期,表现为三种形式的史学:古代的叙事史学、近代的分析史学、现代的系统史学。当代自然科学的优秀成果系统论、控制论、信息论和耗散结构论、突变论、协同论通过当代哲学的折射反映到史学界来,给史学的发展以巨大推动,从而,当代史学的发展正处在系统史学阶段,而史学的思维模式也发生了相应的变化。它既是自然科学与哲学进步的必然产物,也是史学自身发展的需要。为适应这种新的史学思维模式,必然要求转换我们固有的史学思维模式,其中最主要的是改变我们的研究方式,调整我们的智能结构。

---

① 参见《马克思恩格斯选集》第4卷,人民出版社1972年版,第224页。

一 史学思维模式转换与研究方式改变是一种良性互动过程

改变史学的研究方式,并不意味着抛弃历史唯物主义的方法论体系;相反,改变史学的研究方式——史学思维模式的现代化——与现代科学技术发展同步,使得历史唯物主义的诸方法,譬如阶级分析法在一系列新方法、新范畴的运用中,得到了更加准确的体现,自然科学的优秀成果,为我们突破阶级分析法是历史唯物主义唯一科学的方法之教条的框架,为我们由单一的研究方法向着多样化的研究方法迈进,提供了便利。在自然科学和当代哲学的孕育下,出现了诸如系统分析—整体研究法、历史计量法、历史比较法、历史结构法、历史心理分析法,甚至"整体论(总体哲学)思想、系统性思想、关于共时性和历时性的互相关系、统一的时空实在性、各类决定论、概率定律、功能联系、间断性的作用和非线性系统的观念——所有这些以及其它概念,无论在认识历史现实和社会实践过程中,还是在认识自然科学、物理学和数学领域内最重大的发现过程中,都进入了历史科学"[①]。这些新方法与新思路在史学研究领域的运用,为史学研究增添了新的光彩。具体如下。

首先,系统史学要求对历史进行全面的认识,把历史作为一个整体来看待,分析整体与构成整体的各元素之间的关系。马克思指出,"每一个社会中的生产关系都形成一个统一的整体"[②],社会就是"一切关系同时存在而又互相依存的社会机体"[③]。系统分析方法,正是基于马克思主义把历史作为一个整体运动过程的观点,运用当代自然科学成果把它加以升华和发展的结果。可将其分述如下。

(1)史学的分析,是把分解对象作为整体中的元素,做不突破整体范畴的研究,探讨分解对象在整体功能中的地位和作用;史学的综合,是对构成历史整体诸元素功能的总体认识,以整体结构的机制为对

---

① 参见[苏]阿法纳西耶夫《法国历史科学的今昔》,《国外现代哲学社会科学文摘》1985年第5期。
② 参见《马克思恩格斯全集》第4卷,人民出版社1958年版,第144、145页。
③ 同上。

象，探讨整体功能的性质。这正是恩格斯所说的"思维既把相互联系的要素联合为一个统一体，同样也把意识的对象分解为它们的要素。没有分析就没有综合"①在史学认识领域的具体化。

（2）对历史上的一定的社会进行结构分析，揭示构成一定社会结构的诸要素以及它们的特殊的组合方式，从而确定这一社会的性质和历史的规定性，说明一定历史过程的质的稳态。因此，对历史的宏观考察成为分析、论证过程的出发点。

（3）对历史发展的过程进行纵向的整体分析，说明人类历史是怎样随着社会结构的性质变化而有序地、呈规律性地发展的，这"本质上是从它们的联系、它们的联结、它们的运动、它们的产生和消失方向去考察的"。对历史的发展过程同时进行横向的整体分析，说明历史上不同的社会系统同环境系统（自然环境、内部历史构造与外部历史环境的构成）的相互作用，揭示环境系统对社会结构发展方向、运动速度、运动特点的影响等。

（4）从认识手段上说，由于历史事实上是由许多要素构成的，呈现为多维状、多侧面，而且是一个向前永恒发展的动态系统，因此，为了全面而准确地认识历史实际，必须具备多样化的历史研究方法，以资为系统分析提供方便。系统分析方法，以认识整体为出发点和归结点，它的思路不同于经典的分析—综合—分析，可以避免历史研究中分析的孤立性、综合的片面性偏差，克服历史研究中的阶段性认识和线性因果律认识的局限性，为人们认识历史发展的整体运动，总结历史发展的系统因果律，提供了新的思维模式，这是历史认识中一个具有划时代意义的转变。

其次，为历史的系统分析提供了新的手段和依据。系统史学要求历史研究定量化、精确化，这已经成为第二次世界大战后史学发展的基本趋势，同时，第二次世界大战后微计算机的出现并大量引入史学领域，为史学研究方法的更新带来了福音。传统史学中那些描述的、定性的说明和论证，已经远远不能适应当代史学发展的需要，借助于计算机技术的计量史学应运而生。世界一些国家运用计量史学方法，已经体现出了

---

① 参见恩格斯《反杜林论》，人民出版社1970年版，第39页。

它的三大优点：①利用计算机收集、整理、储存史料具有系统性，远远优于人工对史料的处理；②运用数学原理和统计原理，对史书上的数据进行统计、分析，比人工处理更具有时效性、准确性和科学性；③制作数理模型，对历史研究的对象和过程进行模拟研究，比排开这种方法而运用传统的叙述性方法，更具立体感和多样性，更体现了历史发展的复杂性，有利于对历史的直观理解。

历史计量法的运用，也从以下几个方面推动了史学的发展：①大量资料得到利用，弥补了传统史学所依赖的受到了局限的史料之不足；②促进了历史上悬而不决、争论不休的"谜案"之圆满解决；③开拓了诸如制度、经济以及结构一类史学研究的新课题；④归纳整理了可供机器辨读的成套资料，构筑了学术研究向更高层次挺进的新基点；⑤大批史学工作者接受数学、统计学、计算机操作技术及其管理的训练，提高了史学工作者的素质，推进了研究队伍的现代化；⑥它帮助史学工作者更清楚、更精确地提出问题，不仅从质的规定上，而且也从量的规定上去解决问题，使研究结论更加可靠、更加准确地揭示历史发展诸要素之间的联系及其本质。毫无疑问，这种方法的运用，使我们在描述经济史、军事史以及政治结构变化、科举制度等方面将无须在大费笔墨的引证上下功夫，而是运用清晰明了、精确可靠的数据进行论证，进一步提高史学研究水准。

再次，与这种计量方法既相适应又互为深化、互为补充的方法——历史比较法，也成为系统史学的需要，在当代史学的研究中，尤其显示了它的优势：第一，有助于史学工作者产生一种选择意识，寻找一些值得注意而又常常被忽视的历史运动；第二，有助于史学工作者认识共同的发展模式，进行历史的概括；第三，有助于史学工作者解释历史的差异性和独特性，估量并最终把那些造成独特性的可变因素分离出来；第四，有助于史学工作者打破史学研究的区域、民族和国家的局限，从而打破史学研究的某些狭隘性，使史学向着世界水平迈进。

历史比较法，便于我们打破中国史学研究的狭隘性、封闭性，树立世界历史的观念，把中国历史的发展放置到世界历史的演进中去考察，研究中国历史与世界历史的相互关系，考察前者在后者中的地位，探究中华民族历史发展与其他民族历史道路的同中之异、异中之同，准确地认识中国历史发展的民族特色。在这个意义上说，历史比较法对于开拓中国史学研究的新局面具有重大意义。

历史比较法，还将有助于我们在比较中华民族与其他民族的过程中，更深刻、更准确地寻到中华民族那些具有历史意义的优点和缺点；有助于我们在比较中华民族与其他民族历史发展所依托的历史环境的过程中，更系统、更深入地探究东方历史环境的特点及对中国历史演进的影响，发现中华民族改造自然、改造社会所做出的巨大努力和激发的聪明才智，以及中华民族所拥有的生产力发展类型和在世界历史各阶段上所处的水平。借助于历史比较法与世界其他民族的发展道路进行比较，将会更加明确、更加成功地认识中华民族历史发展的独特性和艰巨性，并认识它的历史惯性，得出更加宝贵、更有价值的——足能垂训后世的结论。借助于这种方法的表述，较之那种着眼于一种、眼界狭窄而又漫无边际、流于表面的述说更具说服力。

此外，借助于当代心理科学的成就而创立的历史心理分析法——对历史人物进行人格分析、对不同民族进行民族心理分析——大大便利了史学工作者对历史深层进行研究。历史心理分析法，尤其对于研究那些在历史上起过巨大作用的个人，分析那些激荡的民族活动，具有不可低估的作用。它的成果正在丰富而且将继续丰富偶然性和必然性、个人和群体等历史哲学范畴的意义。如同兰格在1957年任美国历史学会主席的就职演说中所预言的：现代心理学注定要在历史阐述中起越来越大的作用。① "新三论"的降生，尤其是耗散结构理论所阐述的原理：无论起因是内部的失控涨落，还是外力的起伏，或者是两者起作用，旧平衡的解体，往往不仅产生混沌或破坏，而且导致全新的更高级的结构的建立。② 对于研究中国古代疾风暴雨似的、周期性的政治震荡，北方少数民族的频频南进以及近代中国的中西学之争、社会形态的畸形发展等问题，都具有不可替代的认识论意义。

一系列新的研究方法与新思路、新范畴在历史研究领域的不同课题

---

① 转引自［美］布赖萨赫《古代、中世纪、近代史学史》，芝加哥大学出版社1983年版，第343页。

② 参见［美］阿尔温·托夫勒《第三次浪潮·白蚁的启示》，朱志焱等译，生活·读书·新知三联书店1986年版。

中，各自发挥其长，有机配合，取得了越来越多的研究成果，为丰富和发展历史唯物主义的研究方法，注入了强大的活力。由固有的历史研究方法演进到新的史学研究方法——研究方法的多元化，是史学思维模式转换的基础。

二 合理的史学智能结构推进史学思维模式转换

史学工作者的各种智能规则地、有机地组合在一起，便构成了一个多序列、多要素、多层次的动态有机综合体，即史学智能结构，或称史学智能系统。一个出色的史学家，要实现智能系统的整体最佳，就必然尽可能地发挥出各子系统的功能。一个整体结构，其属性不仅是由其个别元素的属性决定的，而且与其说是由其个别元素的属性决定的，还不如说是由其结构的属性、由整体结构内部的特殊的、综合性联系所决定的。因此，当代和未来的史学家，将不会仅仅依靠某方面的特殊才干取得成功，其竞争的优势、决定胜负的关键，悬系在史学智能结构上。拥有一个合理的史学智能结构，才能顺利地完成史学思维模式的转换，真正掌握并运用新的史学研究方法，在研究领域中游刃有余、开拓前进。适应当代史学发展的新要求，调整史学工作者的智能结构，是完成史学思维模式转换的前提和关键。

我国古代史学家们非常注重构建一个合理的史学智能结构，史学评论家们还对史学智能结构进行了深入的研究。唐代刘知几认为最佳智能结构是由才、学、识构成的三维智能空间。他说："史才须有三长……三长：谓才也、学也、识也。"[①] 这个智能结构的序列是：一个出色的历史学家必须具有历史述作的技巧和表达能力；必须掌握丰富的史料，具有渊博的历史知识；必须有对史料的鉴别能力，从而对历史现象做出中肯的判断。其实，刘知几所说的史学智能结构具有普遍的学术意义，适合于任何一门学科和任何一个学问家，因此可以认为：这个智能结构的设计，还未有体现史学的特殊性。清代学者章学诚则不然，他从一般

---

① 参见《旧唐书·刘子玄传》，中华书局1975年版。

的智能结构中演绎出了史学的智能结构。他认为史学的最佳智能结构是由德、识、才、学构筑的四维智能空间。他说："非识无以断其义，非才无以善其文，非学无以练其事……能有史识者，必知史德，德者何？谓著书之心术也。"① 他认为史德是史学智能结构中的第一个序列，而这恰恰是体现史学智能结构的特殊性的要素。因此可以认为：章学诚所设计的史学智能结构，是现代史学工作者构建智能结构的良好借鉴。史学的四维智能空间，仍然是当代和未来史学家必备的基本结构，只是在这个智能空间内，必须参照现代智力和现代知识系数做较大调整。其序列及其内涵如下。

第一，史德。由传统的"不虚美，不隐恶"的"善善恶恶"之道德主义标准转换为理性的历史主义标准。史学的功能和价值不是体现在以道德为出发点和指归的对历史上功过是非的评判上，而是在于判定历史的进步趋势，不以一时一地的道德是非为依据，而以社会发展规律为准绳，揭示于历史有所裨益的因素，从道德标准的王国中走出来。恩格斯批判那种从道德出发指责奴隶社会是人类的倒退的观点，至今仍有启发意义。他说：

> 用一般性的词句痛骂奴隶制和其他类似的现象，对这些可耻的现象发泄高尚的义愤，这是最容易不过的做法。……如果我们对这些问题深入地研究一下，那我们就一定会说——尽管听起来是多么矛盾和离奇，——在当时的条件下，采用奴隶制是一个巨大的进步。人类是从野兽开始的，因此，为了摆脱野蛮状态，他们必须使用野蛮的、几乎是野兽般的手段，这毕竟是事实。……甚至对奴隶来说，这也是一种进步，因为成为大批奴隶来源的战俘以前都被杀掉，而在更早的时候甚至被吃掉，现在至少能保全生命了。②

道德的判断，至多只能说明著述者对历史的感情反应，不能带来更多的什么东西；而历史主义的考察，恰恰胜任了著述者说明历史的工

---

① 参见（清）章学诚《文史通义·内篇五·史德》，上海古籍出版社2008年版。
② 参见恩格斯《反杜林论》，人民出版社1970年版，第178—179页。

作，满足了读者的最大需求。

第二，史学。对于浩渺的文字史料，进得去，出得来。视野开阔，知识覆盖面大大增加。由历史材料与历史知识单一结合的知识结构转换为知识群结构，其序列如下：①认识对象的史料与专业知识；②相邻学科的知识；③基础理论与方法论知识；④信息知识；⑤自然科学、技术发展的最新成果以及科学哲学、科学方法论知识；⑥操作技术。著名科学家 W. I. B. 贝弗里奇提出的建立广博的知识体系的思想，发人深思。他说：成功的科学家往往是兴趣广泛的人。他们的独创精神可能来自他们的博学。① 更换传统的史学智能结构的目的在于：使史学家由老学究、老夫子式的研究者变为具有现代科技头脑和广博的专业知识相结合，思维发达，素养较高，社会活动能力较强的现代型研究者。

第三，史识。具有宏观把握和微观考察的能力，能够准确地鉴别史料，不仅能够判断历史的表象，更能够挖掘不在常见史料之列、不为常人所注目的东西，判断历史表象背后的潜流。由传统的汉学、宋学、乾嘉之学的风格转换为清新活泼的现代型风格，充分揭示历史发展的统一性和多样性，尤其是特殊性，考据、训诂不再是史学家倾毕生之力以究其详的主要对象。这就是说，由史料的判断转换到对历史发展趋势的判断。

第四，史才。具有出色的表达能力和技巧，包括对历史表象的模拟能力，分析、论证能力，形象思维能力，图表制作能力，等等。史学的严肃性固然要在未来的史学家身上得以保持和发扬，但是，它将改变过去那种一本正经、呆板的说书式面貌，向生动、风趣方向迈进。这就是语言学家、文学家、剧作家已经步入并将继续步入史学队伍。未来的史学家还将是一位读者心理学家，他的表述技巧与读者的需要一致起来。如同英国著名史学家赫·乔·韦尔斯所说，史学家的著述是基于对读者充分了解，以避免读者无法从那里找到"所需要的东西"②。史学家必须具有掌握读者所需要的表达方法、表达技巧去征服读者的能力。

我们有理由相信：这样的史学智能结构，将为我们产生时代的大史

---

① 参见［英］W. I. B. 贝弗里奇《科学研究的艺术》，陈捷译，科学出版社1984年版，第4页。
② 参见［英］赫·乔·韦尔斯《世界史纲》，吴文藻译，人民出版社1982年版，第4页。

学家提供最大的动力。

随着史学研究方式的转变，史学智能结构的调整，史学的价值认识与审美标准也将发生相应的变化。史学的价值认识与科学认识结合起来，完善史学的科学性；史学的审美标准也由史学工作者的自我衡量变为历史发展的客观衡量，充分体现史学的严肃性。这样，就完成了史学思维模式的转换，就能够适应当代史学（系统史学）发展的要求，推进史学的现代化发展，改变史学研究在某些方面的落后面貌，建立有中国特色的众多的史学流派，开拓出一条独立发展、纵横吞吐的中国史学研究道路来。

历史的整体运动与史学的总体研究

自从史学界的一批同人觉察到"史学危机"① 之后，事实上，学术界进行了或多或少、或深或浅的哲学反思。无论是对"老三论"的借鉴，还是将"新三论"的引入，抑或是弗洛伊德心理分析方法、库恩结构理论的运用等，目的只有一个，即运用多样化的研究手段来认识丰富多彩、变幻莫测的历史运动之谜。当运用众多的史学研究方法认识历史发展的系统因果律的时候，我们又不能不回归到历史的本体认识上来，即历史是以怎样的运动形式出现的？历史运动形式的特有方法又是什么呢？进而我们又想：为什么我们常常陷入诸如历史发展的唯一动力是阶级斗争、只有人民群众才是历史的创造者之类的"是 A，则非 B"的思维定式，以致许多历史问题得不到圆满的解决呢？

一　社会历史进程表现为整体运动

马克思主义经典作家在揭示人类社会的基本矛盾（生产力与生产关系、经济基础与上层建筑）是人类历史发展的基本力量，阶级斗争是人类社会产生巨大进步的直接杠杆时，逐步阐发了社会历史运动是一个整体运动的思想，并认为研究者需要具备整体思维。马克思在《哲

---

① 关于"史学危机"的提法，史学界略有分歧。另一说是"史学转机"。笔者是"危机"论者，认为只有真正把马克思主义史学理论中国化，吸收自然科学中于治史有益之成果，开拓出一条中国史学独立发展的大道才能走向繁荣。详见张艳国《历史学的危机与现代化的抉择》，《社会科学评论》1986 年第 11 期。

学的贫困》中有明确的说明："每一个社会中的生产关系都形成一个统一的整体"①，社会就是"一切关系同时存在而又互相依存的社会机体"②。这种社会机体的最基本层次结构又是什么呢？马克思在《关于费尔巴哈的提纲》中解释为拥有一切社会关系的总和——人，他说："人的本质并不是单个人所固有的抽象物。在其现实性上，它是一切社会关系的总和。"③这样，历史研究的着眼点就立于历史的主体——人上了。于是，马克思为我们揭示了一个最基本、最原始的社会整体和层次：集中体现着社会关系的人——由生产关系所结成的社会。为了解剖整体，揭示整体的奥秘，马克思在《资本论》中指出："研究必须充分地占有材料，分析它的各种发展形式，探寻这些形式的内在联系。"④这实质上是把整体作为结构来考察，并初步提出了研究思路。

在恩格斯看来，物质世界的统一性，直接表现为世界的整体性和系统进化律，"即认为世界不是一成不变的事物的集合体，而是过程的集合体"⑤。在恩格斯那里，对历史整体的俯瞰，与历史运动的过程基本吻合了。在《自然辩证法》中，恩格斯把自然和人类作为同时并存、相互联系的两大系统，做了较深的考察。首先，人产生于自然界，当自然界在某种脊椎动物身上"达到了自我意识，这就是人"⑥；其次，现存的人类隶属于自然界，连同自己的血、肉和头脑都是属于自然界，存在于自然界的；最后，人在不断地反作用于自然界，"通过他所作出的改变来使自然界为自己的目的服务，来支配自然界"⑦。恩格斯通过对自然、社会两大系统间的分析，提出了"自然—社会"大系统的思想。并揭示了生存于这一大系统中的最佳选择："有计划的生产和分配的自觉社会组织"，因为它能"在社会关系方面把人从其余的动物中提升出来"。这样，恩格斯在把广义的历史运动看作一个整体的同时，提出了历史运动的第二个层次，即相互联系、密不可分的自然史、人类史；认

---

① 参见《马克思恩格斯全集》第4卷，人民出版社1958年版，第144、145页。
② 同上。
③ 参见《马克思恩格斯选集》第1卷，人民出版社1972年版，第18页。
④ 参见《马克思恩格斯选集》第2卷，人民出版社1972年版，第217页。
⑤ 参见《马克思恩格斯选集》第4卷，人民出版社1972年版，第240页。
⑥ 参见恩格斯《自然辩证法》，人民出版社1971年版，第18、158页。
⑦ 同上。

为在研究中必须"把大量积累的、纯粹经验主义的发现予以系统化"①。因此,在恩格斯那儿,历史发展的整体运动思想逐步得到了明确的发挥,历史的整体思想完成了萌芽阶段。综上所述,概括起来说,可以表述如下。

第一,社会的整体是由分散的个人组成的。这种整体,是一个各种复杂关系的联系体,其中,这个联系体中最本质的关系是马克思所指出的,人们在生产劳动过程中形成的生产关系。它体现着社会历史的整体性,决定着社会历史整体的功能。基于此,产生出了各不相同的个人,他们既是社会历史整体性的体现,又是具有分散性特征的个体。这就是,他们总是以历史的主体性面貌出现的,因而永恒地具有自己的个性特征。因此,社会历史就是整体性与多样性的统一。

第二,社会历史是一个有机整体而不是机械整体。所谓有机性,是指社会历史构造与生物机体的结合方式切近,但并不指它们具有同一性特征。其一,构成社会历史的诸要素,如人、生产工具、地理环境等,具有密切联系的特征,如同生物体是由各器官、组织构造完好的相关整体一样。其二,社会历史整体中诸元素的相互联系具有高度有序性特征。这种有序性特征是通过社会组织以及由它们组成的组织和制度表现出来的。劳动者、统治者、生产工具、地理环境等历史诸要素通过组织化和制度化而成为高度有序的结构,如资本主义由自由竞争、一般垄断到国家垄断的发展过程,从而使社会历史发展成为类似生物有机体一样的有组织性。其三,构造的同构性特征。生物体或动物体与社会历史整体是一对同构体。马克思说:"人体解剖对于猴体解剖是一把钥匙",依此类推,"资产阶级经济为古代经济等等提供了钥匙"②。社会历史整体的诸元素如同生物体的各个器官一样,社会历史的诸元素发挥着不同而又密切相关的功能。各种生物机体虽有简单和复杂之别,但都是由最基本的组织单位——细胞构成的。认识了各种各样的细胞,就识别了不同的生物器官、组织、机体。这种生物全息现象,在社会历史领域同样存在。社会历史领域也同样存在最基本的单位——社会细胞。各种复杂

---

① 参见恩格斯《反杜林论》,人民出版社1970年版,第11页。
② 参见《马克思恩格斯选集》第2卷,人民出版社1972年版,第108页。

的、简单的、高级的、低级的程度不等的社会历史构造，就是由"社会细胞"以不同方式结成的。马克思分析资本主义发生、发展、灭亡的历史，就是从资本主义社会的社会细胞——商品开始的，从而彻底解剖了整个资本主义的社会结构。

马克思主义经典作家不仅初步阐述了社会有机体的思想，而且揭示了社会有机体怎样在生产力发展基础上，各种关系（可以看作系统的元素）相互依存、相互作用以及这种相互作用如何推动社会发展的图景。恩格斯曾精彩地论述道：

> 有无数互相交错的力量，有无数个力的平行四边形，而由此就产生出一个总的结果，即历史事变，这个结果又可以看作一个作为整体的、不自觉地和不自主地起着作用的力量的产物。因为任何一个人的愿望都会受到任何另一个人的妨碍，而最后出现的结果就是谁都没有希望过的事物。所以以往的历史总是象一种自然过程一样地进行，而且实质上也是服从于同一运动规律的。①

经典作家们这些富于开拓的思想，启发了一代后来人。一般系统论的创始人贝塔朗菲在论述系统思想的历史发展时，认为"马克思和黑格尔的辩证法"在形成系统论的过程中，有着重大的贡献，他本人就受到了他们思想的启迪。一些西方系统论学者也认为，马克思第一次把系统方法运用于社会历史的研究，把人类社会当作系统的整体运动。

第二次世界大战后，科学技术得到了飞跃式发展，取得了许多杰出成就，其中最具影响的便是系统论、控制论、信息论。"三论"表明：社会是一个具有复杂结构的有机整体——系统，社会的整体性原则已经成为社会历史发展的基本原则之一。自然科学的优秀成果使历史学的发展进入了新的阶段，它的理论成就丰富了马克思主义经典作家关于历史整体运动的思想。社会历史的整体运动有如下两种含义。

一是说社会是一个具有复杂要素、关系形成的纵横交错的有机整体。社会大系统又可分为若干子系统，其中主要包括：物质系统，即由

---

① 参见《马克思恩格斯选集》第4卷，人民出版社1972年版，第478页。

人口因素、自然系统、生产方式所组成；意识系统，主要由社会心理、意识形态、科学技术、传统文化等诸要素构成；自组织系统，即由一定人群依照一定的联系方式——或宗法血缘的，或依照地域划分、以共同的经济利益为纽带，或按民族文化、生活方式、经济生活的共同性组成的共同体。社会就是一个由物质、意识、人等基本要素构成的具有复杂结构的有机整体。在由许多要素构成的这个复杂的社会大系统中，以经济为轴心，相互联系、相互作用，共同构成一个矢量的诸要素，推动着社会有机整体的运动、变化和发展。这就是说，社会历史规律是历史诸要素综合运动的结果。

二是说社会历史的整体虽然由诸要素组成，但并不等于各组成要素之偶然的、杂乱的堆叠，也不是线性相加之和；而是一个合乎规律的、相互制约的、大于它们组成部分之和的有机整体。"复杂现象大于因果链的孤立属性的简单总和。解释这些现象不仅要通过它们的组成部分，而且要估计到它们之间的联系的总和。有联系的事物的总和，可以有特殊的整体水平的功能和属性的系统。"① 这就是说，社会历史系统诸元素的相互作用、相互影响造成了彼此间的制约关系和协同功能，由此而形成了社会历史系统的整体功能和整体效应。这种以经济为轴心的社会制约关系，从纵向说，包括历史的承继与发展关系；从横向说，则是指社会历史的并存与组合关系。正是这种纵横交织、彼此制约的关联，决定了社会历史的整体面貌和整体性质，决定了历史学的发展方向，即笔者所谓的系统史学的到来。②

二 社会历史整体运动的基本特征

社会历史的整体运动，是由构成社会历史整体的物质系统、意识系统、自组织系统等相互依存、相互作用的结果。社会历史整体运动最常见的方式是渐变、量变，但决定整体运动产生飞跃的，却是由量变过程

---

① 参见哲学研究编辑部《科学方法论文集》，湖北人民出版社1981年版，第24页。
② 详见本书"论史学思维模式的演变"相关内容。

中产生的部分质的扩张，质变过程中部分量的扩张所达到的突变、质变。这就是有新的、功能健全的历史整体取代旧的、腐败不堪的历史整体。所谓历史运动的发生和演进，一切都应在这里得到说明。既然历史运动是一个由旧到新，如此循环往复到更高阶段，以至无穷的过程，那么历史的整体运动具有什么特性呢？

1. 社会历史整体运动的传存性

系统的存在定律告诉我们，系统是处于一定与之发生相互作用的环境之中，系统的一切元素也都发生相互作用，正是这种相互作用构成了系统的运动和变化。从秦汉之际的专制主义中央集权一直到清末民初，这一政体得以长足发展，牢固地传存下来，正是因为构成中国封建社会的整体（结构）的诸要素——封建的生产方式、文化意识、家庭以及社会组织形式世代相传，按同一模板：家庭—国家，家长制—封建制，孝父—忠君，父父子子—君君臣臣构建的结果。重农抑商的恶果，生产力的发展始终不能突破封建生产关系质的临界点；"修、齐、治、平"的人生说教，巩固了封建文化抑制个性，扼杀创新的所谓神圣；八股取士，教习儒经，知识分子、智能之士尽入封建国家的圈套（唐太宗谓之"天下英才，入吾彀中矣！"）；以孝为中心的家庭组织，以家庭、家长制为维系的社会组织，在封建生产关系、封建文化氛围中，得到了长期自由充分的发展，它们互为前提，组成一个以忠孝为特色的文化同构体。这就是中国封建社会两千多年得以长足发展、死而不僵的秘密所在。这就是社会历史的整体运动，具有十足的传存性特征的体现。这种历史的遗传，是以文化的遗传基因为前提条件的。这样，我们便能理解，为什么在相当多人口的东方社会主义国家，还面临着批判封建主义的严峻任务。列宁曾经经典地指出过："旧的社会制度消灭了，但它在人们的意识是不能一下子消灭的。"斯大林严肃地指出，封建的"传统和习气控制着千百万劳动群众，它们有时笼罩着无产阶级各阶层，有时给无产阶级专政的存在造成极大的危险"[①]。

在中国封建社会，有着大小数以百计的农民起义，为什么封建社会

---

① 参见《斯大林全集》第6卷，人民出版社1956年版，第217页。

的整体运动得以苟延残喘，旧的运动机制长盛不衰？为什么在有着瀛台泣血的戊戌变法，冲破楚天的辛亥革命的近代中国，而资本主义制度得不到真正确立？原来这是由历史整体的自组织定律所决定的。在外界环境有物质和能量交换的条件下，在外界环境对系统有恒定的、持续的"干扰作用"下，在系统内部存在着随机起伏和多种变化可能的条件下，系统能够自发地组织成为新的有序程度更高的系统。这就是，以变异形式出现的对历史整体传存性特征的补充说明。中国古代一浪高过一浪的农民起义后，是一次比一次更为残酷的封建专制统治。戊戌变法之后，是封建统治者自体调节运动的开张；辛亥革命后，却又上演了袁世凯复辟帝制的恶作剧……这一切，似乎构成了历史整体运动之谜。其实，由于历史运动的主体是人而不是物，所以，历史运动往往比其他机体更具备强大的"抗干扰素"，以新的运动方式的组成来延续旧有的、不合时宜的运动形式——历史整体运动的"变异"，即在"变异"中求生存、求发展。改变原有不适用、不能存在的形式，采取能够被接受的生存方式。历史整体运动在自组织下的变异性，就是对历史整体传存性的补充。

历史整体运动的传存，是为了体现整体运动诸要素作用的连续和存在；历史整体运动形式的变异，是为了以新的运动方式维护历史整体运动的历史性延伸。

2. 社会历史整体运动的层次性

系统的整体性定律认为，系统的整体完全可以出现它的组成部分所不具有的，甚至是对组成部分来说毫无意义或完全相反的性质。它表明历史的整体运动具有质的多样性以及由一种质过渡到另一种质的根源。它表明历史运动的整体性质不能单纯用组成部分的性质来加以解释。社会历史的整个面貌，是由整体功能决定的，单个的历史元素不足以用来解释历史的全局。这是揭示历史整体运动的层次性的一个前提，即肯定其整体性功能。

历史整体运动的性质变换，具有常态性与随机性。但不论怎样说，它都绝不是任意胡来、乱七八糟，而是具有高度的有序性、层次性的运动。系统的层次定律认为，整个世界以及任何事物都是具有层次的结构，一定的层次与一定的系统运动状态相适应。在社会历史系统中，任何历史系统至少有如下三个层次的含义：第一层次，又称核心层次（母结构）——系统的基本性质，如生产资料的所有制性质，一定社会集团的阶级属性；第二层次，系统的基本结构，即中间元素间相互联系的组织方式，在社会历史系统中，它通常体现为约定俗成的或法定权限在系统内的分配方式；第三层次，或称外层次，即法规细则，包括政府的各项方针政策。历史系统之间，核心层次与第二、第三层次的关系，是内容与形式的关系，即核心层次是社会历史系统的实质内容，而第二、第三层次则是历史结构的构成形式。大致说来，内容决定形式，但同一内容，可以用（在其许可的范围内）不同形式来体现，这就是历史表现形式或历史结构外壳的多样性，而且它们发挥着各不相同的功能作用。最适当的形式能够最完满地体现内容。由于社会历史系统的功能主要取决于系统元素与其基本结构，故在系统组织的构成形式中，其功能、元素间的基本关系等都主要由系统的基本结构决定，而法规、细则则只是起衡量结构功能的尺度与相对微小的机制调节作用。这就是说，任何一个历史整体运动的瓦解，总是从其母结构开始的，如中国封建王朝的瓦解，总是从王朝内部的自体调节功能丧失殆尽、土地问题尖锐到只有通过暴力重新分配时开始的。由此到第二、第三层次相继为新的系统层次所取代。新的整体结构的建立，总是稳步地从旧有整体内部首先产生新的母体结构开始，而后基本结构、外层结构相继建立，并发挥出正常的调节功能，从而新的历史整体运动便瞬间代兴。历史上一切国家的兴废、一切民族历史的变迁，都体现出了历史整体运动的层次性特征。

3. 社会历史整体运动的功能同向性

系统的功能统一律表明，任何系统都可以用元素、层次、层间协调度、结构、功能、环境这六个因素来表述。在结构论中，历史运动的基本单位——个人或群体——都可以被看成是不同情形之下的系统元素。任何系统都具有母结构、基本结构、外层次三个层次及其相互关系。所谓层间协调度，乃是指诸性质在系统层次间一致的程度，如封建社会的整体结构能在多大程度上体现封建国家母结构的私有制性质，封建统治集团的整体结构能在多大程度上体现封建国家母结构的阶级属性，就属于层间协调度的问题。所谓系统的环境，既包括该系统的社会环境，又包括与系统运行相关的自然环境，在历史的整体运动中，可规范为历史环境系统。① 在特定的环境下，历史整体运动的功能虽然取决于它的元素之合与层间协调度，但是，更主要的还是取决于它的整体结构。例如，在以雇佣劳动制度取代了土地剥削制度后，资本主义社会的各项功能，主要都取决于其基本结构——体制结构。功能是结构的反映，并反作用于结构。土地兼并、经济危机分别是封建社会、资本主义社会基本结构的产物，但却反过来作用产生这一功能的基本结构，使之发挥自体调节机制的作用。

　　古往今来，不论是何种历史整体运动的结构，都具备整体结构的元素、层次、层间协调度、结构、功能、环境六大要素，都可以从中发现整体运动的机制和发挥的功能，以及这种功能对结构的巩固或破坏作用。无论是纵向变换的整体运动，还是横向展开的诸种整体运动，结构与结构之间的消长或取代（如西欧封建制的瓦解，资本主义的代兴）、中断或消失（如古代印度文明的断层、古巴比伦文明的消失）、交汇或融合（古代东方文明中不同民族、不同程度文明的冲突、交汇，甚至走向融合），都是由历史整体运动的结构功能同向性所决定的。

　　当我们认识了历史运动的整体方式，我们就会认识历史整体运动的传存性、层次性、功能同向性特征。揭示这些特征的意义在于以下两个方面。

　　第一，在整体运动的遗传基因——文化基因消失以前，旧的历史整体运动是绝不会被取代的。无论历史出现什么样的灾难、冲击和震荡，只要旧有的文化基因得以比较完整地保存，旧有的历史整体运动的质就可以新的形式装扮出来，充分运行起来。为什么蒙古人南下、满族人入关，中国封建社会的历史机制不但没有失灵，反而为整体运动输送了大量的功力，发挥了超前的能量？为什么中国近代屡遭殖民主义、帝国主义的经济、文化、军事侵略，既没有伴生出完整的资本主义，又没有被沦入近代印度的历史命运？……原因在于，封建文化成为一种善于改变

---

① 详见本书"论史学思维模式的转换"相关内容。

形式以保持自己的生存，从而成为近乎无坚不摧的神秘的"软武器"。

第二，在历史整体运动的母结构发生质变以前，历史的整体运动是绝不会发生什么飞跃的，只会以老牛拉破车的方式徐徐前趋。中国资本主义萌芽没有最终成为既成的历史统治，原因在于新的所有制结构最终没有突破整体质的临界点，市民阶级便没有成长起来，新的反封建的文化也便没有蓬勃成长。相反，在欧洲中世纪末期，居于沿海地区的城市、交通要冲的城镇雨后春笋般地发展起来，并以网络交叉的形式在西欧展开，城镇产业中的工商业经济迅速抢夺了农业经济的主导地位，社会结构中的雇佣劳动制度开始占据上风，社会集团中的新贵族、市民阶级逐步成形并影响日增，权力结构中国会的力量日益增强，新风尚、新文化同时蔓延开来，旧的所有制结构、旧的政治体制、旧的文化基因遂被瓦解，直至崩溃和死亡。于是，英国革命、法国革命相继取得成功，并席卷欧洲，形成世界性红色风暴。

认识历史的整体运动及其特性，我们就会发现，历史是一部具有复杂的人格个性、具有无穷的创造力和毁坏力、高扬着主体性精神的历史。历史的丰富多彩如同历史整体运动的曲折起伏、消长代兴、杂糅交汇、断裂荡毁一样富有生机。在这里，一切片面的观点、绝对的说教、僵化的模式都将显得苍白无力。

三 对社会历史整体运动开展总体研究

既然社会历史运动是以整体运动的形式出现的，因此，研究历史的总指向，就在于揭示历史演进的系统因果律。充分认识历史整体运动的系统因果律，必然要开展历史的总体研究。历史的总体研究——诸如立体交叉研究法、层次研究法、动态研究法——是研究历史整体运动、揭示整体运动系统因果律所特有的方法和技术手段。

所谓立体交叉研究，又称全方位研究。它是以历史整体运动的整体性原则为出发点，立足于任何事物都是由各要素按等级秩序组成的有机整体的观点，分析历史运动的整体与部分、整体与环境、部分与部分之间的相互联系，阐明整体运动通过系统网络发生作用的过程，即全方位效应。这种分析方法使史学工作者对历史运动的各个要素——诸如历史人物、历史事件、典章制度——的把握,转变为把透视点放到历史运动诸要素的交互作用、总体的变化、发展方面,这就抓住了历史运动的最基本特点:一切历史的因素都参与了历史的运动。从而可以最大限度地避免视角的失误与结论的偏差,尤其是克服在许多领域表现出来的不自觉地以偏概全之失。实质上,它把唯物辩证法所强调的全面的观点、联系的观点升华到了历史唯物主义的理论高度,具体化为历史研究的方法。这就是,研究的纵向深入,是把考察对象作为历史整体中的元素,做不突破整体规范的研究,探讨所分析对象在整体运动功能中的地位和作用;研究的横向概括,是对构成历史整体运动诸元素的总体认识,以整体机制为对象探讨历史整体功能的性质。①

层次研究,是依据系统论所揭示的整体是由诸元素的有序性集合而产生的一种分析方法。它揭示了事物间内在的联系层次和外部的联系层次,历史发展过程的阶段性,历史运动由量的增减到部分质的扩张,由局部质的变化到整体质的变化,这样周而复始,而每一阶段都是前一阶段在更高层次上的否定之有序变化的过程,充分说明事物的发展是一个多层次、多侧面、多向度的动态发展过程。这不论是对于马克思主义关于量变质变规律、矛盾普遍联系原理,还是列宁关于社会历史变化诸因素力的作用不平衡原理,都是更进一步的展开和论证。这样,一切不同类别的联系、一切不同质的联系都将在这种分析中被揭示出来,历史的认识就更加细致和清晰了。这样,历史发展的多重性、多维性,力的多向性,因果关系的系统性,历史人物的多面性等,都可以通过它得以充分地展示出来。当我们回头对历史发展的主体之一——人民群众的历史作用进行考察时,就会发觉:"人民群众是历史的主人"之说,充其量只是说明了人民群众具有伟大的创造力。但我们还发现:人民群众的历史创造作用,受群体内部的制约;受统治阶级的制约;受历史文化的制约;受地理环境的制约。总括起来,可以得出两点认识。第一,一切人都参与了历史的创造,历史的创造主体是分为层次的。总体的创造活动,总是在诸多力的平衡体上进行的,他们在各个层次的创造作用,具

---

① 关于这一点,在本书"论史学思维模式的转换"中详有述说,此不赘述。

有不可替代的历史意义。第二，即便是主体中的各个层面，如人民群众，对历史的创造也是分为如上四个主要层次的。可以说，当把层次研究运用到历史领域的具体研究中，我们就可以反思一些似是而非的历史命题，就会进入历史研究的柳暗花明，更不会产生历史研究的"有穷"之叹。

动态研究。如果系统运动是封闭的，那么，其发展结果必然是一个"怪圈"。但事实是，由于历史整体运动的主体是人，而且随着人们交往范围的扩大，必将打破民族和国家的界限。民族与民族，国家与国家，人类与自然常常会产生"共振"效应。因此，历史的整体运动是一个开放的、动态的系统。揭示这个整体与外界发生关系、作用，解开其中奥秘的特有方法，就是动态分析方法了。这种方法的认识论基础是普里高津博士的耗散结构理论。这种理论认为，在一个远离平衡区域的开放体系中，外力的作用或内力的涨落，都会使旧平衡体瓦解，全新的更高级结构得以建立。这个过程，就是由混沌走向有序，由破坏走向重建的过程。普里高津根据玻尔提出的互补概念，在研究中确立了互补范畴：决定论与非决定论，动力学与热力学，力学规律与统计规律，简单性和复杂性，局部性和整体性，平衡和不平衡，有序和无序，等等。这些互补范畴，是整体协调辩证法的体现和对它的丰富。这一理论揭示了两点重要的方法论意义。第一，事物发展的规律对发展方向、规模、性质的决定作用，是由非决定走向决定的，即是说，历史规律没有为历史发展事先设计出一条轨道，它对历史的决定作用是在历史的复杂性中逐层体现出来的。经济因素对历史发展的作用，恐怕也只能作如是理解；否则，会导向历史机械主义。第二，从不平衡到平衡，从混沌到有序，历史发展的随机性有重大作用、深远影响。任何事物的发展，处在突破质的临界点时，总是由偶然性导致的。在这个意义上，诚如法国史学家布莱斯·帕斯卡尔所言："克鲁巴特拉的鼻子要是短一些，整个世界的面貌会不同的。"历史运动的规模大小、速度快慢、何种方式，常常由随机性来加以体现。历史的偶然性，使得人类的活动复杂莫测；研究历史动态的随机因素，对于丰富历史的认识常常起到关键作用。只有充分地研究历史的偶然性，才能有力地揭示历史的必然性。托夫勒对普里高津研究的评述，寓意颇深，他说道："普里高津的研究，不仅把偶然与必然结合起来,并且实际上阐明了它们彼此之间的关系。简而言之,他坚决主张,在一个结构'跃'向复杂性的新阶段的临界点上,在实践中,甚至在原则上,都不可能预定在多种可能的形态中,它究竟选择哪一种。然而,路径一经选定,新的结构一旦形成,决定论的机制又将占统治地位。"[1]

系统因果律表明:事物的存在与发展由该事物的系统整体决定。换言之,系统中各要素之间互为因果正负反馈,由此形成了系统的整体效应。开展对历史整体运动进行总体研究的诸方法,正是揭示整体运动系统因果律行之有效的方法,是理解社会历史发展整体性规律的一把钥匙。

---

[1] 参见[美]阿尔文·托夫勒《第三次浪潮·白蚁的启示》,朱志焱等译,生活·读书·新知三联书店1986年版。

东方地理环境与中国历史发展

在中国古代学者中，大约从《礼记·王制》篇的作者开始起，就注意到了地理环境对民族文化的形成和发展的作用以及影响，但却没有在理论上做很好的说明。在西方，从亚里士多德的《政治学》、孟德斯鸠的《论法的精神》到卜克尔的《英国文化史》、米契柯夫的《文化与历史巨河》，不仅充分注意到地理环境对历史发展的作用，而且把这种作用夸大到无以复加的地步，导致了"地理环境决定论"的失误。1938年，在苏联出现了一种对"地理环境决定论"的权威批判，批判意见认为：地理环境不可能成为社会发展的主要原因，决定的原因，因为这在几万年间几乎保持不变的主要的现象，决不能成为在几百年间就发生根本变化的现象的主要原因。[①] 这个结论，把地理环境当成一种脱离人类的单纯的外在的东西，把人类与地理环境的关系简单地看成动、静不对应关系，当然又走向了另一个极端。其实，我们的血肉早已融化在自然环境之中，客观限制与主观努力、地理环境与人类活动的双向制约关系，将贯彻自然史和人类史的始终。从离开主体的感性物质活动的角度理解自然环境，当然会抹杀其在历史发展过程中的重要作用。

其实，马克思主义经典作家们既把生产力的发展看作人类生存和发展的巨大动力，社会形态不断更替的归根到底的力量，又把人类历史上的阶级斗争看成是直接推动历史进步的巨大杠杆，是作为深层动力形态的生产力的表现和反映；同时，还把地理环境看成是推动人类前进的潜在力量，当参与人和物的因素之后，地理环境也成为人类进步的一种现实的力量。

[①] 参见《联共（布）党史简明教程》，人民出版社1972年版，第132页。

一 马克思主义经典作家依据地理环境对区域性历史发展的作用，把人类文化分成东方与西方两种类型

马克思主义经典作家们在建造其历史唯物主义大厦时，充分注意到地理环境的重大作用，主张历史研究的出发点是历史活动的主体和它的载体。他们认为："任何人类历史的第一个前提无疑是有生命的个人的存在。因此第一个需要确定的具体事实就是这些个人的肉体组织，以及受肉体组织制约的他们与自然界的关系。……任何历史记载都应当从这些自然基础以及它们在历史进程中由于人们的活动而发生的变更出发。"① 但是，正是唯物史观的创始人为了避免"地理环境决定论"的偏失，所以恩格斯才把地理环境"包括在经济关系中"②，它作为人类的实践对象而进入社会。一个优良的地理环境，有利于人类生息、繁衍，为社会生产力的发展提供便利，在经济范畴内，往往与生产力合而为一，在更深更广的领域通过生产力动力形态体现出来。一个恶劣的地理环境，从主体上说是人类生存和发展的巨大阻力；但从客体上说，它却刺激人们产生改造自然的无穷智慧和巨大力量，客观上变成历史发展的动力。这种动力，是地理环境力形态的曲折反映。正是在这一点上，才显示出人与动物的本质区别："人则通过他所作出的改变来使自然界为自己的目的服务，来支配自然界。"③ 正是在我们试图驾驭支配自然界过程中出现的反抗力时，"我们一天天地学会更加正确地理解自然规律，学会认识我们对自然界的惯常行程的干涉所引起的比较近或比较远的影响。特别从本世纪自然科学大踏步前进以来，我们就愈来愈能够认识到，因而也学会支配至少是我们最普通的生产行为所引起的比较远的自然影响。"④ 不论是远古，还是现代社会，地理环境的巨大作用事实上是通过人类智慧的表现过程，曲折地变成了社会现实的生产力，推动

---

① 参见《马克思恩格斯全集》第3卷，人民出版社1956年版，第23页。
② 参见《马克思恩格斯书信选集》，人民出版社1972年版，第516页。
③ 参见《马克思恩格斯选集》第3卷，人民出版社1972年版，第517、518页。
④ 同上。

了历史的巨大发展。不仅如此，还在地理环境进入社会领域后，在人类所结成的不同的生产方式、生活方式，乃至阶级结构的诸多范围内打上它的浓重印记，对社会历史的发展产生远期效应。

马克思主义经典作家们不仅从宏观的角度在理论上对地理环境的重大历史作用进行了阐释，而且看到了区域性的、体现着自然条件制约的文化基因与不同类型的民族文化的特殊关系。马克思指出："不同的公社在各自的自然环境中，找到不同的生产资料和不同的生活资料，因此，它们的生产方式、生活方式和产品，也就各不相同。这种自然的差别，在公社互相接触时引起了产品的互相交换，从而使这些产品逐渐变成商品。"[①] 人类早先是附着在特定的自然环境条件之上的，依着不同的改造对象，就形成了本部落、氏族、平民阶层与上层社会所特有的文化。依照区域性地理环境对区域性历史发展的作用，马克思主义经典作家们就把人类文化分为古代东方的和西方的两种类型。

在地处亚热带、暖温带、三面封闭一面临海、地理环境较为单一的古代东方，以血缘为纽带的农村公社中，形成了以家族为联合体向自然开战的重农型小农经济结构；又由于它是一种经验型的经济联合体，所以又形成了老者、长者、尊者本位，个人专断的文化特色，最突出的是以亲亲贵贵、尊尊卑卑为表现形式的血统论、等级制；这种农村公社，成为以后一切阶级关系形成的摇篮和基点，以家庭为模板，形成了以"修、齐、治、平"为特色的政治文化；对自然的无可奈何，又表现为以敬天保民、天人交感为特色的思想文化；皇帝为自然的神圣代表，臣民以忠君守孝为最高人生信条，便形成了以忠孝纲常为特色的伦理道德文化。而西欧由于地处大西洋、地中海沿岸的优良港湾，便由这种地理环境培育了典型如古希腊、古罗马的商业文明、民主政治体制、开放的文化心态。近代西欧便由海盗发展起来并形成了以冒险、商务、进取、科学、民主为特色的资本主义文化形态。在欧洲历史上，由日耳曼人大迁徙、马克公社的形成到尼德兰革命、英国资产阶级革命，以及横向发展的美国两次资产阶级革命、俄国资本主义的改革，都找到了一定的地理环境与区域性民族文化的形成、发展之特有的、必然的联系。

---

① 参见《马克思恩格斯全集》第23卷，人民出版社1972年版，第390页。

不仅如此，马克思主义经典作家还进一步认为，特定的区域性地理环境还为加速瓦解或巩固某种类型的历史文化提供催化剂和养料。譬如西欧各国之间便利的交通，民族间频繁的交往，以及西欧与美洲在地理大发现后的密切关系，便利了焚毁黑暗的中世纪的尼德兰革命之火在大西洋两岸的剧烈飘动。马克思和恩格斯就曾充分肯定了海洋联系与民族间思想、文化交流便利的意义；反之，恩格斯则在《奥地利末日的开端》一文中，非常精辟地指出了地理位置不优越给民族历史发展带来的灾难，以及造成社会发展的滞缓与落后。他说，德国境内部分地区之所以落后于西欧发展水平，在于它所处的地理条件把自己与文明区域相阻隔，而与更为落后和野蛮的区域联为一体，"内地，特别是贫瘠而交通阻塞的山区就成了野蛮和封建的避难所"[①]。因此，他基于这样的认识，便就古代东方社会的特点，发人深思地以地理环境为出发点考察了东西方两种文明的差异。恩格斯在1853年6月6日于曼彻斯特致马克思的书信中谈道："东方各民族为什么没有达到土地私有制，甚至没有达到封建的土地私有制呢？我认为，这主要是由于气候和土壤的性质，特别是由于大沙漠地带，这个地带从撒哈拉经过阿拉伯、波斯、印度和鞑靼直到亚洲高原的最高地区。"[②] 这个观点被马克思所肯定。四天之后，即6月10日，马克思写成《不列颠在印度的统治》，指出："气候和土地条件，特别是从撒哈拉经过阿拉伯、波斯、印度和鞑靼区直至最高的亚洲高原的一片广大的沙漠地带，使利用渠道和水利工程的人工灌溉设施成了东方农业的基础。"[③]

普列汉诺夫从马克思主义经典作家关于区域性地理环境同古代东方的农业文明和古代西方的商业文明之差异的粗略论述中，找到了历史发展的普遍规律与特殊规律的差别，特定的地理环境对各民族历史发展的不同作用。

普列汉诺夫首先对马克思恩格斯关于古代东、西方文明类型的差异之成因作了更为清晰的说明：如果这两种类型彼此有着很大区别，那么

---

① 参见《马克思恩格斯全集》第4卷，人民出版社1958年版，第517页。
② 参见《马克思恩格斯全集》第28卷，人民出版社1973年版，第260—263页。
③ 参见《马克思恩格斯选集》第2卷，人民出版社1972年版，第64页。

它们的主要特征是在地理环境的影响之下形成的。① 其次，他不仅看到了特定的地理环境对于形成不同质的民族文化的影响，还看到了它与各民族历史发展方向之内在的、必然的联系，从而找到了世界历史发展多元化、多线性的钥匙。人类的经济发展是在地理条件的影响下进行的，正是由于某个社会的地理环境的这种或那种性质，经济发展才以或快或慢的速度进行，并采取这种或那种方向。② 因此，普列汉诺夫对两种地域文化类型做了这样的总括："在中国和阿提喀，在北美洲平原和尼罗河沿岸，发展初期的社会关系形式是完全一样的，可以说是相同的。研究原始制度的科学到处都发现譬如说氏族生活方式。显然，人类有着同一个出发点。但是，由于生存斗争的自然条件不同，因此人类共同生活的形式也渐渐具有不同的性质。到处相同的氏族生活方式让位给各种不同的社会关系。雅典社会制度不同于中国制度；西方的经济发展进程根本不同于东方的经济发展进程。当然，这里有许多东西也依赖于该社会的历史环境的影响，但人类发展的地理背景，毕竟无疑地表现出强烈的影响。"③ 在普列汉诺夫的思想中，也只是在理论上比马克思主义经典作家们关于中国历史发展与东方地理环境的论述略为具体一点，尚须明确释论。不过，从马克思恩格斯那里开始，中经普列汉诺夫关于区域性地理环境同古代东方与西方两类文化形态的划分、论述，为我们进一步阐发中国历史发展与东方地理环境之间的关系提供了理论指导，先哲们的思路为我们推进对这一问题的认识奠定了扎实的基础。

二 东方地理环境影响中国历史发展

中国历史发展所赖为依托的东亚大陆，东南口衔沧海，北面镶嵌大漠草原，西南横亘世界屋脊的青藏高原，四面屏障，地理环境颇具特

---

① 参见《普列汉诺夫哲学著作选集》第3卷，生活·读书·新知三联书店1962年版，第178页。
② 参见《普列汉诺夫哲学著作选集》第4卷，生活·读书·新知三联书店1974年版，第44页。
③ 同上。

征。适应于黄河流域土壤、气候、水资源的经济生活,农业——以家庭为单位,以村寨自然群落为依托的自给自足的农耕组织——成为社会经济生活中最重要的部分。重农轻商、重本抑末、与封建社会相始终的海禁政策长期施行,便使这种重农型经济文化又兼具闭锁性特征,凝结为重农——闭锁型经济文化。而生存于北方草原的慓悍民族,一次又一次地成为中国古代历史发展的强大压力。永嘉之乱、安史之乱、靖康之乱等,都是北方少数民族南进,造成中原地区混乱,逼迫汉民族作大规模的南徙。南方温和的气候、充足的雨水、冬季的温湿、单位面积产量的增高、收成的稳定、经济作物的适应性等优于北方农业区的甜头;天堑长江、秀美山川的安全感,伴随着民族南徙的巨大内冲动。① 重农型的经济一次又一次地被推向前进,一次又一次地销镕了蛮族南进的雄风,"野蛮的征服者总是被那些他们所征服的民族的较高文明所征服"②。北方蛮族每一次南进的结果,都带来了以中原文化为中心之汉文化圈的扩大,以自给自足的自然经济为特色的小农经济的触角的南伸。这一方面是以汉民族为主体的多民族疆域的扩大;另一方面是建立在广阔的小农经济文化基础上的专制主义中央集权国家辐射面的扩充。

　　膏腴的土壤,促成了生活于黄河中上游、长江中下游先民们以氏族、部落为中心,以血缘为纽带联合向大自然开战的自给自足的小农经济。小农经济顽强的再生机制与趋应地理条件而蔓延的功能,一再伴随着中国古史上巨大的、周期性的政治震荡(农民起义、蛮族南进)而再现出来。从最早发源于黄河中游的河谷平原、山间台地,向江汉平原、江淮平原,向长江三角洲、杭州湾三角洲,向珠江三角洲、四川盆地扩张,呈放射状(扇形面)展开,建筑了2000多年中国古史发展的经济基础,造就了如马克思所惊叹的奇观:"这些自给自足的公社不断地按照同一形式把自己再生产出来,当它们偶然遭到破坏时,会在同一地点以同一名称再建立起来,这种公社的简单的生产机体,为揭示下面这个秘密提供了一把钥匙:亚洲各国不断瓦解、不断重建和经常改朝换

---

① 参见陈正祥《中国文化地理·中国文化中心的迁移》,生活·读书·新知三联书店1983年版。

② 参见《马克思恩格斯选集》第2卷,人民出版社1972年版,第70页。

代，与此截然相反，亚洲的社会却没有变化。"① 不发达的物质、能量、信息的输出和输入的封闭性系统总是趋于不以时间为转移的、带有最大熵和最小限度自由能量的平衡态，趋于无序的混乱的震荡之中。封闭系统全部功能的代数之和趋于零，其运动本身就无法获得持续的功。因此而形成的中国古代社会的根本特点——封闭市场结构制约下耕织互补的小农经济运动，无法为中国封建社会的整体质变提供足量的功力，从而导致了中国古代社会的频频量变和局部的质的扩张，却始终没有获得突破整体质变之临界点的能量，于是，中国封建社会得以长足地、稳定地向着时间的延伸方向发展。这就是中国历史发展所选择的一种与欧洲古代社会发展道路截然相反的模式。

西欧历史拥有与东方中华民族相反的地理条件——平原与海洋合一，海港的优势——造就了与此相适应的生存方式，培养了重商型、开放型的经济文化。伴随着日耳曼人的大迁徙，以地域组合代替血缘纽带，奠定了西欧近代国家的躯体。海洋的诱惑与资本原始积累的增长，中世纪的不发达最终为发达的资本主义所迅速取代。世界范围内的探险与坚船利炮的优越以及东亚沿海登陆之便的吸引，大胆的殖民入侵活动便对古老而日趋僵死的中华文明展开严峻而现实的挑战，于是，就促成了近代中国历史上东西方两种社会形态的激烈搏斗，两种历史发展模式的激烈竞争。结果，东方古老的、传统的、封闭的、垂死的经济文化为近代西方新型的、勃发的、进取的、开放的经济文化所击败。这是中华文化和西欧文明在近代产生差距乃至优劣倒置的基本原因。

以农业文明为特色的古代东方文化，最突出地表现为对水资源、水利的特殊倚重。面对地势较大的起伏，降水量分布的极大差异，大河湖泊的此涨彼落，乃至改道的泛滥，单一的小农经济——以家族为内核的农村公社，面对干旱的打击与洪水的冲击，简直无能为力而面呈沮丧、望洋兴叹！何况他们彼此处在完全隔离的状态，缺乏经济上的任何联系。一方面，完全隔离的农村公社的共同经济要求，成为中国古代专制制度产生的自然基础；另一方面，由于古代先民的文明程度较低，幅员太大，不能产生自愿的联合，所以必须由"中央集权的政府"来干预

---

① 参见《马克思恩格斯全集》第23卷，人民出版社1972年版，第396—397页。

满足"节省用水"和"共同用水"的"基本的要求"①。建立在男耕女织的小农经济基础之上的专制主义中央集权，正是以特定的地理环境为中介，反映着经济运动要求的政治结果，是古代先民—自然环境—小农经济—专制主义中央集权链之运转的必然反映。东方地理环境的优越性体现得越充分，中国古代社会就越巩固；反之，专制主义中央集权就必然经历改铸乃至重建的陈病痼疾。中国古代的历次经济危机与政治震荡，莫不与特定的地理环境之潜在作用的发挥有着密切而深刻的联系。即如中国古代的历次农民战争，虽以阶级关系恶化、生产力衰退为前提，但莫不以特定的自然条件的反作用为契机而表现出来。前者是历史事变产生的必要条件，后者则是其充分条件。这在理论上可表述为，在阶级社会里，人类与自然的矛盾仍然是经常存在的、表现尖锐的，它只是经常地被通过阶级斗争的形式而表现出来的生产力与生产关系的矛盾所掩盖了。譬如，历代黄河的水灾是黄河流域人民与自然的矛盾表现之一，然而历代的黄河水灾，都是统治者在颟顸无能以及残酷剥削榨取制度的一个侧面表现，因而历代黄河水灾的实质，是通过人类对自然的矛盾而表现出来的生产力与生产关系的矛盾的一种表现形式。在这个场合，人类对自然的矛盾是它的形式，生产力和生产关系的矛盾是它的实质。但这并不是说人类对自然的矛盾是不存在的，恰恰相反，它却为生产力与生产关系所激扬、所高涨，而成为替鬼还魂的肉身了。②

根植于特定的东方地理环境与小农经济的这种封建主义中央集权，固然在中国历史上起过积极作用，这是不用讨论的问题。但是，由于它有着长达2000多年的历史，如同枷锁一样套在中华民族身上，这就极端地扼杀了民族的主体意识、创造意识。一方面，作为专制主义中央集权存在基础而以灌溉农业为特色的小农经济的成员，"他们把自己的全部注意力集中在一块小得可怜的土地上，静静地看着整个帝国的崩溃、各种难以形容的残暴行为和大城市居民的被屠杀，就像观看自然现象那样无动于衷"③；另一方面，小农经济"使人的头脑局限在极小的范围

---

① 参见《马克思恩格斯选集》第2卷，人民出版社1972年版，第64页。
② 参见［苏］马特《哲学的学习与运用的几个哲学问题试答》，人民出版社1956年版，第98—99页。
③ 参见《马克思恩格斯选集》第2卷，人民出版社1972年版，第67页。

内，成为迷信的驯服工具，成为传统规则的奴隶，表现不出任何伟大和任何历史首创精神"①。这种打上浓重自然环境色彩的历史文化随着世事的变迁，不断沉淀于中国历史发展的各阶段，就酿成了极为严重的历史惰性。大小官吏的二重人格，全部政治机构的专制特性，民族成员相当数量在相当长的时间内冷漠坐视，乃至于盲目自大、中央帝国的优越感，小农经济的自私性、闭塞性、狭隘性渗透于社会的各个层面。这集中表现为政治、经济与观念上的保守性。"……保存现状，连在黑屋子开一个窗也不肯，还有种种不可开的理由，但倘有人要来连屋顶也掀掉它，他这才魂飞魄散，设法调解，折中之后，许开一个窗，但总在伺机想把它塞起来。"② 封闭的自然条件，具备专制功能的政治结构、小农型经济要素的组合，使具有浓厚惰性质的历史文化遗传基因在历史长河中颇具生命力，并在历史发展的诸阶段以各种历史运动为表现形式得以再现出来，甚至伴随着历史运动的契机，左右历史发展的进程。根植于小农经济的民族文化——注重伦理道德，以儒家思想为主体的传统的、古典的文化机制——常常使这种民族文化的惰性得到巩固和维护。这不仅是中国古代四大发明不能成为中国文化产生质变的助产士，中国文明不能随着时代的巨变而跃进的奥秘之所在；而且也反映出这种历史文化惰性质的遗传之祸害，"实在可以使中国人败亡，无论有没有外敌"③。

中国近代政治、经济的畸形态，正与这种带有惰性质文化机制有着千丝万缕的联系，这种被打上浓重的自然环境烙印的民族文化反映在中国近代历史上，简直成为民族前进的超负荷的压力。根植于小农经济、带有浓重的自然色彩的民族文化，是妨碍中国近代化的主导因素。在文化上，它拘泥和固守中国古代的文明，妄自尊大，故步自封，排斥不同质的、更高级的文明形态。所谓"立国之道尚礼义不尚权谋，根本之图在人心不在技艺……天文算学必须讲习，博采旁求，必有精其术者，何必夷人，何必师事夷？"④把西方近代的科学技术指斥为"奇技淫巧"而拒之，以封建的伦理纲常反对当时反映着历史发展进步趋势的近代资

---

① 参见《马克思恩格斯选集》第2卷，人民出版社1972年版，第67页。
② 参见《鲁迅全集》第13卷，人民文学出版社1981年版，第107页。
③ 参见《鲁迅全集》第3卷，人民文学出版社1981年版，第26页。
④ 参见《筹办夷务始末》第47卷，同治朝，第24页。

产阶级文化，什么"曰教忠，陈述本朝德泽深厚，使薄侮臣民，咸怀忠良，以保国也；曰明纲，三纲为中国神圣相传之至教，礼政之原本，人禽之大防，以保教也……曰正权，辨上下，定民志，斥民权之乱政也……"① 攻击文化改造，维新思想是"无父无君之邪说"②，给近代中国历史发展扣上了沉重之枷，成为近代进步思想传播的阻碍，成为近代中国赶上世界先进潮流的桎梏。在经济上，用传统的重义轻利之伦理道德加以评判，指责近代工业文明、商品经济，维护小农经济。"一闻铁路、电报，痛心疾首，群起阻难，至有以见洋人机器为公愤者。"③ 把近代工业文明看成是欺世害人的罪恶，把商品经济斥为违反"农本商末"祖训的洪水猛兽。这成为近代中国发展先进生产力——资本主义经济的严重障碍，加强了文化上的保守性。在政治上，抱着失之客观的民族优越感，盲目鄙夷近代西方文明，甚至于盲目排外仇外；基于封建道德的评判标准，对近代社会的维新、革命持冷漠乃至反感的态度，客观上加剧了中国近代革命的艰巨性。即便是有着受支配于强烈的民族自尊心而反抗殖民主义、帝国主义的太平天国运动、义和团运动等全国规模的壮举，也未能自觉地化作改变中国近代社会性质（形态）的行动。辛亥革命虽然从社会性质上着手改造中国，但因主要地失之全民族的支持而败倒下去。即便是在辛亥革命前夕，甚至连相当部分的民族资产阶级还热衷于立宪，吁请速开国会"而销革党之诡势也"④；至于辛亥革命之中，则随处可见一些不支持、不觉悟的可悲场景："清的末年，社会上大抵恶革命党如蛇蝎"⑤；"上层的改变是不少了，无教育的农民，却还未得到一点什么新的有益的东西，依然是旧日的迷信，旧日的讹传，在拼命的救死和逃死中自速其死"⑥。无怪乎鲁迅先生针对辛亥革命的失败，深刻地总结其失败的原因，指出促使革命成功的"第

---

① 参见（清）张之洞《劝学篇序》，广西师大出版社2008年版。冯天瑜、张艳国主编：《儒藏》精华编第197册，北京大学出版社2014年版。
② 参见（清）胡思敬《戊戌履霜录》，上海人民出版社1957年版。
③ 参见（清）郭嵩焘《养知书屋遗集·致李鸿章书》，艺文出版社1970年版。
④ 参见《国会请愿代表第二次都察院代表奏书汇录》，《国风报》1913年第9号。
⑤ 参见《鲁迅全集》第3卷，人民文学出版社1981年版，第102页。
⑥ 参见《鲁迅全集》第5卷，人民文学出版社1981年版，第548页。

一要著,是在改变他们(指全民族——引者注)的精神"[1]。

综上可以得出,中华民族所拥有的地理环境在历史上所起的巨大作用,要么以物化的、静止的形态直接对历史发展产生作用,要么以可变的民族文化形态反映出来,与历史发展的其他要素相关联,影响历史的变化、发展。总之,它不是独立地、起决定作用地在历史形态中表现出来,而始终与社会的生产力运动、阶级矛盾的演变等因素相密切联系,交相产生历史的作用。然而,中华民族所特有的、特定的东方地理环境在中国历史发展中的强烈作用,确是中国历史发展的突出特色之一。

---

[1] 参见《鲁迅全集》第1卷,人民文学出版社1981年版,第417页。

论历史评价与道德评价[*]

人们认识社会发展的历史进程，对重大历史事件和历史人物品评成败得失，吸取历史的经验教训，往往通过历史评价与道德评价实现；在马克思主义唯物辩证法的指导下，科学地进行历史评价和道德评价，才能真正得到资于治世、垂训后人的历史启示，获得真实的历史知识和正确的历史认识；反之，就会错误地进行历史总结，得出荒谬的历史认识，既无益于自身的历史修养，又有害于社会进步。新中国成立以来，尤其是中共十一届三中全会以来，在马克思主义史学理论的指导下，史学界在正确进行历史评价和道德评价方面，取得了显著成绩，推动了史学研究的发展。但是，也毋庸讳言，在这个领域也受到过错误思潮的影响，例如前些年有人打着历史评价的旗号，认为帝国主义、殖民主义侵略和殖民活动有助于社会进步，为李鸿章卖国主义"翻案"；也有人打着道德评价的旗号，从旧道德出发，非难社会主义商品经济的发展。凡此种种，都在学术研究，甚至是社会生活领域产生了消极作用，混淆了是非，搞乱了思想，应该运用马克思主义的唯物辩证法和史学理论，予以澄清。

正本必须清源。要批判和回击史学领域在历史评价和道德评价中出现的错误观点和反动观念，必须依靠马克思主义关于历史评价与道德评价理论的正确指导，坚持和捍卫马克思主义在历史评价与道德评价上的唯物辩证法。什么是历史评价？什么是道德评价？在史学研究中如何运用和处理好它们之间的相互关系？马克思主义史学理论早就有明确的看

---

[*] 本文是笔者与周溯源同志合写。

法，是非分明，不容模糊。本文拟就学习中的体会并结合史学研究中的一些问题略陈己见，不妥之处请批评指正。

一 唯物辩证法是历史评价的活的灵魂

对人类历史发展过程及其人和事进行历史的评价，这并不是马克思主义的发明。早在人类进入到阶级社会，人们就已经开始进行历史评价了。在奴隶社会，统治阶级称劳动阶级为"小人""畜民"；封建史家称农民起义英雄为"盗贼""流寇"；在近代，资产阶级史学家为了论证资本主义制度的历史合理性，认为中世纪是千年来普遍野蛮状态引起的历史进程的中断，是"黑暗的中世纪"，而资本主义则是人类历史发展的"绝对的最后的形式"[①]。随着历史的发展，文明的进化，从奴隶社会到资本主义社会，主体对人类历程的反思，对历史评价的认识愈益深化。历史上的历史评价，虽然不乏一些合理的、可供批判继承的思想内核，但从总体上和性质上说，则是旧时代思想的集中体现和代表，是为剥削制度服务的。马克思主义历史评价理论的伟大功绩正在于，批判地继承了旧历史评价一切合理的思想材料，汲取了人类认识史上关于历史评价的智慧，改造了在唯心史观支配下的历史评价理论、方法及其价值体系，拨乱反正，建立了与历史上一切错误的、反动的历史评价相对立地充满了唯物辩证法光辉的历史评价理论体系与科学方法。因此，马克思主义历史评价理论与方法具有如下两大十分鲜明的特征。

一是它的阶级性和革命性。它与一切剥削阶级的历史评价的价值标准相对立，总是站在历史发展的角度，同情被剥削阶级的苦难，申斥剥削阶级的历史罪恶；马克思主义历史评价理论公开申明它是为无产阶级和人类解放服务的。因此，马克思主义历史评价理论强调，"必须牢牢把握住社会阶级划分的事实，阶级统治形式改变的事实，把它作为基本的指导线索，并用这个观点去分析一切社会问题，即经济、政治、精神

---

① 参见《马克思恩格斯选集》第2卷，人民出版社1972年版，第212页。

和宗教等等问题"①。

二是它的科学性和严肃性。马克思主义的历史评价，是立足于唯物辩证法的，从而拯救了基于唯心主义辩证法的资产阶级历史评价。它不认为历史评价对象——人类历史发展过程及其主体活动，是"神的旨意"或"绝对精神"的产物，而是历史主体实践的结果，是主观和客观的辩证统一，历史发展过程及其主体活动是客观存在的，这种客观存在又有不可改变和任意创造的内在规律。"现代唯物主义把历史看做人类的发展过程，而它的任务就在于发现这个过程的运动规律"②，"认为一切重要历史事件的终极原因和伟大动力是社会的经济发展、生产方式和交换方式的改变、由此产生的社会之划分为不同的阶级，以及这些阶级彼此之间的斗争"③。这样，就剔除了资本主义时代历史评价的科学伪装，并将历史评价这种史学认识形式推进到了唯物辩证法的彻底境地。

马克思主义史学理论范畴的历史评价，是充满唯物辩证法的历史认识活动，是站在无产阶级立场上对历史主义的具体运用，即科学地评判、总结、认识历史发展过程及其人和事。它是人们进行科学的历史认识的重要方法，历史评价中的唯物辩证法，是这种历史认识形式的活的灵魂。马克思主义历史评价的内涵，无不反映它的鲜明特征。概括起来说，它有如下几个方面的内容。

第一，历史活动中的主体，是受历史条件制约的主体，他们只能从当时当地的条件出发，进行历史活动；历史过程中的事物，是具体的历史因素所造成的，因此，评价历史发展的来龙去脉，评价历史发展过程中的主体活动，评价历史过程中的每一事物或事件，都应该"用历史的态度"，"历史地"对待它们，具体问题具体分析。

马克思主义一个基本的历史观点是，人们不能随心所欲地创造历史，总是从既定的生产方式出发，"在十分确定的前提和条件下"④ 进行历史活动。不可想象，在奴隶制生产方式下，有造纸、火药、印刷、

---

① 参见《列宁全集》第29卷，人民出版社1956年版，第434页。
② 参见《马克思恩格斯全集》第19卷，人民出版社1963年版，第224页。
③ 参见《马克思恩格斯选集》第3卷，人民出版社1972年版，第389页。
④ 参见《马克思恩格斯选集》第4卷，人民出版社1972年版，第477—478、225页。

指南针的发明；也不可想象，在封建生产方式下，火箭、卫星、宇宙飞船可以上天，人类可以潜海。因此，马克思主义的历史评价总"是以一定历史时期的物质经济生活条件来说明一切历史事变和观念、一切政治、哲学和宗教的"①。在历史研究中，马克思以资本主义生产方式与中世纪生产方式的比较为例，反对把它"当作一般范畴来考察"，而主张"从一定的历史的形式"和"特殊的历史的形式"来考察，即从历史条件出发，进行具体的历史研究；否则，"就不能超出庸俗的见解"②。

既然历史的发展与主体活动是有条件的、具体的，因此，马克思主义的历史评价，就是严格地从历史条件出发，具体问题具体分析。恩格斯曾经批评过旧唯物主义的缺陷是，在认识历史问题时，如同采用对自然界的"非历史的观点"一样，缺乏对事物的历史观点③，因此，马克思主义创始人主张，研究任何历史问题，都应该如同研究统治阶级及其思想那样，把"个人和历史环境"紧密地结合起来④，进行具体分析。列宁指出，"马克思主义要求我们一定要用历史的态度来考察斗争形式问题。脱离具体的历史环境来提这个问题，就等于不懂得辩证唯物主义的起码要求"⑤；他还说，"马克思辩证法要求对每一特殊的历史情况进行具体的分析"⑥，"在分析任何一个社会问题时，马克思主义理论的绝对要求，就是要把问题提到一定的历史范围之内"⑦。

总之，"历史地"评价历史过程及其人和事，最根本的要求是把评价对象严格地定位于当时、当地的具体条件、历史环境中，然后相应进行具体的分析。马克思主义经典作家是这样研究历史、评价历史事件、人物和历史发展过程的倡导者，又是这样进行历史评价的典范。

第二，历史的发展变化，历史事件的形成与消失，历史主体的创造活动，都受制于历史本身的普遍联系。这种联系表现为：从纵向上说，有前后发展关系、先后承继关系；就横向上说，有事物之间、历史主体

---

① 参见《马克思恩格斯选集》第2卷，人民出版社1972年版，第537页。
② 参见《马克思恩格斯全集》第26卷，第1册，人民出版社1972年版，第296页。
③ 参见《马克思恩格斯选集》第4卷，人民出版社1972年版，第477—478、225页。
④ 参见《马克思恩格斯选集》第1卷，人民出版社1972年版，第53页。
⑤ 参见《列宁选集》第1卷，人民出版社1972年第2版，第673页。
⑥ 参见《列宁选集》第2卷，人民出版社1972年第2版，第857、512页。
⑦ 同上。

之间的相互影响、互渗关系；就历史发展的环境来说，有内因与外因之间的联系。总之，历史发展中的普遍联系，是主体活动、历史演进的客观基础。因此，科学地进行历史评价，必须把握历史发展的普遍联系。

马克思主义经典作家进行历史评价时，总是严格地从历史联系出发，并以此作为建立唯物主义历史观的重要方法。在评价历史主体时，马克思主义经典作家总是提示人们重视主体在社会物质生产中的相互关系，"人在积极实现自己本质的过程中创造、生产人的社会联系"①，生产者借"这些社会关系"，"以互相交换其活动和参与共同生产的条件"②；在评价和判定每一社会结构的性质时，马克思主义经典作家总是从构成社会结构的历史联系出发，"每一历史时代主要的经济生产方式与交换方式以及必然由此产生的社会结构，是该时代政治的和精神的历史所赖以确立的基础，并且只有从这一基础出发，这一历史才能得到说明"③；在评价历史过程的演进时，马克思主义经典作家总是牢牢把握它的前后之间的发展联系。马克思指出："历史不外是各个世代的依次交替。每一代都利用以前各代遗留下来的材料、资金和生产力；由于这个缘故，每一代一方面在完全改变了的条件下继续从事先辈的活动，另一方面又通过完全改变了的活动来改变旧的条件"④；"单是由于后来的每一代人所得到的生产力都是前一代人已经取得而被他们当做原料来为新生产服务这一事实，就形成人们的历史中的联系，就形成人类的历史，这个历史随着人们的生产力以及人们的社会关系的愈益发展而愈益成为人类的历史"⑤。在评价杰出历史人物时，马克思主义经典作家总是把该历史人物放到当时人们的相互关系、当时历史发展的前后联系中考察。马克思主义经典作家指出："一个人的发展取决于和他直接或间接进行交往的其他一切人的发展；彼此发生关系的个人的世世代代是相互联系的，后代的肉体的存在是由他们的前代决定的，后代继承着前代积累起来的生产力和交往形式，这就决定了他们这一代的相互关系。总

---

① 参见《马克思恩格斯全集》第42卷，人民出版社1979年版，第24页。
② 参见《马克思恩格斯选集》第1卷，人民出版社1972年版，第362—363、237页。
③ 同上。
④ 参见《马克思恩格斯全集》第3卷，人民出版社1956年版，第51页。
⑤ 参见《马克思恩格斯选集》第4卷，人民出版社1972年版，第321页。

之，我们可以看到，发展不断地进行着，单个人的历史决不能脱离他以前的或同时代的个人的历史，而是由这种历史决定的。"① 恩格斯在评价18世纪法国启蒙思想家伏尔泰、卢梭、狄德罗、达兰贝尔达的思想时，认为不能忘记前一时代英国的思想家弥尔顿、艾尔杰楠·悉尼、博林布罗多和舍夫茨别，就是典范性地运用了这一方法。因此，马克思主义认为，在进行历史评价时，"要正确地认识它，要有把握地切实地解决它，就必须从历史上把它的全部发展过程加以考察"②，切不要忘记基本的历史联系。

总之，进行历史评价，具体地分析、评论历史中的人和事，要离开历史发展中的普遍联系，是不可能进行的。

第三，历史的发展变化，历史主体的活动，历史中的普遍联系，绝不是忽有忽无的，而表现为一个完整的过程，即有其发生、发展、消亡的相互联系。因此，科学地进行历史评价，必然地把历史发展变化、把历史中的主体活动、把历史事件，作为一个过程来考察，总结出带有规律性的认识。而研究者在评价这种发展过程时，马克思主义要求用发展的观点，站在新生事物方面和进步的方面进行观察和评论。

恩格斯在批评旧唯物主义的缺陷时，认为根本地在于它"不能把世界理解为一种过程，理解为一种处在不断的历史发展中的物质"，譬如，在对待中世纪历史时，由于它不能把这种历史作为一个发展的过程来考察，"这样一来，对伟大历史联系的合理看法就不可能产生"③。因此，与旧唯物主义相对立，马克思主义从唯物辩证法出发，把人类社会的发展理解为一个自然历史过程。马克思说，"整个所谓世界历史不外是人通过人的劳动而诞生的过程，是自然界对人说来的生成过程"④，"我的观点是：经济社会形态的发展是一种自然历史过程"⑤。由于把历史的发展变化作为一个过程来研究，因此，"要看某种现象在历史上怎样产生，在发展中经过了哪些主要阶段，并根据它的这种发展去考察这

---

① 参见《马克思恩格斯全集》第3卷，人民出版社1956年版，第515页。
② 参见《列宁全集》第29卷，人民出版社1956年版，第431页。
③ 参见《马克思恩格斯选集》第4卷，人民出版社1972年版，第224—225页。
④ 参见《马克思恩格斯全集》第42卷，人民出版社1979年版，第131页。
⑤ 参见《马克思恩格斯全集》第23卷，人民出版社1972年版，第12页。

一事物现在是怎样的"①。正是由于历史的发展，历史中人的作为和事件的演变体现为一个完整的过程性联系，因此，必须详细地占有历史材料，对历史过程中的历史联系进行具体分析，并得出带有规律性的认识。

总之，由于历史的发展展现为一个发展过程，因此，在进行历史评价时，对历史事件、历史人物就必须从历史上把它的全部发展过程加以考察，"最可靠、最必需、最重要的就是不要忘记基本的历史联系"，重视对事物进行"历史的考察"②；由于历史过程的演进，"一切发展，不管其内容如何，都可以看做一系列不同的发展阶段，它们以一个否定另一个的方式彼此联系着"③，因此，历史评价就必须站在历史发展的总趋势方面、进步性方面进行评论、判断，肯定一切进步的东西，否定一切反动的东西。

综上所论，简言之，马克思主义历史评价的主要内容是：从历史发展的普遍联系出发，具体问题具体分析；把历史的发展作为一个发展前进、上升递进的过程来考察，揭示出寓于其中的规律性认识。马克思主义历史评价的总要求是，站在历史发展的上升方面，站在历史发展的进步性方面，进行严肃的历史评价。

马克思主义唯物辩证法的历史评价，有其客观依据和标准，它不是人为地创造，而是从历史发展本身中产生的。因此，历史评价的标准，只能是历史的标准、历史主义的标准和客观的标准。它既不要求评论者站在当时历史发展中的某一个方面、某一个环节、某一个局部去品评其是非功过，成败得失；也不要求评论者从自己的主观愿望出发，脱离历史地品评历史的正误曲直；而是要求评论者站在历史发展的立场上，运用马克思主义的唯物辩证法去衡量该对象是否立于历史发展过程的前进方面、进步方面，代表或说明着这种发展的方向。从根本的意义上说，是看评价的对象最终是有利或有碍于这种过程的发展。当然，历史评价是研究主体的一种认识活动，难免根据评价对象的特殊性而运用一系列

---

① 参见《列宁选集》第4卷，人民出版社1972年第2版，第43页。
② 同上。
③ 参见《马克思恩格斯全集》第4卷，人民出版社1958年版，第329页。

的具体的标准，如阶级标准、政治标准、经济标准和道德标准，或者是其他一些标准，等等。但是，一切历史评价的具体标准、特殊标准，都应该与这一总的、根本的标准相统一、相一致。譬如，从每一阶段的具体历史条件出发，对人类历史上的若干剥削制度，马克思主义历来都是持谴责和鞭挞的态度的，但是，站在历史发展的总方向上，马克思主义又承认剥削阶级产生的历史必然性，并在一定限度内肯定其正当性和合理性，承认剥削阶级的历史作用，并给予一切剥削制度以应有的历史地位。[①] 在历史评价中，马克思主义总是把历史标准同道德标准及其他具体标准完美地统一起来了。总之，只有在历史标准的前提下，才有可供衡量的一切具体的、特殊的评价标准。

二 把道德评价放置在一定的具体的历史环境当中

在历史评价的结论中，常常离不开道德评价的判断。在史学研究中，历史评价与道德评价总是历史地、内在地关联着。什么是道德评价呢？作为史学范畴的道德评价，是对马克思主义伦理学关于道德学说的借用。

道德，是一种社会现象，随着人类的形成，它便产生了。道德是社会经济关系的产物，它随着经济条件的改变而发生或快或慢的改变。历史上抽象的道德和永恒的道德是没有的，只有历史的道德和具体的道德。道德，是社会意识形态的组成部分，是一种重要的意识形式，它是一定社会调整人们之间以及个人和社会之间关系的行为规范的总和。它比较直接地反映着人们在生产和社会生活中的相互关系，并使这些关系更全面、更细致地体现在人们的行为之中。它的内容极为广泛，包括调节人与人之间行为使之和睦相处，确定和巩固一定道德规范和道德关系准则，评价人们行为的标准，等等。

自从道德观产生以来，人们便自觉或不自觉地依据善和恶这对道德范畴对社会生活中的人和事进行评价。在原始社会，人们把共同劳动、

---

① 参见《马克思恩格斯全集》第21卷，人民出版社1965年版，第557—558页。

互相帮助、平均分配看成是道德的，加以肯定；在奴隶制社会，奴隶主阶级把绝对服从和人身依附看成是道德的，并予以固定化；在封建社会，地主阶级把忠君孝亲、宗法等级看成是道德的，并予以提倡和制度化；在近代社会，资产阶级把个人主义、利己主义看成是道德的，并加以维护；而无产阶级则有"自己的特殊的道德"①，它除了继承历史上一切优秀的道德外，还创立本阶级的道德体系，譬如，把集体主义、大公无私、公正守诚看成是基本的道德，并建构了自己的道德体系，作为社会主义核心价值观的重要内容予以培育、倡导和推广。总之，在社会历史中，人们总要经常地根据自己所属的阶级的利益并结合自己的政治观点和道德观点，去评价历史的发展，评价历史中的人和事。当他认为某种发展、某些人和事是道德的，便加以肯定和赞扬，形成一种正面的社会舆论的形式予以鼓励；当他认为这些是不道德的，便加以反对和谴责，形成一种抵制的舆论予以批评。对每个人来说，道德评价同样也是经常会用到的，他总是经常地运用他所持的道德标准评判自己的作为，只不过仅仅局限于内心反省罢了。虽然马克思主义也用善与恶、美与丑和真与假这对基本范畴来进行道德评价，但是，马克思主义毕竟不同于资产阶级以及历史上其他一切剥削阶级的价值标准，它从唯物辩证法出发，科学地考察了道德的起源，并用唯物辩证法的阳光照亮了衡量善恶标准的殿堂，从而使人们有了科学的道德评价依据。概括起来说，马克思主义的道德评价主要有以下内容。

第一，马克思主义认为，符合一定道德原则和行为规范的"善"与违背一定道德原则和行为规范的"恶"，衡量它们的标准，是在具体的历史条件下产生的。马克思主义坚持在历史的道德评价中，运用唯物辩证法来考察道德评价的善恶标准。在他看来，善恶标准是历史的产物，如同原始社会的善恶标准不同于奴隶制时代的善恶标准，封建时代的善恶标准又不同于资本主义制度下的善恶标准一样。"不是道德创造社会关系，而是社会关系创造了道德"②，在原始社会，"狩猎生活条件

---

① 参见恩格斯《反杜林论》，人民出版社1970年版，第91页。
② 参见《普列汉诺夫哲学著作选集》第2卷，生活·读书·新知三联书店1961年版，第227页。

下不但决定了这些部落的世界观,也决定了他们的道德观念"①。因此,在道德评价中判断善恶的标准,总是基于一定时代的经济状况,即受经济生活条件的制约。譬如,在资本主义殖民时代,他们总是把开拓生产的原料供应地和产品倾销地的武装侵略,说成是道德的和正义的;在早期资本主义时代,他们同样如此地把充满血和泪的资本原始积累说成是道德的和善美的。因此,在马克思主义看来,进行道德评价的善恶标准,总是与该时代的生产方式密切相关的。恩格斯指出:"我们断定,一切以往的道德论归根到底都是当时的社会经济状况的产物。"②

第二,在阶级社会里,道德与社会阶级的关系十分直接。在进行道德评价时,人们总是从自己阶级利益出发确立道德评价的善恶标准,即把对于自己及本阶级利益有利的事和行为说成是善的;反之,则看成是恶的。因此,在阶级社会里,人们进行道德评价的善恶标准,总是有阶级立场和历史局限的善恶标准。恩格斯指出:

> 如果我们看到,现代社会的三个阶级即封建贵族、资产阶级和无产阶级都各有自己的特殊的道德,那末我们由此只能得出这样的结论:人们自觉地或不自觉地,归根到底总是从他们阶级地位所依据的实际关系中——从他们进行生产和交换的经济关系中,吸取自己的道德观念。……而社会直到现在还是在阶级对立中运动的,所以道德始终是阶级的道德;它或者为统治阶级的统治和利益辩护,或者当被压迫阶级变得足够强大时,代表被压迫者对这个统治的反抗和他们的未来利益。③

古今中外,历史地看,奴隶主和奴隶的善恶标准、地主和农民的善恶标准、资产者和无产者的善恶标准,总是根本对立的。

第三,马克思主义运用唯物辩证法的科学功能,解决了造成善恶标准的依据在辩证法上的一致,即主观动机与客观效果的对立统一。在马

---

① 参见《普列汉诺夫哲学著作选集》第3卷,生活·读书·新知三联书店1962年版,第173页。
② 参见《马克思恩格斯选集》第3卷,人民出版社1972年版,第134页。
③ 同上书,第133—134页。

克思主义看来，造成道德评价对象的善与恶标准，是因造成者的主观动机与被造成者的客观后果为依据的。一般来说，动机与效果有两种情况：一是主观动机与客观后果的一致性——好的动机引出好的后果，坏的动机引出坏的后果；二是主观动机与客观后果的不一致——好的动机引出坏的后果，坏的动机造成好的后果。既然在历史活动中历史主体的动机与行为后果是密切关联的，因此，进行道德评价，必须把主观动机与客观后果放在同样位置予以重视。如果片面地强调动机，就会把主观的东西当作客观评判的准绳，从而导致唯心主义的错误；因为离开客观实践，很难判断历史活动者的动机是否善良；反之，如果片面地强调客观后果，也会把出发于坏的动机而引出好的结果的行为说成是"善"，因而造成历史认识的错误。因此，必须把动机与效果辩证地统一起来进行评论。科学地评价历史主体活动中的动机与效果的依据，靠历史实践检验，而不是别的什么。历史主体任何道德与非道德的行为，都是基于对客观事物认识的实践，因此，主观动机，来源于历史活动，反过来必须接受历史活动的检验。好的动机与坏的动机，在历史实践中或者得到直接反映，或者得到曲折反映。从主观设想到客观后果的出现，是历史主体的一个活动过程，是两者的辩证统一。它们将在历史实践面前接受主体的道德评价。

第四，除了对具体的特殊的对象进行道德评价有一些具体的标准外——如唯物的标准、阶级的标准、实践的标准，等等，还有一个共同的、总的标准，这就是：评价历史活动中的事件和人的作为是否合乎道德要求，是否"善"或"恶"，最根本的或从总的方面说，要看该事件的发展及其后果、该历史主体由动机到效果的发展，是否与历史发展的进步方向（总趋势）相一致，是否有利于历史的进步。简单地说，看该评价对象对历史进程起了促进作用，还是促退作用。这也就是历史的标准。道德评价中一切具体的特殊的标准，都是在研究中对这一总标准的运用和体现，离开了这个总标准，一切具体的标准也就都失去了意义和作用。善与恶，这对道德评价的基本范畴和标准，也要在这个总标准面前接受检验。一般来说，符合社会历史发展要求的作为，总是与历史发展的进步性相统一的，这种历史活动是"善"的；反之，便是"恶"的。在这里，我们不能把这种善恶判断与一切剥削阶级的善恶标准相混淆，把它们当成同义语。因为，历史常常是如此——统治阶级所认为的"恶"，如封建社会的农民起义，资本主义生产条件下的工人罢工，等等，都是推动历史进步的"善"；而一切剥削阶级所标榜的善常常是阻滞历史进步的"恶"。在剥削阶级那里，用于道德评价的善与恶，被粗暴地颠倒了；而马克思主义的道德评价，则正是用历史的标准把颠倒了的是非重新又颠倒了回来。

总之，虽然马克思主义历史研究中的道德评价也用善与恶、正义与邪恶、公正与偏私、诚实与虚伪等道德范畴和标准评价历史发展过程及其人和事，但它还从每一社会经济状况出发考察道德评价的这些范畴和根据；还从每一时代的阶级关系出发考察道德评价的这些范畴和根据；还从每一具体的历史实践出发考察每一时代构成这些范畴的判断标准。也就是说，用唯物辩证法从各方面考察判断善与恶、正义与邪恶的标准，从而从总的标准——历史的标准出发，衡量历史主体活动与历史事件是否符合道德。

由此可见，马克思主义所说的道德评价，绝不是用旧道德（人们已经熟知的旧时代的道德）来看待历史事物和人的作为；否则，一切伪善的道德充溢于世，就会束缚社会生产力发展，束缚人的自我完善，最终导致束缚社会的进步。旧时代的道德评价正是通过伪善来达到维护旧秩序的目的。马克思主义对道德"从来没有熟视无睹"[①]，坚持唯物辩证法的道德评价，就是为了通过它来捍卫社会发展以及于社会进步有益的价值尺度，如历史发展中的文明标准、人的自我完善标准、历史的功利标准，等等。马克思主义的道德评价是高唱真善美的正气歌，是以进步的道德为出发点而以社会进步、人类幸福为目标的。因此，它与剥削制度下的道德评价有着本质的区别。当然，旧时代剥削阶级的道德评价，在它们处于上升阶段的时候，可能会或多或少、或深或浅地以道德评价作为推动社会进步的力量和手段之一。马克思指出，在资产阶级革命时代，他们可以运用当时进步的道德标准去批判中世纪的道德，但一当资本主义制度确立后，便千方百计地抵制和限制较之更为先进的无产

[①] 参见《普列汉诺夫哲学著作选集》第2卷，生活·读书·新知三联书店1961年版，第197页。

阶级的道德。因此，剥削时代的统治阶级便不可能始终以道德评价作为社会进步的力量和手段之一，它们的道德评价是局限在阶级利益里的，是动机与后果的背离。马克思主义的道德评价，是主观动机与客观后果的高度统一，是最彻底、最革命的，它既以促进社会进步为主观动机，也以社会进步为最终后果。

三 历史评价与道德评价既有区别又相联系

从上面我们对历史评价与道德评价的讨论中，可以发现，在历史认识领域，历史评价与道德评价是有本质区别的，即是说，在历史认识中它各有侧重点和基本点；但又有内在联系，是历史地、必然地关联在史学认识活动中的，也就是说，它们具有不可分割性。譬如，在历史评价的结论中，往往借用道德评价的判断——如历史地评价王莽改革、鸦片战争、秦桧和岳飞、张学良和东条英机等；而在道德评价的认识中，常常离不开历史评价的方法，如果离开了从历史的普遍联系出发的原则，从历史条件出发具体问题具体分析的原则，把历史事物看成一个发展过程并揭示它本质的历史联系的原则，就不可能对历史上的人和事做出正确的善恶判断。马克思主义的历史认识是科学的方法论，一个重要的体现是，它重视并善于处理历史评价与道德评价的辩证统一关系。在进行历史评价时，总是使用道德评价的诸范畴，如善与恶、正义与邪恶、公正与偏私、诚实与虚伪等，并通过它来衡量历史的功过是非；在进行道德评价时，马克思主义总是不脱离历史评价的基本方法和原则，使道德评价成为唯物辩证法的道德评价。例如，马克思主义是用历史评价的方法来说明道德的："善恶观念从一个民族到另一个民族、从一个时代到另一个时代变更得这样厉害，以致它们常常是互相直接矛盾的。但是，如果有人提出反驳，说无论如何善不是恶，恶不是善；如果把善恶混淆起来，那末一切道德都将完结，而每个人都将可以为所欲为了"[①]；"在黑格尔那里，恶是历史发展的动力借以表现出来的形式。这里有双重的

[①] 参见《马克思恩格斯选集》第3卷，人民出版社1972年版，第132页。

意思，一方面，每一种新的进步都必然表现为对某一神圣事物的亵渎，表现为对陈旧的、日渐衰亡的、但为习惯所崇奉的秩序的叛逆，另一方面，自从阶级对立产生以来，正是人的恶劣情欲——贪欲和权势欲成了历史发展的杠杆，关于这方面，例如封建制度的和资产阶级的历史就是一个独一无二的持续不断的证明。但是，费尔巴哈就没有想到要研究道德上的恶所起的历史作用"①。在对历史事件和人物进行历史评价时，马克思主义运用了道德评价的范畴和内容。例如，马克思在历史地评价近代英国的政治运动，就借助了对路易·波拿巴的道德评价，他说："不能否认，英国的政治运动就曾由于和法国签订了商约和输入法国葡萄酒而加速发展了。这是路易·波拿巴所能做的好事之一，而倒霉的路易—菲力浦被北方的工厂主所吓坏，就不敢和英国签订商约。"② 正因为马克思主义在进行历史评价或道德评价的时候，总是同时并用这两种认识方法于某一方面，所以他们所获得的历史认识就比较深刻和缜密。

历史认识中的历史评价与道德评价是从不同角度认识客观历史发展过程的两个重要原则和方法，历史认识的内在规定性使它们在具体的历史研究中互相关联、互相渗透、互相补充，从而使历史认识得以完满，也显得准确。如果片面地运用其中一种方法，就不可能使历史认识臻于完善，甚至会出现失误或错误。在历史认识中，历史评价与道德评价的关联性，根本地表现在它们所据以进行认识的价值尺度的一致，即都立足于是否有利于历史发展的进程和总趋势。从这一总标准出发，研究主体必然要对历史过程中人的作为和历史事件的来龙去脉详加研究，并得出肯定与否定的回答，也不能回避地要对这些历史的物事做出善恶判断。这样，在历史认识中，马克思主义史学理论本质地要求把历史评价与道德评价有机地统一起来、内在地联系起来，而不是把它们看作彼此存在于外部的东西。只注重运用历史评价而排斥道德评价，这不是马克思主义的历史评价；反之亦是。用没有道德判断在内的历史评价去认识历史过程及其人和事，历史认识不可能完整周密，不可能得出历史的启示和借鉴；用非历史的道德评价去认识历史过程及其人和事，只能得出

---

① 参见《马克思恩格斯全集》第21卷，人民出版社1965年版，第330页。
② 参见《马克思恩格斯全集》第31卷，人民出版社1972年版，第538页。

抽象的没有意义的道德判断，同样也不能真实地认识历史。例如，如果用非道德的眼光去评价进入先进生产方式的国家向处于落后生产方式的国家侵略、殖民，必然会得出"侵略进步论""殖民有功论"的反动观点；如果用非历史的眼光去评价历史上被剥削阶级对剥削阶级的反抗斗争这种道德行为，必然会站到反对历史进步的抽象的道德论上去，把推动历史进步的力量指斥为"恶"，从而与历史上一切剥削阶级的道德评价同流合污。总之，马克思主义史学理论从历史认识的内在联系和规定性出发，要求在史学研究中把历史评价与道德评价辩证地结合起来，进行科学的历史认识。

马克思主义经典作家不仅倡导在历史认识中处理好历史评价与道德评价的辩证关系，而且是运用这种科学的认识方法评价历史的光辉典范。

恩格斯运用历史评价与道德评价的相互关系，是这样评价奴隶制的。从历史评价角度看，他研究奴隶制度"是怎样产生的，它为什么存在，它在历史上起了什么作用"，而反对从抽象的道德出发，"用一般性的词句痛骂奴隶制""这些可耻的现象"，"发泄高尚的义愤"。他认为，"在当时的条件下，采用奴隶制是一个巨大的进步。……甚至对奴隶来说，这也是一种进步"。因为历史地看，奴隶制所产生的社会大分工是以后社会进步的历史性基础，而奴隶虽被残酷地奴役，但却避免了被"吃掉"的厄运[①]；从道德评价出发，从具体的历史条件和内容出发，恩格斯也认为奴隶制是一种可耻的现象，是一根"有毒的刺"[②]。在奴隶制的评价中，恩格斯既同情被剥削阶级的艰难处境，认为奴隶制对奴隶来说是恶的；但又从历史的进步出发，认为这种恶是必不可少的，是一种历史进步，因而对历史发展来说，它又是一种善的。这便是历史评价与道德评价的完美结合和辩证统一。正是这样，马克思主义才科学地解说了奴隶制以及其他一切剥削制度在历史上是怎么回事，又恰当地说明了它们的历史地位和作用，从历史发展的角度，进行了善恶判断。

---

① 参见《马克思恩格斯选集》第3卷，人民出版社1972年版，第220—221页。
② 参见《马克思恩格斯全集》第21卷，人民出版社1965年版，第170页。

马克思主义经典作家进行历史研究的典范意义表明，历史评价与道德评价是历史认识过程中不容割裂的辩证统一，从不同角度出发把它们同时运用于历史认识中，是马克思主义史学认识的本质要求。只有这样，才能达到准确地、科学地、完整地认识历史的目的。

但是，在前几年，史学界有人受到了错误思潮的影响，出现了割裂历史评价与道德评价的错误。例如，有人以历史评价相标榜，说什么"西方近代对落后民族的殖民化是一种进步"；所谓翻李鸿章的卖国案，认为正是李鸿章的卖国推进了中国近代化；所谓翻曾国藩刽子手案，认为如果不是曾国藩剿灭了太平天国，中国封建社会甚至还要轮回；等等。这些论调违背了马克思主义关于历史评价与道德评价相辩证统一的理论，因此得出了错误的甚至是反动的历史认识。

从历史评价出发，帝国主义、殖民主义对落后国家的入侵、殖民，不能带来该地区的发展。针对近代英国在印度的殖民统治，马克思指出："印度失掉了他的旧世界而没有获得一个新世界，这就使它的居民现在所遭受的灾难具有了一种特殊的悲惨的色彩，并且使不列颠统治下的印度斯坦同自己的全部古代传统，同自己的全部历史，断绝了联系"①，"英国人在印度进行统治的历史，除破坏以外恐怕就没有别的什么内容了"②，"英国资产阶级看来将被迫在印度实行的一切，既不会给人民群众带来自由，也不会根本改善他们的社会状况"③。帝国主义对落后国家的侵略、殖民，不仅不会导致社会的进步，而且还会导致社会的停滞。这还可以利用中国近代史中大量的事实予以说明。第一次鸦片战争时期，中国向英赔款2800万两白银，而1840年前后，清中央政府的年均财政收入只有4000万两白银，用于赔款的数额达70%；第二次鸦片战争中，中国赔款总额为1670万两白银；中日甲午战争后，中国对日赔赎款2.3亿两白银；八国联军侵华后，中国对外赔款本利共计9.8亿两白银，而其时清朝廷年均财政收入只有1亿两白银。在近代，总计对外赔赎款项达13亿两白银之巨，如此贪婪的勒索，造成了清朝廷财政枯竭；而清朝廷为了应付巨额赔款和维持国家财政的运转，便向

---

① 参见《马克思恩格斯选集》第2卷，人民出版社1972年版，第64、70、73页。
② 同上。
③ 同上。

老百姓残酷搜刮,使社会失去了再生产的能力,造成了经济的全面衰败。帝国主义、殖民主义哪能带来被侵略者、被征服者的近代化呢?倒是通过对落后国家的勒索,削弱了别人,吃肥了侵略者自己。中日甲午战争后,日本勒索的中国赔款加强了日本的经济:1893—1904年,即战后10年间,日本的铁路由2039公里增至4000多公里,轮船吨位由11万吨猛增至66万吨。日本通过对华战争的勒索加强了本国的经济实力,这一点,连侵略国家的正直学者都坦率承认:"这笔赔款是以黄金作保证的英镑来提取,它为日本建立金本位制打了基础,成为日本发展经济和国际地位提高的一个开端。但对中国来说,赔款全部要向欧美各国借贷,成为加速经济衰退和从属于外国的原因。"① 中国近代史表明,倒是帝国主义放松对华侵略,社会经济才获得较快发展。从19世纪六七十年代中国出现第一批民族工业算起,到20世纪20年代止,中国民族资本企业积累的生产总额才2.6亿元,仅为13亿两白银赔款的1/5。外国帝国主义对中国的侵略究竟起了什么历史作用,上述分析的结论就显而易见了。而在第一次世界大战期间(1914—1918年),由于帝国主义忙于战争而暂时放松了对华侵略,中国民族资本主义企业得到较快发展。以面粉业为例来说,1914年以前,中国的面粉业一直处于入超状况,但1915—1921年,却一直处于出超状况。历史雄辩地说明,帝国主义对落后国家的侵略、殖民,绝不能带来什么历史的进步。从道德评价方面说,侵略、殖民也绝不是什么历史的善行。马克思在论述印度近代史时指出:"当我们把自己的目光从资产阶级文明的故乡转向殖民地的时候,资产阶级文明的极端伪善和它的野蛮本性就赤裸裸地呈现在我们面前。"② 在侵略任何一个国家和民族时,帝国主义和殖民主义有相同的野蛮本性和丑恶的历史表演。中日甲午战争期间,经过4天屠杀,中国的旅顺城仅有36人幸免于日军屠刀之下;在抗日战争期间,至少有2000万中国人死于日军炮火之中。这种罪恶行径难道是一种历史的善行吗?这种罪恶勾当难道是推进被侵略国家社会发展的动力吗?绝对不是!至于在帝国主义入侵和殖民统治的刺激下,落后国家出现了近代

---

① 参见[日]依田憙家《日本帝国主义与中国》,北京大学出版社1989年版。
② 参见《马克思恩格斯选集》第2卷,人民出版社1972年版,第74、68页。

民族工业和近代化的努力，从马克思主义历史评价出发，绝不应把它归功于帝国主义的入侵、殖民方面，而是被侵略被压迫国家人民自救自强、报国雪耻的结果，正是在这个意义上说，入侵与殖民"充当了历史的不自觉的工具"[①]。因此，从马克思主义的历史评价与道德评价相联系、辩证统一的观点出发，是得不出"侵略进步"论、"殖民有功"论的。恰恰相反，这种分析正是因为违背了马克思主义历史评价与道德评价的原则，才得出了违背历史发展的反动结论。至于说翻李鸿章的卖国案、翻曾国藩的刽子手案等奇谈怪论，由于它所犯认识论错误的性质与上述是一样的，因此，也就无须赘言了。总之，如果放弃马克思主义的历史评价与道德评价的辩证法则，就很容易颠倒历史是非，把正义的说成是丑恶的，把卑下的说成是高尚的，把光荣的说成是耻辱的，把反动的说成是进步的，如此等等。可以说，在历史认识中坚持历史评价与道德评价的辩证统一，就是坚持了马克思主义认识论，就是坚持正确的历史评价方法。因此，它具有重要意义。它有助于我们坚持和维护马克思主义历史科学的性质，坚持和维护马克思主义的史学理论和方法论；有助于我们提高史学研究的学术质量，提高史学认识的水平；有助于我们及时辨别史学认识中的非马克思主义观点和反马克思主义的观点，及时地进行批评和批判，保证马克思主义史学研究得以正常开展。

通过历史评价和道德评价，还能够形成一种社会舆论，并通过舆论力量影响社会历史发展的进程。科学地进行历史评价和道德评价，才能为社会提供科学的历史知识和历史规律性认识，有助于提高全社会的文化素质，对于推进社会主义现代化建设有着积极作用。坚持历史评价与道德评价的辩证统一，以史为鉴，通过对历史上真善美的肯定与颂扬，对假丑恶的谴责与鞭挞，对于巩固社会主义的道德，提高全社会的道德水平，具有重要作用。

坚持运用马克思主义历史评价与道德评价相辩证统一的观点来进行历史认识，有十分重要的学术意义和社会意义，因此，应该提倡一切进步的史学工作者把马克思主义历史评价和道德评价观点辩证地运用于历史研究中，抵制和批判片面的历史评价与片面的道德评价及其史学观

---

① 参见《马克思恩格斯选集》第2卷，人民出版社1972年版，第74、68页。

点。当然，应当承认，运用并用好这个马克思主义的重要史学理论和方法论进行历史认识，是有条件的：一是研究者必须从客观的、科学的立场出发，而不是从反动的立场出发，愿意用历史评价和道德评价相辩证统一的观点进行史学认识，如果鼓吹"侵略进步"论、"殖民有功"论，这就违背了这一理论与方法；二是研究者在具体的历史认识中不断自觉加强马克思主义历史学理论与方法论的修养，不断提高运用马克思主义史学理论与方法论的水平。只要具备这两个条件，就可能减少史学认识中的失误，不断提高史学研究水平，为学术事业的发展和社会主义精神文明建设做出有益的贡献。

关于编写历史人物传记的一些意见

改革开放以来，史学研究取得重大进步的一个表征是：历史人物传记的编写、出版十分活跃。我们在高兴地总结史学成就时，也应该反思其间暴露的一些问题。譬如，为历史上的什么人立传？如何描写和评价传主？如何把握历史的真实与怎样对历史进行复原？如何处理好传主的生活时代与他的人生历程？这些既是在历史人物传记编撰中不容回避的理论与实践问题，也是史学理论研究中值得重视的重大课题。虽然这些问题，曾引起过学术界有识之士的关注，但本文拟就讨论中的问题谈一些想法。

一　为体现了历史精神的典范人物立传

人类社会的发展史，是社会主体的历史。离开了主体存在，就无所谓历史。任何一个历史个体，都是主体中的个体，他都因那一历史时期的历史精神而存在。我们编写历史，是从时间与空间领域展示每一时代的时代精神；而著述人物传记，则是为了典型地透视每一时代的时代精神，通过历史中的"点"，去认识历史中的"面"。

历史中的时代精神是什么？是蕴含在人类与自然的关系中，人类改造自然、与自然和谐相处的奋进精神；是蕴含在人类自我完善的长期发展过程中先进与落后、进步与反动、文明与野蛮、正义与邪恶的斗争精神。简言之，就是真、善、美与假、丑、恶的斗争精神，是体现在历史过程中的时代精神的结晶。毫无疑问，人民群众是历史精神的承载体，是这种精神的主体。在这个意义上说，历史传记家应该为他们立传。

但是，由于历史的原因，限于材料的匮乏，很好地进行这一工作几乎是不可能的。因此，要如实地反映历史精神，歌颂人类历史上真、善、美与假、丑、恶的斗争，只能通过如实地撰写他们之中的一些典型人物、忠实代表来实现。在历史主体与自然的斗争中，涌现了璀璨夺目的能工巧匠、科学泰斗；在历史主体的政治、经济、军事、文化生活领域，产生了辉耀星河的政治家、军事家、思想家和文学家。就拿中国来说，在中华民族的开化史上，有素称发达的农业和手工业，有许多伟大的思想家、科学家、发明家、政治家、军事家、文学家和艺术家，有丰富的文化典籍。① 他们之中，"从古以来，就有埋头苦干的人，有拼命硬干的人，有为民请命的人，有舍身求法的人……"② 他们是历史主体中的杰出代表，体现了历史的时代精神。因此，为他们立传，与"为人民大众立传"并不矛盾，其精神实质是一致的。毛泽东曾说："学习我们的历史遗产，用马克思主义的方法给以批判的总结，是我们学习的另一任务。我们这个民族有数千年的历史，有它的特点，有它的许多珍贵品。……从孔夫子到孙中山，我们应当给以总结，承继这一份珍贵的遗产。"③ 如果说，总结中国历史遗产，离不开从孔夫子到孙中山这些杰出的典范；同样，为历史上的人民大众立传，典型地反映历史精神，也是离不开从孔夫子到孙中山这些历史人物的。

当然，在社会主义社会这个历史时期，由于其政权性质是无产阶级的，人民群众当家做主，因此，有条件为人民群众——平凡的历史人物保存和积累历史资料，也就有条件和可能为人民群众立传。而通过历史人物传记的编写体现历史精神，既可以是平凡历史人物的，又可以是杰出历史人物的。

由此可见，由于每一时代的历史精神有内在规定性的制约，我们为人民大众立传与为杰出历史人物立传历史地、必然地联系在一起。而对社会主义社会这一历史时期的个体（历史主体）立传，如欧阳海、向秀丽、草原小姐妹、雷锋、焦裕禄等，则具有更为广阔的社会空间和更

---

① 参见《毛泽东选集》第2卷，人民出版社1991年版，第622、533—534页。
② 参见《鲁迅全集》第6卷，人民文学出版社1981年版，第118页。
③ 参见《毛泽东选集》第2卷，人民出版社1991年版，第622、533—534页。

加深刻的历史层面。

由此说来，能不能够为历史上那些假、丑、恶的典型人物立传呢？答案是肯定的。因为假、丑、恶的典型人物与真、善、美的典型人物是历史发展中对立面的统一。没有前者，后者就很难高扬起真、善、美的历史精神，就难以高奏奋进求光明、搏击求正义的历史凯歌。这就是说，离开了假、丑、恶的代表人物，就难以全面地、准确地、深刻地反映和体现任何一个历史时段的历史精神。因此，不仅要为这种类型的历史人物立传，而且还要高质量地撰写。

问题是，应不应该像时下集中地、大规模地、一窝蜂似的为历史上的奸臣、宦官、名妓等立传呢？答案则是否定的。就杰出历史人物与反面历史人物统一于历史精神这个矛盾体中而言，杰出历史人物是矛盾的主导和决定的方面，主要是通过他们的历史活动来体现历史精神的；而反面历史人物则居于矛盾的次要和被决定的方面，主要通过他们的假、丑、恶的历史活动来折射历史精神。因此，时下一窝蜂似的为反面历史人物立传，对准确地、全面地体现历史精神不利；像时下猎奇式地集中撰写反面历史人物传记，对引导读者的阅读兴趣、提高读者的历史赏鉴与审美能力、提升民族文化素质和文明水准，以及对于读者进行科学的、真实的历史知识教育，都是极其有害的。

二 把传主写成历史的、具体的、活生生的人

在以历史人物传记为阅读对象的读者群中，有这样一种有趣的现象：翻译出版的外国名人传记与我们自己的学者所写的外国名人传记相比，前者拥有的读者多；我们自己写的外国名人传记又比中国历史名人传记拥有的读者多。这突出地反映了一个严峻的事实：我国的历史名人传记不能满足读者的阅读需求；向读者进行历史知识教育的最有效的形式还没有最充分地、最大限度地实现其功用。问题出在哪里？通过初步地比较中外历史名人传记，笔者认为：我们通常把传主年谱化、脸谱化、简单化。所谓年谱化，就是依照传主的人生经历，交代某年某月之事，只有筋骨，没有血肉，历史内涵少。所谓脸谱化，就是为传主简单

定性，缺乏辩证分析和立体思维，为历史人物贴标签。所谓简单化，就是把传主写成单面人，缺少生活情节，缺少心理活动，缺少对社会的复杂联系（矛盾体）的解析，把历史人物画面化了，历史的厚度和深度缺失。这样，读者读起来就觉得干瘪枯燥、简单呆板，难以调动其阅读兴趣。为此，要调动起读者的兴趣，要征服读者，就必须把传主所处的历史时代及其历史内容还给传主，就应该把传主写成历史的、具体的、活生生的人。

把传主写成历史的人，是要把传主定位于具体的历史时代，定位于历史中的社会联系，定位于具体的历史条件中，真切如实地描写传主与它们的联系。换言之，就是考察那时造成他们思想或事业的社会背景。①譬如，14—16世纪的欧洲文艺复兴时期，这是一个进步的变革年代，时代特征是资产阶级的冒险精神，这个时代精神驱动了文艺复兴时期巨匠大师们的思维能力、热情和性格。因此，在那个历史条件下，在那个历史时代，"差不多没有一个著名人物不曾作过长途的旅行，不会说四五种语言，不在几个专业上放射出光芒"，"他们的特征是他们几乎全都处在时代运动中，在实际斗争中生活着和活动着，站在这一方面或那一方面进行斗争，一些人用舌和笔，一些人用剑，一些人则两者并用。因此就有了使他们成为完人的那种性格上的完整和坚强"②。我们通过阅读文艺复兴时期的名人传记，几乎可以体验那个伟大的时代，是怎样时势造英雄，又是怎样英雄造时势的。正是由于传记准确而全面地把握和展示了传主与该时代的联系，把握住传主的性格特征，从而把传主写成了历史的人，有血有肉、个性丰满的人，深受读者喜爱的人。

把传主写成具体的人，是不要把传主概念化，不要因为传主是政治家，或军事家，或思想家，就着力寻找足以表现他是这样一种杰出历史人物的佐证材料，而应该首先把他描写为一个普通的人，有家庭、有亲情、有正常人的喜怒哀乐，然后在传主的衣、食、住、行和丰富的情感活动中展示传主的杰出成就。如果离开了这些，传主就是一具历史的僵尸，充其量也仅仅只是作者想象中主体的对象化。譬如，伏尔泰写

---

① 参见《李大钊文集》下卷，人民出版社1984年版，第723页。
② 参见《马克思恩格斯选集》第3卷，人民出版社1972年版，第445—446页。

《路易十四时代》，不仅用大量的笔墨描写了路易十四皇帝的政治、军事活动，而且还描述了路易十四的个性特征、心理活动、丰富的社会生活（包括家庭生活），从人性和人的多侧面展示了路易十四这一历史巨人。在读者看来，路易十四不仅是一个伟大的皇帝，而且是一个十分具体、实实在在的人，是一个可以由读者去摹画、去描述、去品味的人。《路易十四时代》是一部学术著作，但也是人物传记的典范之作。如果不把历史人物具体化，历史传记对读者就没有足够的吸引力。

把传主写成活生生的人，是要求传主通过生动的、细腻的、准确的语言描述传主的活动力、创造力、生命力。作为典型的历史人物，其人生经历或富有传奇色彩，或坎坷曲折，或一帆风顺、飞黄腾达……总之，他在社会生活的各个方面，都有精彩的、生动的内容，传主的丰富多彩的人生经历，尤其是典型的、特殊的、闪光的历史片断，应该得到充分展示。人之所以被称为人，是因为有人性；作为个体，人人不相同，是因为人有个性，是活生生的。因此，把传主写成活生生的人，正是为了把传主写成甲就是甲、乙就是乙的个性特征的重要方面。如果从概念出发传述历史人物，甲、乙、丙、丁，张三、李四、王五，就会整齐划一，如同一个模子造出来的器物，就没有任何差别了。从这个意义上说，司马迁无愧于"杰出的历史传记大师"的称号。他通过"项庄舞剑，意在沛公"的片段描写，把刘邦、项羽、范增写得栩栩如生；他通过"垓下之围，四面楚歌，刎颈乌江"的片断描写，把项羽、虞姬写得悲惨感人，而把汉军将士写得生龙活虎；他通过刘邦唱"大风歌"的片断描写，把刘邦写得悲凉透人。由此可见，把历史人物写成活生生的人，就是要历史传记"见之于行事之深切著名"①，"为事实而文非空言"②。总之，只有把传主写得生动活泼、丰富多彩，才能对读者产生感染力和透射力，才能抓住读者的心理活动；也只有这样，史学的社会功能才能得到有效发挥。

当然，不能把我们目前在历史传记写作中不尽如人意之处，简单地归咎于传记作者。这里有很多复杂的、值得我们冷静思考的原因。当

---

① 参见（汉）司马迁《史记·太史公自序》，中华书局2007年版。
② 参见（清）章学诚《文史通义·内篇五·史释》，上海古籍出版社2008年版。

然，也不能否定，透过时下历史传记出版热的一般现象，还是会发现不少珍品的。

三 立场爱憎分明、描述各有所据

在时下的历史人物传记中，还有一个突出的问题，令人担忧。其表现是，有些历史人物传记不是从严肃的历史科学的要求出发，实事求是地讲述历史人物的活动，比较恰当地品评历史人物，而是爱之则爱屋及乌，随意拔高；恶之则恶如腐臭，随意贬斥，脱离客观标准。这种做法，严重地损害了历史科学的严肃性。譬如，有的传记把中国历史上的农民起义领袖写成了无产阶级式的领袖人物；有的传记只突出传主对历史进步起过积极作用的一面，而将不利于历史进步的活动则隐去不表；有的传记对传主的对立面严加苛求，甚至不从严格的历史事实出发予以贬斥，以表现传主的"高、大、全"。这些都对读者产生了不良影响，损害了历史传记的社会声誉，也给史学研究带来了混乱。因此，应该强调：对传主爱憎要各有所据。

历史传记，是中国史学的重要构成，它源远流长。如实地叙述传主的历史活动，并根据可靠的材料来品评臧否，既是中国史学的优良传统，又是历史传记编写的优秀传统。司马迁强调，对历史人物的品评要"其文直，其事核，不虚美，不隐恶"[1]，通过"实录"来"辨人事之纪，别嫌疑，明是非，定犹豫，善善恶恶，贤贤贱不肖"[2]。唐代大史学家刘知几则把如实地撰述历史人物的活动，公正地做出历史评价，当作史家必备的素质[3]；而清代史学理论家章学诚则更是把公正地评价历史人物上升到"史德"的高度来认识，并以此作为判定史家"心术"正邪的标准。[4] 中国史学在历史传记中形成的优良传统，在当代的历史人物传记编写中，应该得到继承和弘扬。

---

[1] 参见（汉）班固《汉书·司马迁传》，中华书局2007年版。
[2] 参见（汉）司马迁《史记·太史公自序》，中华书局2007年版。
[3] 参见《旧唐书·刘子玄传》，中华书局1975年版。
[4] 参见（清）章学诚《文史通义·内篇五·史德》，上海古籍出版社2008年版。

如实地传述历史人物的活动，公正地评价传主的功过是非，说难，也易。依笔者看来，只要从严格的科学态度出发，仔细地了解、审核、鉴别史料，就能够写出质量高、影响大的历史人物传记；如果从功利出发，搞"急就篇"，就会走到反面。只要具备对历史负责的精神，对传主负责的精神，对读者负责的精神，剔除私心杂念，就能比较公正地评价传主。虽然有时人们在认识实践中的认识能力或强或弱，认识水平有高有低，不可避免地出现认识上的偏差，但也不致产生大的失误。况且，对于因认识能力造成的认识上的偏差，学术界和读者从来都是宽容的。这里所担心的问题，是从功利出发的历史人物传记的编写。

当然，也不能忽视不断提高历史传记写作素养的问题。坚持科学原则是前提，扎实翔实地掌握史料是基础，而具备较高的写作素养、史学认识能力等，则是提高历史人物传记质量的可靠保证。历史人物传记的写作素养，是一个综合体，因此，衡量标准是一个综合指数。依笔者之见，它至少涵纳以下几条：一是史家功底。这就是史德与史识。史德与史识，是史学界的共识，这里无须多言。二是作家的写作技巧。在一定的意义上说，传记作者比一般意义上的史学家水平更高，这主要体现在写作技巧更多样、更丰富上。他们甚至可以担当作家、文学家的称号。三是侦探家的胆识。对于传主经历的曲折、隐秘与错综复杂的联系，传记作者比别人更有梳理、索隐、详辨的魄力，更有决断之识，就像侦探家追踪他的对象那样，不弄清事件的来龙去脉，不弄清表象背后的真相，不弄清纠缠其间的复杂关系，绝不罢手。当然，要提高历史人物传记的写作素养，并不是一朝一夕、一蹴而就之事，它既是一种训练与要求，也是一种技能，还需要理论准备和实践摸索。

总之，只要我们冷静地反省史学界在历史人物传记编写理论与实践中的得失成败，继承和发扬我国传统史学关于历史人物传记写作的优秀传统，认真对待和借鉴国外有益的经验，在理论和实践中重视提高历史人物传记写作素养的问题，就一定能够攀上世界最高水平，就一定能够成批地推出历史人物传记的名作名篇来。

附一　叔孙通为何能够成功

儒学是一门成人立人的学问,"修身、齐家、治国,平天下"是这门学问的旨归。在从儒修身这条道路上,不少人学得真经,终成大器,在历史舞台上演过威武雄壮的历史活剧,他们是历史舞台上的巨人;也有人走入歧途,成为历史长河中的侏儒。难怪孔子教育学生"为君子儒,无为小人儒"[①]。"君子儒"就是孔子所说的"果""达""艺"三者兼备的人,也就是德、才、学兼而有之的人。一方面,"君子儒"有很高的道德修养,堪称楷模;另一方面,他志向高远,精通事理,人情练达,为人果敢,可负重任。而"小人儒"则不然,他不仅不注重自身修养,心胸狭隘,目光短浅,而且只会书本功夫,是十足的"书呆子"。

"君子儒"和"小人儒",自古以来就是读书人的一道分水岭。一种人能将书本知识化为实践,懂得让理论指导实践,深化实践、提升理论,从而发挥知识的社会功能,他是我们所说的"通儒""达儒";另一种人则只知道死啃书本、啃死书本、不通时变、不务实效、成为"书袋子",他是我们通常所说的"酸儒""腐儒"。前者善于将书本知识同社会实践结合起来,对社会生活既敏锐又善于独立思考,灵活机智,举一隅而反三;后者则食书不化、食古不化,把自己连同书本知识与社会生活隔绝开来,作茧自缚,钻牛角尖,古板愚钝,无所作为。

西汉初年造就了一位"君子儒"的典范人物叔孙通。出身于儒生的叔孙通运用书本知识观察社会生活,运用书中智慧解决社会矛盾,制礼作乐,因时而兴,取得了极大成功,因而受到了司马迁的称赞:"希世度务制礼,进退与时变,卒为汉家儒宗。"[②] 叔孙通还是将孔儒变为汉儒的关键性人物。

叔孙通对社会政治十分敏锐、善于观察、反应机敏、处事机智,是

[①] 参见《论语·雍也篇》,中华书局2011年版。
[②] 参见《史记·刘敬叔孙通列传》,中华书局2007年版。

一位关注社会变化的学者。

秦末时，叔孙通因为学问渊博，被朝廷从他老家征召到中央政府为待诏博士。过了几年，就爆发了陈胜、吴广起义，并建立了张楚政权。消息传到京城，秦二世震怒，急召博士、儒生问计。博士、儒生连忙说道："人臣不该有任何叛逆的念头；若有，就是谋反，就是罪该万死，理应得到王师讨伐。"可是，秦二世听惯了歌功颂德的甜言蜜语，只喜欢阿谀奉承，哪里高兴听"造反"的事情？此时不禁勃然大怒。朝堂上下，气氛骤然凝固起来。叔孙通自知事情的因由，于是变着话儿说道，诸生之言统统是胡说八道。现在天下定，海内一，兵器销，哪里还有战争呢？上有英明天子，下有忠臣死士，更赖国家法度维系，哪里还有人敢造反呢？虽有一些敢于滋生事端的人，也只不过是一些聚众的强盗，学着老鼠和野狗偷摸一些物器罢了，何足挂齿！何足忧虑！这一番话，说得秦二世眉开眼笑，叔孙通化解了一场即将降临的灾难。叔孙通因其急中生智，驱散了压在秦二世头上的乌云，得到了赏赐。回家后，有儒生唾骂叔孙通厚颜无耻、曲意逢迎。叔孙通淡然一笑，回答说："今天的事，几乎是羊入虎口了，你们怎么如此不懂事理呢？"他觉得咸阳城再也不是守安久留之处，于是偷偷跑回老家，在乱世中得以保全。

叔孙通观察世情物理，通晓矛盾转化的玄机，而又善于等待时机，是一位饱学多识的智者。

楚汉相争，西楚霸王项羽大势已去，汉王刘邦胜端初现。叔孙通自知正是出山之时。起初，叔孙通拜见刘邦，峨冠博带，一身儒服模样，文质彬彬。刘邦打量这身装束，心中便觉不快。刘邦出身行伍，素来重武轻文，他甚至做出过用儒生的帽子溺尿来羞辱儒生的下流事。精细的叔孙通马上明白刘邦心中的好恶喜恨。以后再见刘邦，他便换成短装，一副刘邦家乡人楚人的打扮。刘邦觉得入眼，心中几分欢喜。跟着叔孙通投奔刘邦的，还有他的百十来个学生。可是，叔孙通平日里只是向汉王推荐一些绿林好汉、行侠壮士，从来也不推荐一个他自己的学生。日子久了，学生们怨从中来：我们追随先生奔波劳苦，如今又投奔汉王，是想得到先生的推荐，得个一官半职。但是，先生的眼中只有那些赳赳武夫，不曾推荐我们啊！叔孙通平静地说道："现在汉王与霸王全力争夺天下，他急需那些能够出生入死、斩将擎旗的壮士，你们能够为他冒矢石，入白刃，带兵打仗吗？希望你们少安毋躁，安心练好自家本事，等待时机，我不会忘记你们的。"叔孙通明了事物发展的方向，处理眼前的事通情达理，恰到好处，容易取得信赖。

叔孙通不仅知晓进退、与时变化、大直若诎、道固委蛇，而且善于抓住时机、因势利导、学以致用、推陈出新、一显身手，是一位老成干练的能者。

刘邦打败了项羽，登上了皇帝宝座。他将秦朝的礼仪一概废弃，因而朝廷的礼仪十分简单。由于礼仪不健全，朝堂秩序就十分混乱。群臣饮酒争功，醉了就胡言乱语、大喊大叫，甚至相互争讼、拔剑击柱，很不成体统。刘邦看在眼里，难受在心头，觉得不是滋味，但又无可奈何。叔孙通知道自己大干一场的机遇已经来临，于是就主动请求道："虽然儒生难与进取，但与皇帝守成还是可以的。我愿意为陛下您制定一套朝仪。"刘邦既关切，又置疑。叔孙通胸有成竹地说："五帝不同乐，三王不同礼。礼是根据当时的人情而加以约束和文饰的一套行为准则。我能够根据古代和秦代的礼仪，互相参照，损益变革，去旧开新。"刘邦批准了叔孙通的奏请，让他先去准备、试行，要求新的朝仪切实可行，容易被人接受。

叔孙通会同征召来的30多位鲁儒和自己的学生一道，在郊外编练礼仪。经过一个多月的斟酌、讨论、修改和演习，最后将朝仪拟定就绪。刘邦参观后，极为满意，遂令群臣练习。当时正逢岁首，长乐宫建成，诸侯百官前来朝贺，刘邦便利用这个机会正式颁布了叔孙通制定的朝仪。果然，朝仪颁行后，朝廷中再也没有喧哗争斗的失礼行为了。从此以后，朝堂秩序井然、气氛严肃。刘邦十分高兴，欢悦地说："我今日才知道做皇帝的尊贵了！"叔孙通看到刘邦尝到了兴文建制的甜头，开始对文人感兴趣，便不失时机地向刘邦推荐追随自己多年的那些学生，请皇上使用他们为朝廷尽忠出力。于是，汉高祖刘邦将叔孙通的学生一一拜为郎官。那时，他们一个个春风得意、志满意舒，纷纷称赞叔孙通是通达时务的圣人。从此，叔孙通不仅成为汉世儒宗，而且如刘向所说，开创了后世"成法"。这套"采古礼与秦仪杂就之"的西汉朝仪，成为支配中国皇帝专制社会两千多年定型的礼仪制度，影响甚为深远。

叔孙通以后，历史上虽不乏吴敬梓、鲁迅笔下的范进、孔乙己那样窝囊的酸儒、腐儒、"小人儒"；但更多的则是像诸葛亮、谢玄、祖逖那样出将入相的通儒、达儒、"君子儒"。或许，做"君子儒"就是一切成功的读书人成就事业、创造辉煌的诀窍吧！

原文载《光明日报》2004 年 2 月 24 日

附二　如何评价晚年康有为

康有为曾经是晚清社会的政治、文化活跃分子。当他倡导维新运动、领导戊戌变法时，他代表和体现了历史前进的方向，为推动社会进步发挥了积极作用；当他在民国初年为尊孔复古思潮推波助澜、与袁世凯复辟帝制运动同流合污时，他就站到了历史进步的对立面，成为社会前进的阻力。毋庸置疑，康有为是历史上的"老先进"。但是，正是"老先进"的光环，总能影响人们对于落伍了的先进人物的客观评价。由于惯性的作用，人们总是习以为常地用历史的眼光看待"先进人物"的现实表现。于是，人们在拿起历史评价武器的时候，动作、语言就产生变形。这就表现为，用过去的结论评价"老先进"的新表现。史学界对于民国初年康有为政治文化思想的评价，就出现过很有影响的"变形论"。

在民国初年，康有为热心于尊孔复古，并有一系列的政治、文化表现。在史学界有一种观点认为，康有为热心于尊孔复古，是为了反击北洋军阀横行中国的黑暗统治，指斥"袁记中华民国"这个政治实体，因此，康有为的言行还不失其历史的进步性。

看来，这种观点对于袁世凯掀起尊孔复古的思想逆流和推行帝制复辟的倒行逆施是持否定看法的。不同的则在于，尽管康有为热心于尊孔复古，但是，康有为的言行同袁世凯是有差别的。这种观点认为，康有为支持尊孔复古是为了用中国旧有的文化对抗北洋军阀的黑暗统治，用中国已有的文化谋中国文化的新出路；康有为批判"袁记中华民国"，实际上同情了孙中山的民主主义革命运动。

其实，康有为支持尊孔复古不仅不是用中国旧有的文化对抗北洋军阀的黑暗统治，用中国已有的文化谋中国文化的新出路，而是为旧文化对抗和反扑新文化、为帝制复辟运动提供了思想文化支持。这就是说，康有为支持尊孔复古与袁世凯尊孔复古并没有什么两样，他们一样地逆时而流，一样地反动。

一般来说，随着政权的交替，制度上的立新较之思想上的去旧要容易得多。民国成立了，资产阶级民主主义的文化政策、教育体制确立了，新文化方针、教育方针正在得到贯彻。但是，守旧势力要顽强地坚守自己的阵地，他们将力量集结起来，疯狂地反扑新文化、新教育。康有为就是其中的重量级人物。

在民国初年，没有被新思想触动的旧官僚、大地主、土豪劣绅、学者名流、前清遗老以及新旧军阀，为了维护他们久所尊奉的传统文化，对新教育极端仇视。康有为不甘落后，马上表明了自己的立场。他认为，孔子之教，关涉国民生计者至大，举凡饮食男女、坐作行持、政治教化、民居风俗等，莫不因孔教而生，因而孔子学说真正是"中国之国魂"，"中华文明之精髓"。因此，对于民国政府推行新式教育，康有为先是表露出极大的失望与悲愤："惟今者共和政体大变，政府未定为国教，经传不立于学官，庙祀不奉于有司，向来民间崇祀孔子，自学政吴培过尊孔子，停禁民间之祀，于是，自郡县文庙外，民间无祀孔子者。夫民既不敢奉，而国又废之，于是经传道息，俎豆礼废，拜跪不行，衿缨并绝，则孔子之大道，一旦扫地，耗矣哀哉！"① 继而向教育部表示抗议，并予质问，观点鲜明，口气冷峻。康有为说："今吾国生民涂炭，国势抢攘，道揆凌夷，法守扫荡，廉耻靡尽，教化榛芜，名为共和，而实共争共乱，日称博爱，而益事残贼虐杀，口唱平等，而贵族之阶级暗增，高谈自由，而小民之压困日甚，不过与多数暴民以恣睢放荡，破法律，弃礼教而已。……顷乃闻部令行饬各直省州县，令将孔庙学田充公，以充小学校经费，有斯异政，举国惶骇，既已废孔，小学童子，未知所教，俟其长成，未知犹得为中国人否也？拟将为洪水猛兽也？呜呼哀哉！……然贵部主持教化，名为教育。教者文行忠信，不知以为何教？育者果行育德，不知以何为育也？"②

如果这仅仅只是康有为个人的哀鸣，倒也不足为奇。而恰恰在民国初年的尊孔复古运动中，康有为是以精神领袖的面目出现的。有了康有为的再三鼓噪，孔教会在陈焕章的策划下，又是"请愿"，又是"上书"，闹得泥动水响。在孔教会的联络、呼吁下，政界要员如黎元洪、

---

① 参见康有为《孔教会序·其一》，《孔教会杂志》第1卷第2号，民国2年3月。
② 参见康有为《复教育部书》，《不忍》第5册，民国2年6月。

冯国璋等人积极响应。他们胡说道,由于推倒了孔子学说,把孔子学说请出课堂,使老百姓失去了精神支柱,致使"民德日益堕落,人心日益险诈,竞争日益激烈,伦理日益紊乱,纪纲全坏,时事愈违","横流所激,根本将倾",人人"相率而为禽兽",倘若任其泛滥,"循是不救,人类将灭"①。在尊孔守旧,反对新式教育的一片唱和声中,孔教会、孔道会、孔社、孔子祭奠会、尚贤堂、国教维持会、全国公民尊孔联合会、四存学会等反动的文化社团组织纷纷出笼,随之兴起的尊孔活动便是春丁祀孔、秋丁祀孔、孔子诞辰纪念会。思想界的尊孔回流与守旧派发动的尊孔活动,就成为袁世凯敢于将尊孔复古运动作为官方行为的思想基础与社会基础。

袁世凯要复辟帝制,正苦于没有一块遮羞布,恰好守旧派廉价地拱手奉送孔子思想和孔子偶像这块遮羞布,怎能不令袁世凯满心欢喜呢!袁世凯数次致电康有为,请他进京主持名教,其间对于康氏的吹捧溢美之词,正是袁世凯"满心欢喜"之情的真实写照。袁世凯首次电邀康有为时,康氏正在日本的须磨,因此,电报是通过中国驻日使馆转送的。电云:"去国廿年,因心衡虑,大著抒发政见,足为薄俗针砭,钦仰无似。……举国想望风采,但祈还辕祖国,绝不敢强以所难。敬具蒲轮,鹄候明教,何日税驾,渴盼德音。"在"三致康有为的电报"中,袁世凯说:"比者大教凌夷,横流在目,问俗觇国,动魄惊心。匪有大哲,孰为修明?执事毅然以此自任,其于正人心、培国本之功,又岂今之从政者所可拟?"②康有为念念不忘"朝廷""皇上",所以提倡名教,死守孔子学说;袁世凯要重建"圣朝",复辟帝制,十分需要孔子偶像和孔子学说这块遮羞布。他们走到一起来,可谓是惺惺惜惺惺,暗送秋波;日后的岁月证明,他们虽同打一张牌却各有所图,康有为要复辟的是前清王朝,而袁世凯要建立的则是自己的"袁记王朝"。不管出于何种目的,康有为与袁世凯在尊孔复古、帝制复辟上是同流合污的。

可见,康有为支持尊孔复古,并不是为了替中国文化谋新路,并不

---

① 参见《黎宋卿先生初电》、《黎宋卿先生再电》、《冯华甫先生电》,《孔教十年大事》卷八,上海孔教会编印,1916年。
② 参见袁世凯《大总统来电第一》《致康南海(三)》,载《袁大总统书牍汇编》,广益书局1914年版。

是因对北洋军阀的黑暗统治不满而向前看，而是为了向后看，他念念不忘的是前清王朝。

民国元年12月22日，康氏作《〈不忍〉杂志序》（刊《不忍》第1册，民国2年2月），慨然而书"十不忍"。持论者依据康有为的"十不忍"，认为他反对"袁记中华民国"这个政治实体、"反对袁世凯帝制自为"，同情孙中山领导的民主主义革命运动。试想，一个饱学中国文化、奉孔子之教为国教的人，一个念念不忘前朝皇恩泽被的旧臣，怎么会因为袁世凯复辟就会同情起革命运动来？其实，康有为有自己坚定的政治文化信念，这就是定孔子之教为国教，迎回前清旧主，复兴故国。康氏呼应袁世凯复辟帝制，在理论上推波助澜，充当尊孔复古运动的精神领袖和狂热的宣传鼓动家，确实是康有为晚年的一大污点，无可回避。这虽是康有为个人的缺陷，其实却是由康氏个人的文化性格和时代条件决定的。

首先，康有为不存在只反对所谓的"袁记中华民国"，而拥护孙中山领导的中华民国的问题。这是一个后置的没有学术意义的假命题。

戊戌变法以后，康有为的思想并没有随着历史进步的步履而向前迈进。辛亥革命之前，他作为保皇党以《新民丛报》为阵地，向孙中山领导的资产阶级民主革命发难并予恶毒攻击；辛亥革命发生时，他不是充满喜悦之情，而是担心革命兴而清朝亡。有文字为证，他在癸丑年（1913年）七月为《救亡论》所写的"题记"中，对自己在辛亥革命爆发时的思想动态有明确的刻画："辛亥八九月之间，举国行大革命，吾惴惴恐惧，惧中国之亡也……今不幸而予言中也。吾惧后患未已，顷二次革命，流血数省，人民生计益绝"；辛亥革命一月后，康有为作《救亡论》的长文，他不是站在革命的立场上欢呼革命的胜利，而是站在清王朝的立场上哀叹"亡国"；而是站在反动的立场上，攻击革命为"大乱"、革命者为"暴民乱党"，鼓吹"革命已成有五难中国忧亡说""革命后中国民生惨状说""革命由动于感情而无通识说""共和政体不能行于中国论"[①]。

---

① 参见康有为《救亡论》，载汤志钧编《康有为政论集》下册，中华书局1981年版，第652—670页。

其次，辛亥革命推翻满清王朝后，康有为即以"亡国臣民"自居，对新生的中华民国充满敌意。

辛亥年除夕前六日，康有为"感赋一首"，是其故国情怀的真实流露，诗云："绝域深山看瀑云，故京禅让写移文。玉棺未掩长陵土，版宇空归望帝魂。三百年终王气尽，亿千界遍劫灰焚。遗臣党锢随朝运，袖手河山白日曛。"① 康有为不满于现实变革，是对中华民国取代了满清王朝示愤。因此他有"十不忍"："睹民生之多艰，吾不能忍也；哀国土之沦丧，吾不能忍也；痛人心之骧落，吾不能忍也；嗟纲纪之亡绝，吾不能忍也；视政治之窳败，吾不能忍也；伤教化之陵夷，吾不能忍也；见法律之蹂躏，吾不能忍也；睹政党之争乱，吾不能忍也；慨国粹之丧失，吾不能忍也；惧国命之纷亡，吾不能忍也。"面对皇帝失位、朝廷被废、孔子学说退出历史舞台的残酷现实，他痛心疾首、悲伤欲绝："怵焉，心厉也；愍焉，陨涕也；凄凄焉，悲掩袂也；逝将去之，莫能忘斯世也；愿言拯之，恻恻沉祥予意也。"康有为所抒发的难道不是一曲恸伤回肠的亡朝悲歌吗！康有为数落中华民国的"十大罪状"，当然不只是对"袁记中华民国的黑暗统治"的抗议，而是他一贯的政治态度，是对于中华民国推翻满清王朝表示的强烈不满；同时，也是为复辟运动寻找借口和理由。因为，在民国初年，康有为凡是要表达对社会现实的不满，就用"民国以来""共和以来"云云。如说："自共和以来，百神废祀，乃至上帝不报本，孔子停丁祭，天坛鞠为茂草，文庙付之榛荆，钟簴骏顿，弦歌息绝，神袓圣伏，礼坏乐崩，曹社鬼谋，秦廷天醉。呜呼！中国数千年以来，未闻有兹大变也。"② 由于民国、共和是康有为身上的切肤之痛，因此，令康氏所念念不忘的"纪纲""教化""国粹"，其实就是孔子学说这个几千年来就居于中国社会指导思想地位的"道统"；他所振振有词的"政治""政党""国命"，其实就是统治中国近三百年的满清王朝而已。由此看来，康有为对于"袁记中华民国"掀起的尊孔复古运动，只有惶恐之余的欣慰、失落之后的感激，哪来一丝半点儿的因不满而产生的激愤！由此看来，这也正是康

---

① 参见康有为《辛亥除夕前六日在日本箱根环翠楼阅报适看玉帘泷还感赋》，载《南海先生诗集》卷十二《憩园诗集》，商务印书馆1941年版。
② 参见康有为《复教育部书》，民国2年5月。

有为和袁世凯合作的政治、思想与情感基础，如此说来，康有为哪里还会有半点儿的不满呢！

再次，正是因为康有为与袁世凯的合作，康氏充当民国初年帝制复辟运动的精神领袖，才导致了康有为与梁启超这对莫逆师徒、维新运动与晚清保皇运动的忠实的同路人反目，并最终分道扬镳。

梁启超发现袁世凯在利用尊孔复古运动搞帝制复辟，妄图再建一个封建王朝的阴谋后，幡然悔悟，毅然发起护国运动。他说："今以国脉安危，迫在眉睫，不敢不沉痛忏悔，请献此身，以图自赎。微诚所贯，舍命不渝。功不敢承，罪不敢避。"① 这既是对民国初年梁启超曾对袁世凯抱有幻想并入阁"促进政党政治"的忏悔，又是对袁世凯发出的誓师令，当然不啻是同自己的老师康有为的绝交书。经历袁世凯复辟帝制运动与康有为种种助纣为虐行为的表演后，梁启超不无嘲讽地说，他的老师康有为已经由一个历史巨人蜕变为一个历史侏儒。

孟子说："知人论世。"如果我们不弄清楚康有为在民国初年的政治立场及其活动，而仅仅从字词、字义上察考康氏的"十不忍"，肯定能得出康有为是民国初年"少有的爱国主义者"与"关心社会进步与生民疾苦的民族英雄"的结论来。历史告诉我们，其实不然。康有为所想所为，正是袁世凯所迫切需要的。既然袁世凯提倡尊孔复古、策划复辟帝制是一种逆行，那么，康有为此时的思想和行为醉心尊孔复古、支持帝制复辟，就具有进步性和爱国精神吗？毒草在袁世凯身上是毒草，在康有为身上绝不会变成鲜花，依然还是毒草。这其实是由毒草的本质所决定的。

对于这个问题的讨论，引起了笔者关于历史人物评价的理论与方法的思考。历史人物是历史活动的主体，他们的思想、行为总是紧扣时代发展的脉搏。只不过"紧扣"的方式不同罢了：有的与时俱进，总能站在历史前进的方面，他既是历史上的"老先进"，又能担当"新先进"的称号，他是杰出历史人物，值得后人景仰；有的曾经是历史上的"老先进"，但在新的历史转折关头、在新的历史阶段，他却站到了历史前进的对立面，守旧退落，再也不是先进了，他的表现值得后人借

---

① 参见梁启超《饮冰室合集·文集之三十三·在军中敬告国人》，中华书局1950年版。

鉴。历史主体的思想和实践一般要经历几个历史阶段，受所处的该历史阶段的各种环境和条件影响，他的观念、感情和行为会发生若干变化。我们观察他、评价他也应该是历史的、具体的，而不能一成不变。这就是说，人们对于历史人物在某一阶段上的评价，不能代替在其他阶段上的评价。

原文载《光明日报》2003年4月22日

略论中国史学的流变

就整个历史学科而言，它的起源十分复杂，年代较早而源头又较多。但就中国史学而论，由于古代中国文明发生较早，而从一开始起就是一个高度统一的奴隶制帝国，因此，决定了中国史学起源早而源头较为单一，这是不成问题的。但是，笼统地承认其起源较早是一回事，具体地辨识它的起源较早却又是另一回事。在具体的认识上，史学界是有分歧的。在中国史学流变的认识中，史学界对中国封建史学的充分发展、高度发达、源远流长，以及对封建史学的正统论等问题的认识大体上没有多大分歧；但是，对于中国近代史学的发展，对中国近代资产阶级史学的开辟及其地位的认识，史学界却是有较大分歧的。至于对中国现代史学的研究以及当代史学的走向，研究则是较为薄弱的，而对于史学的现状，自1986年以来，有咕咕风声，分歧大则大矣，但是对于当代中国史学的发展，研究其现状当然是有益的。本文试图对有分歧的问题扼要地阐明自己的见解，而对研究较为薄弱的问题，则简要地阐发自己的观点。不妥之处，还可以继续深入讨论。

一　中国史学起源于夏朝而不是更晚的西周

笔者认为，由于目前根据考古资料与文献材料，我们仅仅知道夏代是古代中华民族的第一个国家，因此，可以把中国史学的起源定在夏代而不是较之更晚的西周。原因有以下几点。

第一，夏代有了文字和历法。《左传》曾引用《夏书》的记载：当时在房宿位置上发生了一次日食，但由于那时人们还没有认识到日食的自然规律，鸣鼓奔跑，十分恐怖。这是世界上最早的日食记录。《国语·周语下》引用《夏书》说，那时已有了用石和钧做单位的度量衡。这都表明夏时代已经有了文字。春秋战国时期流传着一本书《夏时》，即今存的《夏小正》。这是一本关于历法的书。它记载有六十甲子的记日方法。孔子还在《论语·卫灵公》中说："行夏之历。"可见，这种以建寅之月为岁首的夏历，已经十分成熟，所以《诗经》中有关西周诗歌，大部分仍沿用了夏历。有了文字，历史内容就有了载体；有了历法，也就有了时间概念。文字和时间，是历史记载的两大要素。

第二，有了阶级和国家内容，历史才有了现实意义，历史观念才成了为统治阶级服务的主流意识形态。在夏代，出现了我国历史上最早的刑法《禹刑》。《左传》上说："夏有乱政，而作禹刑。"这时有了赋役制度。《孟子·滕文公》说："夏后氏五十而贡。"《史记·夏本纪》说："禹乃解相地宜所有以贡。"它是国家分给每户农民土地五十亩而耕种者向国家缴纳一定贡赋的一种经济制度。有了法律，标志着有了阶级压迫和阶级斗争；有了贡赋制度，标志着有了阶级剥削。法律和赋税，是国家上层建筑的重要内容。有了阶级和国家，历史才有了真正意义的记载和内容；有了阶级和国家，史官和史书才有了产生的迫切需要。西周统治者宣称："我不可不鉴于有夏，亦不可不鉴于有殷。"① 西周时有一首诗说："殷鉴不远，在夏后之世。"② 为了借鉴前朝前代的得失利弊、治乱兴废，因此要有历史述作。奴隶社会的统治阶级一经走上历史舞台，就认识到历史知识可以为统治阶级的利益服务，对此不容小觑；践于实际，就促进了历史学科的产生。

第三，在夏代，出现了述作历史的机构（相当于后来的史馆）和专门写历史的人——史官。《吕氏春秋·先识》中记载有这样一个故事，说的是夏桀荒淫无道，太史令终古出其图法进行规劝，谏说无效，就离开夏而投奔了商。太史令是著史的官名，有史官，必有部属，可见太史令实际上是著述历史的机构的长官。尽管由于年渊代久，目前，我

---

① 参见《尚书·召诰》，中华书局2012年版。
② 参见《诗·大雅·荡》，中华书局2013年版。

们还看不到夏代的史书（可能日后考古学能够弥补这一缺憾），但是，综合以上所述，我们完全可以以夏代史官的诞生为标志，说中国史学产生于夏代，虽然这个时期以及以后相当长时间的史学还不甚成熟。

发生于夏代的中国奴隶制史学，是中国古典史学的重要组成部分。从夏代史学的产生到春秋时期鲁国的孔子（公元前551—前479年）编订的《春秋》止，这段时间可以视为中国古典史学的童年。此后，经历了300多年的艰苦探索，到西汉中期司马迁（公元前145—前87年?）的巨著《史记》（《太史公书》）的产生，可以视为中国古典史学的少年，这是一段完形①的艰苦而坎坷的历程。同时，又以《史记》为标志，中国史学学科创立了，中国古典史学的发育成熟了。因此，《史记》又是中国古典史学少年时期与青年时期的界标与分水岭。

中国封建社会的史学（或称述事史学②），是中国古典史学的另一重要组成部分，也是中国古典史学构成中的最大部分。这个时代的史学，是迄今中国史学史上最为漫长、最为发达、发展最为充分的一种史学形态，为研究中国的古典文明留下了丰富无比的资料。这种形态的史学，以述事为主，宣扬一种统治阶级的正统论，是一种资料形态的史学。直到鸦片战争以后，近代西方史学理论与方法传入中国，古典史学才有了与它分庭抗礼的对立面。

二 如何看待中国近代史学的性质

中国近代的资产阶级史学（或称分析史学③，又有人将它区别于古典史学而称为新史学），是一种移植的史学，是一种不中不西、不土不洋、不成熟的史学形态。又由于它没有一个强大的文化氛围——资产阶级文化做后盾，也没有一个安定的研究环境，因而它的发展又是不充分的。不成熟性与不充分性的史学形态，表明它的力量不足以结束源远流长的中国古典史学的历史延续。

---

① "完形"，借用著名史学家周谷城教授（1898—1996年）的概念。
② 详见本书"论史学思维模式的演变"相关内容。
③ 同上。

说中国近代史学是移植的，是因为它的史学理论与研究论证方法完全由西方舶来。鸦片战争以后，中国开始一步一步地陷入半殖民地半封建社会的悲惨境地。一部分先进的中国近代知识分子为救亡图存，如饥似渴地学习并翻译了西方自然科学与人文科学理论与方法。这其中也包括对近代西方史学理论与方法的学习与介绍。在翻译和介绍工作方面最为杰出的是严复（1854—1921年）。他先后翻译了斯宾塞的《群学肄言》、穆勒的《群己权界论》和甄克思的《社会通诠》，其中最有影响的是赫胥黎的《天演论》，它在当时的思想界引起了强烈的震动，几乎影响了整个中国资产阶级近代史学的产生和发展。严复在翻译中，做了许多十分精辟的注文，充分体现了他的进化论历史观。严复的"运会"①的历史进化观和"人治"（亦即治化）②的历史观，是建设中国近代史学的重要内容。

在开拓和建设中国近代资产阶级史学方面最有贡献的是康有为（1858—1927年），其代表作有《新学伪经考》《孔子改制考》《大同书》；梁启超（1873—1929年），其代表作有《新史学》《中国史叙论》《中国历史研究法》；王国维（1877—1927年），其代表作有《观堂集林》。

康有为认为孔子的《春秋》把人类社会历史分为"所见世""所闻世""所传闻世"三种不同的较长时期，在论述三世之别中，又将《礼运》所谓的"大同""小康"融为一说，形成他的公羊三世说的历史观。在《孔子改制考》中，他又进一步完善了他的这一历史观，据公羊三世说以释《礼运》，一面承继《春秋》之礼、小康、大同三世说；一面作所谓仁、礼、义、智、信"五德之运"的解说。照康有为的说法，五德之中"仁运"为大同之道，"礼运"为小同之道。"德"应时

---

① "运会"是根据赫胥黎《天演论》上"世运"说而来。他在《天演论·导言二》中说："自递之变迁，而得当境之适遇，其来无始，其去无终，曼衍连延，层见迭代，此谓之世变，此之谓运会，运会以明其迁流，会者以指所遭值，此其理古人已发之矣。"

② 严复在《天演论》译文阐发赫胥黎"治化"学说时总结地说："物竞为乱源"，"人治终穷过庶焉"。吴汝纶在严译《天演论·序》中说："赫胥黎氏起而尽变故说，以为天子不可独任，要贵以人持天，以人治天必究根乎天赋之能，使人治日即乎新，而后其图永存，而种族赖以不坠，是之与天争胜，而人之争天而胜天者又皆事之所苞，是故天行人治，同归天演。"

而运，太平世行"仁运"，大同之道；升平世行"礼运"，小康之道；据乱世"至不得已"，亦行礼运小康之道。在康有为看来，春秋时是"礼运"小康之道的据乱世，夏、商、周三代行"礼运"小康之道，是升平世。而至于他生活的时代——同治、光绪年间，仍然是小康世。如果德向前运，应是大同太平世了。因此，他极力强调当时社会是向"大同之道"演进的大变革时代，通过"变"，可使中国社会早日从行"礼运小康之道"的升平世演进到行"仁运"的"大同之道升平世"。可以说，康有为的公羊三世说，不仅是资产阶级改良史学的开山宝器和历史观的核心元素，而且也是那个时代改良主义政治运动的理论依据。

梁启超是康有为的得意弟子，他认为康有为是那个时代中国的卢梭，是影响整整一个时代的人物。因此，梁启超的历史观正是从康有为的历史观出发的。梁启超倡导史界革命，猛烈批判了封建旧史学。他认为，封建时代的史学不仅在内容上以封建统治者为中心，孤立地叙述一个国家或一个朝代的治乱兴衰，而看不到群体的作用，也看不到历史变化的因果联系，而且在方法论上只知堆积无用的史料，只知因循守旧，模仿古人。它非但无益于开廓民智，振奋民族精神，反而造成了"我国之群力、群智、群德""永远不发生而群体终不成立"的险境困途。他在分析批判了封建旧史学后，主张建立"新史学"，宣扬以"国民"为史学的主体思想，用资产阶级的正统代替封建地主阶级的正统。他认为，"新史学"的内容应该破除封建旧史家迷古崇祖的思想，注重当代历史事变的研究，把史学研究的范围由帝王家谱扩大到整个社会经济、文化和政治领域，从一国历史扩大到全世界，指出社会发展方向，为建立资产阶级共和国服务。梁启超的"新史学"，以历史进化论作为理论基础，有力地批判了封建旧史学的历史循环论，而大力强调和倡导历史进化论，他系统地提出建立中国资产阶级新史学的主张，为中国近代资产阶级改良派史学的形成起了开创性和奠基的作用。

如果说康有为是中国近代资产阶级史学的开山，梁启超是资产阶级史学理论与方法论的倡导者，那么，王国维则是资产阶级史学理论与方法的具体运用者。而且，王国维还是中国近代资产阶级史学在其后期的一位最重要的史学家。王国维运用近代资产阶级的科学理论与方法对中国历史诸问题进行了深入的、卓有成效的研究，取得了开拓性成就。王国维史学的突出特点,是注重从社会制度、经济、文化等方面探寻历史的客观因果,而不同于封建史学的"帝王家谱"。在他的研究中,无论是题材的选择、论证方法的运用,还是研究结论的表述、历史著述的追求,都与封建旧史迥乎不同。王国维研究过西方的哲学和社会学,翻译过形式逻辑等方面的书籍,从而接受了资产阶级的哲学理论与文艺作品等诸多方面的熏陶,经过了严整的自然科学方法论的训练,因此,他对中国古史的判断能够别具一种新眼光,能够独创出新看法,能够冲破封建旧史的樊篱。中国现代史学大师郭沫若在《鲁迅与王国维》一文中,从两个有突出代表的方面高度地评价了王国维的史学成就:"王先生的宋元戏曲史和鲁迅先生的中国小说史略,毫无疑问,是中国文艺史研究上的双璧,不仅是拓荒的工作,前无古人,而且是权威的成就,一直领导着百万的后学。""他对甲骨文的研究、殷周金文的研究、汉晋竹简和封泥的研究是划时代的工作。"这个评价是中肯的。

但是,由于近代中国史学是移植的,而学习者又有较浓重的封建遗留,因而它不是成熟的,也欠发达,甚至在中国近代社会,资产阶级新史学只代表了史学发展的一种进步趋势,而在当时的史坛上几乎不占主导地位。其时,以徐鼎(1810—1862年)、王先谦(1842—1917年)、叶德辉(1864—1927年)为代表的封建旧史学(封建正统史学)有较大的市场,对资产阶级新史学有较强的抗拒力量。

三 对未来中国史学发展的流向性展望

随着 20 世纪 20 年代马克思主义中国化的展开,马克思主义的史学理论与方法也得到了传播。历史唯物主义与唯物辩证法,成为马克思主义史学的科学理论和科学方法论,是与旧时代一切历史理论的根本区别。马克思主义史学是迄今史学史上的最高形态。它在 20 世纪 20 年代至 40 年代经过与资产阶级史学、封建主义史学等形形色色史学流派的论战,最终得到了确立,并初步进行了马克思主义史学理论中国化,成为在中国史学领域占主导地位的史学流派。在中国马克思主义史学理论的确立与建设的艰难历程中,起突出重要作用的有李大钊(1889—1927

年），其代表作是《马克思主义的历史哲学》《由经济上解释中国近代思想变动的原因》《唯物史观在现代史学上的价值》等；郭沫若（1892—1978年），其代表作是《中国古代社会研究》《奴隶制时代》《历史人物论集》等；范文澜（1893—1969年），其代表作是《中国通史简编》《中国近代史》（上编）、《范文澜历史论文选集》等；翦伯赞（1898—1968年），其代表作是《历史哲学教程》《中国史纲》《历史问题论丛》等；吕振羽（1900—1980年），其代表作是《史前中国社会研究》《殷周时代的中国社会》《中国政治思想史》等。创立于20世纪40年代而在中国史学中占主导地位的马克思主义史学，可以称为中国现代史学。

中国现代史学较之以往其他形态的史学，有以下两大基本特征。

第一，以阶级斗争理论为最基本的理论，以阶级分析方法为最根本的方法。范文澜认为，"阶级斗争理论是研究历史的基本线索"；他倡导既要牢记历史研究的这一基本线索，又要进行具体的阶级分析："阶级斗争的情景既然是那样复杂，要了解它，不仅要分析各个阶级相互间的关系，同时还得分析各个阶级内部各种集团或阶层所处的地位，然后综观它们在每一斗争中所起的作用和变化。"① 郭沫若从一开始进行史学研究，就细致入微地运用了阶级分析方法。譬如，他是这样分析王国维之死的："王国维，研究学问的方法是近代式的，思想情感是封建式的。两个时代在他身上激起了一个剧烈的阶级斗争，结果是封建社会把它的身体夺去了。"② 强调和充分运用阶级斗争理论和阶级分析方法是不错的；而且，正是历史学的划时代进步。但是，他们的后学在"十年浩劫"中却把这种科学精神推向了极端，以致陷入谬误。人们曾记得，在"文革"浩劫中马克思主义史学被阉割成"阶级斗争史学"，阶级斗争方法成了"唯一科学的方法"。这样就把马克思主义史学的阶级斗争理论及其方法变成了"科学排斥论"，这便成为"文革"后中国当代史学危机的原因之一。

第二，在辩证分析统治阶级的历史作用的同时，充分肯定人民群众

---

① 参见范文澜《中国通史简编·绪论》（修订本）第4版，人民出版社1964年版。
② 参见郭沫若《中国古代社会研究·自序》，人民出版社1954年版。

的历史首创精神和伟大作用。中国现代史学的开山者，批判了以往的英雄史观和群氓理论，"把旧类型历史以帝王将相作为（历史的）主人的观点否定了"[1]。但这也绝不意味着把统治阶级的历史一笔抹杀，"固然要着重讲述人民群众的历史，但为了更好地说明人民群众的历史，就必须无情地揭露人民群众的敌人在不同时代、不同地区用不同的形式剥削压迫人民的史实，只有这样才能显示出阶级斗争的全部内容，才能显示出人民群众的每一步前进都是残酷斗争的果实"，"去掉了任何一方面，都不能全面地说明阶级斗争的内容"[2]。中国现代史学的开山们，在阐述马克思主义史学理论时是充满辩证法的，但是，他们的后学在把阶级斗争理论与方法推向极端时，把这样一个充满辩证法的理论也可悲地绝对化，推向极端了。在"十年浩劫"中，不是在"打破王朝体系"的旗号下肆虐地宰割了历史，造成了历史虚无论吗？这也是造成"文革"后中国当代史学危机的一个重要原因。

中国现代史学在"十年浩劫"中备受摧残和破坏，直到中国共产党的十一届三中全会以后，经历拨乱反正，才有了新的发展。但是，当前，由于史学界科学的观念更新、思维模式转换、研究方法增长的速度不快，史学研究的改革落后于社会的改革，因而史学的研究与社会的需求发生了矛盾，出现了史学界所议论纷纷的"史学危机"[3]。它表现为史学研究成果离读者太远，史著结构单一，行文枯燥，读者较少，研究方法单一，史学思维模式与现代思维方式有较大距离，史学的价值取向不适合改革带来的社会变化，等等。史学危机的出现，一方面是由于前已提及的"十年浩劫"中林彪、江青反革命集团对史学研究进行了疯狂的、毁灭性的破坏；另一方面，是改革给史学研究带来的必然的巨大冲击，这是自然的、正常的。在这个意义上说，所谓史学危机，实质上是传统史学方法、史学范式、史学价值取向的危机。如果把前所述及的危机表现归结为表层危机，那么，把这里所说的危机归结为深层危机就殊不为过。当然，出现史学的危机并不可怕，它可以为新的史学研究带来转机和生机，从而在坚持马克思主义的旗帜下，发展马克思主义的史

---

[1] 参见范文澜《中国通史简编·绪论》（修订本），人民出版社1964年第4版。
[2] 参见《翦伯赞历史论文选集》，人民出版社1980年版，第43—44页。
[3] 参见张艳国《历史学的危机与现代化的抉择》，《社会科学评论》1986年第11期。

学理论与方法论，把中国的马克思主义史学理论推向繁荣。事实上，目前所进行的关于史学危机的讨论、史学功能的讨论、史学理论与方法论热的出现，等等，都标示着中国当代史学正在走出危机的"卡夫丁峡谷"，朝着科学化与时代化的方向前行，形成成熟的当代马克思主义史学的中国流派，这将是马克思主义史学理论与方法论同当代中国史学研究的实践在更高层次上科学结合的产物与结晶。

正是基于此，我们才有可能对未来中国史学的流向做如下几个方面大致的勾勒。

第一，将会更加重视对马克思主义理论与方法论的研究，重视评介现代西方史学流派，并借鉴现代西方史学理论与方法，重视吸收科学哲学和科学方法论的重要成就，从而更加丰富马克思主义史学理论与方法论体系。

第二，将会加强对史学若干分支学科及边缘学科的建设，如史学史、分类文化史、外交史和口述史学、计量历史学、心理历史学、比较历史学、社会历史学等，从而扩大史学研究的领域，促进史学知识的增值。

第三，将会十分重视增强史学的社会功能，并采取切实有效的措施使之为社会改革、发展起智囊作用和参谋作用。

第四，重视和加强史学的总体研究、宏观研究和会通研究，在史学深层次上理解历史的因果联系，更深入地研究历史发展的客观规律，揭示历史的辩证法。

第五，在新的历史阶段，再度把马克思主义史学理论中国化，重新研究中国史学的编纂体系、编纂方法，重新认识世界历史及中国历史在世界历史发展中的独特地位与作用。

论中国近代的历史哲学研究

作为一种较高层次的史学形态与一种方法论的历史哲学在近代产生，是人类历史发展到资本主义时代的产物。在欧洲出现完整的、比较成熟的资产阶级历史哲学，正是以发达的资本主义文明为养料的，例如资产阶级的文艺复兴与启蒙运动。而中国近代历史哲学的发展则不然。虽然在晚清经世实学中，也曾有过近代意义上的历史哲学的萌芽，但是，它终究伴随着资本主义在中国的悲惨命运而步入了近代社会的坎坷道路。自从1840年英国殖民主义以坚船利炮为开路先锋，轰开了中国封建社会的壁垒，西方资本主义列强便以军事与经济并举，一步一步地把中国历史发展逼进了半殖民地半封建社会的发展轨道。这样，中国社会内部固有的进入资本主义文明的模式被摧毁了，因此，中国近代便没有产生强大有力的资产阶级，因而也没有产生独立形态、完整意义上的资本主义。资本主义文化的形成，是以资本主义的蓬勃发展为沃壤的。由于近代中国资本主义发展的艰难性与特殊性，也就没有产生完全形态的中国资本主义文化。作为资本主义文化的组成部分的历史学，也是如此。不幸的是，由于中国近代半殖民地的特殊性，萌芽于晚清经世实学中的中国自己的近代历史哲学便被扼杀在摇篮中了。幸运的是，唯其中国近代具有半殖民地半封建社会的特殊性，灾难重重，出于救亡、启蒙、变革的需要，资产阶级中的先进知识分子"经过千辛万苦，向西方国家寻找真理"[1]，学习、引进了大量的西方哲学社会科学，这其中也包括西方资产阶级的历史哲学。特别是像康有为、严复、梁启超等

---

[1] 参见《毛泽东选集》第4卷，人民出版社1991年版，第1469页。

人，他们对于建设中国近代的历史哲学是积极的、勤奋的，而所取得的成绩也大体上代表了中国近代历史哲学所能达到的水平。这样就形成了这样一种格局：一方面，中国近代没有产生于本民族文化土壤之中的、独立发展的、呈完整形态的资产阶级历史哲学；另一方面，近代中国也不是没有资产阶级的历史哲学。这样，中国近代的资产阶级历史哲学就具备了近代中国史学发展的性质——"移植的"和"不发达的"，以及特点——"不成熟性"和"不充分性"[①]。具体释证如下。

一　取法西学

在中国近代社会激剧变革、新旧嬗递的时代里，资产阶级历史学者为了服务于改良变法、革命的政治目的，学习、研究近代西方国家与近代日本的历史，同时，直接学习并翻译、介绍西方的历史哲学。从19世纪70年代开始，贯穿于中国近代改良、变法、革命的几个阶段，都有大量编译、研究西方近代历史、近代日本明治维新史与近代资产阶级历史哲学的著作：70年代，王韬撰有《普法战纪》《法国志略》《扶桑游记》等；80年代，黄遵宪撰有《日本国志》，王之春撰有《谈瀛录》，姚文栋撰有《日本地理大要》，王泳霓撰有《道西斋日记》，陈家麟撰有《东槎闻见录》等；90年代，康有为撰有《俄罗斯大彼得变政记》《日本明治变政记》《法国革命记》《波兰分灭记》，严复译有《天演论》。世纪之交，编译之作更如雨后春笋，其中，通史性译著有《万国历史》《世界通史》《万国兴亡史》等；断代史有《世界近代史》《世界近世史》《十九世纪革命时代》等；专题史有《法兰西革命史》《美国独立战争史》《英国革命战史》《日本维新三十年史》《欧洲外交史》《十九世纪外交史》《万国宗教志》《东西洋伦理学史》《万国商业史》《英国商业发达史》等；历史哲学有《史学通论》《世界进化史》，以及严复译的《群学肄言》《群己权界论》《社会通铨》《法意》等。

中国资产阶级历史学者接触、学习了西方近代历史哲学理论与方

[①] 参见本书"略论中国史学的流变"相关内容。

法，有如获三军之喜，兴奋感慨交集，跃然纸上。黄遵宪说："取卢梭、孟德斯鸠之说读之，心志为之一变。"① 梁启超也感触道："畴昔所未见之籍，纷触于目。畴昔所未穷之理，腾跃于脑"②，"思想为之一变"③。梁启超的重要历史哲学著作《新史学》，有相当部分取源于日本史学家浮田和民的《史学源论》，而该书的主要历史哲学观点，则又采自西方资产阶级的历史哲学。章太炎学习了近代心理历史学后，便对此极表赞同，并运用于史学研究之中。④ 总之，中国近代资产阶级历史学者对西方资产阶级历史哲学理论与方法的学习，是热切和勤奋的，对它的介绍、编译也是积极和主动的，他们希冀对西方近代历史哲学的引进、移植，促成中国旧史的近代化，从而促成中国传统文化乃至整个社会的近代化。如此，他们一方面为了向洋先生讨变世之教，软弱地回避了近代西方历史哲学家对中国历史发展所做的大量歪曲性、诬蔑性的"哲学思辨"；另一方面，他们忍辱负重，尾随近代西方资产阶级历史哲学之后，亦步亦趋，从事建设中国近代资产阶级历史哲学的研究工作。

二 "史界革命"

中国近代资产阶级历史学者为了建立历史哲学，取法于近代西方历史哲学确立时所运用的革命方式，向中国封建史学展开了猛烈批判，为近代中国资产阶级历史哲学鸣锣开道。

对于中国旧史的批判，贯穿于中国近代资产阶级历史哲学研究的始终。其开初是不太自觉的，因而表现出软弱性，也比较零星；至于戊戌以后，资产阶级历史学者痛感到作为封建意识形态的历史学对于建设中国近代文化的巨大阻碍作用，对于确立近代史学价值观念与理论体系的相反作用，便慨然揭起了"史界革命"的旗帜："呜呼！史界革命不

---

① 参见钱仲联《黄公度先生年谱》，上海古籍出版社1981年版。
② 参见梁启超《饮冰室合集·文集之二·论学日本文之益》，中华书局1950年版。
③ 参见梁启超《饮冰室合集·文集之一·三十自述》，中华书局1950年版。
④ 参见唐文权、罗福慧《章太炎思想研究》，华中师范大学出版社1986年版，第389页。

起，则吾国遂不可救，悠悠万事，惟此为大!"① 对中国封建旧史的批判，要数"史界革命"最有声势、最有影响。"史界革命"的主要内容有以下几个方面。

（1）封建旧史只是帝王家谱，而不是群体的历史，因此应予推倒。他们认为，封建史学"不过记述一二有权力者兴亡隆替之事，名虽为史，实不过一人一家之谱牒"②，"知有朝廷而不知有国家"，"知有个人而不知有群体"③。

（2）不能给人们以智慧的启迪，不能开发国民意识，因此应予推倒。他们认为，中国旧史"不过记载事实"，不能予这些事实以科学的解释；"能铺述而不能别裁"，"能因袭而不能创作"；"盖从来作史者，皆为朝廷上之君臣而作，曾无有一书为国民而作者也"④。

（3）禁锢人们的思想，不能随时代的进步而进步，因此应予推倒。他们认为，封建旧史"知有陈迹而不知有今务"，"知有事实而不知有理想"，"吾国史家，以为天下者君主一人之天下，故其为史也，不过叙某朝以何而得之，以何而治之，以何而失之，舍此则非所闻也"⑤。

（4）封建旧史的作用是充当封建王朝的反动工具，有碍于历史进步，因此应予推倒。他们认为，中国旧史"自为奴隶根性所束缚，而复以煽后人之奴隶根性而已"，他们所杜撰的"正统"，其实就是"君统"，是为封建专制统治者压制和愚弄人民服务的。⑥

（5）封建旧史不能说明历史之是非真伪，因此应予推倒。他们认为，封建旧史认为历史的成败在乎"一二人"，不能说明历史发展的真相，因为"一民族之进化堕落"，在乎"众人"；封建旧史只知评论个人之善恶是非，而不知群体之善恶是非，因而导致了中国的"群治"不兴不进。他们认为，即便是封建旧史对历史人物的评价，也不足凭信，因为旧史笔下的善恶功罪，都是依"时君"的好恶利弊所论。⑦

---

① 参见梁启超《饮冰室合集·文集之九·新史学》，中华书局1950年版。
② 参见梁启超《饮冰室合集·文集之六·中国史叙论》，中华书局1950年版。
③ 参见梁启超《饮冰室合集·文集之九·新史学》，中华书局1950年版。
④ 同上。
⑤ 同上。
⑥ 参见梁启超《饮冰室合集·文集之九·新史学·论正统》，中华书局1950年版。
⑦ 参见梁启超《饮冰室合集·文集之五·立宪法议·论书法》，中华书局1950年版。

(6) 中国封建旧史缺乏理论性，不能说明历史变革的道理，因此应予推倒。他们在耙梳整理了封建旧史后认为，无论是纪传体、编年体、纪事本末体的开山之作，或者是典志体巨著，还是札记体的代表，都不同程度地缺乏理论性。"中夏之典，贵其纪事，而文明史不详，故其实难理。"①

总之，中国近代资产阶级历史哲学的开拓者在近代西方资产阶级历史哲学的启发和影响下，对中国封建旧史的批判，振聋发聩，涉及面广，较有理论深度，反映了要求建立中国近代历史哲学的迫切性。唯其谋大立而举大破，偏颇之处，失误之处，在所难免。这集中表现为片面性、武断性、极端化。

三　探寻世变之理

中国近代的历史学者在学习了西方资产阶级的历史哲学理论与方法后，也能够把社会历史作为一个变化、发展的过程来看待，并搬用西方历史哲学关于历史发展过程的三段论，以求对历史发展特别是中国历史发展过程得出规律性的解释。

中国近代的历史学者在学习和接受西方资产阶级历史哲学关于人类社会历史的发展变化过程，是一个迂回曲折向前的过程，充满渐变与质变的过程之理论，经历了由不完整到完整的过程。所谓不完整，就是从19世纪70年代的郑观应到90年代的康有为等改良维新派历史学者，只是接受了人类历史发展的渐变论，因而他们只认为社会历史发展是一个渐变前进的过程，否定质变；而到了后期的资产阶级历史学者——革命派历史学家那里，他们对这一理论的理解、接受才完整了。他们承认社会历史的渐变对于作为变化发展的过程来说，是必不可少的，但更重要的是推进社会历史发展前进的质变，即社会的阶级斗争与暴力革命。他们认为，阶级斗争与暴力革命是推动人类历史发展的动力。因此他们对反抗封建专制统治的农民起义领袖予以高度评价，称之为"大英雄"

---

① 参见章太炎《訄书·尊史》，华夏出版社2002年版。

"大豪杰"，称陈涉为"中国革命家第一人"①。作为资产阶级革命派的历史学家陈天华（著有《中国革命史论》）等人，由于身处时代革命之中，又长期旅居海外，接受了法国大革命时期资产阶级的阶级斗争历史哲学与暴力革命的历史哲学，从而使他们对于整个资产阶级历史哲学关于人类历史发展理论的理解，上升到一个新的历史水平。

中国资产阶级改良派历史学者学习西方历史哲学关于人类历史发展变化的历史哲学理论，也有一个递进的过程。在19世纪七八十年代，中国资产阶级历史学者在学习这一理论时，主要是依照中国传统的变易思想进行参悟的，所谓《易》曰："穷则变，变则通，通则久。"如王韬、郑观应、黄遵宪，前期的康有为等。如郑观应谓："'孔子圣之时者也。'时之义大矣哉。《易》：'穷则变，变则通，通则久。'""虽有智慧，不如乘势；虽有镃基，不如待时。"②"夫天道数百年小变，数千年大变。参诸上古，历数千年以降，积群圣人之经营缔造，而文明以启，封建以成。自唐、虞迄夏、商、周，阅二千年莫之或易。洎秦始并六国，废诸侯，改井田，不因先王之法，遂一变而为郡县之天下矣。秦以后盛衰屡变，分合不常，然所谓外患者，不过匈奴、契丹西北之塞外耳。至于今，则欧洲各国兵日强，技日巧，鲸吞蚕食，虎踞狼贪，环地球九万里之中，无不周游贩运。中国亦广开海禁，与之立约通商，又一变而为华夷联属之天下矣。是知物极则变，变久则通。虽以圣继圣而兴，亦有不能不变，不得不变者，实天道、世运、人事有以限之也。"③可见，这时的中国资产阶级改良派历史学者对于西方历史哲学这一理论的搬用，还是羞羞答答、半遮半掩的。面对思想上的守旧派与政治上的顽固派，他们则主要是借用孔圣人的牌位来传播这一新思想的。这诚如马克思所揭示的："恰好在这种革命危机时代，他们战战兢兢地请出亡灵来给他们以帮助，借用他们的名字、战斗口号和衣服，以便穿着这种久受崇敬的服装，用这种借来的语言，演出世界历史的新场面。"④ 至于19世纪八九十年代，由于封建政治愈益松弛，思想文化日益开化，

---

① 参见亚卢《中国革命家第一人陈涉传》，《江苏》第九、十期合刊（1904年）。
② 参见夏东元编《郑观应集》上册，上海人民出版社1982年版，第233、66页。
③ 同上。
④ 参见《马克思恩格斯选集》第1卷，人民出版社1972年版，第603页。

资产阶级维新派史学家虽也打着孔圣人的旗号（如康有为的《新学伪经考》《孔子改制考》），但语言形式、思想内容则日益归于西方历史哲学的这一理论之途了。他们虽然仍以孔子的旗号做装饰，借助进化论思想，比较公开地传播西方历史哲学关于人类历史发展是曲折向前的、变化发展的理论，但在这时，他们对于渐变的变化发展史观的接受，已经到了最高的临界点了，更不是中国传统的变易之道所能包容得了的。

当中国近代资产阶级改良派、维新派历史学者对西方资产阶级关于人类历史发展变化的史观一知半解时，就试图模仿他们所惯用的历史发展三段论来给人类历史发展，特别是对中国历史发展予以规律性的阐释。这种三段论体现在中国有如下几种。

（1）康有为的公羊三段论。康有为认为，人类社会的历史是不断发展的，由野蛮到文明，循序进化。康有为依据春秋公羊家的三统三世说作了新的解释：拨乱、小康、大同三世之运，依仁、礼、义、智、信"五德之运"。五德中之仁运为大同之道，礼运为小康之道，拨乱世以礼为治，故礼运包括小康之道和拨乱世之道。夏、商、周三代是行礼运小康之道的升平世，春秋亦行"礼运"小康之道，"至不得已"，"祸乱繁兴"，"天下不康"，是拨乱世。汉唐以至元明2000年来的中国社会，同为行小康之道的升平世。在所当世，只有运用孔子的大同之道，进行大变革，中国社会才能早日由礼运小康之道的升平世，进化到行仁运大同之道的太平世。人类历史必定按照拨乱、升平、太平三个阶段的顺序而进化，这一顺序既不会错乱，也不会反复。所谓："进化有渐进，仁民有渐进，爱物亦有渐进，此皆圣人无可如何，欲骤进而未能者。"①"万无一跃超飞之理。……必当一一循序行之，若紊其序，则必大乱。"②

（2）黄遵宪的共和三段论。黄遵宪认为，历史是向前进化的，人类历史必然由专制时代进化到君民共主时代。他把中国社会历史发展的进程划为三个时期：封建之世、郡县之世、共和之世。第一个历史时期是指秦始皇统一中国以前的春秋战国时代，"其传国极私，其政体乃极

---

① 参见康有为《论语注》卷七，中华书局1984年版。
② 参见《章太炎政论选集附录》上册，上海人民出版社1981年版，第212页。

公也"①；第二个历史时期是指由秦始皇确立郡县制以后到清代这漫长的2000多年，老百姓受封建专制的压榨，敢怒不能言，而封建制度已在垂亡，亟待变革；第三个历史时期是在"郡县之世"后，在这个社会里，老百姓再也不受专制之苦，君民共主，共创社会福利。他认为，这一历史阶段，欧洲与日本经过社会变革已经达到，中国只要努力，也是可以进入这一阶段的。

（3）梁启超的民主三段论与时序三段论。梁启超既然敢于大胆地批判中国的旧史，也就敢于大胆地借助西方历史哲学阐发其渐进的历史观了。他认为，人类历史是在进化状态中变化的，这种渐变并非笔直平坦的，而是迂回曲折的。因此他将整个历史过程依政治状态划分为三个阶段：所谓"治天下者有三世。一曰多君为政之世，二曰一君为政之世，三曰民为政之世②"。依此，他批判了中国传统史学中的"一治一乱"的历史循环论。在20世纪初，他在运用这一历史哲学理论对中国历史发展进行宏观研究时，依据历史变化的前后时序，把中国历史发展分为上世史、中世史、近世史三个历史阶段。他认为，从远古到秦始皇统一中国，是中国民族自己发展、进化的时代，因而是上世史；从秦以后至清代乾隆末年，是中国民族与亚洲各民族竞争的时代，因而是中世史；从乾隆末年始至于19世纪末，是中国历史上所从未有过的内外激剧大变动的时代，因而是近世史。③ 这种划分，模仿了近代欧洲史学的分期方法。

（4）严复的衰世三段论。严复，这位对近代西方历史哲学介绍最勤奋、了解最多的学者，在他的译著之注释中，有许多深刻的历史哲学见解。严复依据斯宾塞的社会达尔文主义哲学，认为人类社会的发展是在物竞天择、适者生存的状态中渐进的，这种渐进的结果是"后胜于今"。他认为，历史发展的渐进，是不可人为的，它自有其法则支配，即"运会"④。只有顺应历史的发展，才能对它起到促进作用。他把人类历史发展描述为一个漫长的渐进过程，在《论中国教化之退》中，

---

① 参见《南学会第一、二次讲义》，《湘报》第5号。
② 参见梁启超《饮冰室合集·文集之二·论君政民政相嬗之理》，中华书局1950年版。
③ 参见梁启超《饮冰室合集·文集之六·中国史叙论》，中华书局1950年版。
④ 参见严复译《天演论·导言二》，中华书局1978年版。

将包括中国历史在内的人类社会历史发展划分为三个阶段：治世、乱世、衰世。他认为，在"治世"里，"夫人所受于天之智，而人与物各得其情"，如此，世界上还没有一国能之；在"乱世"里，智识初开，世运初变，战争频仍，各不相辖，中国如周秦、南北朝，欧洲如希腊、罗马和"英法民变"，皆近之；在"衰世"里，政教倾颓，文化凋敝，民不聊生，而当世中国则"不幸近之"，非洲如埃及，亚洲如波斯、印度皆然。

固然中国改良派、维新派历史学者取法近代西方资产阶级历史哲学的历史发展三段论，但是，西方历史哲学的三段论所衬托的是完整意义上的历史之变化发展史观，这种三段论的方法论基础是历史唯心主义的辩证法。马克思曾高度评价西方近代历史哲学发展至于黑格尔时代的历史唯心主义辩证法的合理性内核，在于："第一次""把整个自然的、历史的和精神的世界"，"描写为一个过程，即把它描写为处在不断的运动、变化、转变和发展中，并企图揭示这种运动和发展的内在联系"[1]。而在中国资产阶级改良派、维新派历史学者那里，他们所引进的西方资产阶级历史唯心主义辩证法的合理性内核却凝固了：只有历史运动、变化、发展的"渐变"，而没有变化的"突变"。因而它所搬用的较之中世纪史学很有生气的关于历史发展的三段论，在这里便机械化了，因为在他们那里，历史的过程只是一个渐进的过程。因而这种三段论便没有了用武之地，在他们的研究中没有什么太大的作为了。于是，在他们那里，近代西方历史哲学关于历史发展变化的观点就倒退了、失真了。因此说，他们试图给中国历史发展乃至整个人类历史发展予以规律阐释的努力，失败了；他们的这些研究结论对于历史哲学的发展来说，无甚学术价值，无甚理论意义。虽说如此，对于中国近代社会的变革来说，他们还是起了推动作用的，这却是不可轻视的。

---

[1] 参见《马克思恩格斯选集》第3卷，人民出版社1972年版，第63页。

四 "画虎不成反类犬"

由于中国近代资产阶级历史学者良莠不分、简单移植、盲目引进了西方近代历史哲学的一些理论与方法,当他们对中国历史发展展开历史哲学的研究时,便无法得出比较具有科学价值、比较合乎历史发展实情的结论来,甚至陷入近代西方资产阶级历史哲学中比较反动的历史理论的窠臼,用一句中国成语形象地说,就是"画虎不成反类犬"。这主要体现在以下三个方面。

第一,盲目搬用地理环境决定论的历史理论与方法,对历史发展进行简单的分析,使之没有取得有价值的成果。

在世纪之交,梁启超连续写了《地理与文明之关系》《亚洲地理大势论》《中国地理大势论》等文,认定世界历史发展的决定作用、快慢因素、文明程度高低状况,来自于各民族所处的自然地理条件。他说:"地理与历史之关系,一如肉体之与精神。有健全之肉体,然后活泼之精神生焉。有适宜之地理,然后文明之历史出焉。""寒热带之地,其人不能进化者何也?人之脑力与体力为天然力所束缚,而不能发达也。""极寒极热之地,其人穷日之力,以应付天然界之游迫犹且不给,以故文明之历史,独起于温带。""惟居温带者,有四时之变迁,有寒暑之代谢,苟非劳力,则不足以自足,亦必得其报酬。此文明之国民,所以起于北半球之大原也。"① "地理与历史,最有密切之关系,是读史者所最当留意也。高原适于牧业,平原适于农业,海渠河渠适于商业。寒带之民,擅长战争,温带之民,能生文明。凡此皆地理历史之公例也。"② 这些,与孟德斯鸠、黑格尔的说法别无二致,基本上是转述。如果细心地核对孟德斯鸠所著《论法的精神》第14章之"法律和气候的性质的关系",黑格尔《历史哲学·历史之地理的基础》,便可发现,梁启超除了照搬以外,没有什么新的创作。

---

① 参见梁启超《饮冰室合集·文集之一·地理与文明之关系》,中华书局1950年版。
② 参见梁启超《饮冰室合集·文集之六·中国史叙论》,中华书局1950年版。

依照从西方近代历史哲学中搬来的地理环境决定论，梁启超对中国历史发展之中国文明的发生、历史上的南北政权对峙、西北民族军事上优越于汉民族与民族的南徙、中国文化的特征、学术文化的分布、地方风俗的成形等问题，予以了地理环境的历史分析，其间谬说与卓见参差，谬说多于卓见，而卓见的产生则与他的地理环境论绝无关系。在他那里，给予中国历史发展的自然地理环境的历史解释，露出了太多的附会之嫌。

第二，生吞活剥社会达尔文主义的历史哲学理论，试图解释中国历史的发展，没有取得积极的成果。

在19世纪末20世纪初，严复不辞辛劳地翻译了赫胥黎的《进化论与伦理学》(《天演论》)、斯宾塞的《群学肄言》(《社会学研究》)、甄克思的《社会通铨》。他所介绍的达尔文的进化论与斯宾塞所创立的社会达尔文历史哲学理论，整整影响了中国近代改良派历史哲学发展的全过程，并成为改良维新派的历史观与政治观的理论支柱。早期的严复，醉心于达尔文、斯宾塞的学说，认为整个人类历史发展是一个循序渐变的过程。他确信斯宾塞之所谓"民之可化至于无穷，惟不可期之以骤"，与中国传统的说法"为邦百年，胜残去杀"，"虽有王者，必世后仁"相璧合。后期的严复则主要依据甄克思的《社会通铨》来解释中国历史发展。甄克思认为，人类社会的历史进化经历了由图腾社会到宗法社会，再由宗法社会进入军国社会的过程。严复则努力依此比附中国历史，极力论证中国古代社会具有宗法性质。他认为，既然中国历史发展已经历过宗法时代，而要使之进入军国时代，只有像秦以后历代有所更张一样，一步一步地变革宗法社会的遗存。这就大违中国历史的实情了，以致同时代的章太炎对此予以激烈的批评。

第三，全盘照搬西方历史哲学的自然地理环境决定论解释中国历史发展，自然落入欧洲中心主义文化观的窠臼中了。

在西方历史哲学那里，地理环境决定论与人种史观、与欧洲中心主义的文化观，有逻辑一致性、紧密的因果关系。梁启超照搬套用了黑格尔的"世界史与非世界史"理论，从而以一个东方人的口吻道出了欧洲文化中心主义与种族优越论：所谓世界史的种族，"其文化惑力之所及，不仅在本国之境域，不仅传本国之子孙，而扩之充之以及于外，使全世界之人类受其影响,以助其发达进步",足当此名者,"不得不让诸白种,不得不让诸白种中之阿利安种"①。梁启超还依据斯宾塞的"人口压力和它所引起的竞争是过去和现在人类进化最有力的工具"理论,极力鼓吹人种竞争,鼓吹中国的人种进化,以"自强、保种"。但是,既然欧洲所处的优越的地理环境,决定了优良的种族和居于人类文化中心的文明,即它具有天然优越的进化力,那么,处于"非世界史"中的黄种人,受制于他所处的地理环境,怎么能与欧洲人种去竞争呢?至于此,梁启超的历史哲学就要终结了,中国资产阶级改良派、维新派的历史哲学就要终结了,整个中国近代资产阶级的历史哲学研究就要终结了。

中国近代资产阶级的历史哲学与近代西方资产阶级的历史哲学之间的沟通,是极其紧密的。只要是近代中国资产阶级历史学者所能接触到的、所能理解的,哪怕是一知半解的近代西方资产阶级历史哲学理论,都予以引进、移植并运用于研究之中,他们少有独立研究,因而也少有独立的见解。可以说,近代中国历史学者对西方历史哲学的长途贩运,涉及了他们当时所见的各家各派,因而体现于中国近代史学中的历史哲学理论是一个大拼盘、大杂烩。他们没有能够通过引进、移植把它们系统化起来,成为稍有翻新之作;或者略有裁择,区分良莠,使之在历史哲学的实证研究中稍胜一筹。这正是中国近代资产阶级历史哲学研究者们的难堪与尴尬。

五 火花闪耀,嘉惠未来

虽然中国近代的资产阶级历史哲学研究者没有建立起中国近代历史哲学的大厦,只是从西方网罗来了一堆大杂烩;但他们毕竟有良好的初衷,是从建设这门学科出发的,虽然在引进中过于迷信、盲从、亦步亦趋,然而在吸收的过程中还是有过一些智慧的火花的,只不过是埋没在这堆大杂烩中罢了。这主要体现在如下一些见解上。

---

① 参见梁启超《饮冰室合集·文集之九·历史与人种之关系》,中华书局1950年版。

第一,什么是历史?中国资产阶级历史哲学研究者有独立的看法。梁启超认为:"史者何?记述人类社会赓续活动的体相,较其总成绩,求得其因果关系,以为现代一般人活动之资鉴者也。"①

第二,关于处理好历史研究主体与客体关系的意见。梁启超认为:"凡学问必有客观主观二界。客观者,谓所研究之事物也。主观者,谓能研究此事物之心灵也。和合二者,然后学问出焉。史学之客体,则过去现在之事实是也。其主体,则作史读史者心识中所怀之哲理是也。有客观而无主观,则其史有魄无魂,谓之非史焉可也。"②

第三,关于史实与史识问题的见解。章太炎认为应该以新思想看待旧史实,对史料进行理论的抽象。所谓:"镕治哲理,以祛逐末之陋;钩汲智沉,以振墨守之惑。"③梁启超也认为:"苟无哲学之理想者,必不能为良史。"④

第四,对于历史研究的现实性价值的认识。一是历史研究可以垂鉴未来,劝诫今人。所谓"求法之所以衰,俾使为中国之殷鉴⑤"。二是可为执政者提供匡时之策,并使国民知所取法。所谓:"借镜而观,引导国人,知其所取法。"⑥三是激发国民的爱国心,奋发自强。所谓:"史学者,学问之最博大最切要者也,国民之明镜者也,爱国心之源泉也。今欧洲民族主义所以发达,列国所以日进文明,史学之功居其半焉。"⑦

第五,关于历史哲学的研究既要重视吸收邻近学科的有益成果,又要重视继承中国传统研究方法的合理成分的看法。梁启超与章太炎都认为,生物科学理论的发现与发展,既给社会学、法律学、经济学等邻近学科以重要影响,也给历史学的研究以重要影响,应该吸收其于史学研究有益的成分。在他们那里,已初步形成了有近代学术意义的宏观研究

---

① 参见梁启超《饮冰室合集·专集之七十三·中国历史研究法》,中华书局1950年版。
② 参见梁启超《饮冰室合集·文集之九·新史学》,中华书局1950年版。
③ 参见章太炎《訄书·哀清史》,华夏出版社2002年版。
④ 参见梁启超《饮冰室合集·文集之九·新史学》,中华书局1950年版。
⑤ 参见王韬《扶桑游记·跋》,湖南人民出版社1982年版。
⑥ 参见黄遵楷《先兄公度先生事实述略》,亚东制版印刷局。
⑦ 参见梁启超《饮冰室合集·文集之三十九·生物学在学术界之位置》,中华书局1950年版;《章太炎年谱长编》,上海人民出版社1983年版。

方法。章太炎、王国维对乾嘉考据之学是持肯定态度的，同时又充实以近代社会科学的实证研究方法。

第六，提出了近似于历史主义研究方法的主张。梁启超认为："苟离却社会与时代，而凭空以某一个人或某一群人之思想动作，则必多不可了解者。"① 这就是主张把历史人物、思想意识、历史事件等放在一定的历史背景中加以分析研究。

第七，关于历史发展动因的说法。孙中山是一个民生史观论者，他从人民的历史本位出发，解释了历史发展的动因：古代之一切人类之所以要努力，就是因为要求生存，人类因为要有不间断的生存，才是社会进化的原因。②

第八，关于"英雄人物"与历史发展的看法。虽然严复与梁启超都是英雄史观论者，但严复毕竟承认历史发展自有规律，人力无法左右摆布它，并参照中国传统的变易思想提出了"运会"论；梁启超认为，伟大历史人物是时代与国民孕育的结果，他们虽对历史有十分突出的作用，但人民群众的历史作用也是不可抹杀的。③

总之，散见于中国资产阶级历史哲学研究者的大量论著中，有一些比较有价值的看法，是应该予以扬弃的，是不应该与他们所移植的西方资产阶级历史哲学理论同等对待的。以上所举，或许不尽周全，还需我们进一步去发掘，以作为中国现代历史哲学研究的帮助。

至于20世纪20年代，中国近代的历史哲学研究发生了划时代的伟大变革。中国无产阶级史学家李大钊等从学习近代西方资产阶级的历史哲学转而接受马克思主义的历史哲学，经过独立研究，取得了中国现代马克思主义历史哲学研究的奠基性成就。此后，中国的马克思主义历史哲学研究在中国思想界迅速展开了，并逐渐占领了历史哲学研究这块阵地。此后，中国近代历史哲学的研究便步入了现代阶段。

---

① 参见梁启超《饮冰室合集·专集之七十三·中国历史研究法》，中华书局1950年版。
② 参见《孙中山选集》，中华书局1979年版，第779页。
③ 参见梁启超《饮冰室合集·文集之二·自由书》，中华书局1950年版。

地理史观与中国近代史学的历史考察*

中国近代社会半殖民地半封建的特殊性质，决定了中国近代史学氤氲生成和新陈代谢的根本特征是：移植性、不成熟性和发展的不充分性。伴随着西方近代资产阶级史学的东渐，中国近代资产阶级历史学者尾随其后，亦步亦趋。这样，近代西方史学就成为中国近代史学之本、之源，中国近代史学则成为其末、其流。在对中国近代史学做流向性考察时，不可不重视西方地理史观对中国近代史学的影响。为了便于理解，在讨论中国近代史学对地理史观的吸取与借鉴之先，我们还拟对影响了中国近代史家的西方近代地理史观的来龙去脉予以线索性描述。

一 地理史观要旨

在古代，贤哲之士很早就注意到地理环境对人类社会历史的巨大影响。如中国古代文献《礼记·王制》说："凡居民材，必因天地寒暖燥湿，广谷大川异制，民生其间者异俗，刚柔轻重迟速异齐，五味异和，器械异制，衣服异宜，修其教不易其俗，齐其政不易其宜。"认为地理环境影响人们的生活方式、生产方式、风俗习惯和政治体制教化。但由于中国传统史学重在传述、考证，缺乏理论思维，这种思想没有被中国传统史学所承继、发展。因此，从严格意义上说，中国古代没有地理史观。发地理史观之端的，是古希腊著名学者亚里士多德。在《政治学》

---

* 本文是笔者与黄长义同志合写。

一书中，亚氏把历史发展的终极原因归之于地理环境，认为产生东西方政治体制之异的根本原因在于地理环境之别。这就奠定了西方史学中一种源远流长的历史观。随着资产阶级的产生和不断壮大，服务于新兴资产阶级的政治、经济、文化的需要，近代资产阶级历史学者从历史本体论出发，光大了始发于亚里士多德的地理史观。地理史观遂成为西方近代资产阶级思辨的历史哲学中的一个支柱性观点。

如果说，西方史学中的地理史观以亚里士多德为始作俑者；那么，这种史观则为孟德斯鸠和黑格尔揽其成、践其行。

孟德斯鸠认为，一个国家和民族的地理环境，尤其是气候，决定了该民族的法律、政制、风俗习惯和宗教信仰——即该民族的民族精神，从而决定了该民族的历史发展。孟氏在《论法的精神》中说："炎热的气候使人的力量和勇气萎顿；而在寒冷的气候下，人的身体和精神有一定的力量使人能够从事长久的、艰苦的、宏伟的、勇敢的活动。……热带民族的怯葸常常使这些民族成为奴隶，而寒冷气候的民族的勇敢使他们能够维护自己的自由……这是自然的原因所产生的后果。""墨西哥和秘鲁那些专制帝国是接近赤道的，差不多所有自由的小民族在过去和现在都是靠近两极的。""岛屿的人民比大陆的人民爱好自由。"① 从而把气候和地势看作人性、政制和历史发展的决定性因素。

孟德斯鸠在阐述了地理环境决定社会历史发展的基本观点后，并尝试着用这种观点来解析东西方历史发展的差异。他说："正确地说，亚细亚没有温带。和严寒的地区紧接着的就是炎热的地区，如土耳其、波斯、莫卧儿、中国、朝鲜和日本等是。"而欧洲则正好相反，温带极为广阔。"相毗连的国家的气候几乎相类似，没有显著的差别。"② 根据这一"事实"，孟氏得出结论："因此，在亚洲强国和弱国是面对着面的；好战、勇敢、活泼的民族和巾帼气的、懒惰、懦怯的民族是紧紧地相毗连着的；所以一个民族势必为被征服者，另一个民族势必为征服者。欧洲的情形正相反；强国和强国面对着面，毗邻的民族都差不多一样的勇敢。这就是亚洲之所以弱而欧洲之所以强的重要原因。""由于这个原

---

① 参见［法］孟德斯鸠《论法的精神》上册，张雁深译，商务印书馆1963年版，第273、275页。

② 同上。

因，在亚洲，自由没有增加过；而在欧洲，自由随着情况或增或减。"① 另外，亚洲是由广阔的平原同少量丘陵构成的，因此，"在亚洲，权力就不能不老是专制了。因为如果奴役的统治不是极端严酷的话，便要迅速形成一种割据的局面，这和地理的性质是不能相容的"。相反，在欧洲，天然的区域划分形成了许多不大不小的国家。在这些国家里，"法治是很有利于保国的；所以没有法治，国家便将腐化堕落，而和一切邻邦都不能相比。这就是爱好自由的特性之所以形成；因为有这种特性，所以除了通过商业的规律与利益而外，每一个地方都极不容易征服，极不易向外屈服。反之，一种奴隶的思想统治着亚洲；而且从来没有离开过亚洲。在那个地方的一切历史里，是连一段表现自由精神的记录都不可能找到的。那里，除了极端的奴役而外，我们永远看不见任何其他东西"②。

孟德斯鸠是对"地理环境决定历史文化发展"进行理论解说的第一人。但同黑格尔相比，他还未能把它上升到历史哲学的高度，没有把它变成一个系统的、根本的历史观。但孟氏却为这种史观的最后形成起了关键的作用。

黑格尔在其客观唯心主义历史哲学体系中，把"地理史观"作为根本的历史观点，运用它来解说人类历史的发展。他把世界范围内的自然地理条件作为构成其"世界历史"的决定性力量，故在《历史哲学》中开宗明义地宣称："助成民族精神之产生的那种自然的联系，亦即地理的基础……我们既不得不把它看做'精神'所从而表现的场地，它也就是一种主要的而且必要的基础。……'精神'所赋形于这种自然形式之内，容许它的各种特殊形态采取分别的生存。"③ 因此，不同的自然地理条件便相应地决定了该民族的"性格"和"精神"，从而也就决定了该民族的历史发展道路。黑氏认为，"在极热和极寒的地带上，人类不能作自由的运动；这些地方的酷热与严寒使'精神'不能为它

---

① 参见［法］孟德斯鸠《论法的精神》上册，张雁深译，商务印书馆1963年版，第273、275页。
② 同上书，第278—279页。
③ 参见［德］黑格尔《历史哲学》，王造时、谢诒征译，上海商务印书馆1936年版，第133、134—135、146页。

自己建筑一个世界来"。"历史之真正舞台所以便是温带了；或者毋宁说是北温带，因为地球在那儿形成一个大陆，而且诚如希腊人所谓，有一个广阔的胸膛。"① 非洲和美洲绝对地"排斥在世界历史之剧情以外"。亚洲尽管是"精神之光明"升起的地方，但由于在地理环境上与欧洲的隔绝，这种历史发展是处在"世界历史"运动之外的，因而"他们未尝具有一种历史的性质"。因此，只有"地中海是地球上四分之三面积之结合因素，也是世界历史的中心……没有地中海，'世界历史'便无从想起"②。欧洲绝对地是世界历史的终点。而在非欧洲地区，只有得力于欧洲精神的"介入"，才有一线精神的光明。在黑氏看来，美洲就是一个极好的例证。正是在地理史观的支配下，黑格尔才提出了"欧洲文化中心论"。

自从近代西方历史学中的地理史观完形以来，不断有历史学者把它作为历史本体研究的指导，而用于历史研究的各个方面。其中起着推波助澜作用的是英国历史学家巴克尔和俄国历史学家米契科夫。他们较早地把"地理史观"引入文化史研究。巴氏在他的《英国文明史》一书中，专门论述了自然法则对社会组织和个人气质的影响，在他看来，气候、土壤、植物和一般自然面貌是文化发达的决定性因素，对社会财富的创造、积累和分配方式，乃至阶级的形成和社会政治都具有极大的制约作用。米氏在《文化与历史巨河》中突出地申明了大江、大河对所在国家、地区历史文化发展的决定性影响作用，并把它作为"东方专制主义"的根本原因。从地理史观出发，他又制造了一个"东方专制主义"理论。

把地理史观作为一种历史理论来进行专门研究，并把它置于尽善，恐怕要数20世纪初美国历史理论家塞卜尔（Semple）了。他在1911年出版了巨著《地理环境之影响》。本书吸取了自孟德斯鸠以始的近代地理史观论者的研究成就，从理论上全方位地阐发了地理环境对历史发展的影响作用。他所涉及的主要内容有：历史上地理要素之作用，地理影响之种类，社会及国家与土地之关系，民族之移动，地理之位置，政治

---

① 参见［德］黑格尔《历史哲学》，王造时、谢诒征译，上海商务印书馆1936年版，第133、134—135、146页。

② 同上。

上之疆域，地理之境界，海滨民族，洋与内海，人与水之关系，河之人类地理，大陆与半岛，岛民，平原、草原与沙漠，山岭之屏障及其山道，山岭环境之影响，气候之影响17个大问题。他宣称："作者自身之研究方法在于比较各种族及各期文明之代表的民族，其所处的地理状况相类似者，此类种族不同而环境相类似之民族表示相类似或有关系之社会的、经济的、或历史的发展，则吾人可以断定此类似之处乃由于环境，而非由于种族。"①

地理史观对近代西方史学发展的作用是突出的。在西方近代史学发展中，涌现了许多有代表性的用地理史观解说历史的史学家。在近代中西文化交流蓬勃突起的历史背景下，西方的地理史观不能不影响一代又一代的近代中国史学家。

二 地理史观的中国印象

中国社会在西方列强的坚船利炮的打击下，在硝烟和血腥之中，带着民族的屈辱和苦难跨入了畸形和变态发展的近代。在文化领域没有经历类似于近代西方的文艺复兴和启蒙运动。这样，中国近代历史学科的建立，就只能是"借泰西为刍子"，以近代西方资产阶级历史学为蓝本。

在急剧变革、新旧嬗递的近代中国，资产阶级历史学者为了服务于改良、变法、革命的政治目的，建立近代中国资产阶级的新史学，如饥似渴地学习近代西方的社会科学，并翻译了大量西方的人文科学著作。从严复译《法意》（即《论法的精神》）到1936年的陈建民译塞卜尔的《地理环境之影响》、张富康译裴格莱的《地理与世界霸权》，近40年间，西方的地理史观及其著作一直是近代中国史学界关注的热点。从亚里士多德开始的西方地理史观思想被广泛地介绍到中国以来，及至中国近代资产阶级历史学者学习了这种思想后，深受启发，兴奋感慨交

---

① 参见［英］塞卜尔《地理环境之影响·原序》，载《万有文库》，陈建民译，上海商务印书馆1936年版。

集，跃然纸上。黄遵宪说："取卢梭、孟德斯鸠之说读之，心志为之一变。"① 梁启超也感叹："畴昔所未见之籍，纷触于目；畴昔所未穷之理，腾跃于脑。"② 他即宣称："地理与历史，最为密切之关系，是读史者所最当留意也。"③ 近代中国资产阶级历史学者，无论是维新派还是革命派，也无论是保守派还是激进派，都把地理史观视作向黑幕沉沉的中国封建史学革命的锐利武器和建构资产阶级新史学体系的坚实基石，并将它奉为圭臬运用于具体的历史研究之中。

就笔者目前所掌握的资料来看，在中国近代最早接触并运用地理史观的，是被誉之为"近代玄奘"的严复。1876—1879年，严氏曾留学英国。在此期间，他广泛学习和研究了近代经济政治制度和学术理论，这其中就包括当时十分流行的地理史观。严复运用刚学到的地理史观，来分析中国积贫积弱之因。1898年，他撰《拟上皇帝书》（该文分九次连载于1898年1月27日至2月4日的《国闻报》上）认为，西方各国之所以富强、中国之所以积贫积弱，是因为西方人十分崇尚竞争而中国人则道中庸。西方人之所以形成崇尚竞争的国民精神，"虽曰人事，抑亦其地势支离破碎使之然也"。反之，"至我中国，则北起龙庭天山，西缘葱岭轮台之限，而东南界海，中间方数万里之地，带河厉山，浑整绵亘，其地势利为合而不利分"，故"戒进取，敦止足"④。他强调地势对民族精神和民族历史的影响，其观点与孟德斯鸠极为类似。1900—1905年，严复翻译了孟德斯鸠的代表作《论法的精神》（严译《法意》，1904—1909年由商务印书馆陆续出版发行），全面、系统地向国人介绍了孟德斯鸠的地理史观，对中国近代史学发展的影响甚为深远。⑤

几乎在孟德斯鸠的地理史观传入中国的同时，巴克尔史学及其史观被介绍到中国史学界。1902年，广智书局刊印了"中国广东青年"译

---

① 参见钱仲联《黄公度先生年谱》，上海古籍出版社1981年版。
② 参见梁启超《饮冰室合集·文集之四·论学日本文之益》，中华书局1950年版。
③ 参见梁启超《饮冰室合集·文集之六·中国史叙论》，中华书局1950年版。
④ 参见《严复集》第1册，中华书局1986年版，第66页。
⑤ 在严译《法意》出版以前，1902年，张相文、程炳熙曾把日本人何礼之由英译日的孟著《论法的精神》（何、张、程译为《万法精理》）译成汉文。这个译本较严译本易懂，但却远远不如严译准确，且这个译本只译了孟氏原著的一半。

《泰西政治学者列传》（日本杉山藤次郎原编）中的《邈克尔传》。该传扼要介绍了巴克尔的生平及写作《英国文明史》的情况。巴克尔史学使饱受中国封建史学陶染的学子文人大受震动，心志顿开。如京师大学堂历史教习陈黻宸读后，激动地说："善哉！《英伦文明史》曰：天下精微之理，极数千年，通人学士竭虑研思，万方未得其解者，求之日用见闻之间，而其理悉备。"① 由此可见，中国近代历史学者是多么渴求运用新史观来研习历史之一斑。

梁启超，这位中国近代史学革命的健将、资产阶级新史学的奠基人和可爱的布道者，其史学思想深受地理史观的影响。他将地理环境与历史的关系比作肉体和精神的关系："地理与历史之关系，一如肉体之于精神。有健全之肉体，然后活泼之精神生焉。有适应之地理，然后文明之历史出焉。"② 他把地理环境视作解释历史文化发展的决定性因素。因此，梁氏十分重视地理环境在历史发展和历史解释中的作用。在19世纪、20世纪之交，梁氏连续撰写了诸如《地理与文明之关系》《欧洲地理大势》《亚洲地理大势》《中国地理大势》《地理与年代》《近代学风之地理的分布》等一系列文章，介绍了亚里士多德、洛克、孟德斯鸠、黑格尔、巴克尔等许多思想家的地理史观思想。他把文明的起源、文化发达程度的高低、历史发展速度的快慢、宗教信仰和风俗习惯的差异、生产方式和生活方式的不同、民族性格和民族精神的区别、人种的分布、思想学术的特色、政治制度和政治体制的选择、历代国都的建立，等等，统统归之于地理环境的影响。"环境对于'此时此地'之支配力，其伟大乃不可思议。"③ 只要对比一下前面所介绍的孟德斯鸠和黑格尔等人的观点，其思想渊源即可一目了然。

梁启超不仅接受和宣传地理史观，而且进一步试图运用地理史观来解析纷繁复杂的中国历史。对诸如中国封建社会为什么会长期延续、中国文化的特点、中国的国民性等一系列重大课题，都从地理环境的角度进行了深刻的剖析。他对这些课题的观点如下所述。

---

① 参见陈黻宸《读史总论》，《政艺通报》1904年第17期。
② 参见梁启超《饮冰室合集·文集之十·地理与文明之关系》，中华书局1950年版。
③ 参见梁启超《饮冰室合集·文集之四十一·近代学风之地理的分布》，中华书局1950年版。

第一,地理环境与中国封建社会的长期延续。梁氏认为,中国封建社会之所以能存在几千年,是因为中国疆域辽阔、版图太大、民间的团体太散、交通不便、难以联结,"故一二枭雄之民常得而操纵之也"①。

第二,地理环境与中国文化的特点。梁氏认为,中国"东南面海,西阻于崇山峻岭,西北流沙千里"的半封闭性地理环境,限制了中国文化与世界其他地区文化的交流,使中国文化成为一独立发展系统,高峰迭起,承传不绝②;而中国文化之所以重实际、少宗教色彩,是因为其文明"起于北方,其气候严寒,地味埆瘠,得天较薄,故其人无余裕以驰心广远,游志幽微,专就寻常日用之问题悉心研究,是以思想独倚于实际"③。他还在《地理与年代》一文中论列了中国文化的18种特点,均以地理环境解释之。

第三,地理环境与中国的国民性。梁氏认为,中国人之所以"尊中庸",其根本原因在于地势和气候的影响:"我们文明是发育在大平原上头,平原是没有什么险峻恢诡的形状。没有极端的深刻,也没有极端的疏宕;没有极端的忧郁,也没有极端的畅放。这块大平原,位置在温带。气候四时俱备,常常变迁,却变迁得不甚激烈,所以对于自然界的调和性看得最真切,而且感觉他的善美。"④

尽管梁启超的这些论述有失偏颇,但在中国历史研究方面无疑具有筚路蓝缕的开山之功,其睿智至今仍能给我们以智慧的启迪。

孟德斯鸠、巴克尔等人的地理史观和地理的文化史观,也深深地感染和影响了章太炎的学术思想。在他看来,地理环境造就任何一种文化现象,而任何一种文化现象都能从地理的角度得到合理的解释。比如,"荷兰人善行水,日本人善候地震,因也。山东多平原大坻,故邹鲁善颂孔;关中四塞便骑射,故秦陇多兵家"⑤。章氏曾从地理环境的角度对各民族在思想学术、民族精神和风俗习惯上的巨大差异等历史文化现象进行了解析,具体如下所述。

---

① 参见梁启超《饮冰室合集·文集之六·中国史叙论》,中华书局1950年版。
② 参见梁启超《饮冰室合集·文集之五十七·中国印度之交通》,中华书局1950年版。
③ 参见梁启超《饮冰室合集·文集之七·论中国学术变迁之大势》,中华书局1950年版。
④ 参见梁启超《饮冰室合集·文集之四十七·地理与年代》,中华书局1950年版。
⑤ 参见章太炎《国故论衡·原经》,上海古籍出版社2006年版。

首先，地理环境对思想学术的影响。在章氏看来，印度之所以产生佛教，而中国之所以产生儒家、道家，地理环境起了决定性的作用。印度"素未一统，小国林立，地狭民寡"，加之"气温温燠，谷实易熟，裘絮可捐"，"生生亦非所亟"，因而释迦应世而生；中国则"广土众民竞于衣食"，所以"经国治民"必以"利用厚生为职志"，故而孔、老应世而生。① 先秦学术百家争鸣局面的形成，与中国地理环境的多样性不无关系："寒冰之地言齐肃，暑湿之地言舒绰，瀛陋之地言恢诡"，"故正名隆礼兴于赵，并耕自楚，九州五胜怪迂之变在齐稷下，地齐然也"②。而乾嘉汉学吴、皖二派的形成，同样与地理环境的影响密切关联。吴学之"好博而尊闻"，盖因太湖之滨富庶，"其民佚丽"，故其学"熹为文辞比兴"，"好浏览而无纪纲"；皖学之"综形名，任裁断"，则因其创始人戴震起于休宁，休宁为瘠苦之地，"其民勤苦善治生"，故"求学深邃，言直覈而无温藉"③。

其次，地理环境对民族精神的影响。章氏认为，印度亡国的原因是其民志不坚，而民志不坚是由于印度地处热带气候所致。他说："热带之地，不忧冻饿，故人多慵懒；物易坏烂，故薄于所有观念。……夫薄于所有观念，则国土之得丧，种族之盛衰，固未尝慨然于胸中。……志既不坚，是故迁延数世，国以沦丧。"④ 又说："自古温润之国，率为苦寒国人所兼并，顾温润国则未有吞食苦寒国者。无它，苦寒国人视温润国为乐土，驱于欲望，则不惮断脰摩项以争之，悦以使命，民忘其死。温润国人于苦寒国，素无欣羡之心，则其不能兼并也，亦宜。"⑤

再次，地理环境对风俗习惯的影响。章氏认为，英吉利和普鲁士虽同为君主立宪国，但在女子能否嗣君位问题上却大相径庭；究其原因，在于两者地理环境的迥然不同。"案普鲁士宪法，女子不得嗣君位，此大陆主义，与偏岛固殊，亦剂量然也。"⑥

---

① 参见章太炎《菿汉微言》，上海右文社，民国。
② 参见章太炎《訄书·原学》，华夏出版社2002年版。
③ 参见章太炎《訄书·清儒》，华夏出版社2002年版。
④ 参见《章太炎政论选集》上册，中华书局1977年版，第205页。
⑤ 参见《章太炎年谱长编》，中华书局1979年版，第89页。
⑥ 参见章太炎《訄书·平等难》，华夏出版社2002年版。

章太炎虽然把地理环境对历史文化发展的作用推到了极致,但他的思维路向在近代学术史上仍不失其应有的价值。

在五四新文化运动中,新文化派与文化保守派就东西文化问题展开了激烈争论。文化保守派是运用地理史观来剖析中西文化差异的。这一派的意见以杜亚泉为代表。

杜氏认为,中西文化的差异在于中西之异,而中西之异的成因在于种族和地理环境。由于地理环境是社会历史的舞台,因而地理环境是造成中西文化之异的根本。"西洋社会,发达于地中海岸之河口及半岛间,交通便利,宜于商业,贸迁远服,操奇计赢竞争自烈";而中国社会,"发达于大陆内地之黄河沿岸,土地沃衍,宜于农业,人各自给,安于里井,竞争较少"。所以,"综而言之,则西洋社会为动的社会,我国社会为静的社会。由动的社会,发生动的文明;由静的社会,发生静的文明"。在他看来,中西文化之异只是空间上的差别,中西文化犹如异地并生并长之两种植物,殊科而异类,各具特色,却无高低优劣之分。"动的社会"冒险进取,生活固"日益丰裕",但"身心忙碌";"静的社会"消极柔弱,生活"日益贫啬",但"身心安闲"。西洋社会虽"无饥饿疾病之丧",但竞争既烈,兵燹屡兴,人为苦痛正未有已。反之,中国固穷,死亡枕藉,但是"政治问题,可已则已,不欲更事吹求,亦所以减轻其苦痛之法耳"。因此,西方文明患的是充血症,中国文明患的是贫血症,"孰优孰劣,殊未易定"。由此,杜氏认为西方文明如肉酒之毒害人体,必须用淡泊如水、粗粝如蔬之"吾国文明"去救之弊,济之穷。① 他指责《新青年》传播西方资产阶级文化是迷乱人心,毒害青年,"直与猩红梅毒等输入无异"②。

新文化派以陈独秀、李大钊为代表,他们与文化保守派针锋相对,主张中西文化之异主要是古今之别。中国文化的历程,西方也曾经历过,只是中国文化在近代落后了。因此,这种差异是时间上、空间上的一种程度的差异,是发展速度的差异,是古今之别。他们分析中西文化之静的与动的差异,是从中国传统文化在时代性上落后于西方为前提,

---

① 参见伧父(杜亚泉)《静的文明与动的文明》,《东方杂志》1916年第13卷第10期。
② 参见伧父《迷乱之现代人心》,《东方杂志》1918年第15卷第4期。

据此主张中国文化的出路，是既不全盘西化，又不固守传统，而是革除中国文化之固弊，以适应世界潮流的发展。他们的文化主张是充满历史辩证法智慧的。但是，他们在与文化保守派讨论中西文化问题时，运用的理论武器仍然是地理史观。直到1920年，李大钊学习和研究了唯物史观后，才接受了唯物史观，并写了《唯物史观在现代史学上的价值》这一划时代的论文。这标志着李大钊摒弃了地理史观，运用马克思主义唯物辩证法来科学地认识历史文化问题。因此，李大钊在《史学要论》中指出，地理环境，只是影响民族特性的一个方面，其他的，如"经济的关系"影响至大。① 由地理史观到唯物史观，这是中国近代史学史上具有革命意义的转折。在这一学术史、思想史转折的关节点上，李大钊做出了巨大的历史性贡献。李大钊在史观上的转折，整整影响了一代人，启发了中国早期马克思主义史学家科学地看待地理环境对历史发展和民族文化的影响。恽代英在1923年2月写的一篇文章，就是一个例证。他说："我以为所谓民族性，实则系由各民族经济状况所反射而形成。除气候、山脉、河流等影响于一般精神生活外，生产的方法，亦给心理上很大影响。""我们的文化与欧美比，不是程度上有高低，是性质上完全不同种类。因为是不同的生产方法所形成的。"②

开创中国马克思主义史学的代表人物，如李大钊等人在其早期也不能不受地理史观的影响，并曾经以它来评说历史文化。由此可见，地理史观在近代史学发展历程中所具影响的广泛性与深刻性，以及它在中国近代史学发展史上所占地位的突出性。

三　正确评价地理史观在中国近代史学中的地位和作用

柯林武德曾经说："作为一个历史学家，孟德斯鸠是极端非批判性的；但是他坚持人与其环境的关系（尽管他误解了那种关系的性质）……不仅就其本身而言是重要的，而且对未来历史学思想的发展

---

① 参见《李大钊文集》下卷，人民出版社1984年版，第735页。
② 参见《恽代英文集》上卷，人民出版社1984年版，第399—400页。

也是重要的。"① 柯氏此论，可以启发我们对地理史观在中国近代史学发展中的影响与地位的评判。

就主观动机来说，中国近代资产阶级历史学者引进和搬用近代西方地理史观于历史文化研究之中，并服务于中国近代社会急剧变革的政治、经济、文化发展的需要，以此为援手和依据，试图建立中国近代资产阶级的历史学体系，是有积极意义的。

无论是中国古代史学，还是西方古代史学，都有其共同的学术传统，重于记传人物事件，收集史料，考订文献，而轻于对历史发展的认识，疏于历史的思辨。但是，资产阶级革命以后，从建立资产阶级近代文化的需要出发，从巩固资本主义政治制度和经济制度的需要出发，从主张资本主义制度的合理性、合法性和优越性出发，资产阶级历史学者批判了中世纪史学，建立了近代意义上的历史学。从历史理论到研究方法上推进了历史学科的进步与发展。就地理史观来说，它较之于中世纪或古代历史学——对历史发展无分析、无解说，是一种开创意义的突破。之所以具有开创意义，是因为它开辟了认识历史发展的道路，开辟了研究历史主体与客体关系的永恒的历史课题。与中世纪时代的帝王史观、神学史观相比，它所犯的错误，是如俄国哲学家普列汉诺夫所指出的："在谬误中显示出了巨大的智慧。"如果没有资产阶级历史、文化学者在地理环境与历史发展上的理论认识和解说，就不会有后来的马克思主义历史学的正确认识和解说。这是显而易见的。

中国近代资产阶级历史学者有感于中国文化的落后，有感于封建文化对中国社会近代化的阻碍，竭力进行史学革命，试图建立起中国近代的历史学。他们在那时向西方学习，不能不选择西方历史学作为自己的老师。地理史观就是这样成为中国近代资产阶级历史学者向中国封建旧史进攻的理论武器之一的，并把其紧紧地攥在自己手中。在那时，他们只能选择近代西方资产阶级的历史理论如地理史观，来解释和研究社会历史文化现象。他们的主观努力，是为了建立起中国近代的历史学科，以此为一途，促成中国文化的转机和中国社会的近代化转型。因而，这

---

① 参见［英］R. G. 柯林武德《历史的观念》，何兆武、张文杰译，中国社会科学出版社1986年版，第90页。

种主观努力，不仅推动了学科历史的发展，而且也推动了社会历史的发展。从学术意义和社会政治意义上说，这都是有积极作用的。

我们不能责怪他们："他们选择了错误的历史观。"而当时地理史观正是作为古代的、中世纪的更为荒谬的历史观的对立物出现的，因而在当时是先进的、进步的。他们向西方学习，只能汲取那时所能够给予他们的先进思想和学说，这正是历史的规定性和局限性。

从客观实际来说，他们缺乏独立思考和独立研究，只是生吞活剥西方近代的地理史观于历史研究之中。而对于近代西方历史学中极为反动的学术观点，也采取了非批判的移植态度，如与地理史观相伴随的人种史观、欧洲中心论、东方专制主义论、东方停滞论、西方侵略东方合理论等。这种学术态度和实践，极大地削弱了中国近代历史学科的建设和中国近代史学革命对封建主义史学的战斗力。这样，在西方近代地理史观指导下建立起来的中国近代历史学科，不能不是近代西方史学的附庸物；而在近代历史学发展史上，没有独立的学术地位。

当然，我们并不否认其间个别史学家在近代地理史观问题上所显示出的智慧。例如，严复在翻译《法意》的过程中，对孟德斯鸠关于中国由于其地理环境——没有温带、由广阔的平原和少量丘陵构成——注定要永远停滞在封建专制社会里的谬论进行了坚决的批驳。他指出，孟氏关于中国没有温带的断定完全是出于一种无知，且气候与地势也并不是影响政治制度和社会进化程度的决定性因素。例如，世界上有许多温带地区和岛国尚未开发；而尽管德意志占据欧洲中部平原，但直到近代才逐步实现了民族联合，在过去漫长的岁月里，一直是由若干个分散的小公国组成的。这些历史事实，雄辩地说明了孟德斯鸠上述结论的荒谬性。不仅如此，严复还把这种批判上升到理论的高度："论二种之强弱，天时、地利、人为三者皆有一因之用，不宜置而漏之也。顾孟氏之说，其不圆易见。"[①] 又如，章太炎也认为，社会文化学术的发展是"地齐"（地理环境）、"政俗"（社会政治状况）和"才性"（个人性格、才能）综合作用的结果。并进一步指出，在生产力不发达的古代，受地理环境的影响较大；但随着社会的进化，交通的发达，"地齐"和

[①] 参见严复译《法意》第十七卷，第三章和第四章按语，商务印书馆1981年版。

"才性"就越来越不能决定文化学术发展的方向了。所以,"今之为术者,多观省社会,因其政俗,而明一指"。只有深入社会,从现实的社会政治和社会习俗出发,才能阐发出社会历史发展的规律。①

中国近代历史学者在历史主体与客体关系问题上显露的思想睿智,哪怕只是一点思想的闪光,也是值得我们今天在研究这个问题时予以珍视的。

马克思主义对待历史的基本态度是:科学地研究历史,得出历史的启示。批判过去,是为了从谬误中找出真理;肯定过去,是为了从积极的方面来引导未来。通过我们对地理史观与中国近代史学发展的历史考察,其间的历史启示,是显而易见的。

---

① 参见章太炎《訄书·原学》,华夏出版社2002年版。

李大钊阐解唯物史观评析

李大钊在20世纪20年代，由学习和研究西方近代资产阶级历史哲学，转而接受、传播和研究马克思主义唯物史观，将中国近代史学引入现代史学的发展道路，这是中国史学史上划时代的事件。李大钊在中国马克思主义史学史上、在中国现代史学史上的地位是极其重要的，他是中国马克思主义史学的开山者，是中国现代史学的奠基人。笔者曾从近代东西方历史哲学的沟通与回应、中国近代历史哲学之研究以及李大钊研究史学理论的内涵等方面做过管窥蠡测。[①] 本文则试图对李大钊研摹唯物史观的内涵进行评析。它包括以下内容：李大钊是在什么历史文化条件下研摹唯物史观的，他是如何理解唯物史观的，他所理解的唯物史观同马克思主义经典作家所规范的唯物史观之间的关系如何，他对唯物史观基本理论的理解和描述对后世有何影响，等等。

从李大钊开始，中国马克思主义史学就发展、壮大起来了。作为中国现代史学的开路人，李大钊所确立的马克思主义唯物史观范式对20世纪二三十年代及其以后中国史学的发展有极大影响，对于中国马克思主义史学理论范式的成形有决定性作用。研究中国马克思主义史学之源，研究中国早期马克思主义史学思潮，必须对李大钊研摹唯物史观的理论实践进行历史的评估。这是有学术意义的。

---

① 详见本书"论中国近代的历史哲学研究""李大钊的史学理论研究论析"，以及《论近代中西历史哲学的沟通与回应》（载《学术论丛》1992年第5期，《新华文摘》1992年第11期全文转载）。

一 李大钊研习唯物史观的历史文化背景与概念使用

俄国十月革命的胜利,给探索真理中的李大钊以极大震动。十月革命的胜利,是马克思主义学说的胜利,是列宁主义思想的胜利。对胜利的向往,使李大钊倍加关注马列主义学说。在李大钊看来,俄国革命的胜利,因为"他们是奉德国社会主义经济学家马客士(Marx)为宗主的;他们的目的,在把现在为社会主义的障碍的国家界限打破,把资本家独占利益的生产制度打破"①。作为一位历史学家和进步知识分子,此时,李大钊探求真理的眼光被马克思主义唯物史观学说吸引住了。

在李大钊研摹马克思主义的时候,还没有十分便利的文化条件:如尚无一部比较系统全面的马克思恩格斯论著的全集,李大钊只能学习他们的一些代表性的或著名的篇章;国内的翻译力量有限,李大钊主要是借道日本,而从英文和德文翻译过来者少。经过查考,李大钊所学习的马克思主义著作的本子,主要是日本学者河上肇博士的译本,主要的译著是《哲学的贫困》《共产党宣言》《政治经济学批判》《资本论》《哥达纲领批判》等。这些著作比较集中地反映了马克思主义唯物史观的基本思想。这一点,李大钊已有明确的认识,他说,"(马克思)历史观的纲要,稍见于一八四七年公刊的《哲学的贫困》,及一八四八年公布的《共产者宣言》(今译《共产党宣言》——引者注)。而以一定的公式表出他的历史观,还在那一八五九年他作的那《经济学批评》的序文中"②。

李大钊关于唯物史观的学术用语,有大概念与小概念之分。李大钊所使用的唯物史观术语,在不同的场合,其理论内涵的范围是不一样的。

李大钊所使用的大唯物史观概念大到什么程度?在笔者看来,主要是将生产力与生产关系的矛盾运动规律、上层建筑与经济基础的矛盾运

---

① 参见《李大钊文集》上卷,人民出版社1984年版,第599页。
② 参见《李大钊文集》下卷,人民出版社1984年版,第55页。

动规律同阶级斗争学说结合起来。他认为，马克思主义的唯物史观主要由这两大内容构成。一方面，李大钊说：

> 马克思的唯物史观有二要点：其一是关于人类文化的经验的说明；其二即社会组织进化论。其一是说人类社会生产关系的总和，构成社会经济的构造。这是社会的基础构造。一切社会上政治的、法制的、伦理的、哲学的，简单说，凡是精神上的构造，都是随着经济的构造变化而变化。我们可以称这些精神的构造为表面构造。表面构造常视基础构造为转移，而基础构造的变动，乃以其内部促他自己进化的最高动因，就是生产力，为主动；属于人类意识的东西，丝毫不能加他以影响；他却可以决定人类的精神、意识、主义、思想，使他们必须适应他的行程。其二是说生产力与社会组织有密切的关系。生产力一有变动，社会组织必须随着他变动。……生产力在那里发展的社会组织，当初虽然助长生产力的发展，后来发展的力量到那社会组织不能适应的程度，那社会组织不但不能助他，反倒束缚他、妨碍他了。而这生产力虽在那束缚他、妨碍他的社会组织中，仍是向前发展不已。发展的力量愈大，与那不能适应他的社会组织间的冲突愈迫，结局这旧社会组织非至崩坏不可。这就是社会革命。新的继起，将来到了不能与生产力相应的时候，他的崩坏亦复如是。①

另一方面，李大钊又说：

> 历史的唯物论者，既把种种社会现象不同的原因，总约为经济的原因，更依社会学上竞争的法则，认许多组成历史明显的社会事实，只是那直接，间接，或多，或少，各殊异阶级间团体竞争所表明的结果。他们所以牵入这竞争中的缘故，全由于他们自己特殊经济上的动机。②

---

① 参见《李大钊文集》下卷，人民出版社1984年版，第59—60、60、37—38、50页。
② 同上。

李大钊认为,在马克思主义唯物史观中,社会基本矛盾运动与社会主要矛盾运动是密切联系的,社会基本矛盾运动是社会存在和发展的原动力,社会主要矛盾运动则是社会存在和变化的直接动力;社会基本矛盾运动是社会一切矛盾的原因和基础,是社会主要矛盾运动的依据,社会主要矛盾运动则是社会基本矛盾运动的反映和结果。李大钊说:"依马克思的唯物史观,社会上法律、政治、伦理等精神的构造,却是表面的构造。他的下面,有经济的构造作他们一切的基础。经济组织一有变动,他们都跟着变动。换一句话说,就是经济问题的解决,是根本解决。经济问题一旦解决,什么政治问题、法律问题、家族制度问题、女子解放问题、工人解放问题,都可以解决。可是专取这唯物史观(又称历史的唯物主义)的第一说,只信这经济的变动是必然的,是不能免的,而于他的第二说,就是阶级竞争说,了不注意,丝毫不去用这个学理作工具,为工人联合的实际运动,那经济的革命,恐怕永远不能实现,就能实现,也不知迟了多少时期。"①

在分析马克思的社会理论时,李大钊将它分为三大部分:社会组织进化论、资本主义经济论、社会主义运动论,而阶级斗争理论在其中有重要意义:"他这三部理论,都有不可分的关系,而阶级竞争说恰如一条金线,把这三大原理从根本上联络起来。所以他的唯物史观说:'既往的历史都是阶级竞争的历史。'"②

综上考察,李大钊赋予唯物史观中社会基本矛盾运动同社会主要矛盾运动密切关联的意义,这是从大概念上理解和使用的。

作为小概念的唯物史观,李大钊把它作为"经济的历史观",或称经济史观。李大钊多次予以重申,并做了界定。1920年,李大钊写了著名的《唯物史观在现代史学上的价值》一文,在分析了学术界对唯物史观的四种理解及称谓后,他说,"比较起来,还是称马克思说为'经济的历史观'妥当些。Seligman 曾有此主张,我亦认为合理"③。随后,他写了《唯物史观在现代社会学上的价值》的姊妹篇,并对他所界定的"经济史观"做了说明:"历史的唯物论者观察社会现象,以经

---

① 参见《李大钊文集》下卷,人民出版社1984年版,第59—60、60、37—38、50页。
② 同上。
③ 同上书,第359、366—367、610、634、714—715、346、715页。

济现象为最重要；因为历史上质的要件中变化发达最甚的，算是经济现象，故经济的要件是历史上唯一的物质的要件。自己不能变化的，也不能使别的现象变化。其他一切非经济的物质的要件，如人种的要件，地理的要件等等，本来变化很少，因之于社会现象的影响也很小，但于他那最少的变化范围内，多少也能与人类社会的行程以影响。……所以历史的唯物论者于那些经济以外的一切物质的条件，也认他于人类社会有意义，有影响；不过因为他的影响甚微，而且随着人类的进化日益减退，结局只把他们看作经济的要件的支流罢了。因为这个缘故，有许多人主张改称唯物史观为经济的史观。"① 在1923年所写的《社会主义下的经济组织》一文中，李大钊又说："马克斯一派的经济的历史观，尤能与人以社会主义必然的实现的确信。"② 稍后，他在一篇文章的写作提纲中说："我们是立足在演化论和进步论上，我们便会像马克思一样的创造一种经济的历史观了。我们知道这种经济的历史观，系进步的历史观，我们做人当沿着这种进步的历史观，快快乐乐地创造未来的黄金时代。"③ 1924年，李大钊写成了著名的史学著作《史学要论》，他把"唯物史观"与"经济的历史观"作为同义词，作为同一事物的两个名称，他说，"马克思的历史观，普通称为唯物史观，又称为经济的历史观"④。将唯物史观作为经济史观来理解，这在李大钊的论著里，是定型化的用语，被普遍使用。即使在《史学要论》中，这一用语就达三次之多。

在马克思生前，虽然对唯物史观的基本原理进行了系统而周密的阐述，但毕竟没有使用"唯物史观"这个学术用语。只是在马克思晚年，由他的战友恩格斯首先运用唯物史观概括马克思主义历史观⑤。恩格斯虽对唯物史观做了简要的界定，但在所论诸处，内涵也略有差异。因之，后来学者对马克思主义历史观的理解、称谓便多有歧说。李大钊对

---

① 参见《李大钊文集》下卷，人民出版社1984年版，第359、366—367、610、634、714—715、346、715页。
② 同上。
③ 同上。
④ 同上。
⑤ 详见本书"恩格斯与唯物史观命题"相关内容。

此有所觉察，他说："马克思的历史观，普通称为唯物史观。但这不是马氏自己用的名称。此名称乃马氏的朋友恩格尔在一八七七年始用的。"① 在著名的《史学要论》中，李大钊又说，"唯物史观的名称，乃是马克思的朋友恩格斯（Engles）在一八七七年开始用的"②。正是因为这个原因，李大钊才可以将唯物史观作为大概念与小概念使用。

不过，李大钊这里所说的1877年之说，或为1872年之误，或为1878年之误。1872年，恩格斯写成《论住宅问题》，他说："唯物史观是以一定历史时期的物质经济生活条件来说明一切历史事变和观念、一切政治、哲学和宗教的。"③ 这是马克思主义经典作家首次使用唯物史观这一学术用语。1878年6月，恩格斯写成《反杜林论》，在写作中一边由《前进报》连载，一边续作，自1877年1月3日至1878年7月7日，1878年在莱比锡印成单行本。在该著中，恩格斯说道：

> 唯物主义历史观从下述原理出发：生产以及随生产而来的产品交换是一切社会制度的基础；在每个历史地出现的社会中，产品分配以及和它相伴随的社会之划分为阶级或等级，是由生产什么、怎样生产以及怎样交换产品来决定的。所以，一切社会变迁和政治变革的终极原因，不应当在人们的头脑中，在人们对永恒的真理和正义的日益增进的认识中去寻找，而应当在生产方式和交换方式的变更中去寻找；不应当在有关的时代的哲学中去寻找，而应当在有关的时代的经济学中去寻找。④

以上是对李大钊关于唯物史观概念运用的考察。

---

① 参见《李大钊文集》下卷，人民出版社1984年版，第359、366—367、610、634、714—715、346、715页。
② 同上。
③ 参见《马克思恩格斯选集》第2卷，人民出版社1972年版，第537页。
④ 参见恩格斯《反杜林论》，人民出版社1970年版，第264页。

二 李大钊所理解的唯物史观理论内涵

在考察了李大钊关于唯物史观概念运用上的差异后,对于我们进一步弄清李大钊关于唯物史观理论内涵的规范,很有帮助。通过梳理,李大钊所理解的唯物史观大致有以下几层含义。

其一,生产力决定生产关系,经济基础决定上层建筑,这是社会结构存在和发展的基础。

李大钊认为,社会是一个结构形态的东西,它由表层构造与基础构造组成,而生产力同经济基础决定了社会构造。他说,"马克思一派唯物史观的要旨,就是说:人类社会一切精神的构造都是表层构造,只有物质的经济的构造是这些表层构造的基础构造"①。他认为,基础构造的变化发展决定表层构造的形态:"马氏认社会的构造是个整个的东西,有其基址,亦有其上层;经济关系是其基址,观念的形态是其上层;上层与基址相合而成此构造。马氏虽认上层的变动随着基址的变动而变动,但绝不是把社会构造的整个全体,裂为零碎的东西,而以基址概全构造,以经济史概全文化史,概全历史学。"② 李大钊把社会基本矛盾律视为社会发展变化的根本规律,这就一下子抓住了唯物史观的精义,他说,"马克思一派,则以物质的生产关系为社会构造的基础,决定一切社会构造的上层。故社会的生产方法一有变动,则那个社会的政治、法律、伦理、学艺等等,悉随之变化,以求适应于此新经变动的经济生活。故法律、伦理等不能决定经济,而经济能决定法律、伦理等。这就是马克思等找出来的历史的根本理法。"③。

其二,物质资料的生产是社会生活的基础,一切社会变迁的终极原因应当到经济生活中去寻找。观察历史应当首先以经济活动为视角点。

李大钊从对社会生活的考察出发,理解了物质资料的生产是社会生活的基础这一根本观点,他说:"人类的社会生活,是种种互有关联、

---

① 参见《李大钊文集》下卷,人民出版社1984年版,第139页。
② 同上书,第357—358、748、360、715、51—52页。
③ 同上。

互有影响的活动，是故人类的历史，应该是包括一切社会生活现象。……于此所发生的问题，就是在这互有关联、互与影响的社会生活里，那社会进展的根本原因究竟何在？人类思想上和人类生活上大变动的理由究竟为何？唯物史观解答这个问题，则谓人的生存，全靠他维持自己的能力，所以经济的生活，是一切生活的根本条件。因为人类的生活，是人在社会的生活，故个人的生存总在社会的构造组织以内进动而受他的限制，维持生存的条件之于个人，与生产和消费之于社会是同类的关系。在社会构造内限制社会阶级和社会生活各种表现的变化，最后的原因，实是经济的。"① 在《史学要论》中，李大钊说得更直接、更明白、更深透，"从来的史学家，欲单从社会的上层说明社会的变革（历史），而不顾社会的基址；那样的方法，不能真正理解历史。社会上层，全随经济的基址的变动而变动，故历史非从经济关系上说明不可。这是马克思的历史观的大体"。因此，他认为要"以经济为中心纵着考察社会变革"②。他认为，由于经济活动是社会变迁的终极原因，因而观察社会历史必须以经济生活为切入点："历史的唯物论者观察社会现象，以经济现象为最重要，因为历史上物质的要件中，变化发达最甚的，算是经济现象。故经济的要件是历史上唯一的物质的要件。自己不能变化的，也不能使别的现象变化。其他一切非经济的物质的要件……不过因为他的影响甚微，而且随着人类的进化日益减退，结局只把他们看作经济的要件的支流罢了。"③

其三，社会存在决定社会意识，社会思想、社会精神生产总是同一定时代的经济生活相关联的。

李大钊是从社会存在的角度讨论社会意识的，他说："物质既常有变动，精神的构造也就随着变动。所以思想、主义、哲学、宗教、道德、法制等等不能限制经济变化物质变化，而物质和经济可以决定思想、主义、哲学、宗教、道德、法制等等。"④ 通过对宗教、哲学、社

---

① 参见《李大钊文集》下卷，人民出版社1984年版，第357—358、748、360、715、51—52页。
② 同上。
③ 同上。
④ 同上书，第139、143、146、151、177页。

会风俗与习惯的历史考察，李大钊认为，它们都是随着物质的变动而不断地改变着自己历史形态的，它们与那个社会、那个历史时代的物质生产与经济生活有密切的关系。①

李大钊还重点考察和分析了道德变动与物质变动的关系，重点考察和分析了中国近代思想变动的原因，他先后写成了《物质变动与道德变动》《由经济上解释中国近代思想变动的原因》。通过这两篇文章，李大钊阐述了他对唯物史观关于社会存在决定社会意识，社会意识有巨大的反作用这一原理的深刻理解。

在《社会变动与道德变动》中，李大钊阐述道："就物质论，只有开新，断无复旧；就道德与物质的关系论，只有适应，断无背驰。道德是精神现象的一种，精神现象是物质的反映，物质既不复旧，道德断无单独复旧的道理，物质既须急于开新，道德亦必跟着开新，因为物质与精神是一体的，因为道德的要求是适应物质上社会的要求而成的。"②道德从属于社会存在，社会生活的变化，必然地突破既存道德的界域："道德既是社会的本能，那就适应生活的变动，随着社会的需要，因时因地而有变动，一代圣贤的经训格言，断断不是万世不变的法则。什么圣道，什么王法，什么纲常，什么名教，都可以随着生活的变动，社会的要求，而有所变革，且是必然的变革。因为生活状态，社会要求既经变动，人类社会的本能自然也要变动。……物质若是开新，道德亦必跟着开新，物质若是复旧，道德亦必跟着复旧。因为物质与精神原是一体，断无自相矛盾、自相背驰的道理。"③ 可以这样说：关于社会存在与道德的变动关系，李大钊的论述是深刻的。

如果说李大钊关于社会变化与道德变迁关系的论说，是理论性的，那么，他关于经济生活与思想变动之关系的论述，则是理论性与实证性相结合的。他运用这条基本原理，个案地分析了中国近代思想变动的经济原因。他说："凡一时代，经济上若发生了变动，思想上也必发生变动。换句话说，就是经济的变动，是思想变动的重要原因。现在只把中

---

① 参见《李大钊文集》下卷，人民出版社1984年版，第139、143、146、151、177页。
② 同上。
③ 同上。

国现代思想变动的原因，由经济上解释解释。"① 李大钊精辟地分析了中国传统社会孔子学说的产生及其居于社会意识形态主导地位的深刻原因，这是他理解社会存在决定社会思想原理的有力佐证："孔子的学说所以能支配中国人心有二千余年的原故，不是他的学说本身具有绝大的权威，永久不变的真理，配作中国人的'万世师表'，因他是适应中国二千余年来未曾变动的农业经济组织反映出来的产物，因他是中国大家族制度上的表层构造，因为经济上有他的基础。这样相沿下来，中国的学术思想，都与那静沈沈的农村生活相照映，停滞在静止的状态中，呈出一种死寂的现象。"② 因此可以认为，李大钊的上述论说，极具理论的魅力，是十分精彩的。

其四，随着社会生产关系的发展，产生了阶级和阶级斗争，阶级斗争是社会发展的巨大力量。阶级斗争与社会经济关系密切联系着，生产力是社会发展的原动力，阶级斗争是社会发展的直接动力。

李大钊根据他对唯物史观的研习，从中抽象出社会历史发展的原动力和直接动力的见解，映现出他独特的理论慧识。他认为："盖马氏一方既确认历史——马氏主张无变化即无历史——的原动为生产力；一方又说从来的历史都是阶级竞争的历史，就是说阶级竞争是历史的终极法则，造成历史的就是阶级竞争。"③ 李大钊理解阶级斗争学说，总是把它放置在马克思所说的阶级及其阶级斗争的产生和发展始终是同社会历史发展的一定阶段相联系的思想之内。李大钊介绍说，"这个阶级竞争说，是 Karl Marx 倡的，和他那经济的历史观很有关系。他说人类的生产方法随着生产力的发展而变化，人类的社会关系又随着人类生产方法的变化而变化，人类的精神的文化更随着人类的社会关系的变化而变化。社会组织固然可以说是随着生产力的变动而变动，但是社会组织的改造，必须假手于其社会内的多数人。而为改造运动的基础势力，又必发源于在现在的社会组织下立于不利地位的阶级。那些居于有利地位的阶级，除去少数有志的人，必都反对改造。一阶级运动改造，一阶级反

---

① 参见《李大钊文集》下卷，人民出版社 1984 年版，第 139、143、146、151、177 页。
② 同上书，第 179、63、17、18 页。
③ 同上。

对改造，遂以造成阶级竞争的形势。"① 据此，他评述道："他并不是承认人类的全历史，通过去、未来都是阶级竞争的历史。他的阶级竞争说，不过是把他的经济史观应用于人类历史的前史一段，不是通用于人类历史的全体。他是确信人类真历史的第一页，当与互助的经济组织同时肇启。他是确信继人类历史的前史，应该辟一个真历史的新纪元。"② 李大钊对马克思主义经典作家关于阶级斗争学说的理解，是比较完整的。阶级斗争是人类历史发展的直接动力，但它只能在阶级社会里起作用。人类社会由原始公有制发展而来，经过阶级社会的嬗递，最终要实现高级公有制的复归。这样，阶级斗争便成为消灭阶级及其斗争的最终手段。因而李大钊说："到了生产力非常发展的时候，与现存的社会组织不相应，最后的阶级斗争，就成了改造社会、消泯阶级的最后手段。"③ 而现在，正处于无产阶级同资产阶级斗争的时代，无产阶级的胜利，资产阶级的失败，是不可避免的，人类社会必然要发展到社会主义（共产主义）。李大钊说，"将来资本主义必然崩坏。崩坏之后，经济上生大变动，生产的方法由私据的变为公有的，分配的方法由独占的变为公平的，男女的关系也必日趋于自由平等的境界"④。他对于这种必然性的理解，做了一个恰当的比喻，即如小鸡发端内卵壳，不可避免，李大钊说："马克思唯物史观讲，在资本主义发达中，产生了一种新势力。这种新势力，就是'社会主义'。'社会主义'之发生，恰如鸡子在卵壳里发生一样。'社会主义'之想打破资本主义的制度，亦恰如鸡子之想打破卵壳一样。卵壳打破，才能产生一个新生命；卵壳打破，才能产生一个新局面。"⑤ 正是从马克思关于人类社会从无阶级社会经历阶级社会最后走向高级的无阶级社会的角度说，李大钊认为，"马氏所谓真正历史，就是互助的历史，没有阶级竞争的历史"⑥。

其五，人是社会历史的主体，人民群众是社会历史的创造者。李大

---

① 参见《李大钊文集》下卷，人民出版社1984年版，第179、63、17、18页。
② 同上。
③ 同上书，第17—18、147、544、67、713、715、365、644—645页。
④ 同上。
⑤ 同上。
⑥ 同上。

钊批判英雄史观，宣扬大众史观。

依据自己对唯物史观基本理论的理解，李大钊在《史学要论》中热情洋溢地肯定了人是社会历史的主体思想，他说，"历史这样东西，是人类生活的行程，是人类生活的连续，是人类生活的变迁，是人类生活的传演，是有生命的东西，是活的东西，是进步的东西，是发展的东西，是周流变动的东西"①，"历史既是整个的人类生活，既是整个的社会的变革；那么凡是社会生活所表现的各体相，均为历史的内容所涵括"②。人是社会历史的主体，是毋庸置疑的。那么，历史是由帝王贵胄创造的？还是由人民群众创造的？这是英雄史观与大众史观的根本分歧。李大钊从马克思主义唯物史观的基本理论出发，在《唯物史观在现代史学上的价值》这篇著名论文中，他说，"我们要晓得一切过去的历史，都是靠我们本身具有的人力创造出来的，不是那个伟人圣人给我们造的，亦不是上帝赐予我们。将来的历史，亦还是如此"③。后来他又强调道，"自马克思经济的历史观把古时崇拜英雄圣贤的观念打破了不少，他给了我们一种新的历史观，使我们知道社会的进步不是靠少数圣贤豪杰的，乃是靠一般人的；而英雄也不过是时代的产物；我们的新时代，全靠我们自己努力去创造"④。

此外，李大钊在论述社会科学如同自然科学一样，是一门科学的学问的时候，还涉及了历史发展是有规律的思想。他说，"马克思所以主张以经济为中心考察社会的变革的原故，因为经济关系能如自然科学发见因果律。这样子遂把历史学提到科学的地位"⑤。对于历史唯物主义的这条重要原理，李大钊没有更多的阐释，因而他对人类社会发展是有规律的这条原理的理解，是粗略的。

从考察李大钊的史学论著出发，我们勾勒了他对马克思主义经典作家关于唯物史观论述的基本理解。

---

① 参见《李大钊文集》下卷，人民出版社1984年版，第17—18、147、544、67、713、715、365、644—645页。

② 同上。
③ 同上。
④ 同上。
⑤ 同上书，第716页。

三 贡献与缺陷

综上,我们可以形成以下几点看法。

第一,李大钊对于唯物史观的理解虽不全面,但却把握了马克思主义唯物史观的内核。

20世纪20年代,全面收集马克思主义经典作家论述的全集尚未得以出版,又由于受到当时中国文化设施落后、翻译条件和翻译人才的限制,李大钊所接触到的马克思主义经典著作有限。他学习马克思主义的唯物史观理论,根据他在《我的马克思主义观》和《史学要论》中所说,主要是从以下马克思主义经典著作中得到的:《共产党宣言》《〈政治经济学批判〉序言》《资本论》《反杜林论》等。这些论著,虽反映了马克思主义关于唯物史观的主要见解,但还不是全部。李大钊不能完整地阐释作为理论体系的唯物史观,这是由客观的历史文化条件限制的。这种历史的客观局限,对于李大钊理解唯物史观来说,影响作用是决定性的。

不过,李大钊所理解并宣扬的唯物史观理论,如社会基本矛盾与社会主要矛盾运动规律决定社会存在和发展,社会存在决定社会意识,探寻社会变迁、政治变革的动因不应当到社会意识中寻找,而应当到社会经济生活中寻找,社会经济生活是社会发展的终极原因等思想,的确是马克思主义经典作家十分重视的论述,并把它们视为唯物史观理论体系的核心内容。在《〈政治经济学批判〉序言》中,马克思主义有一段十分著名的声明,"我所得到的、并且一经得到就用于指导我的研究工作的总的结果,可以简要地表述如下"[1]。这些基本观点包括:一是生产关系产生于人们的社会生活中,生产关系一定要与生产力相适应,生产力是最革命、最活跃的因素,物质生产力的发展必然要改变社会生产关系;二是社会生产关系的总和构成社会的经济结构,它是社会上层建筑的基础,社会经济基础的变更,全部庞大的上层建筑也要或慢或快地跟

---

[1] 参见《马克思恩格斯选集》第2卷,人民出版社1972年版,第82页。

着变化；三是判断任何一个时代的社会变革，不能以社会意识为依据，而应该以社会物质生活中的生产力与生产关系的矛盾冲突为依据；四是无论哪一个社会形态，在它们所能容纳的全部生产力发挥出来以前，是绝不会灭亡的，而新的更高的生产关系，在它存在的物质条件在旧社会的胎胞里成熟以前，是绝不会出现的；五是资产阶级的生产关系是社会生产过程的最后一个对抗形式，人类社会的史前时期就以这种社会形态而告终。在《共产党宣言》中，马克思主义经典作家主要分析了社会阶级产生和发展的历史，指出人类社会必然经过无产阶级和资产阶级的斗争，最后进入共产主义社会。在人类历史发展中，阶级斗争是不可避免的，因为它是生产方式一系列变革的产物。在这两篇著作中所阐述的历史观，马克思主义经典作家一再申明它是历史唯物主义的核心内容。列宁在《马克思的学说》中，对马克思主义经典作家所阐明的历史观予以很高评价。

由此看来，李大钊虽然未能系统地、完整地阐释马克思主义经典作家所论述的唯物史观，但他坚持了马克思主义唯物史观的理论原则，而关于唯物史观核心内容的把握，还是比较准确的。

当我们把握并坚持某一理论原则、精神时，应该从该理论的内核和特质着手；但当学习和研究该理论，尤其是作为一种体系形态的理论时，则应该从完整性着手。这就表明，任何理论的核心和本质内容，并不等同于完整的理论对象。在当时，由于东西方文化交流的时代性限制以及其他一些文化原因，李大钊将唯物史观的核心部分同完整的唯物史观理论形态等同起来了。这样，就难免会缩小唯物史观理论体系的内涵。

第二，当李大钊将唯物史观作为一个大概念来理解时，他关于唯物史观核心内容的理解，是准确的；但是，当他将唯物史观作为狭义的概念使用，即作为经济史观来理解时，就局限了唯物史观基本原理的内涵。

在马克思主义历史观产生后，当时学术界就对它有各种理解和议论。其中有一股学术思潮，就是简单地把它理解为经济决定论，把它作为经济决定论的历史观。这股学术思潮从19世纪后期一直持续到20世纪30年代，有广泛的影响。因之，它不能不对李大钊产生一定的影响。

这就是李大钊将唯物史观当作经济史观的客观历史原因之一。另外，在当时的条件下，李大钊尚不能全面阅读马克思主义经典作家的论述，因而不能完整地理解马克思主义唯物史观理论体系。在这种情况下，要求李大钊辨析马克思主义唯物史观与经济决定论的历史观之真伪，就显得强人所难了。

恩格斯在世时，一旦他发现有人把他同马克思创立的唯物史观当作经济决定论的历史观看待时，就予以严肃的批评，恩格斯说：

> 根据唯物史观，历史过程中的决定性因素归根到底是现实生活的生产和再生产。无论马克思或我都从来没有肯定过比这更多的东西。如果有人在这里加以歪曲，说经济因素是唯一决定性的因素，那末他就是把这个命题变成毫无内容的、抽象的、荒诞无稽的空话。经济状况是基础，但是对历史斗争的进程发生影响并且在许多情况下主要是决定着这一斗争的形式的，还有上层建筑的各种因素……这里表现出这一切因素间的交互作用，而在这种交互作用中归根到底是经济运动作为必然的东西通过无穷无尽的偶然事件……向前发展。否则把理论应用于任何历史时期，就会比解一个最简单的一次方程式更容易了。①

当然，在当时的历史文化条件下，李大钊不可能见到恩格斯这段重要的评论，否则，以李大钊的理论慧心，他对马克思主义唯物史观的理解和介绍，会更全面、更准确一些。这是无可置疑的。

我们即便能指出李大钊在理解和介绍马克思主义唯物史观时所表现出的认识上的局限，也是以他由学习西方资产阶级历史哲学转而接受并研摹、传播马克思主义历史观，造成中国近代史学向马克思主义史学变革为前提的。李大钊是中国现代史学发展的伟大功臣，他的局限性如同任何一位思想家、理论家所表现出来的局限性一样，是在一定的历史条件下、在特定的文化条件下所必不可免的。

第三，李大钊对唯物史观的理解、研摹，基本上确定了20世纪20

---

① 参见《马克思恩格斯选集》第4卷，人民出版社1972年版，第477页。

年代以来中国马克思主义史学规范唯物史观理论的思维路向。李大钊在20世纪20年代首倡中国史学界学习和研究马克思主义唯物史观，其影响是巨大而深远的。从中国史学的转轨换型角度说，其伟大的历史意义和超凡的理论价值是不可替代的；从由他所定型化的关于马克思主义唯物史观的理解，并形成史学理论领域的认识范式角度说，它对后世发生影响并体现出的局限性，也应该是不言而喻的。

李大钊是中国马克思主义史学的开山，是中国现代史学的奠基者。这是他在中国史学发展史上的突出地位。他对马克思主义唯物史观的接受、研摹、传播，在当世，在后世，不能不造成极大影响。这种影响尤其体现在思维定式上。李大钊在20世纪20年代对马克思主义唯物史观的理解和宣讲，在中国史学界是前无古人的，因而他在史学界有巨大的权威性和持久的影响力。李大钊在多大程度和理论深度上接受和理解唯物史观，影响了后学者关于唯物史观理解和接受的深度与厚度。在很长一段时间内，学术界很多同人把李大钊所宣讲的唯物史观等同于马克思主义经典作家所论述的唯物史观了。只要我们对20世纪50年代产生的几部中国通史做细心的考察，就不难发现李大钊思维定式的巨大影响力。而1979—1983年关于唯物史观理论内涵的讨论，创获不多，主要原因还是受20世纪20年代以来形成的思维定式的影响。譬如：一种意见认为，唯物史观是关于经济决定论同阶级斗争学说的理论；另一种意见认为，唯物史观就是关于经济因素决定社会存在和发展的理论；还有一种意见仍坚持20世纪60年代以来中国史学界的主导性认识，即唯物史观是关于阶级及其阶级斗争的理论。在1993年9月召开的第八届全国史学理论讨论会中，涉及马克思主义唯物史观的理论内涵时，这种思维定式仍有影响力，有论者所规范的唯物史观理论内涵，仍不逾20世纪20年代李大钊之轨范。

因此，要完整地、准确地理解马克思主义唯物史观理论体系，就要打破传统的思维定式，继承李大钊追求真理的超凡勇气，而不必受李大钊在20世纪20年代的历史文化条件下所理解唯物史观的束缚。现在摆在我们面前的重要任务就是：深入地、系统地钻研马克思主义经典作家的全部论著。这在现在是可能的，因为有了新的历史文化条件。只有这样，才能走出20世纪20年代以来所形成的关于唯物史观理解上的思维定式。这对于我们所强调的坚持和发展唯物史观理论，是很有意义的。

我们不能责怪前人。在那时，受制于时代的历史文化条件，李大钊所规范的唯物史观基本理论有些局限，在所难免。但他那气势磅礴的探索真理的勇气和精神，是马克思主义历史学的无穷财富，是永远有益的历史启示。我们研究李大钊学习、研究、传播唯物史观的理论实践，正是为了把他所开创的中国马克思主义历史学这宗伟大事业不断推向前进。我们强调不能止步于李大钊所规范的唯物史观，就是为了强调全面深入地学习马克思主义唯物史观理论体系，从全部原著上狠下功夫，从而在新的历史文化条件下，坚持和发展马克思主义唯物史观理论。

李大钊的史学理论研究论析

李大钊的史学理论研究，是中国近代史学由资产阶级史学向马克思主义史学转折的重要标志，是20世纪20年代最具代表性的马克思主义史学成果之一。李大钊的史学理论研究，在中国近现代史学发展史上，乃至中国的马克思主义史学发展史上，都有卓著里程碑的意义。不仅如此，它也是当代发展和繁荣马克思主义史学理论研究值得珍视的一笔重要历史遗产。

笔者在前面"论中国近代的历史哲学研究"中，从近代中西方历史哲学的沟通与回应的角度，考察了李大钊由研究近代资产阶级历史哲学转而接受、传播、研究马克思主义历史哲学的心路历程，肯定了李大钊的史学理论研究在中国近代史学发展史上的划时代意义。本文拟就李大钊的史学理论研究内涵略做考察和分析，以就教于同行。

一 "依据历史哲学的原理"

李大钊十分重视历史哲学对于历史科学的重要作用，他花费了很多心血进行深入的历史哲学研究。

在李大钊看来，史学研究要由事实的记述、考订、人物的臧否进入到历史理论或史观的高度，拿出堪称历史学研究的高质量成果来，离不开历史哲学。他认为，就历史事实而欲阐明一般的原理，便不得不借重于哲学①；历史科学，研究到根本问题的时候，亦要依据历史哲学所阐明的深奥高远的原理，以求其启发和指导。② 所谓历史科学的根本问题，就是史学研究中的历史本体论和史学认识论问题。前者主要是阐明历史是由谁创造的，历史发展的动力何在，历史发展有无规律性，等等，即回答历史是什么的问题；后者主要是讲解历史能否被认识，认识历史的途径何在，历史认识活动是否科学，等等，即回答历史研究的性质和功能问题。李大钊看到历史哲学对历史科学的重要作用，从而发现了历史科学生存和发展的生命线，即离开了历史哲学，历史科学就不能成立了。在素以传述、考订、经世、致用为治史传统的中国史学界，李大钊此言，不啻于一声惊雷，振聋发聩，促发中国史学的学术演变；这不愧为一个惊人的发现，给史学界以巨大冲击。据此，李大钊批评了史学界轻视历史哲学对历史研究的指导作用，忽视历史理论研究的学风。李大钊指出："今日史学的现状，尚在努力为关于事实的考证；而其考证，亦只为以欲明此特殊事例的本身为目的的考证，并非以此为究明一般性质、理法的手段的考证"③；"史学家固宜努力以求记述历史的整理，同时亦不可不努力于历史理论的研求。而今观于实际，则治史学者，类多致其全力于记述历史的整理，而于一般史实理论的研究，似尚置之度外；即偶有致力于此者，其成功亦甚微小，以致历史科学尚未充分发展至于成形"④。李大钊通过对历史哲学与历史科学的关系研究，发现了中国从古代到近代没有完备的历史学科的真正原因在于：有历史记述的整理，而无在历史哲学指导下的理论研究；有历史讲述者、历史传记家、历史文献学家，而无"理论史家"。李大钊是站在极高的理论视角点上，对中国史学所做的深刻反省。

正是从凝重的历史感和沉重的现实感出发，李大钊既强调使史学研究的面貌焕然一新，应该有历史哲学的指导和启发，更重视选择用一种什么形态的历史哲学来指导中国史学的研究，如同近代中国其他知识分子一样，他把寻求真理的目光，注视于西方，并以极大的理论兴趣研究

---

① 参见《李大钊文集》下卷，人民出版社1984年版，第642、758页。
② 同上。
③ 同上书，第725、728、347、674页。
④ 同上。

了近代西方资产阶级历史哲学。在20世纪20年代之初，李大钊写了《鲍丹的历史思想》《鲁雷的历史思想》《孟德斯鸠的历史思想》《桑西门的历史思想》《马克思的历史哲学与李凯尔特的历史哲学》等七篇专题论文，基本上弄清了近代西方历史哲学的发展线索以及主要历史哲学家的观点和重要学术流派的思想。经过冷静稽索，李大钊发现了近代西方历史哲学在历史观和认识论上的根本缺陷，于是，他断然否定其对中国史学研究的指导性价值，而以极大的热情研究了马克思主义的历史哲学。在深入研摹的过程中，李大钊深深地被马克思主义历史哲学折服了。他热情洋溢地说："自有马氏的唯物史观，才把历史学提到与自然科学同等的地位。此等功绩，实为史学界开一新纪元。自时厥后，历史的学问，日益隆盛。"① 他又说，"到了马克思，才把历史真正意义发明出来"②。因而李大钊写了《唯物史观在现代史学上的价值》，向中国史学界介绍和宣传马克思主义的历史哲学，倡议以此为中国史学研究的指导。

在中国近代史学界，虽然对历史哲学并非闻所未闻，但由于中国近代资产阶级史学的固有缺陷，当时人们对历史哲学的了解还是陌生的，运用历史哲学的思维习惯尚未形成。正是从学术发展的实际出发，李大钊率先进行了马克思主义历史哲学的研究。

从形形色色的主、客观唯心主义出发，近代资产阶级学者对"历史哲学"有过大量的界定和阐释，建立了许多历史哲学体系。③ 李大钊在对西方历史哲学的发展做过精心研究后，从唯物辩证法的认识角度出发，首先对"历史哲学"做了深刻的阐释。从对马克思主义历史哲学的体会与理解出发，他认为："把立于经济的基础上的政治、法律等社会构造，纵以观之，那就是历史；所以横以观之称为社会哲学者，纵以观之亦可称为历史哲学"④；从历史哲学的属性出发，他认为："历史哲学是哲学的一部分，哲学是于科学所不能之处，去考察宇宙一切现象的根本原理。历史事实是宇宙现象的一部分，所以亦是史学所研究的对象

---

① 参见《李大钊文集》下卷，人民出版社1984年版，第725、728、347、674页。
② 同上。
③ 详见本书"近代西方历史哲学述评"相关内容。
④ 参见《李大钊文集》下卷，人民出版社1984年版，第345、643、755、758—759页。

的一部分","历史哲学是研究历史的根本问题的"①;从学术史角度出发,李大钊回应了西方历史哲学的种种界定,就历史哲学的性质做了有价值的阐释:"历史哲学是由统一的见地而观察历史事实者,是依哲学的考察,就人生及为其产物的文化为根本的说明、深透的解释者。"②由此看来,历史哲学这种思维形式要涵盖哪些内容呢?从理论上说,"历史哲学所当究论的问题,应是些比在历史学上所究论的,更普遍,更渊深,更根本的问题。……凡历史事实之非历史科学所能探究、所能解释的问题,都归历史哲学的领域。即凡历史事实之须从哲学的见地基于世界全体的原理以根本的说明其本性及原则者,都为历史哲学所当研究的问题"③。从构成要素上说,主要有:第一,人类生活究竟是什么;第二,人类社会的发展有没有预定的轨道;第三,我们所认为的历史事实是真的,还是假的;第四,历史发展是否受一定的法则支配,其间有没有规律;第五,人类历史是进步的,还是衰退的;第六,人类的进化是有方向的,还是盲目的;第七,历史主体能决定国家、民族的命运,还是无能为力;第八,历史事实的本质是什么;第九,历史事实的根本法则是什么;第十,历史事实与历史事件及历史发展过程的关系怎样。

服务于革新近世中国史学的研究,开一代新风,李大钊所从事的历史哲学研究,无疑是开创性的,在学术史上是前无古人、后启来者的壮举。服务于中国近代社会的新陈代谢,求社会变革之理法,李大钊的历史哲学研究,牢牢扣住了中国近代社会去旧开新的主旋律,其历史本体论的归宿点是社会主义。他说:"依人类历史上发展的过程的研究,于其中发见历史的必然的法则;于此法则之上,主张社会主义的社会必然的到来。……社会主义的社会,无论人愿要他不愿要他,他是运命的必然的出现,这是历史的命令。"④ 这无疑就是李大钊从事马克思主义历史哲学研究的出发点和归结点。

李大钊所从事史学理论研究之历史感与现实感的巨大冲突,造成了他史学理论研究上的巨大矛盾:从历史感出发,变革中国史学的研究,

---

① 参见《李大钊文集》下卷,人民出版社1984年版,第345、643、755、758—759页。
② 同上。
③ 同上。
④ 同上书,第334、264—265、673页。

既强调史学本体论的研究，又强调和突出史学认识论的研究；从现实感出发，历史本体论的研究更为急迫、更重乎历史认识论的研究。由此，我们就不难理解表现在李大钊身上的一种学术背反现象：从世界学术大势出发，史学理论的研究已经由思辨的历史哲学（历史本体论）走向分析的或批判的历史哲学（历史认识论），李大钊向世界学术水平看齐，理应跟上世界学术发展的脚步，但在他的史学理论研究中，却更侧重史学本体论的研究。从史学理论研究的沉重的现实感出发，李大钊对马克思主义历史哲学的研究，集中于阶级斗争动力论和经济发展决定论上，而较少注意马克思主义历史哲学的其他重要部分。这就为我们理解20世纪20年代以来形成的马克思主义史学研究包括史学理论研究的新传统，找到了钥匙。这个新传统的形成，是革命年代的产物，是历史条件的产物。这个学术特征打上了沉重的历史时代烙印。

二　"历史是什么"

古往今来的史学家，无不对所研究的对象——"历史"有各自的解释和看法。他们对历史的理解和判断，总是基于一定的历史哲学理论。考察他们的历史概念和阐释，是判定他们属于何种类型的史家的重要依据之一，也是判定其属于哪一种历史哲学派别的根本标准。从事史学理论研究，更不可能回避"历史是什么"的问题。

李大钊从传统的理解——"历史就是史籍"的角度出发，他指出：

> 吾兹之所谓历史，非指过去的陈编而言。过去的陈编，汗牛充栋，于治史学者亦诚不失为丰富资考的资料，然绝非吾兹所谓活泼泼的有生命的历史。吾兹所云，乃与"社会"同质而异观的历史。同一吾人所托以生存的社会，纵以观之，则为历史……此之历史，即是社会的时间的性象。①

---

① 参见《李大钊文集》下卷，人民出版社1984年版，第334、264—265、673页。

过去，人们把历史的材料当成历史本身，这是错误的。"其实这是研究历史的材料，而不是历史。历史是有生命的，活动的，进步的；不是死的，固定的。"① 在这里，李大钊突出了历史发展的主体性，即历史是人创造的，历史是历史主体活动的产物，历史材料只不过是这种活动的记录和反映而已。他说："我们要晓得一切过去的历史，都是靠我们本身具有的人力创造出来的。"② 李大钊突出了历史主体活动的时间与空间的统一，坚持了历史本体论中正确的时空观。这就为史学研究者判定历史是什么，找到了一条可靠的思路。

从马克思主义历史哲学关于历史是什么的理解出发，李大钊认为："马氏述其历史观，却关联历史和社会。原来纵观人间的过去者便是历史。"③ 从马克思主义历史哲学出发，就为解决"历史是什么"这样一个根本性的问题找到了可靠的理论指导和思想武器，并借此回击了西方史学理论研究者对历史内容的肢解和对"历史"的假说。他指出："历史是有生命的，是全人类的生活。人类生活的全体，不单是政治，此外还有经济的、伦理的、宗教的、美术的种种生活。他说历史就是政治，其余如经济、宗教、伦理、美术的种种生活，能说不算是人类的生活吗？可以把它们放在历史以外吗？及后到了马克思，才把历史真正意义发明出来，我们可以从他的唯物史观的学说里看出。他把人类生活，作成一个整个的解释，这生活的整个便是文化。""……人类的社会，按时间的，纵起来看是历史……不但过去的历史是社会的变革，即是现在、将来，社会无一时不在变革中。因为历史是有生命的、活动的、进步的，而不是一成不变的。历史的范围不但包括过去，并且包有现在和将来。"④ 在李大钊看来，社会历史就是社会主体在时间上的整合，是社会统一体的变革和发展的一贯性。

在廓清了"历史是什么"问题上的错误认识后，李大钊系统地阐述了他的见解："历史这样东西，是人类生活的行程，是人类生活的连续，是人类生活的变迁，是人类生活的传演，是有生命的东西，是活的

---

① 参见《李大钊文集》下卷，人民出版社1984年版，第334、264—265、673页。
② 同上书，第365、345—346、674—675、713、720页。
③ 同上。
④ 同上。

东西,是进步的东西,是发展的东西,是周流变动的东西;他不是些陈编,不是些故纸,不是僵石,不是枯骨,不是死的东西,不是印成呆板的东西"①;"历史不是只纪过去事实的纪录,亦不是只纪过去的政治事实的纪录。历史是亘过去、现在、未来的整个的全人类生活。换句话说,历史是社会的变革。再换句话说,历史是在不断的变革中的人生及为其产物的文化。那些只纪过去事实的纪录,必欲称之为历史,只能称为记述历史,决不是那生活的历史"②。面对西方历史哲学界所谓"一切真历史都是当代史""一切历史都是思想史""一切历史都是人心中的历史"等史学思潮,李大钊坚持了马克思主义史学理论在"什么是历史"这一根本性问题上的看法,维护了马克思主义史学理论的科学性。但李大钊又能进行独立研究,未有重复、照搬、教条地引用马克思主义经典作家的见解。马克思主义认为:人们自己创造自己的历史,"历史不外是各个世代的依次交替。……每一代一方面在完全改变了的条件下继续从事先辈的活动,另一方面又通过完全改变了的活动来改变旧的条件"③;"人们通过每一个人追求他自己的、自觉期望的目的而创造自己的历史,却不管这种历史的结局如何,而这许多按不同方向活动的愿望及其对外部世界的各种各样影响所产生的结果,就是历史"④。由此,比照李大钊与马克思主义经典作家的上述论述,可见其精神实质的一致性。李大钊自己也曾兴奋地说:"与吾人以一个整个的活泼泼的历史的观念,是吾人不能不感谢马克思的。"⑤ 李大钊正是通过专门的精深的研究,维护了历史的主体性、客观性、完整性、发展性,维护了历史研究的严肃性和科学性。李大钊在"历史是什么"这一带根本性问题上的研究,达到了近世同时代人的最高认识水平。例如,中国近代资产阶级史学的代表人物梁启超,在这个问题上作如是观:"史者何?记述人类社会庚续活动的体相,较其总成绩,求得其因果关系,以为现

---

① 参见《李大钊文集》下卷,人民出版社 1984 年版,第 365、345—346、674—675、713、720 页。
② 同上。
③ 参见《马克思恩格斯全集》第 3 卷,人民出版社 1956 年版,第 51 页。
④ 参见《马克思恩格斯选集》第 4 卷,人民出版社 1972 年版,第 243—244 页。
⑤ 参见《李大钊文集》下卷,人民出版社 1984 年版,第 717、715—716、716 页。

代一般人活动之资鉴者也。"① 通过比较，可以察得失。两相比较，可见李大钊在这个问题上的认识，较之同时代的学子们高明了许多。

在给"历史"以严格的界定和周详的解说后，李大钊又表述了历史所涵括的内容。他坚决反对割裂历史内容的做法，坚决反对把史实的记述当作完全的历史的做法，而坚持历史整体论和历史实践论，认为整个人类丰富的社会实践才构成历史的完整内容，历史的记述只是对历史某方面的反映，甚至是不完整和不准确的反映。他指出："历史既是整个的人类生活，既是整个的社会的变革；那么凡是社会生活所表现的各体相，均为历史的内容所涵括。因为文化是一个整个的，不容片片段段的割裂。文化生活的各体态、各方面，都有相互结附的关系；不得一部分一部分的割裂着看，亦不得以一部分的生活为历史内容的全体。普通一说历史，便令人想是说社会上的政治、法律和经济，其实道德、学术、宗教、伦理等等，所谓文化的理想，亦莫不应包含在历史以内。"② 正是从完整的、真实的历史内容出发，李大钊继承了中国近代资产阶级史学革命的积极成果，继续予中国封建旧史以深刻批判，为马克思主义的史学理论及史学研究开道。他认为，中国封建旧史，肢解了历史的内容，"其中所载，大抵不外帝王爵贵的起居，一家一姓的谱系；而于社会文化方面，则屏之弗录"③。李大钊对"历史内容"的解说，是有学术意义的：一是批判封建旧史的神学史观、帝王史观，巩固了资产阶级史学革命的积极成果；二是抨击了资产阶级的英雄史观；三是高举历史的主体创造历史的唯物主义旗帜，把真实的内容还给历史，从而使历史研究有真实的、完整的内涵。这样，史学研究才有了真正的意义。

李大钊认为，史家的职责不在于记述历史的内容，而在于给历史的内容以科学的解释。在历史的解释中，李大钊十分重视史家的主体认识作用。这样看来，史家就不应当是历史研究的工具和奴仆，而是历史研究的主人；史家的任务不在于记述历史的过程，而在于总结历史的经验教训和揭示历史的启示。李大钊把历史分为活着的历史和死去的历史。

---

① 参见梁启超《饮冰室合集·专集之七十三·中国历史研究法》，中华书局1936年版。
② 参见《李大钊文集》下卷，人民出版社1984年版，第717、715—716、716页。
③ 同上。

他所谓活着的历史，不是那些写的和记的东西，"乃是进展的行动的东西"，是"历史的事实的本身"，它"永远生动无已"；所谓死去的历史，是"实在的过去，历史的过去"，"实在的过去，是死了，去了；过去的事，是做了，完了；过去的人，是一瞑长逝，万劫不返了；在他们有何变动，是永不可能了"。他认为，死去的历史，对于史家来说，是无意义的，只有活着的历史才有意义。历史的启示深蕴于活着的历史中。因此，史家应该对活着的历史进行解释。与死去的历史和活着的历史相应，他把历史事实分为"实在的事实"和"历史的事实"。他说，历史的发展中"有实在的事实，有历史的事实：实在的事实，虽是一趟过去，不可复返的；但是吾人对于那个事实的解喻，是生动无已的，随时变迁的，这样子成了历史的事实。所谓历史的事实，便是解喻中的事实。解喻是活的，是含有进步性的；所以历史的事实，亦是活的，含有进步性的。只有充分的记录，不算历史的真实；必有充分的解喻，才算历史的真实"①。区分"实在的事实"与"历史的事实"的意义在于，"实在的事实"，对史家来说是无意义的，只有"历史的事实"才有意义。因为每个时段的史家都可依之得出不同的看法，不断提高认识水平。有了"历史的事实"，就需要史家不断地进行解释，不断地发掘历史的真实意义。因此，"一切的历史，不但不怕随时改作，并且都要随时改作。改作的历史，比以前的必较近真"②。这是人们的历史观进化的结果，认识水平提高的结果。依此，他主张不断地"温故"，以求"新知"，而后以"新知"再去"温故"，如此循环往复，以达到不断提高史学认识水平的目的。

李大钊关于死去的历史与活着的历史的区分，关于不断地进行活着的历史的解释的思想，有深刻的见解。只有对活着的历史进行解说，才能把历史的启示看成人的启示，把史学当作"人学"，而不是"死学"；才能够不断地在"人的启示"中，"认识人类本质的伟大，了解人类在历史上的发展，了解人类一往直前的进步，了解人类对个人的非理性的一贯有把握的胜利，了解人类战胜一切似乎超人的事物，了解人类同大

---

① 参见《李大钊文集》下卷，人民出版社1984年版，第717、719页。
② 同上。

自然进行的残酷而又顺利的斗争……明确认识到人和大自然的统一"①。李大钊的睿哲，深深地启发了同时代的历史学家。郭沫若在《古代社会研究》中，用了"整理"和"批判"的概念，整理之适于死的历史，批判之适于活的过去。② 李大钊的睿智，不仅启发了同时代人，对于后世研究者也有启发意义。

当然，应该看到，李大钊富于创新的哲理，并不是从天下掉下来的，也不是凭空在头脑中产生的。其中一个重要的原因，是他批判地继承了西方近代历史哲学的积极成果的结果。在近代西方批判或分析派的历史哲学中，他们把历史分为"活着的历史"和"死去的历史"，只不过他们是依唯心主义认识进行解释的。李大钊的成功在于，运用马克思主义历史哲学，批判地汲取了西方资产阶级历史哲学的有益成分，独立研究，而没有受缚于资产阶级历史哲学的羁绊。这对于我们今天从事马克思主义史学理论研究来说，本身也是一个有益的历史启示。

三　治史者须有历史观

在迄于李大钊的中国史学发展史上，不乏自发历史观的历史学家，而绝少有自觉历史观的历史学家。所谓自发的历史观，是史家并未有意识地要用某一思想或观点来解析历史，而读者可以在史著中得出史家的某一历史思想来；所谓自觉的历史观，是史家有意识地用某一思想来解释历史，并且对于该历史观的形成有强烈的自觉意识。李大钊正是中国史学史上有自觉历史观的历史学家。他十分重视历史观与历史研究的关系，重视和倡导用科学的历史观指导历史研究。这主要表现为如下几点。

首先，李大钊认为，不论史家承认不承认，有意识还是无意识，总会有一个历史观在支配其史学著述。"无论何人，总于不知不觉之中，有他的历史观在那里存在"，"倘治史实者不有一个合理的历史观供其

---

① 参见《马克思恩格斯全集》第1卷，人民出版社1956年版，第650页。
② 参见《郭沫若全集·历史编》第1卷，人民出版社1982年版，第7—10页。

依据，那真是一部十七史，将从何处说起？必且治丝益棼，茫无头绪"①。在他看来，没有一个可靠的历史观作指导，就不能从事历史研究，历史就会成为一堆乱麻，无从清理。他指出："史学家应有历史观，然后才有准绳去处置史料，不然便如迷离漂荡于洋海之中，茫无把握，很难寻出头绪来"②，"历史观乃解析史实的公分母，其于认事实的价值，寻绎其相互连锁的关系，施行大量的综合，实为必要的主观的要因"③。在中国史学发展史上，明确重视并申论历史观对于史学研究的指导作用，李大钊还是第一人。

其次，李大钊回答了什么是历史观以及形成历史观的基本要素。在李大钊看来，历史观是具体的，是发展变化的，他指出："历史观是史实的知识，是史实的解喻。""历史观是随时变化的，是生动无已的，是含有进步性的。同一史实，一人的解释与他人的解释不同，一时代的解释与他时代的解释不同，甚至同一人也，对于同一史实的解释，昨日的见解与今日的见解不同。此无他，事实是死的，一成不变的，而解喻则是活的，与时俱化的。"④ 史家所持的历史观，不是从天上掉下来的，也不是头脑中固有的，而是史家主体内因外化和外因内化的产物。这就是："半由于学问智识的陶养，半由于其人的环境与气质的趋倾。"⑤ 具体说来，就是：史家主体的知识结构、学识涵养、气质禀赋、癖性爱好，主体所处的历史条件，主体的人生经历（在时势中的际遇），接受前代或当时代哲学思想的熏陶，等等。因此，任何时代的历史学家，都有其历史观，而不能予以漠视。他们的差异只在于，自觉或不自觉，所持史观的先进性与落后性、科学性与谬误性的区别罢了。

复次，李大钊以特有的理论智慧，考察了每一历史时代上正反相对应的历史观，考察了历史观的演进规律。李大钊认为，古往的历史观林林总总，如神权的历史观、宗教的历史观、道德的历史观、教化的历史观、圣人的历史观、王者的历史观、英雄的历史观、知识的历史观、政

---

① 参见《李大钊文集》下卷，人民出版社1984年版，第752、642页。
② 同上。
③ 同上书，第266—267、752页。
④ 同上。
⑤ 同上。

治的历史观、经济的历史观、生物的历史观、地理的历史观等,它们都是人类历史发展处于一定历史时代的产物,从总的方面讲,它们从属于相互对立的历史观的具体形态,这就是:退落的或循环的历史观与进步的历史观,个人的历史观与社会的历史观,精神的历史观与物质的历史观,神教的历史观与人生的历史观。它们对立的症结点在于解释历史的价值标准不同:前者以"历史行程的价值的本位为准";后者以"历史进展的动因为准"。在考察了历史观发展的基本概况后,李大钊便发现了人类在历史观上的发展序列:"大体言之,由神权的历史观进而为人生的历史观,由精神的历史观进而为物质的历史观,由个人的历史观进而为社会的历史观,由退落的或循环的历史观进而为进步的历史观。神权的、精神的、个人的历史观,多带退落的或循环的历史观的倾向;而人生的、物质的、社会的历史观,则多带进步的历史观的倾向。神权的、精神的、个人的、退落的或循环的历史观可称为旧史观,而人生的、物质的、社会的、进步的历史观则可称为新史观。"①

再次,李大钊在逐一考评了近代西方史学流派的历史观后,深刻分析其弊端。他认为,旧历史观"寻社会情状的原因于社会本身以外,把人生当作一只无帆、无楫、无罗盘针的弃舟,漂泊于茫茫的荒海中","给人以怯懦无能的人生观","看社会上的一切活动与变迁全为天意所存"②,他严肃地指出,对于历史,"这些唯心的解释的企图,都一一的失败了,于是不得不另辟一条新路。这就是历史的唯物的解释"③。李大钊肯定了马克思主义唯物史观的科学性,并以此为新史观的代表,倡议中国史学界以它作为史学研究的指导,于是就出现了"晚近以来,高等教育机关里的史学教授,几无人不被唯物史观的影响"的新面貌。④

李大钊考察并批判了中国封建旧史的历史观,巩固了资产阶级史学革命的积极成果。他对中国封建史学的批判,较之资产阶级史学显示出

---

① 参见《李大钊文集》下卷,人民出版社1984年版,第266、364、362、365、268、267—268、676页。

② 同上。

③ 同上。

④ 同上。

了更强的理论性，因而具有深刻性。李大钊指出："中国哲学家的历史观，遂全为循环的、神权的、伟人的历史观所结晶。一部整个的中国史，迄兹以前，遂全为是等史观所支配，以潜入于人心，深固而不可拔除。……治史学于今日的中国，新史观的树立，对于旧史观的抗辩，其兴味正自深切，其责任正自重大。"① 中国近代资产阶级的史学革命，在史学体例、编纂方法等方面（即形式）开展对中国旧史的批判，而李大钊则在史观上（即内容）开展对中国旧史的批判，可见其思想的深邃。

最后，李大钊主张用唯物史观这个新史观来重新研究历史，重新编写历史。他认为，实在的历史事实是一成不变的，而赋予历史事实的知识则是随时变动的；记录里的历史是死板的，而解释中的历史才是生动的。"所以历史不怕重作，且必要重作"，"根据新史观、新史料，把旧历史一一改作，是现代史学者的责任"②，在他看来，中国几千年的历史发展被旧史家搞得混乱不清了，而当"我们拿着新的历史眼光，去观察数千年前的故书陈籍，的确可以得着新的见解，找出真确的事实"③。

李大钊在历史观问题上的探索是深入的、系统的。他对中国封建历史观以及西方近代资产阶级历史观的批判，贯彻了马克思主义唯物史观的基本精神。马克思主义经典作家在阐明了唯物史观的基本观点以及与历史唯心主义的根本区别后，指出："过去的一切历史观不是完全忽视了历史的这一现实基础，就是把它仅仅看成与历史过程没有任何联系的附带因素。……这样就把人对自然界的关系从历史中排除出去了，因而造成了自然界和历史之间的对立。因此这种观点只能在历史上看到元首和国家的丰功伟绩，看到宗教的、一般理论的斗争，而且在每次描述某一历史时代的时候，它都不得不赞同这一时代的幻想。"④ 李大钊结合他对历史观的理论研究，介绍和传播马克思主义的历史观，促成了中国史学

---

① 参见《李大钊文集》下卷，人民出版社1984年版，第266、364、362、365、268、267—268、676页。

② 同上。

③ 同上。

④ 参见《马克思恩格斯全集》第3卷，人民出版社1956年版，第44页。

研究的划时代的变革,这在近代中国史学家中,确实是独一无二的。

四 "但寻真知启后人"

中国古代史学以"实录"见长,而短于理论思维,没有在史学理论的基本问题上进行探讨;中国近代的资产阶级史学尾随在西方近代史学之后,亦步亦趋、生吞活剥,虽然长途贩运了一些学术概念,但较少独立研究,所具有的学术水平不高。而迄于李大钊,正是这位划时代的史学家,对史学理论中的一些基本问题做了深入的探索,具有很高的学术洞察力。这主要体现在以下几个方面。

一是关于史学研究的对象。

什么是史学研究的对象?这在近代西方史学界是一个聚讼不已的问题。马克思主义经典作家虽然为其后继者提供了进行科学的历史研究的理论与方法,但在这个具体问题上却没有明确作答。这就需要他们的后继者做艰苦的探索,拿出马克思主义史学的答案来。李大钊以他特有的理论勇气和敏锐,提出了自己如下几点看法。

第一,从史学与哲学的关系而站在史学的角度,李大钊认为:"史学底对象,系人生与为人生的产物的文化。"① 第二,从理解唯物史观的角度上看,李大钊说:"他(指马克思——引者注)把人类生活,作成一个整个的解释,这生活的整个便是文化。……人类历史也当然是研究人类的生活,生活的全体——文化的了。但文化是整个的,不可分离。"② 第三,从他关于"历史是什么"的理解角度看,他指出:"愚尝谓一切历史的记录,皆不过为研究史学之资料已耳!此等编册档案以外,吾人固俨然有一延续永存之活历史在。历史学即以此活历史为所研究之对象者也。一切史书皆为纪述解释此活历史而作,故皆为此活历史所据之领域。"③ 第四,从历史主体角度看,李大钊说:"史学有一定的对象。对象为何?即是整个的人类生活,即是社会的变革,即是在不断

---

① 参见《李大钊文集》下卷,人民出版社1984年版,第642、674、689页。
② 同上。
③ 同上。

的变革中的人类生活及为其产物的文化。换一句话说，历史学就是研究社会的变革的学问，即是研究在不断的变革中的人生及为其产物的文化的学问。"① 第五，从史家的职责角度讲，李大钊说："史学原以历史的事实即是组成人类经历的诸般事实为研究的对象，故调查特殊的历史的事实而确定之，整理之，记述之，实为史学的重要职分。"② 由上看来，李大钊在谈到史学研究的对象问题时，并不是把它看成凝固不变的，而是针对问题的不同层次、不同侧面予以解释。由此看来，史学研究的对象，不是一个死的概念，不是一个凝固的东西。李大钊的上述看法，是值得我们在讨论史学研究对象问题时重视的。

依笔者的理解，李大钊的史学研究对象有三个概念：第一，从较低层次上讲，即从历史资料的搜集、整理、校勘，进而讲述某一阶段内历史过程的角度上说，历史研究的对象是组成人类发展过程的历史事实；第二，从一般层次上讲，即从历史发展的整体过程上讲，研究蕴藏于历史发展过程中于后世仍有意义的东西，揭示人类社会的变革；第三，从较高层次上讲，即从理论或哲学的高度上讲，史学研究的对象是探究人类社会生活所创造的文化。这里所说的"文化"，是个大概念。李大钊的解析，是符合马克思主义历史唯物主义关于"历史是什么"的基本精神的。他的解析，也是富于辩证法思维的。

二是关于史学研究的功能问题。

为什么要进行史学研究？史学研究有什么意义？从古到今，都为史学工作者所关注。李大钊运用马克思主义的史学认识论，做了大量论述。这主要包括以下几点。

第一，有利于提高学者的自身研究素质，有利于研究者树立科学的态度。李大钊认为，"研究历史的重要用处，就在训练学者的判断力，并令他得着凭以为判断的事实"③；"史学能陶炼吾人于科学的态度。所谓科

---

① 参见《李大钊文集》下卷，人民出版社1984年版，第722、724、361、761、363、644、762、764页。
② 同上。
③ 同上。

学的态度,有二要点:一为尊疑,一为重据"①。第二,从科学发展角度上说,是为了推翻唯心主义历史学的结论,而得出科学的真实的历史结论。李大钊指出:"他的目的,是为得到全部的真实,其及于人类精神的影响,亦全与用神学的方法所得的结果相反。"② 第三,史学研究是获取知识的重要渠道和手段。他认为,"我们读史,可以得到一种观察世务的方法,并可以加增认知事实和判断事实的力量。……史学教我们踏实审慎"③。第四,史学研究可以帮助人们陶冶科学的人生态度,积极进取的人生观和进步的世界观。李大钊说,史学研究可以帮助人们确立"求真的态度",造成"认真的习性"④;史学研究"可以给我们以一个进步的世界观""乐天努进的人生观"⑤。第五,史学研究可以激扬起爱国主义的高尚情操。李大钊说:"如读史读到古人当危急存亡之秋,能够激昂慷慨,不论他自己是文人武人,慨然出来,拯民救国,我们的感情都被他激发鼓动了,不由的感奋兴起,把这种扶持国家民族的免于危亡的大任放在自己的肩头。"⑥ 第六,通过史学研究,可以帮助我们认识历史发展的轨迹,总结并借鉴历史的经验、教训,坚定人与自然和谐相处的信念,勇敢地开辟未来。他说,"这种历史观,导引我们在历史中发现了我们的世界,发现了我们的自己,使我们自觉我们自己的权威,知道过去的历史,就是我们这样的人人共同造出来的,现在乃至将来的历史,亦还是如此"⑦。虽然李大钊在史学研究的功能方面,未揽大观,但在筚路蓝缕之际,有如许深刻见解,也属难能可贵了!

三是关于史学研究的任务问题。

史学研究的任务是什么?中外史学史上,古往今来,观点对立,难于一致。有一派观点认为,史学研究的任务在于收集和考订历史事实,把历史过程不折不扣地讲清楚;另有一派观点认为,史学研究的任务是

---

① 参见《李大钊文集》下卷,人民出版社 1984 年版,第 722、724、361、761、363、644、762、764 页。

② 同上。

③ 同上。

④ 同上。

⑤ 同上。

⑥ 同上书,第 644、764、678、726 页。

⑦ 同上。

要弄清历史发展中的规律，揭示历史发展的动力和历史主客体间的关系。

善于独立思考的李大钊，对此有自己的见解。他把历史研究的任务分为两个层次：第一个层次是"整理事实，寻找它的真确的证据"；第二个层次是"理解事实，寻出它的进步的真理"①。前者是浅层次的，后者则是深层次的。在他看来，前者是要"就实际发生的事件，一一寻究其证据，以明人事发展进化的真相"；后者是要就"社会发达进化的状态过程以为考察"，"把人事看作一个整个的，互为因果，互有连锁的东西去考察他。于全般的历史事实的中间，寻求一个普遍的理法，以明事实与事实间的相互的影响与感应"②。在李大钊看来，后者正是史学研究的"要务"，因而就其轻重而言，后者是主要的。依李大钊的见解，似乎比较平和地解决了中外史学史上关于历史研究任务的聚讼。由此可以说，在李大钊看来，史学研究的任务问题不取决于史学研究本身，而在于史学研究者（史家主体）追求什么：是考订事实，还是解释史实？这正是李大钊的匠心独运、思路新颖之所在。因此，他的解说，对我们探讨此问题有很大的启发作用。

此外，李大钊还就历史理论问题以及它与历史研究法的区别、历史理论研究与历史事实考核的关系、历史研究主体与客体的关系、历史学的体系等问题发表了看法。这些都是我们从事马克思主义史学理论研究值得珍视的历史材料。

五　学术坐标定位

在中国史学理论发展史上，李大钊是上承刘勰、刘知几、章学诚、梁启超，下启郭沫若、范文澜、翦伯赞等史学巨匠的丰碑式历史人物。与中国古代的先哲相比，李大钊更能独立思考，择善而随，理论深度也更强些，他不追求理论的新奇，而讲求研究的实用，不追求思想的火花，而注重理论的系统性；与他的后继者相比，李大钊更重视史学理论

---

① 参见《李大钊文集》下卷，人民出版社1984年版，第644、764、678、726页。
② 同上。

研究在史学研究中的独立地位和重要作用,更重视史学理论对史学研究的直接指导作用。

在中国近代史学发展上,李大钊是处在由资产阶级史学向马克思主义史学转折时期的关键性人物,他是一位学术转型的重要推手。李大钊通过深入而系统的马克思主义史学理论研究,开辟了中国马克思主义史学理论研究的发展道路,是中国马克思主义史学诞生时的主将和开山人物,因而他是20世纪20年代最有影响、成就最为突出的马克思主义史学家,是那个时代马克思主义史学思潮的代表性人物。

当然,由于主客观条件的制约,李大钊在若干问题的研究上尚欠周密,存在时代性与认识论局限,如关于历史理论即历史学的观点、关于实在的事实与历史的事实的观点、关于马克思主义唯物史观的理解,等等。但这毕竟是探索中的局限,与他的成就和建树相比,则是不可同日而语的。李大钊在初创中国马克思主义史学理论研究中还存在认识上的局限,但"他在自己的谬误中也显示出巨大的智慧",李大钊在研究中获得了博大精深的见解,但并不是"鹦鹉学舌似地把别人的话重复一遍"(普列汉诺夫语),这在中国马克思主义史学理论研究的草昧之初,是何等难得!值得注意的是,人们在探索真理的过程中,很难避免失误,更何况,"在人文科学的研究上,一个新的错误往往比一个古老的真理要来得更有生命力,而拿一个有成果的错误去和一个没有错误的准确性相比,也是如此"①。对待李大钊在研究中的局限性,我们应该历史地理解和分析,就像看待他的真理性认识一样。

---

① 参见田汝康、金重远选编《现代西方史学流派文选》,上海人民出版社1982年版,第304页。

近代西方历史哲学述评

近年来，随着中西方文化交流的扩大和深入，中国史学界日益重视对近代西方历史哲学的了解和研究。本文对近代西方历史哲学做一简要评介。

一　发展概述

稍晚于伏尔泰的意大利历史哲学家维科关于历史哲学的构想奠定了近代以来西方历史哲学发展的大致格局。他的名言，"上帝创造自然"，"人类创造历史"。这就成为他基本的历史哲学观点。他的历史哲学思想包括人与自然、人本主义与科学主义的对立，从而造成了历史哲学发展史上各种思想分歧与对立之源。

在此之后，首先推动历史哲学巨大发展的是理性时代的历史哲学，即理性主义历史哲学。它的基本思想是，一方面，世界历史是一个合乎规律发展的"合理"过程；另一方面，它又是一个合乎历史主体目的的"合理过程"。在它的代表人物黑格尔看来，历史规律是先于历史而预成的"绝对"计划，历史符合规律的发展过程也是合乎目的的单线前进过程。在历史活动中，历史主体都是精神的个体，历史规律不可能在精确限定的条件下发生作用。所以与自然规律具有的同时性、重复性特征不同，历史规律表现为一种历时性的特征。因而历史的方法只能是逻辑的方法，只有哲学的思辨才能透过历史的喧嚣去领悟精神的历史。由此可见，黑格尔不仅肯定，而且探讨了历史发展的规律性，但他又未因此把自然规律观念原封不动地移入历史，这是他的贡献；另外，他把一切都理性化了，理性的力量成为一种主观唯心主义的陷阱。

人本主义历史哲学是对以黑格尔为代表的理性主义历史学的反叛，它把历史归结为人的主体本质及其本质力量的对象化，并认为主体价值是评价一切事物的主要依据。在费尔巴哈那里，"以自然为基础的人"成了历史哲学的根本，人的本质——人的本质的异化——人的本质的复归成了理解历史的思维模式。以费尔巴哈为代表的人本主义历史哲学对人类思想史的意义是双重的：一方面，他把"现实的人"作为历史的主体，把历史哲学纳入了人本主义的轨道，从而终结了"绝对理性"的时代；另一方面，他的"现实的人"是"直观的人"，因而他对历史的理解充其量也只是处在表层结构，内容较为贫乏。

19世纪自然科学的巨大进步，为历史哲学的推进带来了新的契机，极大地激发了历史哲学家们的创造性思维。柏克尔的名言："不借助自然科学，历史学便不能建立。"它体现了那时的历史哲学家们的基本信念。在科学主义历史哲学中，最为突出的代表是孔德。在孔德看来，历史科学与自然科学在原则上并无不同，只有把自然科学的方法——从经验材料的分析中归纳出普遍规律的方法运用到历史研究中去，历史学才能成为一门"实证的"科学，才能认识和解释历史的本质及其规律。孔德一方面主张人类社会是自然的"延伸"，反对"形而上学"，力图使历史哲学科学化，然而他在分析社会历史现象时，直接用生物学的观点来类比、解释，这是不科学的；另一方面，孔德不热衷于将历史公式化，从主观唯心主义出发虚构了一个历史发展的形而上学模式，从而又延滞了历史哲学科学化的进程。

19世纪下半叶兴起了所谓分析的和批判的历史哲学思潮，它以布拉德雷、克罗齐和柯林武德为代表。这股历史哲学思潮的主要思想是：否认客观历史的存在，否认历史可以成为理性的和科学的考察对象，"历史即哲学"，"一切真历史都是当代史"，"一切历史都是思想史"，这些都是他们所张扬的著名口号。在他们看来，现实是历史的沉积，历史不断逝去，只有现实的兴趣才能引起历史的研究；历史学家只能从他们的现实环境出发去从事历史研究，同时研究历史总是离不开现实的思想活动，因此，任何一本历史著作都不可避免地带有产生它的时代信息。在他们这里，客观历史被否定了，因而以往历史哲学关于客观历史规律的论述，就全部成了无意义的废话。正因为如此，他们才断言：历史不是科学。这个命题的含义是，逻辑抽象的方法和自然科学的精确方法都不能把握人的历史，而为了理解历史，就必须使自己融入历史的精神之中去，以"体验"的方法对历史进行"再一次经历"。分析的和批判的历史哲学最突出的优点在于，重视历史与现实的统一性，强调历史运动的主体性，重视史家主体精神的发挥，这样便突出了历史学科的特殊性，这在史学认识论方面，是有价值的。但是，它在着力探究历史认识时，把历史认识的前提和对象——历史本体、历史事实一笔抹杀，这便使他们自己走进了认识的死胡同。既然认识的对象都不存在，探讨史学认识的途径与方法还有什么意义呢？如此一来，当然也就不能解决他们所提出的问题了。

虽然近代西方历史哲学在嬗变中产生了诸多流派和学说，但其根本的分歧不在更多的其他方面，而只在着眼点是注重历史本体论还是史学认识论。在思辨的历史哲学那里，不论其中流派、思潮的主张有多么不同，在根本方面，它们都重视解说历史的来龙去脉，着力把握历史发展进程及其内中的规律性，因而它带有凝重的历史本体论特征。一言以蔽之，思辨的历史哲学诸流派，都注重认识历史本身是以何种方式运行、发展的，以揭示历史过程的阶段性和规律性、内在动力为己任。而在分析的和批判的历史哲学那里，它注重对思辨的历史哲学进行反思，即对研究者自身进行反省。概括地说，它注重研究主体以何种方式、途径去认识历史运动，怎样确立历史知识，等等，解决属于历史认识论领域的所有课题。柯林武德就宣称："历史哲学应该是对……历史思维的前提和定义的一种批判性的探讨，是为发现历史思维在整个人类经验中的位置，它与其它经验形式的关系，它的起源及其有效性所作的一种尝试"，即"反思历史思维"[①]。分析的历史哲学把历史哲学的重心由历史本体的认识转换到对历史认识论的探讨。透过思辨的历史哲学向批判的历史哲学嬗变过程，可以发现史学研究由解决历史观演进为解决史学观了，这是史学研究深化的一种方式和表现。迥然不同、尖锐对应的两家

---

① 参见张文杰等编译《现代西方历史哲学译文集》，上海译文出版社1984年版，第159页。

史学流派，他们的论争及其见解大致上代表了整个近代西方历史哲学发展过程中关于历史哲学的性质与研究的立足点和基本思想。

虽然近代西方历史哲学的根本性质属于主观唯心主义或客观唯心主义，其逻辑体系是不可取的，但它的辩证法的合理内核却是值得珍视的历史遗产。马克思在论及黑格尔历史哲学时，对其合理性内核曾予高度肯定：它"第一次"把整个历史的世界，"描写为一个过程，即把它描写为处在不断的运动、变化、转变和发展中，并企图揭示这种运动和发展的内在联系"①。

"问渠那得清如许？为有源头活水来。"马克思主义创始人依据唯物辩证法对西方近代历史哲学进行科学改造，使之成为当代最有活力、最有影响的历史哲学流派。就连法国当代历史哲学家雷蒙·阿隆也承认：马克思主义历史哲学"是唯一的历史哲学……今天，它对西方文明正发挥着广泛而深刻的影响"②；当代英国历史学家杰弗里·巴勒克拉夫也认为：今天仍保留着生命力和内在潜力的"历史哲学"，当然是马克思主义的。③ 近代西方历史哲学是马克思主义历史哲学的理论来源。

二 命题列举

在西方历史哲学家中，对"历史哲学"主要的、有代表性的见解有如下几种。

其一，黑格尔在建立其"世界精神"的历史哲学体系时，首先阐明了他对"历史哲学"的理解："我们所能订立的最普遍的定义，即'历史哲学'者，只不过是历史之思想的考察而已。按'思想'确为人类必不可少之物，人类之所以异于禽兽者以此举。"但是，由于不同的主体有不同的"思想"，那么，黑格尔是以何种思想对历史进行考察的

---

① 参见《马克思恩格斯选集》第3卷，人民出版社1972年版，第63页。
② 参见田汝康、金重远选编《现代西方史学流派文选》，上海人民出版社1982年版，第109页。
③ 参见［英］杰弗里·巴勒克拉夫《当代史学主要趋势》，杨豫译，上海译文出版社1987年版，第261页。

呢？是"理性"。他说："哲学用以观察历史的唯一'思想'便是理性（Reason）这个简单的概念；即以'理性'为世界之主宰，而世界历史因此是一种合理的程序。"① 那么，理性又是什么呢？黑格尔解释道："是万物之无限的内容，是万物之精华与真象。它交给它自己的'活力'去制造的东西便是它自己的素质；它不像有限的行动那样，它并不需要外来的素质为助，也不需要它活动之对象。它供给它自己的营养食物，它便是它自己的工作对象。它既是它自己生存之唯一基础，和它自己的绝对的最后的目标，同时它又是实现这个目标的有力的权力，它把这个目标不仅展开于'自然的宇宙'之现象中，而且也展开于'精神的宇宙'（世界历史）之现象中。按这一种'观念'或'理性'是真实的，永恒的，绝对有力的精华或原素；它已把它自己启示于世界——这些便是前面所曾经证明的，而且这里又视为已经发挥的论题或前提。"②

其二，意大利历史哲学家贝奈戴托·克罗齐建立了"对精神的方式、对这些方式的差别和统一、对它们的真正具体生活亦即发展与历史、及对历史思想亦即这种生活的自我意识的全部研究"的历史哲学体系，他认为，"'历史哲学'所代表的是关于真实的东西的超验论概念"③，把历史哲学概念置于历史决定论概念的对立面，认为历史哲学"就是超越自然及其原因，就是主张一种与历来采取的方法相反的方法——就是说，放弃原因的范畴而另取一种范畴，那另一种范畴只能是目的的范畴，这是一种外在的和超验的目的，是与原因相应的、相似的反面。寻求超验的目的就是'历史哲学'"④。就方式而言，他认为，谈论历史哲学和历史的哲学化，是为了研究或更好地研究这一个或那一个历史问题的必要，那么，就"把有关历史认识论的研究叫作'历史哲学'"⑤。

其三，美国新史学派历史家 J. H. 鲁滨孙的"历史哲学"："是尽力

---

① 参见［德］黑格尔《历史哲学》，王造时、谢诒征译，上海商务印书馆1936年版，第13—14、14—15页。
② 同上。
③ 参见［意］贝奈戴托·克罗齐《历史学的理论和实际》，傅任敢译，商务印书馆1982年版，第46、49页。
④ 同上。
⑤ 同上书，第61页。

完整地重新研究以往的文明，和探溯现代文化及主要社会制度的各个方面的起源。……帮助人们更好地理解我们自身的历史时代。"① 他对历史哲学所持的基本态度是："任何单一类历史事件，都不足以构成全面组织人类文化进化史的骨架，政治事件尤其不适用。随着文化史与制度史的出现，不但是以前的按照政治分成段落的历史，而且连传统的民族历史和历史年代学，全都要被人遗忘"；"任何单一的原因，都不能决定历史事件的进程。历史学者对历史因果关系必须采取一种试探的和经验的态度，并且要接受多元的观点"。概括起来说，就是"掌握一切有关研究人类的过去和探溯现实人类发展的各种类型的知识"，"重新研究过去文明和关于现代文化起源的科学"②。

其四，英国历史学家R. G. 柯林武德在批判了伏尔泰、黑格尔的历史哲学以及19世纪的实证主义历史哲学后，认为，需要对"由有组织的和系统化的历史研究之存在而造成的哲学问题"，进行"特殊的探讨"，他宣称，"这种新探讨就可以正当地要求历史哲学的称号，而本书便是对于这种探讨的一项贡献"③。其条理如下：第一，历史哲学是帮助历史学建立起一种独立的证明；第二，历史哲学是根据历史的观点构思出一套完整的哲学；第三，历史哲学是把历史学当作与特殊类型的对象有关的知识的一种特殊类型或形式。

在思辨的历史哲学研究者那里，他们在构建历史哲学体系或解释人类历史发展过程时，并不是十分注重对"历史哲学"概念做出界定，只是在分析的或批判的历史哲学家那里，他们才十分重视对"历史哲学"概念做出解释。因此，我们研究近代西方历史哲学流派的理论和方法，不能从他们关于"历史哲学"的界定出发，而应该从他们所建构的唯心主义历史观或史学观的体系出发。

---

① 参见J. H. 鲁滨孙《新史学》，齐思和译，商务印书馆1964年版，第205、205—206页。
② 同上。
③ 参见［英］R. G. 柯林武德《历史的观念》，何兆武、张文杰译，商务印书馆1997年版，第33页。

评"一切历史都是思想史"*

在现代西方史学发展上，以一种最简练而深邃的判断来标示批判的历史哲学关于历史知识与历史理解的理论，恐怕莫过于柯林武德的"一切历史都是思想史"① 有名了。一方面，止于柯氏，他将批判的历史哲学推进到成熟阶段，宣判了在近代历史哲学发展道路上与经典的思辨的历史哲学的完全决裂，正式确立了历史哲学发展的另一种走向和范型。另一方面，柯氏的名言，代表了这样一种史学派别，即主张历史学有别于自然科学，有其学科自主性——自主派——的基本理论与思想，从而与另一种史学派别，分析的历史哲学中最著影响的观点，如亨佩尔所谓"在方法论上，历史学与自然科学是统一的，不能把两者完全割裂开来；历史事件是完全可以进行客观解释的"②，主张史学与自然科学在方法论上是统一的，即统一派的理论与思想判然对峙，并造就了当代西方史学发展的两种流向。因此，以"一切历史都是思想史"为蕴涵的史学理论和思想，就处在历史哲学发展的三岔点上，对历史哲学的发展来说，影响大；对历史哲学的研究者来说，引人注目。既如此，以柯氏为代表的这样一种流派的基本理论，是值得深入研究的。所谓"远室之光，可以驱瞽"是也。因此，我们拟将"一切历史都是思想史"这样一种较著代表性的史学思想放在西方近现代史学发展的坐标

---

* 本文是笔者与黄长义同志合写。

① 参见［英］R. G. 柯林武德《历史的观念》，何兆武、张文杰译，中国社会科学出版社1986年版，第244页。

② 参见［美］卡尔·G. 亨佩尔《普遍规律在历史中的作用》，杜蒲、柳卸林译，《史学理论》1987年第3期。

轴上，对它进行一种比照性的剖析。

一 从黑格尔到柯林武德：历史哲学发展的路标转向

创始于伏尔泰，奠基于维柯的近代西方历史哲学[①]，经过100多年的发展，至于"辩证法大师"黑格尔，已经建立起了第一座伟岸的高峰，思辨的历史哲学成熟了。

在黑格尔以前，历史哲学的发展已经取得了相当可观的成就，思辨的历史哲学所要探究的问题，几乎都逐一提出，只是没有出现一个严整的历史哲学体系。这主要表现在以下几个方面。

第一，"世界历史"眼光和理论思维。在《论各国的立国精神和礼俗》中，伏尔泰把历史作为一个整体来考察，网罗社会历史中有意义的诸多方面，辐射世界上所有巨大的文化中心，并把其间的重大事件联系起来加以分析研究，完全用一种理智的、非宗教的观点来解释世界史，以人类社会进步发展的思想取代了神的意志控制人类命运的观念。在历史学领域，正是在这时，我们才"第一次看到世界史方面的卷帙浩繁的书刊，这些书刊固然还缺乏批判并且完全没有哲学的分析，但这毕竟不是从前那种被时间地点所局限的历史片段，而是通史了"[②]。

第二，历史主体的活动构成一个合乎规律的统一的过程的思想。维柯的《关于民族共同性的新科学原理》，被马克思誉为"有不少天才的闪光"[③]，被我国马克思主义历史哲学的奠基人李大钊誉为"历史哲学的创造者"[④]，"唯物史观的提倡者"[⑤]。他认为，人是人类历史的主体，人们自己创造历史。尽管历史的场面错综纷纭、变化万端，但它却是一个统一的历史过程，是社会发展之必然性的表现。在历史发展的必然性

---

① 关于谁是近代第一个历史哲学家，史学界素有分歧。伏尔泰最早提出"历史哲学"的概念，但他的《历史哲学》却晚于1725年意大利历史哲学家维柯的《关于民族共同性的新科学原理》，而出版于1765年。
② 参见《马克思恩格斯全集》第1卷，人民出版社1956年版，第657页。
③ 参见《马克思恩格斯全集》第30卷，人民出版社1974年版，第618页。
④ 参见《李大钊文集》下卷，人民出版社1984年版，第321、323页。
⑤ 同上。

中，历史主体的共同意志，便是推动历史不断向前发展的原动力。依此，人类社会就是按照自然的必然性，由一个发展阶段过渡到另一个发展阶段过程展示。这里所说的发展阶段是有规则的，世界上一切民族的发展，都经过了神权时期（人类的童年）、英雄时期（人类的青年）和凡人时期（人类的成年）。社会的变革，正是通过这三个时代的更替而体现的。维柯的历史思想，充满了辩证法的光辉。他第一次把人类历史看作是一个合乎规律的过程，力图揭示主体活动背后的社会关系，挖掘出历史事件之偶然性隐藏下的历史必然性。

第三，历史主体活动的自然基础产生历史发展动力的思想。被黑格尔赞扬是"一部美妙的著作"，"说出了很多出色的见解"①的孟德斯鸠的《论法的精神》，作为一种历史哲学思想的体现，别开洞天。他认为，世界上的一切事物，都有它变化过程中"产生出来的必然关系"，即法则、规律性。人类社会的发展，也具有产生自内部而不是外力强加的规律性，是客观存在的。这种规律性蕴藏于历史主体与存在的客体基础——地理环境之间的关系之中。自然条件所包含的气候、土壤、水力等内容和人们的生活方式，和居民的宗教、人口、风习有着直接的决定性的关系。这种固定的关系所产生的结果便是"一般的精神"，即"民族精神"，也就是说，地理环境决定民族精神。因此探寻历史变化发展的法则，就应该深入到民族精神领域。他认为，任何一个民族发展的动力，都来源于该民族的精神；其中，个别政治家，特别是立法者，对于该民族社会秩序的确立、民族发展方向有决定作用。这就是说，"理性"是社会历史发展过程的决定性动力。概言之，孟德斯鸠认为人的意识是由环境，主要是地理环境决定的；人们的思想主要是立法者的思想支配世界，即理性决定世界。他看到了历史现象的相互联系和制约关系，并力图找出社会历史发展的规律性和原动力。在他们以后的历史哲学家们如卢梭、康德、赫尔德、孔多塞等，在先哲的启发下，对于先哲们提出的问题，做了一些探索，因而对推动思辨的历史哲学的发展，做出了重要贡献。他们囿于各自的学识和可能达到的理性思维的高度，对

---

① 参见［德］黑格尔《哲学史讲演录》第4卷，贺麟、王太庆译，商务印书馆1978年版，第231页。

历史发展的整体性、规律性问题，历史主体的活动问题，历史发展的阶段问题，历史演变的趋向问题，历史发展的动力问题，都阐述了一系列思想。虽然在他们手中并没有形成一个较庞大、较缜密的历史哲学辩证法体系，但却为产生这样一种体系准备了丰厚的思想材料。

黑格尔的辩证法思维天才与先哲们的思想成就，同欧洲资产阶级革命与封建反动势力复辟时代相结合，才可能孕育出他的庞大的历史哲学体系。黑格尔是思辨的历史哲学的集大成者，他借助辩证法把此前历史哲学家们所提出的所有问题编织成一个严整的体系，"第一次……把整个自然的、历史的和精神的世界描写为一个过程，即把它描写为处在不断的运动、变化、转变和发展中，并企图揭示这种运动和发展的内在联系"[1]。黑格尔历史哲学是资产阶级历史哲学在探索社会历史问题方面所取得的最高成就，是资产阶级历史哲学处在思辨阶段上的最高峰。黑格尔历史哲学在考察社会历史现象时，总是着力探讨可以概括全部历史的普遍性原则和方法，着力描述社会历史发展的最一般特征和内在的最本质的力量。在这个体系中，包含了关于历史主体与客体的关系、关于历史主体的能动作用与自我发展、关于社会历史发展的规律、关于历史发展的必然性和偶然性、关于社会历史的不断进步性等有价值的天才创见。"尽管他的历史哲学中的许多东西现在在我们看来十分古怪，如果把他的前辈，甚至把那些在他以后敢于对历史作总的思考的人同他相比，他的基本观点的宏伟，就是在今天也还值得钦佩。"[2] 也正是黑格尔的历史哲学，"这个划时代的历史观是新的唯物主义观点的直接的理论前提"[3]。

止于黑格尔的历史哲学，思辨的历史哲学体系才完备了，这样一个范型就确立了。这种历史哲学的致思模式就是，从历史事实中总结出一种理论观点来，把编年史的记录提升到一种思想理论的高度上来，寻求历史发展变化的某种规律，从历史事实中抽绎出意义，或者是对历史事实赋之以意义，从而把历史事实归纳为一种理论体系。[4] 它包括讨论历

---

[1] 参见《马克思恩格斯选集》第3卷，人民出版社1972年版，第420页。
[2] 参见《马克思恩格斯选集》第2卷，人民出版社1972年版，第121页。
[3] 同上。
[4] 参见何兆武《从思辨到分析的历史哲学》，《世界历史》1986年第1期。

史主体与客体的相互关系，探讨历史发展的一般过程的规律性问题，研究构成历史运动、变化、发展的动因，寻求构成历史运动之诸多事件的成因，亦即历史哲学的范畴，如历史的偶然性与必然性，历史的可能性和现实性，历史的既成性、决定性和选择性等。

思辨的历史哲学，至黑格尔达到极致，同时，它在理论上的一些漏洞、失误、不足也随之暴露无遗。思辨的历史哲学，是从理论家头脑中的理论体系出发的，是从史家主体的理论出发的，而不是从客观历史发展的实情出发的，因此，"不仅把整个物质世界变成了思想的世界，而且把整个历史也变成了思想的历史"①；思辨的历史哲学颠倒了历史的真正关系：不是从历史实践出发解释现象，而是从观念出发解释历史实践活动；不是从历史实践中发现历史事实间的联系，而是从头脑中想象出历史的联系。因此，"世界上过去发生的一切和现在发生的一切"，就是思辨的历史哲学"自己思维中发生的一切"，"历史的哲学仅仅是哲学的历史，即他自己的哲学的历史。没有'适应时间次序的历史'，只有'观念在理性中的顺序'"，"只是根据自己的绝对方法把所有人们头脑中思想加以系统的改组和排列而已"②。总之，囿于浓厚的形而上学观念③的局限性，思辨的历史哲学在理论上缺乏足够的严密性和科学性，在解释上缺少严格的语义学、逻辑学知识。这些便不能不招致历史哲学研究中的反对派非议。特别是在20世纪初分析哲学出现后，批判的历史哲学对思辨的历史哲学展开批判，就成为不可避免的了。

1883年，狄尔泰在《精神科学导言》一书中，最早讨论了历史学的性质和历史认识的方法论问题。④ 狄尔泰阐述包括了历史学在内的精神科学和自然科学在认识论和方法论上的区别：历史学论述具体的个别，而自然科学则论述抽象的一般，真正的历史知识乃是对它自己的对象的一种内部经验，而科学知识则是试图理解在它面前出现的现象作为

---

① 参见《马克思恩格斯全集》第3卷，人民出版社1956年版，第16页注文。
② 参见《马克思恩格斯全集》第4卷，人民出版社1958年版，第143页注文。
③ 这里不是指与"辩证法"相对应的"形而上学"。
④ 有论者认为，现代西方批判的历史哲学发端于1874年问世的英国布莱德雷所著的《批判历史学的前提》一书，本书谈到了历史客观性的问题，笔者以为始于狄尔泰更为公允些，参见张广智《克丽奥之路——历史长河中的西方史学》，复旦大学出版社1989年版，第251页。

一种外部的景观。所以，自然科学主要通过观察来说明自然界中的机械的因果关系，而历史学则通过内心体验和移情来认识人类的内在精神。在他看来，历史的意义并不是固定不变的，它会随着历史学家所处的时代与文化情况的不同而有所改变，也会因为历史学家在个人世界中做了不同的积极的决定而有所改变。他所张扬的批判的历史哲学，是要探讨历史意识的性质和条件，即一种"历史理性批判"，使历史学成为一门具有相对自主性的学科。而同一时期的德国新康德主义的西南学派的重要代表文德尔班、李凯尔特、齐美尔等人相继对史家主体与研究客体的关系、历史研究的方法、历史知识的判定等问题进行了分析研究，提出了近似的看法。他们倡导和力行的"体验"和"理解"的方法，成为此后批判的历史哲学视为不可或缺的重要的研究方法，视为这门学科之所以成立的灵魂和根本。批判的历史哲学，经过半个多世纪的发展，至于成就，则以柯林武德为最大。所谓"一切历史都是思想史"，在这个判断背后，柯林武德批判、反思思辨的历史哲学和实证主义史学，由于深入细致地探讨了历史学的性质、对象、方法论和价值观等一系列的历史认识论问题，建构了有别于思辨的历史哲学体系的又一个丰富而庞大的崭新的历史哲学体系，从而使一种新的历史哲学范型得以完形，完成了自黑格尔以后的历史哲学的又一次路标转向：思辨的历史哲学成为过去，批判的历史哲学成为需要和现实。

批判的历史哲学，作为一种致思模式，就是对思辨的历史哲学的反思。或者说，它注重阐释历史学的性质、任务、功能及研究的方法论等理论性问题，解决属于历史认识论领域的所有课题。在它看来，要理解历史事实，首先必须分析、理解历史知识的性质。历史哲学的任务不是说明历史本身是什么，是以怎样的方式运动的；而是对历史的假设、前提和思维方法、性质进行反思，说明历史认识是什么，人们是怎样认识历史运动的。对于作为批判的历史哲学来说，重要的是对历史学进行探讨和理解，而不是对历史本身进行探讨和解释。在他们看来，由于思辨的历史哲学在还没有弄清认识历史的方法的情况下，就描述出了一套历史运动的逻辑，因而是不可靠的，甚至是徒劳的。

从黑格尔到柯林武德的路标转向，从思辨的历史哲学过渡到批判的历史哲学，表明历史哲学研究由探讨历史本体论转换到探讨历史认识论上。它不是历史研究的倒退,而是历史研究视域的扩大,是历史研究深度的开掘,是历史学学科建设的深化。当然,这其间有许多不属于真理部分的东西,是应该予以剔除的。

"一切历史都是思想史",作为张扬历史认识论研究的一面旗帜,完整地体现了历史本体论研究向历史认识论研究的转折,这便是它在历史哲学发展史上的一个价值体现。

二 柯林武德与克罗齐:继承中的发展

20世纪初,批判的历史哲学进入了崭新阶段,对此做出重大贡献的是意大利历史哲学家克罗齐。1915年,他推出了轰动历史哲学界的重要著作《历史学的理论和实际》。他依据批判的历史哲学的基本思想和研究方法,比较系统地推演出他的历史哲学体系。

克罗齐首先将自然科学与历史科学做了区别,认为自然科学是一种外在的研究,是对现象资料进行归纳整理、分门别类的研究;而历史研究则是一种内化的行为,历史认识是从认识主体的心灵或精神出发的。因此,史学研究与自然科学研究是根本不同的。这主要表现在以下几个方面。

首先,史学研究的功用和任务是由史家主体重新体验历史,赋予历史精神,使之成为活生生的、有灵魂的真正的历史。

其次,克罗齐把历史分为编年史和历史,或称"过去史"与"当代史"。他认为:"历史是活的编年史,编年史是死的历史;历史是当前的历史,编年史是过去的历史;历史主要是一种思想活动,编年史主要是一种意志活动"[1],"当生活的发展需要它们时,死历史就会复活,过去史就会再变成现代的"[2]。在他看来,历史知识是经过人心中的熔炉的锻炼而产生的,只有在人们的心灵中才能找到把确凿的东西——具体事实变为真实的东西——真正的历史知识的熔炉;而纯粹的历史知识

---

[1] 参见[意]贝奈戴托·克罗齐《历史学的理论和实际》,傅任敢译,商务印书馆1982年版,第8、12页。

[2] 同上。

是不存在的，历史知识是与人、人的精神——与每个时代每个人的具体精神联系在一起的。"一切历史当其不再是思想而只是用抽象的字句记录下来时，它就变成了编年史。"① 这就是说，历史是有精神生命的历史、是活生生的历史；而编年史则是丧失了精神生命的一堆死材料，只有当它被赋予了新的精神时，它才能活过来，成为活的历史。这就是历史与精神的一致之处，无论何时何地，精神都是历史的创作者，同时也是一切历史的结果。

再次，由于历史是主体渗入、理解、体验的结果，因此，一切真历史都具有当代性。他在《历史即自由史》中又说："每一个历史判断的基础都是由实践的需要，它赋予一切历史以当代史的性质，因为无论与实践需要有关的那些事实如何年深月久，历史实际上总面向着时代的需要和实际。"这就是说，一切历史之所以具有当代性，是因为它反映和体现了当代人们的精神，是当时代人们的一种历史思考。在他看来，由于每一时代的人都有他们思想中的历史，因而真正的历史是人们思想中所想到或可能想到的历史；既然历史学家总是从当前的利益出发研究、撰述历史，因而"当代性"便成为一切历史的内在特征。这便是克罗齐以"一切真历史都是当代史"② 为标榜的历史哲学观的基本内容。概言之，表现为如下几点：第一，一切历史都是历史学家的思想或意志活动的产物；第二，一切历史都具有"当代性"特征，而一切真历史必然是当代史；第三，历史过程是认识主体之思想的逻辑构造，没有客观的历史，而只有主观的历史。在克罗齐的历史哲学体系中，既然没有客观存在的历史事实，历史认识、历史知识也就没有一个可以最终衡定的真理标准了。

作为前贤和先哲，克罗齐的历史哲学理论深刻地影响和启发了柯林武德；作为克罗齐的忠实信徒，柯林武德继承了克罗齐的历史哲学思想。在柯林武德看来，历史学家的工作，"可以由发现一个事件的外部而开始，但决不能在那里结束；他必须经常牢记事件就是行动，而他的

---

① 参见［意］贝奈戴托·克罗齐《历史学的理论和实际》，傅任敢译，商务印书馆1982年版，第8、12页。

② 同上书，第2页。

主要任务就是要把自己放到这个行动中去思想,去编织出其行动者的思想"①;他在《自传》中强调道:"我要求哲学家在回顾思考自己学科的历史时,他们应该坚持用当代历史思想的准则这一方式来对它进行回顾思考。"显然,他用于历史哲学的根本方法,判定历史知识的根本方法还是体验、理解的方法,还是"当代性"准则。正是由于柯林武德对克罗齐的思想有继承性的一面,因此,他们的历史哲学有许多共同和相通之处。其具体表现如下。

首先,克罗齐和柯林武德都认为思辨派的历史哲学家关于历史发展过程的规律性描述,对历史本体的探讨,在方法论上是不能成立的。因而他们都致力于论证历史科学与自然科学的区别:历史科学是一门特殊的科学,它提供的是有关个体的知识,而不是如同自然科学一样关于一般的或普遍的知识;自然科学研究自然界是从自然界的外部来加以考虑的,而历史科学所研究人类的经验和思想就必须从人的内部着眼;两者不仅方法论不同,而且所要证实的理论设想(假设)、性质也根本不同。

其次,"历史即哲学",是主体的精神活动。他们都认为,人类历史过程与精神的历程相复合,人类的每一桩活动都浸润着人们的想法、动机、意图、目的,而不同于自然界的变化过程可以归诸单纯的自然因果律。如果历史学家不对过去的思想进行再思想(或称反思),我们就不能真正理解历史的真谛。

再次,他们都主张把如何可能理解历史放在历史哲学的首要的、中心的位置。他们认为,历史学家所关心的不是通常意义上的"历史事实",他们所做的一切充其量不过是具有思想的行为,因而仅仅只是历史学家的主观认识。在他们那里,历史发展的客观规律是不存在的。在克罗齐那里便表现为:一切真历史都是当代史,一切历史知识都是思想的产物。在柯林武德那里便表现为:一切历史都是思想史,都是人们思想活动的历史,历史学家的思想就是要重演过去的思想,把过去的思想囊括在现在的历史学家的活思想之中。不论是主张"一切真历史都是

---

① 参见〔英〕R. G. 柯林武德《历史的观念》,何兆武、张文杰译,中国社会科学出版社1986年版,第242页。

当代史",还是宣称"一切历史都是思想史",他们所运用的历史认识方法和理论,他们关于历史与思想的统一性,都是那么的一致。

尽管他们在历史哲学的根本理论与方法上有那么紧密的承继关系和一致性,但柯林武德毕竟是一位有创见的思想家,他在克罗齐等思想先贤的启发下,光大和深化了他们的思想。柯林武德把历史发展看作一个生生不已的过程,并对这个过程进行了具体分析。

柯林武德认为,历史学家所研究的过去,是在某种意义上目前依然活着的过去,因此,历史不是单纯的"事件",而是表现为"过程",这个过程是由人的行动构成的。行动是一个事件的外部和内部的统一体,研究过去事件的历史学家,在可以称之为一个事件的外部和内部之间划出一条界线。所谓"外部",是指可以用物体及其运动描述的一切事物,即对行动细节的一种简单的描述,如恺撒带着某些人在某个时刻渡过了卢比孔河;而"内部"则是上述运动中得以表达出来的思想,如恺撒对共和国法律的蔑视。因此,"历史的过程不是单纯事件的过程而是行动的过程,它有一个由思想的过程所构成的内在方面;而历史学家所要寻求的正是这些思想活动。一切历史都是思想史"①。不了解历史背后的思想,就不可能真正了解过去的历史,而"要做到这一点,唯一的办法就是在他自己的心灵中重新思想它们"②。这并不是屈从于过去的思想,而是将其纳入自己的知识结构中来重演它,重演它即批判它,并对它形成自己的价值判断。一旦历史学家知道了什么是过去,同时也就知道了为什么事情的经过是这样的。在克罗齐那里,历史是精神加当代性的产物;而在柯林武德那里,他不仅主张当代精神对历史的渗入、理解,而且主张运用这种理解去描述历史事件背后的思想、历史过程。这便要比克罗齐的历史思维深刻得多。正是因为柯林武德具备这种历史思维的深刻性,他才敢于慨然揭起"史学革命"的旗帜。他明确提出了在史学理论中进行"哥白尼式的革命":"历史学家远不是依赖自身以外的权威,使他思想必须符合权威的陈述,而是历史学家就是他自身的权威;并且他的思想是自律的、自我授权的,享有一种他所谓的

---

① 参见 [英] R. G. 柯林武德《历史的观念》,何兆武、张文杰译,商务印书馆 1997 年版,第 302—303、29 页。

② 同上。

权威们必须与之相符合的、并且据之而受到批判的标准。"①

柯林武德发展了克罗齐关于历史知识的认识。在柯氏看来,由于"思想史、并且因此一切的历史,都是在历史学家自己的心灵中重演过去的思想"②,因此,所谓历史知识,就是历史学家在自己头脑中重演他所研究的那些历史的思想。因之,历史研究,就是要发现隐藏在历史事实后面的那些思想,就是研究者设身处地对以往的思想进行再思想。在他看来,由于人类思想或心灵活动的整体是一种集体的共同财富,而我们在心灵里完成的一切行动,都是我们从已经完成过它们的其他人那里学着完成的一切活动,"过去只要它在历史上是已知的,就存活在现在之中"③,因此,历史学家对以往思想的知识同时也是对他自己的知识,而他本人实际上就是所知道的全部历史的一个微观世界;由于历史学的目的在于实现对人类的自我认识,因此,历史学家的知识,也就是他对人事世界的知识。

克罗齐主张撰写有当代意义的历史,但是怎么写,写的原则要求是什么,他未予深论。而柯林武德论证了撰写"思想史"的原则要求,即史家的自主性和批判精神加"历史的想象力"。所谓历史学家的自主性和批判精神,就是历史学家从推理上研究那些无法直接观察到的事件,这种研究必须建立在我们观察所及并感兴趣的事物——"证据"之上,而不是"剪刀加糨糊"的历史,依据权威的证据加以组合的历史。所谓历史的想象力,在他看来,对历史进行想象的重构不是武断的和任意的,而是必然的或先验的,由于历史的想象是一种构建历史框架的工作,因而历史学家可以在证据所构成的"点"上来张开想象之网。他认为,"历史的想象在其间结网的那些假定的固定点并不是现成地赐给我们的,它们必须是靠批判的思维来获得的"④。因此,这种想象的历史建构工作必须具备三个前提:第一,历史想象的景象必须具有特定

---

① 参见 [英] R. G. 柯林武德《历史的观念》,何兆武、张文杰译,中国社会科学出版社 1986 年版,第 268、275 页。
② 参见 [英] R. G. 柯林武德《历史的观念》,何兆武、张文杰译,商务印书馆 1997 年版,第 303、316 页。
③ 同上。
④ 参见 [英] R. G. 柯林武德《历史的观念》,何兆武、张文杰译,中国社会科学出版社 1986 年版,第 268、275 页。

的时间和地点；第二，一切历史都必须与它自己相一致；第三，历史学家所构建的历史景象必须用证据来加以证明。在柯林武德那里，撰写一部作为历史的思想史，不仅有了理论准则，而且有了可供操作的要求和说明。

在柯林武德看来，研究和撰述"思想史"，是从"问题"开始的。这样，他就把对历史过程背后思想的重演，具体化为对历史过程中一系列问题的回答，这在研究技巧上，无疑要高出柯林武德以前的任何一位历史哲学家一筹。在柯林武德看来，历史中遗失最多的大概就是问题，历史人物往往把这种问题留了下来，这便是作为文物、文献的遗存，而他们却将自己内心中的问题，尤其是那些自己还没有能力回答的问题，带进了坟墓。因此，历史学家应该根据留下的答案去追溯、重构已经失去的问题。柯林武德把人类历史变成是由无数的问题与无数的回答环环相扣、一一衔接以至无穷的过程，而历史学家对这些问题的追寻，就是对历史的再现。譬如，他指出，一个哲学史家在阅读柏拉图的作品时，应当反躬自问：倘若用柏拉图的某些词句来表达他自己时，他想的是什么？柯林武德把历史视作一条充满了问题与回答的河流，这是颇有见地的思想。

总之，柯林武德的历史哲学体系，是继黑格尔之后在西方历史哲学发展道路上的又一座伟岸的丰碑，他在历史哲学的发展由思辨的转向批判的路径后，对批判的历史哲学的发展，做出了突出的贡献，建立了一个最为丰富的作为批判范型的主观唯心主义历史哲学体系。柯林武德虽对思辨派的历史哲学批判稍欠公允，但由于他在某些环节和方面涉及了历史学的根本问题，因而还是有真理性创见的。但是，在"一切历史都是思想史"体现下的批判的历史哲学思想，其理论漏洞也是显而易见的。

和克罗齐一样，柯林武德也不能从根本上解释历史认识问题，他对"思想"的界定十分含混，这就导致了他的某些思想的前后矛盾。他把历史认识的过程归结为历史学家在他自己心灵中对历史行动者的思想进行设身处地的"重演""再现"的过程，因而也就是历史学家的"自我—意识"或"自我—认识"。历史学家怎么能够凭"自我—认识"就能在自己的心灵中重演历史行动者的思想呢？他回答说："只是由于思想有跨过这一间隙的能力","并不只是由于现在的思想有能力思想过去,而且也由于过去的思想有能力在现在之中重新唤醒它自己"①。但是,思想的这种魔力从何而来?柯林武德并没有做出令人信服的回答。此外,是否有一个检测思想与历史发展关系之真假的客观标准?如果有,又是什么呢?如果没有,依靠什么来保证这个思想过程的准确无误呢?柯林武德并没有做出回答。

"一切历史都是思想史",光大了克罗齐等人关于历史认识论研究的思想,是对前人的历史哲学的一种继承和发展,这便是它在历史哲学发展史上的一种价值体现。这种继承性和发展性,便是隐藏在这一口号背后的历史底蕴之一。

三 历史是什么:一切历史都是思想史

在历史学每一个演进的重要时期,人们都会有意识或无意识、有系统或无系统地对历史学的性质提出疑问。"历史是什么"这个问题就是在19世纪末20世纪初对实证主义史学的反思中提出来的。实证主义史学第一次将历史学当作一门严格独立的科学,一门和自然科学一样精确的科学,把历史学推向了一个新的阶段——独立科学的阶段。但是,把历史学类比自然科学的自然主义方法,一方面使历史学有沦为史料学的危险;另一方面,又把历史学的发展引入了一条死胡同。人们由此有理由怀疑、反思实证主义的史学观念:历史学是否真是一门不折不扣的科学?这便诱发了"历史是什么"这个问题。"一切历史都是思想史",就是柯林武德对这个问题的回答。

柯林武德认为,实证主义史学的根本谬误在于混淆了历史过程和自然过程,以自然科学为蓝本,力图以自然科学那样的普遍规律来归纳历史现象,却不知历史过程与自然过程在性质上是有区别的。在他看来,自然过程仅仅是事件的集合,而历史过程则由人的行动构成,这行动后

---

① 参见[英]R. G. 柯林武德《历史的观念》,何兆武、张文杰译,中国社会科学出版社1986年版,第332页。

面必然有行动者的思想、动机、意识，因为"人被认为是在想（或者说充分地在想、而且是充分明确地在想）使自己的行动成为自己思想的表现的唯一动物"①，因此，只有历史地去思想隐藏在历史行动背后的思想，才能理解行动及由一系列行动构成的历史过程。柯林武德说："就人类的行为仅仅是事件而言，历史学家并不能理解它们；严格地说，他甚至不能肯定说它们曾经发生过。"② 比如，地震和战争都会造成人类的大量死亡，但地震只是自然现象，战争则是人的行为，它从头至尾贯穿着人的思想，它是思想的行动；只有知道了这些思想，我们才真正知道了这场战争。但并不是说一切人类的行为都可以称之为历史行动，历史学家对吃、睡、性爱这类满足自然本能或欲望的行为并不感兴趣，他们感兴趣的是人们用自己的思想所创立的社会习惯，作为使这些嗜欲在其以习俗和道德所认可的方式得到满足的一种结构，因为在这后面才有人的思想。历史学家的任务就是弄清隐藏在历史行动背后的人的思想，只有把这弄清楚了，我们才能真正理解历史。如果一个历史学家不懂得在一个过去的行动的背后的思想。那个行动对他来说就是死的，也就是毫无意义的行动。在这个意义上，"一切历史都是思想史"所指称的就是，历史学家或历史思维的确切对象就是思想。这一原则把历史学和自然科学区别开来，"对科学家来说，自然界总是并且仅仅是'现象'……，但历史事件却决不是单纯的现象，决不是单纯被观赏的景观。而是这样的事物：历史学家不是在看着它们而是要看透它们，以便识别其中的思想。……历史学家不需要也不可能……在寻找事件的原因和规律方面与科学家竞赛。对科学来说，事件是由于知觉到了它而被发现的，而进一步研究其原因则是通过把它加以归类并决定这一类与其它类之间的关系来进行的。对历史学来说，所要发现的对象并不是单纯的事件，而是其中所表现的思想。发现了那种思想就已经是理解它了"③。这样，柯林武德就旗帜鲜明地回答了实证主义史学所留下的那个重要问题：历史是什么？历史是思想史，而且"除了思想之外，任何事物都

---

① 参见［英］R. G. 柯林武德《历史的观念》，何兆武、张文杰译，中国社会科学出版社1986年版，第245、131页。
② 同上。
③ 同上书，第243、344、192页。

不可能有历史"①。

我们认为,柯林武德的"一切历史都是思想史"这个著名的命题蕴含着下面几层含义。

第一,历史学家所研究的过去并不是死去的过去,而是在某种意义上目前依然活着的过去。因此,"历史的本质并不在于是由个体的事实所组成的,不管这些事实可能是多么有价值,而是在于从一个事实导致另一个事实的过程或发展"②。

第二,历史学学或历史思维的确切对象就是思想——并非是被思想的事物,而是思想本身的行为。

第三,历史学家研究的方法,在于主体与对象的沟通,是一种过程性的思想对话,一长串问题的解答。它不同于"剪刀加糨糊"式的史学,依据权威证据撰述一种不可能的历史;也不是一种兰克式的史学,僵化而呆板地考据信证历史事实,而不能将历史赋予精神,不能复活过去的历史,不能给人以知识和教益;而是要求主体精神渗入历史事实,设身处地、同情与理解地解释历史。

第四,历史学家的任务就在于挖掘历史上的各种思想。所谓"发现了那种思想就已经是理解它了","当他知道发生了什么的时候,他就已经知道它何以要发生了"③。

第五,在上述历史认识论中内含着一种历史本体论:过去之于我们,仅仅在于它们作为过去所发生的事件的主观观念而存在,我们只能以我们今天的心灵去重演过去的思想,才能理解、复活过去;因此,历史不是一个既存不变的死去了的客体,而是永远有待人们去不断建构的主体。用柯林武德的话说就是,人们在以下的意义上创造着历史:他们"演出"各种意图。

可见,柯林武德关于"一切历史都是思想史"的思想是深邃的,在史学认识论上,有一部分真理性价值。柯林武德抓住了实证主义史学的"阿基里斯之踵",对实证主义史学的批判鞭辟入里、入木三分。实

---

① 参见[英]R. G. 柯林武德《历史的观念》,何兆武、张文杰译,中国社会科学出版社1986年版,第243、344、192页。

② 同上。

③ 同上。

证主义史学认为在历史研究中史实是先于和独立于历史学家的客观存在，会自己说话，历史学家的职责和任务只在于从具体的史实出发，"如实地说明历史"，反对历史学家的任何主观精神的介入。历史活动被当作无主体的自然过程，历史科学也因此成了与自然科学一样的外在对象的主体的求真活动。这种"客观主义"强调了历史认识的客观属性的绝对性和历史认识是主体对客观史实反映的产物，但是忽视了历史认识客观属性的相对性和史家主体主观精神的能动性。其实，让哪些史料说话，按什么顺序说话，都是由历史学家决定的：即从严格的历史事实与场景出发，模拟历史过程。虽然它与历史本体有一定的距离，但就本质上说，它仍具有客观性。这就是说，只有历史研究的主体与客观性的结合，才能真实地反映历史发展。只有这样，历史发展和过程才能被认识，才能被作为一种客观存在去解释。而把史家主体的主观精神排斥于历史之外，恰恰是最大的不客观，而且还严重歪曲了历史科学的神圣使命。在这种观念指导下的实证主义史学，产生了大量枯燥无味的堆砌史料的史书和一大批沉溺于历史资料海洋的历史学家。柯林武德强烈反对实证主义史学，并将实证主义史学贬为"自然主义史学"。针对实证主义的历史观念，柯林武德得出了"一切历史都是思想史"的思想，强调了史家主体在历史认识过程中的主观能动作用。他认为，历史过程并不像实证主义史学所认为的，是一种死去的过去，是一种外在于历史学家的景观，而是在某种意义上仍活在现实之中的一种思想过程。研究历史就是要透过历史事件的表象辨析出其中的思想来，那种单靠搜集史料证据，将史料做排列组合的历史并不是真历史，而是假历史，是"剪刀加糨糊"的史学；真正的历史是历史学家在自己的心灵中对过去思想的重演。历史只有通过历史学家的解释才能显示出自己的价值，折射出自己的光彩。历史学家并不是历史的旁观者，也不是站在历史之外理解历史的，而是他本身就站在历史之中，他对过去思想的重演本身就是历史。相信历史事实可以独立于历史学家的解释之外，这本身就不是事实，而是幻想。从柯林武德所批判的对象出发，可以说，柯林武德看到了"自然主义史学"失误的根本症结，在于抹杀了研究主体的能动性，"自然主义史学"貌似发掘了客体，而实则抹杀了客体。这在史学发展上无疑具有极为重要的学术意义和价值，是值得肯定的。

柯林武德对史家主体的反思和对史家主体作用的强调、分析，是人类认识史上的重要成就。纵观人类认识发展史，在上古和中世纪，通过对先天概念进行分析和推理，便可获得关于超验实体的普遍性的知识的传统形而上学，从而构成了哲学的中心；随着近代哲学重心向认识论转移，关于知识的普遍必然性问题受到了怀疑，并随之形成了反本体论形而上学的思想运动。康德由此出发，最后全面地根据一般原理来稳定纯粹理性的全部领域，包括它的界定和界限，提出了一个振聋发聩的思想：本体论的确立有待于认识论的研究，对存在本身的认识的是非曲直有赖于对理性认识能力的考察，从而建立了批判的先验哲学体系，完成了哲学史上"哥白尼式的革命"。柯林武德批判的历史哲学实际上是康德哲学思想在历史领域的运用和深化，是为了促成"史学革命"。柯林武德认为："人希望认识一切，也希望认识他自己……没有关于他自己的某种知识，他关于其他事物的知识就是不完备的；因为要认识某种事物而并不认识自己在认识，就仅仅是半—认识，而要认识自己在认识也就是要认识自己。自我—认识对于人类是可愿望的而又是重要的，这不仅仅是为了他自己的缘故，而且是作为一种条件，没有这个条件就没有其他的知识能批判地被证明是正确的，并且牢固地被建立起来。"① 柯林武德的这个思想扩展了历史学家的视域，发掘了历史研究和历史认识的内涵。他否认史家主体的能动作用，"不知道我们的主体意识正是作为一种条件包括在历史结论之中，不去分析我们自己的主体意识条件及其在研究过程中的渗透，我们的历史结论就不可能批判地被证明是正确的，我们的历史研究也就不能从粗俗的、混乱的盲目状态中解脱出来"②。英国历史学家卡尔曾经指出，如果能够突破主体与客体相分离、人与世界相割裂的古老的认识模式的话，社会科学，尤其是历史学将会受益匪浅。③ 从史学本体论到史学认识论的变革，是史学发展的重要成果；史学认识论上从解释历史知识的性质到对史家主体的反思，是史学

---

① 参见［英］R. G. 柯林武德《历史的观念》，何兆武、张文杰译，中国社会科学出版社1986年版，第233页。
② 参见李振宏《论史家的主体意识》，《历史研究》1988年第3期。
③ 参见［英］A. H. 卡尔《历史是什么》，吴柱存译，商务印书馆1981年版，第77页。

认识论深化的表现。在这两个方面，柯林武德的历史哲学，都有重要的建树和贡献。从而洞开了史学研究的广阔天地，拓展了史学研究的视野，也为历史科学的发展提供了深刻的借鉴。

然而，真理向前推进一步就会变成谬误。柯林武德从"自然主义史学"的反思中，发现了史家主体反思的重要意义，是真理的闪光；但柯林武德把史家主体的主观能动作用推向了极端，把历史认识论的相对性绝对化，这就否定了历史学的客观性和科学性，滑入了历史相对主义的泥淖，使他对"历史科学是如何成为可能"的探讨就成为不可能。既然客观历史事实是不存在的，史学认识论又有什么可能的伸长点和支撑点呢？那么，对"历史是什么"的解释，也就随之走进了死胡同。

"一切历史都是思想史"，代表了一种内容丰富的主观唯心主义历史哲学体系，它颠倒了存在与意识的根本关系，否定了历史发展的客观存在，与马克思主义历史哲学是根本对立的。但这种根本对立并不表明这种思想体系所包含的一切都是糟粕和谬误，也不表明作为一个严肃的历史唯物主义者和马克思主义史学工作者可以不屑一顾。由于马克思主义历史观实现了历史主体论、历史认识论和历史方法论的统一，实现了历史认识论、历史价值论和历史审美论的统一，实现了历史认识论中的能动性与受动性、客观性与阶级性、绝对性与相对性的统一，因此，可以将马克思主义历史学的本质特征视为是有关认识论的研究。正由于以柯林武德为最大代表的这种历史哲学体系对于史学认识论做了大量的、系统的、深刻的研究，对于马克思主义历史科学的建设有重要的借鉴意义，所以我们才对"一切历史都是思想史"这样一种史学思潮感兴趣。

这种借鉴意义至少表现在以下几个方面。

第一，马克思主义史学理论十分重视历史与现实的关系问题。历史发展的，是历史阶段性与连续性的统一。历史发展的阶段性可以为历史发展的连续性提供"历史的启示"。对于史学研究来说，发现这种历史的启示，是十分有意义的。因此，恩格斯提醒道："我们根本没有想到要怀疑或轻视'历史的启示'"，通过"历史的启示"，可以"认识人类本质的伟大，了解人类在历史上的发展，了解人类一往直前的进步，了解人类对个人的非理性的一贯有把握的胜利，了解人类战胜一切似乎超人的事物，了解人类同大自然进行的残酷而又顺利的斗争，直到具备自由的人的自觉，明确认识到人和大自然的统一，自由地独立地创造建立在纯人类道德生活关系基础上的新世界"①。因此，历史研究是历史的科学性和研究的现实性的有机统一。从严肃的科学原则出发从事历史研究，可以提供现实所需要的知识、启示、借鉴。撇开主观历史唯心主义与历史唯物主义的原则对立，"一切历史都是思想史"关于历史研究的"当代性"观点，是有积极的借鉴意义的。

第二，马克思主义史学理论十分重视历史发展过程背后的思想动机和行为目的。恩格斯指出："人们通过每一个人追求他自己的、自觉期望的目的而创造自己的历史，却不管这种历史的结局如何，而这许多按不同方向活动的愿望及其对外部世界的各种各样影响所产生的结果，就是历史。"②"历史是这样创造的：最终的结果总是从许多单个的意志的相互冲突中产生出来的，而其中每一个意志，又是由于许多特殊的生活条件，才成为它所成为的那样。……历史事变，这个结果又可以看作一个作为整体的、不自觉地和不自主地起着作用的力量的产物。"③因此，马克思主义历史哲学十分重视对造成历史事实的历史思想的研究，发现历史过程背后的思想过程。可见，撇开两种哲学形态的原则对立，"一切历史都是思想史"关于理解、体验历史背后的思想的观点，是有积极的借鉴意义的。

第三，马克思主义史学理论十分重视历史研究主体的能动作用。在《关于费尔巴哈的提纲》中，马克思始终把实践和主体联系在一起来考察人类历史，认为人类既是历史的"剧中人"，又是历史的"剧作者"。恩格斯说："在社会历史领域内进行活动的，全是具有意识的、经过思虑或凭激情行动的、追求某种目的的人；任何事情的发生都不是没有自觉的意图，没有预期的目的的。"④因此，"历史不过是追求着自己目的的人的活动而已"⑤。尽管人们的思想是由人们所处的物质生产方式决

---

① 参见《马克思恩格斯全集》第1卷，人民出版社1956年版，第650—651页。
② 参见《马克思恩格斯选集》第4卷，人民出版社1972年版，第243—244、478、243页。
③ 同上。
④ 同上。
⑤ 参见《马克思恩格斯全集》第2卷，人民出版社1957年版，第119页。

定的,但人们在历史发展过程中却不是消极被动的,而是积极的、创造性的。这就是说,历史的发展是人的能动活动过程。在一定意义上说,构成历史活动的思想也可以成为一种历史的思想史。但要揭示出这种能动的历史过程,就必须发挥研究者在历史认识上的能动作用:"只要描绘出这个能动的生活过程,历史就不再像那些本身还是抽象的经验论者所认为的那样,是一些僵死事实的搜集,也不再像唯心主义者所认为的那样,是想象的主体的想象的活动。"① 可见,单就"一切历史都是思想史"所包蕴的关于历史主体能动活动、史家主体研究的能动性与能动地描述历史思想过程而言,它也是有一些积极的思想材料可供借鉴的。

马克思主义史学理论完全能够重视现代西方史学发展中一切合理的、积极的思想材料,加以批判吸收;更何况,人类的一切思想本身就是在相互启发中发展的。以"一切历史都是思想史"为代表的这种史学思潮,对于马克思主义史学理论建设来说,也是如此。由此可见,这正是蕴藏在这一口号背后的思想底蕴。

如果说,"历史唯物主义,是在黑格尔那里处于萌芽状态的天才思想——种子——的一种应用和发展"②;那么,显然地,柯林武德的历史哲学——关于史学认识的理论,对于发展马克思主义史学认识论的借鉴作用,当然也是不能低估的。

---

① 参见《马克思恩格斯选集》第 1 卷,人民出版社 1972 年版,第 31 页。
② 参见《列宁全集》第 38 卷,人民出版社 1959 年版,第 202 页。

跋一 史学理论：对历史学的理论反思

陈启能

作为一位青年史学工作者，张艳国同志关于史学理论研究的著作能够出版，实在是一件值得庆贺的事。这首先说明他平日的勤奋刻苦、多年的默默耕耘现在已获得第一批喜人的成果，自然值得庆贺。艳国自1985年大学毕业后就一直在《江汉论坛》杂志社从事编辑工作，并不专职搞研究。但他有一个特点，就是在繁忙的编辑工作之余，一直坚持做研究工作，历年来成果不断。因此他虽然在编辑岗位上，却两次被分别破格提升为助理研究员和副研究员。研究领域的辛勤劳动并不影响他的编辑工作，反而能收到相得益彰的效果。但要真正做到编辑、研究两不误，也确实不容易，不付出比常人更多的辛劳显然是办不到的。艳国平时正是这样做的，可喜的是他的汗水并没有白流。

其次，《唯物史观与史学理论》的出版也说明了作者的眼光、胆识和开拓精神。正像作者本人所强调的，我国的历史学长期以来没有自己的学科理论。史学理论作为一门独立的学科被进行认真研究也就只有十年多一点的时间，也就是在20世纪80年代上半期才开始有认真的讨论和研究。作为一门新学科，它的难度自然就大。不仅如此，它遇到的阻力也更大。不必讳言，在相当长的时间内，在相当多的地方，对史学理论比较普遍地存在着一种偏见，即认为史学理论是空对空，没有扎实的功夫，甚至不是学问。因而在遇到学术评定或职称评定时，就不承认史学理论成果是学术成果，或者表面上承认，而实际在投票时不予考虑。这种情况虽说现在已有很大改进，但并没有绝迹。可以想见在20世纪80年代中期，也就是在艳国刚踏上工作岗位的时候，这种情况是相当普遍的了。因此，像艳国这样在当时就下定决心地一直从事史学理论研究，就绝不是一时的心血来潮，而足以反映他的眼光、胆识和开拓精神。也正是由于有像艳国这样的一批青年史学工作者，敢于不顾世俗的偏见，甘心献身史学理论研究，把它当作一项事业，勤勤恳恳地踏实钻研，不断奉献出实际的成果，才使这门新学科的前途有了可靠的保障。这自然更是值得庆贺的了。

对史学理论的偏见是历史形成的。它的形成有其历史的原因，它的消失也需要有一段历史的过程。从对我国史学的发展来看，它的消失自然是越快越好。但这不能单凭主观愿望。除了需要多做具体的工作以外，还有待于整个环境的进一步改善，特别是在深入改革开放的基础上，对国际史学界的进一步了解和彼此交往的加深。关于这一点只要略微看一下这种偏见形成的原因，就可以看得很清楚。在它形成的原因中，有两点值得一提：一是在过去极左时期，特别是"文化大革命"时期不断的"大批判"的后遗症，不讲道理的粗暴的"大批判"，可以说败坏了一切理论的声誉，人们自然地形成了一种逆反心理，一听到"理论"两字就反感；二是长期的闭关锁国，造成井底看天，全然不了解外界的情况。由于不了解，就容易产生盲目的自满情绪，就容易故步自封。以上这些原因造成的不正常的心态自然十分妨碍史学理论作为一门学科的发展。本来，即使在正常的情况下，要建立和发展一门新学科就不是一件容易的事。譬如，在正常的心态下，要了解和研究国际史学的发展，就是一件需要付出巨大努力的事。如果受偏见的影响，那困难就更是可想而知了。

从传统的观点来看，历史学最重要的是史料，似乎只有抓史料才是真功夫。其实从国际史学的发展来看，这已是19世纪的典型观点，也就是传统实证史学的观点。20世纪国际史学的发展早已超越了这个阶段。但这并不是说，史料对历史学不重要，而是说历史学只做史料工作，还是远远不够的。史料对历史学的重要性，当然是不容怀疑的。好比盖房，史料是历史学的基础，也就好比是房子的地基。没有地基自然谈不上盖房，但同样清楚的是，只有地基也远不是房子本身。这就是说，除了史料以外，历史学还必须要有理论。需要什么样的理论呢？传统实证史学也并不是绝对不要理论。问题是它的理论是完全为史料服务的，是从属于史料的。历史学所需要的理论，应该是统率史料的，是统率和指挥整个史学研究的。但历史学的理论又必须与史学研究密切结合，是属于历史学本身层次的，而不是和史学研究相脱离的，不是从别的层次外加上去的。过去，我们在很长时间内把属于哲学层次的历史唯物主义等同于史学理论，这是把"指导"和"等同"相混淆了。历史唯物主义必须指导史学研究，但不能因此就取代史学理论，不能否认历史学应有自己本身的理论。如果把历史唯物主义等同于史学理论，实际上反而取消或降低了历史唯物主义的指导作用，同时也取消了史学理论。

以上这些道理自20世纪80年代以来已经讲得很多，可谓耳熟能详，在艳国的书中也有很好的阐述。值得一提的是，艳国很注重唯物史观对历史研究的指导作用。他从理论反思的角度对唯物史观做了很有特色的探讨。他通过自己的研究，注意纠正过去把唯物史观简单化、公式化的偏差，表明唯物史观作为科学理论本身是在不断发展丰富中的，而且必须以科学的态度去认真地对它进行研究。更为难得的是，作者在阐述唯物史观与史学理论的关系时，既注意说明两者的区别，又特别强调唯物史观统率性的指导作用。不仅如此，作者在阐述其他问题时，如在对历史学进行理论观照时，也很注意以唯物史观为指导。这是很重要的，要做得好也不是一件容易的事。真正要做到以唯物史观为指导，绝不是简单地引用几句唯物史观创始人的语录就能解决问题的，而是要从唯物史观的精神出发，也就是以马克思主义的立场、观点、方法为指导去具体研究问题，这里不可能有现成的答案，结论只可能是通过艰苦的科学探索和研究后产生的。在这个过程中，可能也难免会出现这样或那样的失误。在科学探索过程中出现一点失误并不可怕，也是不难纠正的；这些失误往往还可能是正确的先导。可怕的倒是因为害怕失误而不去进行理论探索，或者拘泥于马克思主义创始人的字句，而违背他们的精神。马克思恩格斯反复强调，他们的学说是指南，而不是教条。马克思主义并不提供现成的答案，而只是指出通向真理的道路和方法。只有不畏艰险、勇于攀登的人，才能达到目的。这些道理，虽然也是老生常谈，但我觉得今天仍然很有强调的必要，因为在前段相当长的时间内，实际上是做得很不够的，就是在今天也仍然有做得不够的地方。艳国注意这样去做，实在是很值得庆贺和鼓励。自然不能说他的探索已然完美无缺，重要的是他努力去做了，相信他必然会越做越好。

客观现实总是在不断发展的，在发展中总是会不断涌现各种各样的新情况、新问题的。一个马克思主义者的职责，就是要面向现实、勇于探索，以马克思主义为指导，回答新问题，提出新见解。只有这样，他才不至于落后于时代的发展；马克思主义也才不至于变成僵化的教条，而得以在众多的马克思主义者结合实际的理论探索中，由此不断获得发展。这个道理，同样适用于史学理论研究。历史学作为客观存在的一门学科，也是在不断发展的，在这个发展过程中，同样也会不断地涌现各种各样的新情况、新问题。作为对历史学进行理论反思的史学理论，情况何尝不是如此。因此，一个马克思主义的史学工作者，尤其是史学理论工作者，就应该以同样的态度，对自己的研究对象进行潜心的钻研和大胆的理论探索。唯有这样，我们才能把我国的马克思主义史学推向一个新的高度，使它更加符合时代的发展，更加适应时代的需求。

从20世纪尤其是20世纪50年代以后国际史学的发展来看，可以明显地看出它的变化。这就是"新史学"在西方的兴起和在史坛占据主导地位的时期。新史学与传统史学的不同，可以从许多角度来阐发。如新史学极大地扩大了史学研究的领域和范围，也极大地扩大了史料的范围；新史学打破了历史学与其他学科之间的樊篱，注重跨学科研究；新史学使用许多新的研究方法；新史学改变了对史学的观念；等等。这里只想强调一点，即不管新史学本身有多少流派，不管它本身经历了多少变化，有一点却是共同的、不变的，那就是不满足于史学的经验性研究，反对史料即史学，而是强调研究主体的能动的认识作用，强调对历史的构建，强调对史料的解释。因此，这种新史学有时也有条件地被称为"理论史学"，以表明它与传统史学强调"让史实本身说话"不同。在新史学看来，史实本身不仅不会说话，而且进入历史认识领域的史实已非客观存在的事实，而是经过史家认识上的过滤，实际上也经过史家某种程度上的构建。总之，在新史学家看来，在历史研究整个过程中，史家作为认识主体的作用是不可或缺的。这里需要指出的是，在西方，有不少新史学家有夸大主体作用，甚至否定客观历史事实存在的相对主义错误倾向。不过，平心而论，真正明确否定客观历史事实存在的历史学家，在西方也是不多的。比较多的是这样的历史学家，他们认为历史研究作为一个历史认识过程，主要是史家作为认识主体的作用，需要探讨的是这方面的问题。至于客观历史事实是否存在，他们并不予以关注，而且往往是忽略不计，当然也就不加讨论。这样，他们虽然没有明确否定客观历史事实的存在，但他们至少对这个问题未给予应有的重视，并把主体的认识作用与客体的存在完全割裂开来，因而也是不全面的。

现在再回过来谈"理论史学"的问题。所谓"理论史学"，这里强调的是，历史研究不可能只停留在对史料的收集、考订、校勘，然后让史料本身说话；而是必须由历史学家通过对史料的解释、阐发、理解、认识，再在此基础上构建过去的历史图景，简言之，也就是必须由历史学家进行"理论上"的解释和构建，即不是由史料本身说话，而是由历史学家根据史料和自己的理解说话。之所以说新史学只是有条件地被称为"理论史学"，那是因为对"理论"的理解本身很不相同。严格说来，"史学理论"这个概念有它一定的含糊性。在西方，一般说来，不经常用这个概念。在西方常用的是"历史哲学"这个概念。可是，"历史哲学"和我们这里所说的"史学理论"有很大的不同。西方的历史哲学，不论是思辨的历史哲学，还是分析的历史哲学，都属于哲学范畴，都是脱离具体的历史研究实践的比较抽象的学说。不能说历史哲学对西方历史学家的研究毫无影响，但无论如何，这种影响是不大的。西方的历史学家一般都不关心历史哲学，认为这只是哲学家的事，与自己没有关系。有不少西方历史学家甚至对历史哲学抱以厌恶和反感的态度，例如著名的法国年鉴学派就是如此。因此，如把西方新史学称为"理论史学"，这里的理论就不是指历史哲学。那么它是指什么呢？一般说来，它是指与历史研究实践结合比较紧密的理论，具体说来，主要是指历史认识论和史学方法论。还需要说明的是，这里对历史认识论和史学方法论的理解是十分广泛的。因为不论是历史认识论，还是史学方法论，都可以包含比较抽象和比较具体的不同层次，而这里是把这些不同的层次都包括在内的。如果从这样的比较广泛的含义理解"理论"，那么即使是像法国年鉴派这样对"理论"（实际上主要是指历史哲学）不感兴趣的学派，事实上也是注意理论探索的。这点他们自己也不否认。例如，法国年鉴派第三代主要代表人物勒高夫就曾明确指出，大多数法国历史学家对历史哲学抱有敌意是没有问题的，费弗尔和布洛克①也这样，但他们在自己的研究实践中，敏锐地感觉到即使不是理论探索的必要性，至少也是方法论和认识论探索的必要性。法国年鉴派的这种方法论和认识论的探索，完全是和历史研究实践相结合的。勒高夫强调过，"年鉴派"之所以能根本改变历史学，靠的是三个基本思想的结合：第一，对历史学家、历史文献和历史事实之间关系的批判；第二，建立总体史的意图，这种总体史应包含人类社会活动的一切方面；第三，史学和社会科学的跨学科研究实践。显然，他所说的"总体史""跨学科研究"都是比较具体的方法论、认识论探索，这虽与纯粹抽象的或比较抽象的历史认识论和史学方法论研究有所区别（它不像后者那样去探讨诸如"历史事实""历史学的性质""历史认识中的主客体关系"等问题），但都不可能从传统史学的经验性研究中得出，不可能从史料中自发地产生。因而它明显地是一种"理论"探索。实际上，任何历史研究都是离不开理论的，包括传统的实证史学，同样也是如此。只是实证史学的理论主要是围绕着史料的，同时它口头上又是反对理论干预的。新史学公开承认理论的必要，并在研究实践中不断地进行探索。从这个意义上说，新史学是"理论史学"，也并无不妥，只是要注意对这里的"理论"应做广泛的理解，而绝不能局限于抽象的历史哲学。

  从苏联时期到今天的俄罗斯，一般也不用"史学理论"这个概念，而是用"史学方法论"这个概念。应该说，这是两个很接近的概念。因为这里的"史学方法论"，实际上包含历史认识论和史学方法论的内容。值得注意的是，苏联学者对史学方法论的理解也是很广泛的；同时，他们也特别强调与历史研究实践相结合的理论探索。他们把这类理论称为中间层次的理论，即既与高层次的纯抽象的哲学理论不同，又与低层次的过于具体的历史理论问题不同。俄国历史学家、俄国科学院历史学部负责人科瓦利琴科指出：

    人们从不同高度、不同层次研究史学理论和方法论的问题。最

---

① 这两位著名历史学家是法国年鉴派的创始人。

高层次的研究是从认识论的角度进行的。哲学家们的这种研究有一个大缺点，就是太抽象。它不涉及历史研究的具体要求，因此，史学家对它不感兴趣。另一种是最低层次的研究，它多由史学家进行。这种研究只是针对某种具体情况、某项历史问题来谈论理论和方法中的一些问题。它的哲学归纳水平不高，指导意义有限。还有一种是中间层次的研究。它以历史整体为研究对象，用哲学语言阐述史学理论和方法论的问题。这一层次的研究对历史学的发展关联最密切，因为它的指导意义既是普遍性的，又是具体的。①

科瓦利琴科院士在这里概括得很清楚。显然，对历史学的发展来说，不同层次的理论都是需要的，不应有所偏废，但与历史研究实践关联密切的"中间层次理论"，理应受到更多的关注和强调。

总之，不论是西方史学，还是苏联史学，都重视理论探索。这无疑是20世纪国际史学发展的一个重要特征。对于这点，我们应该充分注意。当然，对国外的具体的理论探索，我们也应该在马克思主义的指导下，用科学的实事求是的态度，认真加以研究，既不能像过去那样简单粗暴地一笔抹杀，也不能不加分析地全盘照收。只有这样，我们才能去粗取精，吸收一切有用的养料，更好地发展我国的马克思主义史学。这是一项细致的、艰苦的工作，却又是十分必要的工作。

我国的马克思主义史学有着优良的传统，尽管在其发展的过程中也遭遇过挫折、走过弯路，但所取得的巨大成绩却是有目共睹的。一贯重视理论，正是我国马克思主义史学的优良传统。不过，也应当看到，我国的史学理论研究作为一门单独的学科，却是在近十多年内才真正发展起来的，也就是在改革开放新时期才得到迅速发展的。因此，作为历史学自身的理论、方法论研究，特别是与史学研究实践密切结合的所谓的"中间层次理论"的研究，由于发展的时间还不长，我们还有许多工作要做。我们尤其需要有更多的青年史学工作者，在马克思主义的指导下，潜心进行这方面的研究。可以说，这是一块有待进一步开垦的肥沃

---

① 参见徐天新《史学理论的建设工作应由史学家自己来承担——访苏联著名史学家科瓦利琴科院士》，《史学理论》1988年第3期。

的土地，每一个在这块土地上不辞艰辛、勤于耕耘的有志者，必将获得丰硕的成果。艳国正是其中的一位。

我拉拉扯扯、断断续续地写了以上这些，完全是为了表达自己的庆贺和喜悦之情，由于看到像艳国这样有为的青年史学理论工作者的成长而产生的由衷的喜悦之情。

本文作者陈启能（1934年10月生，浙江上虞人）为中国社会科学院世界历史研究所研究员、荣誉学部委员，著名历史学家、史学理论专家。此篇是作者为张艳国《唯物史观与史学理论》一书（华中理工大学出版社1997年版）所作的序言。

跋二 史学理论对史学研究的观照与导引
——评张艳国著《唯物史观与史学理论》

陈 锋

历史是从悠远的过去导向现在的一个连续因果进程，对于历史学者来说，其职责是对逝去的历史进行描述和解释，并在描述和解释中显现史学的社会功能，架起沟通历史与现实的桥梁。但是，史家对历史（课题）的选择及其描述方式、研究方法，有时难免被讥讽为"剪刀加糨糊"（柯林武德语）或"迂腐穷酸地追逐细枝末叶"（巴勒克拉夫语），甚至是"得血遗肉""得骨遗髓"（梁启超语），这样的说法，或多或少地会影响到史学的学术价值和社会功能。从这一点上说，史学理论对史学研究的观照与导引也就显得特别重要。

尽管如此，在我国历史学界，对史学理论的偏见和史学理论研究的滞后，仍然是一个突出的问题，正像著名史学家陈启能先生所指称的，我国的历史学长期以来没有自己的学科理论。① 这当然并不等于说中国的传统史学没有自己的"理论"，传统的考辨、校勘、辨伪之学仍相当成熟，只是这种"理论"是从属于史料、服务于史料的，在更大的程度上是一种"史料学"。现代意义上的史学理论，强调史学家的主体能动认识，强调对历史的总体构建，强调对历史事件的重新解释。一如柯林武德在《历史的观念》中所说："一切历史，都是在历史学家的心灵中重演过去的思想……历史学家不仅是重演过去的思想，而且是在他自己的知识结构之中重演它，因此在重演它时，也就批判（品评）了它，并形成了他自己对它的价值的判断。"这当然是有别于"让史实本身说

---

① 参见陈启能《史学理论：对历史学的理论反思》，《江汉论坛》1997 年第 1 期。

话"的传统认识的。

现代史学理论研究在我国起步较晚,张艳国教授对史学理论的研究大体上同步起始,新近出版的《唯物史观与史学理论》,正是他这些年来的研究结晶。本书是对史学界的一个重要贡献。该书不但有较高的理论价值,而且我们有理由相信,该书的出版,将对史学的进一步繁荣和发展起到促进作用。

我们注意到,对"唯物史观的理论反思"是张艳国的一个研究重点。众所周知,马克思主义科学的历史观是唯物史观,它的创立与完备,同历史科学的发展步履密切相关。按照张艳国的界说,马克思恩格斯撰写的《黑格尔法哲学批判》《神圣家族,或对批判的批判所做的批判》《关于费尔巴哈的提纲》《德意志意识形态》《哲学的贫困》《〈政治经济学批判〉序言》是马克思主义唯物史观创立和完备的几个重要界标;而《德国农民战争》《德国的革命与反革命》《路易·波拿巴的雾月十八日》等利用唯物史观(新历史观)所做的具体的史学研究,又证明了唯物史观的正确性和科学性。毫无疑问,马克思主义唯物史观使历史学变成了科学,正如李大钊早已指出的:"自有马氏的唯物史观,才把历史学提到与自然科学同等的地位。此等功绩,实为史学界开一新纪元。"

但是,在史学界,把马克思主义唯物史观等同于史学理论的认识和做法并不鲜见,这种"等同",事实上是有意或无意地降低了唯物史观的指导作用,把"指导"和"等同"相混淆,并有意或无意地对其他史学理论进行拒斥,这是令人担忧的。笔者在1989年发表的《时代变革与史学选择》一文中曾指出:"马克思主义应用于历史研究仍然是必须的,仍然具有非常重要的指导意义,同时,我们也反对不分事实,不切实际的言必称马列,在历史研究中,像兰克的实证主义理论,汤因比和斯宾格勒的历史文化比较理论,费弗尔和布罗代尔的历史综合理论,马克斯·韦伯的宗教伦理理论以及弗洛伊德、荣格、马斯洛的心理学理论等都有其独到的功用和意义。多层次、多元的史学理论实际上处于一种综合效应的互补地位,任何偏颇和拒斥都无益于史学的发展和繁荣。"对此，张艳国在他的著作中也有很好的论述，并具体指出三点：一是注重从世界历史观角度研究中国历史，从大量的具体研究结论中抽象出具有理论意义的思想，丰富和发展马克思主义唯物史观；二是吸收当代自然科学和科学哲学的有益成果，丰富马克思主义唯物史观；三是批判地借鉴和吸收当代西方史学的研究成果，丰富马克思主义史学的认识。同时，又明晰了唯物史观与史学理论的区别：其一，唯物史观与史学理论的学科不同，前者属于哲学学科，后者属于历史学科。其二，唯物史观与史学理论研究的角度及其范围、方法不同，这是由其学科属性决定的。因此，唯物史观并不能代替史学理论对史学研究的观照与导引。

对史学社会功能的探讨，是张艳国关注的另一个重点。在张著中包括了"论历史学的学科个性及其相关问题""论史学思维模式的转换""历史学家的社会责任感与历史使命感"等几个相关论题。

史学本身是否具备社会功能？这本来是没有疑问的。鲁迅所说的"历史上都写着中国的灵魂，指示着将来的命运"，恩格斯所说的"我们对未来非资本主义社会区别于现代社会的特征的看法，是从历史事实和发展过程中得出的确切结论"，《孟子》中记载的"孔子作《春秋》，乱臣贼子惧"等，都明白无误地标示和意味着史学的社会功能。史学若没有这种鉴古知今、资治垂训、明理富聪的功用，也就失去了它存在的意义和价值。但是，史学社会功能的显现，并非与之俱来，而是需要史学家的主观能动，需要史学家的社会责任感和历史使命感。

随着当今史学研究方式的转变以及史学家的智能结构调整，史学的价值认识与审美标准会发生相应的变化。同时，随着党中央对社会主义精神文明建设的进一步部署和强调，史学的社会功能亦将日益凸显。以此为基点，张艳国认为，史学的社会功能可以分解为四个层面。其一，对于个人而言，有助于净化心灵，陶冶情操，予以智慧的启迪；有助于激扬人的真、善、美。其二，对于国家和民族而言，有利于聚集历史感和时代意识、未来意识、世界意识，振奋民族精神，自强于世界民族之林；有利于增强民族凝聚力，弘扬优秀的民族文化传统，培育时代精神的精华，促进社会进步；有利于增强民族和国家的认同感，战胜任何艰难险阻，立于不败之地。其三，对社会的现实发展而言，有利于人类正确地处理同自然的关系，避免自然对人类的惩罚；有利于执政党和政府进行科学的决策，减少失误，少走弯路。其四，就科学功能而言，能够给邻近学科以智慧的启迪，带来发展与创新的契机。

洋洋三十余万字的《唯物史观与史学理论》，其精华，当然不只我之所述评，读者诸君尚可自作领会。

原文载《中国图书评论》1998年第3期。本文作者陈锋（1955年3月生，山东莱芜人）为武汉大学历史系教授，博士生导师，湖北省新闻出版局副局长。此篇是作者为张艳国的《唯物史观与史学理论》一书（华中理工大学出版社1997年版）写的书评。

跋三　让思想的光芒照亮历史
——读张艳国著《唯物史观与史学理论》

何晓明

何兆武先生曾提出，中国的历史学需要认真进行一番"历史理性的重建"。他说，研究历史而不事先从事探讨和认识历史是什么、历史学是什么以及（尤其是）我们对历史认识的性质是什么，就盲目地径直去探讨所谓历史的客观规律，这就好比是"飞鸟要想赶过自己的影子"。所以，对历史学或历史认识的本性进行批判，"这是历史研究所必不可少的一项前导（prolegomena）工作"①。笔者读到张艳国研究员的新著《唯物史观与史学理论》（以下简称"张著"），觉得它是对何先生提议的一个富有建设性的积极呼应。其间不少内容，不仅对史学理论工作者，而且对一般的史学研究者和史学爱好者，都有所启发。

一　主线：哲理思辨

张著收录了作者近些年内撰写的专题系列论文，分为三组，即上篇"唯物史观的理论反思"、中篇"唯物史观与史学理论"和下篇"历史学的理论观照"。尽管各篇各文论及的范围很广，但是贯穿其中的哲理思辨主线却是非常清晰的。这是本书的第一个特点。

作者明确申言，"历史学需要哲学思辨"。据此，全书用了相当的篇幅来讨论历史哲学问题。作者认为，历史哲学是资本主义文化孕育出的精神花朵。18世纪启蒙思想家伏尔泰"把哲学的明灯带进了幽暗的

---

① 参见何兆武《历史理性批判散论》自序，湖南教育出版社1994年版。

历史档案库",成为"第一个历史哲学家"。稍后的意大利人维科,提出"上帝创造自然""人类创造历史",奠定了近代西方历史哲学发展的大致格局。其后200年间,以黑格尔为代表的"理性主义历史哲学",以费尔巴哈为代表的"人本主义历史哲学",以孔德为代表的"科学主义历史哲学"和以布拉德雷、克罗齐、柯林武德为代表的"分析的和批判的历史哲学"依次兴起,蔚为大观。在这个过程中,产生了许多流派和学说,但其根本分歧"只在着眼点是注重历史本体论还是历史认识论"。从黑格尔到孔德,都注重认识历史本身是以何种方式运行、发展的,以揭示历史过程的阶段性、规律性、内在动力为己任。而布拉德雷等人则更注重研究主体以何种方式、途径去认识历史运动,怎样确立历史知识。"这是史学研究的深化。"

作者认为,唯物史观是马克思主义的历史哲学,既是对西方资产阶级历史哲学的革命,又是对它其中合理内核的继承和发展。因此,马克思和恩格斯创立唯物史观,经历了一场艰难的思想革命。"从对黑格尔历史观及其思辨的历史方法的批判,到对费尔巴哈历史哲学的扬弃,构成一条清晰可寻的马克思主义创立唯物史观的心路历程。"针对黑格尔,马克思恩格斯扬弃其唯心主义思想大厦的外壳,发展其合理的历史辩证法内核,校正了物质和精神、存在和思想究竟何为第一性的问题,主张到黑格尔所蔑视的"市民社会"中去寻找"理解人类历史发展过程的锁钥"。针对费尔巴哈,马克思主义经典作家把"人的感性活动"和"实践"引入历史观,提出"人是历史活动的主体","人是社会关系的总和"的精彩论断,奠定了唯物史观的坚实基础。目前,学术界关于唯物史观的基本思想问题,存在分歧。作者根据对唯物史观创立过程的全面考察,认为其基本内容包括以下几个方面:第一,关于人类社会的发展是一个自然历史过程的思想;第二,关于人是社会历史活动主体,社会历史发展是一个合乎规律的运动过程的思想;第三,关于生产方式是社会性质、社会变迁的终极原因的思想;第四,关于社会存在决定社会意识,经济基础决定上层建筑,探寻社会观念的变迁应当从社会存在中寻找原因的思想;第五,关于阶级矛盾和阶级斗争是人类社会的物质实践活动发展到一定阶段的产物,是阶级社会特有的现象,在这个历史阶段,它是推动社会发展的直接动力的思想。"以上五条基本原理，是密切关联的、互相引证的一个整体，它们是马克思主义唯物史观理论体系的五大支柱。正是这些基本思想的鲜明的理论特点，标示出它同一切旧历史观的根本区别，从而显示了它不凡的理论价值和历史意义。"

作者的哲理思辨，不仅体现在论述问题的性质上，而且贯穿在分析问题的过程中。例如，在考察马克思恩格斯如何批判资产阶级理论家所竭力论证的"资本主义是人类历史发展的顶点"这一错误观点时，作者指出，这一批判实际上是立足于以下两条理论逻辑：第一，从社会的进步来看，人类的社会实践活动永远表现为一个具体的历史过程，因此，人类的历史脚步，就绝不会终止于资本主义社会这一历史阶段；既然它是由无阶级、无国家的原始公有制发展而来，那么，蕴藏于社会运动之中的基本矛盾与历史发展的动力机制，最后必将使阶级、国家及其私有制一并消亡，而回归到高级的公有制社会。第二，从人的进步来看，人的发展和完善，在自然历史的进程中必须经历三个阶段，即人的依赖关系（直接的社会关系）、人对物的依赖关系（物化的社会关系）、个人的全面发展（自由人联合体）。而人的自由个性的全面发展，只有在高级公有制复归的未来共产主义社会，才能得以实现，因此，人类一定由原始公社时代演进到高级公有制时代，即由历史起始点进行到归宿点，而不会停留在资本主义社会而止步不前。又如，在剖析革命、改革与社会历史进程的关系问题时，作者首先指出，"革命"和"改革"是唯物史观的一对重要范畴。如果说量变与质变是无法抗拒的宇宙定律的话，那么这一定律在人类社会领域的表现就是：改革与量变相对应，定格于某一特定的社会形态；革命与质变相对应，定格于某一社会形态向另一社会形态交替的特定历史阶段。社会革命与改革的运动定律，是人类社会变革的定律之一。接着，作者辨析革命与改革的异同。革命是社会进步的特殊形式，它有严格的科学内涵，不能泛化使用。社会革命不是以夺权为目的的单纯暴力斗争、突发事件，而是一种有序列的社会变革状态。改革是社会进步的普遍形式，是社会阶级矛盾以及其他矛盾妥协性、调和性解决的一种手段。它又可分为两种形式：一种是社会制度的根本变革，转轨换型；另一种是社会制度的自我完善，具有革命性意义的除旧布新，这种形式的改革，"更具有普遍深刻的历史意义"。社会革命和社会改革既有区别,又有联系;既互相渗透,又互相转化。它们共同决定人类社会历史进程。

二 基调:动态观照

用发展的观点、过程的观点对研究对象进行动态观照,是张著的基调。这是本书的第二个特点。

关于马克思主义唯物史观的形成,作者不赞成学术界存在的简单化理解,即认定某一篇著作是唯物史观创立或形成的标志,而主张把它作为一个"创立时期",或"形成时期"来理解。这个时期大致从1843年至1859年,其中又可分为前后两个阶段:第一阶段从1843年的《黑格尔法哲学批判》到1846年的《德意志意识形态》,这一阶段马克思主义经典作家的工作主要是批判资产阶级历史哲学,在此基础上设计出"不同于近代一切历史观的思想体系"。第二阶段从1847年的《哲学的贫困》到1859年的《〈政治经济学批判〉序言》,这一阶段马克思主义经典作家的工作主要是通过史学研究实践丰富和完善这种崭新的历史观体系。笔者以为,这种看法更符合思想史的一般规律,同时也是对马克思恩格斯的艰苦思想劳作及伟大理论建树的充分肯定。

作者不仅用发展的观点看待唯物史观在欧洲的产生及历史演进,而且用同样的观点看待这一科学历史观在中国的传播。作者认为,李大钊在20世纪20年代,由学习、研究西方资产阶级历史哲学,转而接受、传播和研究马克思主义唯物史观,将中国近代史学引入现代史学的发展道路,因此,"他是中国马克思主义史学的开山者,是中国现代史学的奠基人"。一种产生于异国他邦的新鲜思想,要在万里之遥的另一片历史悠久的文明之乡生根开花,需要相当长的一段过程来创造适宜的文化条件。李大钊开始了这一过程,并取得了成就,这是他的功绩。也正因为是"开始",所以必然伴生缺憾。作者认为,李大钊把握了唯物史观的内核,但他对这一理论体系的理解是不全面的。具体地说,当李大钊将唯物史观作为一个广义概念来理解时,他对其核心内容的掌握是准确的;但是,当他将唯物史观作为狭义概念——即做经济史观来理解时,

"就局限了唯物史观基本原理的内涵"。更重要的是，由李大钊"所定型化的"关于马克思主义唯物史观的理解，对后世发生影响的局限性，也是深刻的。作者指出，只要我们对20世纪50年代产生的几部有影响的中国通史做细心的考察，就不难发现其中的痕迹。而且，直到20世纪80年代初，关于唯物史观理论内涵的讨论，创获不多，"主要原因还是受20世纪20年代以来形成的思维定式的影响"。

作者认为，马克思主义唯物史观是一个开放的科学体系，本身也有一个不断发展的问题。如何发展？他提出应该注意三点：第一，注重从世界历史观角度研究中国历史，从大量的具体研究结论中抽象出具有理论意义的思想，丰富和发展唯物史观；第二，吸收当代自然科学和科学哲学的有益成果，丰富唯物史观；第三，批判地借鉴和吸收当代西方史学研究成果，丰富马克思主义史学的认识。唯其如此，唯物史观才能永葆科学的青春。而着手这一工作，正是马克思的继承者责无旁贷的光荣使命。

关于历史科学本身的发展，作者强调的是史学思维模式的演变和转换。他认为，迄今为止，历史学已经历了古代述事史学和近代分析史学两个阶段，目前，正向着新的阶段——现代系统史学迈进。如果说过去由述事史学向分析史学的发展，是由单向性、直观性史学认识朝着多向性、逻辑性方向演变的话，那么，当下正在进行的由分析史学向系统史学的发展，就是由多向性、逻辑性史学认识朝着纵向深入、横向综合方向发展。为了适应新的变化，史学工作者必须自觉转换固有的思维模式，改变研究方式，调整智能结构。作者指出，随着上述演进和改进，史学的价值认识与审美标准也将发生相应的变化。史学的价值认识与科学认识结合起来，完善史学的科学性；史学的审美标准也由史家的自我衡量变为历史发展的客观衡量，充分体现史学的严肃性。这样就完成了史学思维模式的第二次革命性转换，史学服务于当代社会的功能就会大大增强。

三 优长：探索精神

学术研究，贵在探赜钩沉，推陈出新，张著在这方面成果丰硕。全书洋溢着强劲活泼的探索精神。这是本书的第三个特点。

学术界普遍承认，在马克思主义的创立过程中，恩格斯做出了无可替代的宝贵贡献。但是，具体地讲，在唯物史观的理论建构中，恩格斯的创造性劳动，体现在哪些方面，却是以往研究中的一个盲点。对此，作者专门研究了"恩格斯与唯物史观命题"问题，考察了恩格斯"在三个历史时期对唯物史观的四次界定以及对唯物史观理论所作的深刻发挥"，指出：恩格斯不仅为唯物史观"正名"，而且在历史发展动力论、历史创造条件论、唯物史观发展论等方面，做出了精辟的阐发。这是他的独特贡献所在。

关于马克思主义的世界历史理论，学术界以往的研究不够，而且留下了不少疑问。例如：恩格斯与马克思主义世界历史理论的关系如何？马克思主义世界历史观在19世纪70年代以前，是否还受黑格尔的影响，还存在欧洲中心主义的阴影？马克思恩格斯晚年对东方社会发展道路的探索，是否应涵盖在其世界历史理论之中？作者对此进行了深入的研究，得出了如下结论：第一，马克思主义世界历史理论是马克思和恩格斯的共同成果；第二，马克思主义世界历史理论批判地继承了前人的成果，但是在这个理论本身的体系中，丝毫没有资产阶级世界历史理论的旧痕；第三，当马克思主义世界历史理论作为单线论形态时，它的着眼点在西方资本主义，19世纪70年代以后，这一理论表现为多线论形态时，其着眼点是整个人类社会；第四，马克思主义世界历史理论揭示了各民族、各国家、各地区历史发展的世界性意义，从横向上包容了人类历史发展的丰富性和规律性；第五，19世纪70年代以前，马克思主义关于世界历史理论的论述，着眼于西方社会，进行的是历史学研究。此后，马克思主义世界历史理论则着眼于东方社会，进行的是人类学解析。在理解马克思主义世界历史理论时，要对前后两个阶段的思想进行动态考察，整体分析。显然，这些看法深化了前人的认识，为进一步地研究提供了可贵的启发。

除此之外，作者关于开展"历史的总体研究"（包括立体交叉研究、层次研究、动态研究）的设想，关于中国的近代资产阶级历史哲学特点（移植的、不发达的、不成熟的、不充分的）的分析，关于康有为、黄遵宪、梁启超、严复等人的历史发展"三段论"的比较研究，以及关于"史学概论"学科体系构成（历史过程论、历史主体论、史家主体论、史学发展论、史学理论和方法论）的思考，虽然还不确定就是不刊之论，但它们都是经过认真思考的慎重成果，都能给读者以崭新的理论感受，则是毫无疑义的。

本书作者张艳国出生于20世纪60年代，属于"新生代"的史学工作者。朝气蓬勃是其人其著的明显优势，而与之相伴的则是不可避免的"前进中的"问题和不足。就本书而论，依笔者浅见，也有若干疏漏之处。例如：认为唯物史观"基本不涉及"史学认识论、史学方法论；分析历史系统之间，核心层次与第二、第三层次的关系，"是内容与形式的关系"；肯定康有为的《新学伪经考》《孔子改制考》是"开拓和建设中国近代资产阶级史学方面最有贡献的"作品；褒扬中国当代某学者的著作可与黑格尔的《历史哲学》"相媲美"，"引为人类东西方学术史上的双璧"等都是可以商榷的。张艳国的本职工作是学术刊物的编辑。十余年来，他在繁忙的日常事务之余，坚持笔耕不辍，在史学理论的研究方面，颇有创获。"天道酬勤"，我们有理由期待和相信他，继续努力，不断有新的更高水平的研究成果问世。

原文载《史学理论研究》1999年第3期。本文作者何晓明（1951年5月生，湖北武汉人）为《湖北大学学报》编辑部常务副主编，教授，博士生导师。此篇是作者为张艳国《唯物史观与史学理论》一书（华中理工大学出版社1997年版）写的书评。

跋四　努力构建有中国特色的史学理论体系
——评张艳国教授著《史学理论：唯物史观的视域和尺度》

黄今言

史学理论是历史学科中一门新兴的分支学科。20世纪前期特别是80年代以来，学术界对史学理论的研究逐渐引起重视和"升温"。这主要表现在研究队伍扩大，学术研讨会议增多，论文、专著不断涌现，取得了可喜的成就。张艳国教授便是其中一位。他多年以来一直坚持以马克思主义理论为指导，参照西方史学理论的有益成果，运用多学科的综合知识，对史学理论的学科建设进行了潜心研究，并在系列论文的基础上，于十多年前出版过《唯物史观与史学理论》而获得学界好评。如今，他对原著再次修订、补充，扩展篇幅，标新立异，完成了《史学理论：唯物史观的视域和尺度》鸿篇巨制，计40余万言，2009年9月由华中科技大学出版社出版。这是史学理论研究的丰硕成果，也反映了目前该领域研究的新水平，具有明显的优势和特色，多有创获，读后感到欣喜。该书具有的特色如下。

其一，该书对唯物史观的形成过程和基本思想做了全面考察。学术界对马克思主义"唯物史观"一词，引用率很高。但过去，中外学者对唯物史观创立、形成的时间，却往往以马、恩的某一论著作为标志。例如：有的主要以《德意志意识形态》为标志；有的则主要以《哲学的贫困》和《共产党宣言》为标志；还有的乃以《〈政治经济学批判〉序言》为主要标志。作者通过认真考察后指出：马克思主义唯物史观的形成，很难以哪篇宏论巨著作为标志，它当有一个创立和完善的过程。"在时间上表现为一个阶段和时期。这个时期大致从1843年至1859年。其中可分为前后两个阶段"："前一阶段，是从1843年夏《黑格尔法哲学批判》至1846年的《德意志意识形态》，在这一时段内，马克思主义经典作家主要从事历史遗产的批判和继承工作,在进行理论的批评中建构自己的历史观体系","后一阶段,是从 1847 年的《哲学的贫困》至 1859 年的《〈政治经济学批判〉序言》,在这一时段内,马克思主义创始人主要是通过史学研究实践丰富和完善这种崭新的历史观体系"(第 19 页)。经过这两个阶段的发展,马克思主义唯物史观体系便日臻完形,到恩格斯晚年乃进一步"丰富了唯物史观命题的理论内涵"。在笔者看来,这是合乎历史逻辑和理论逻辑的结论。此说有助于体现唯物史观的发展轨迹和思想体系的产生,近乎历史真实。

至于马克思主义唯物史观的基本思想,早在 20 世纪 60 年代初,通常归纳为生产力与生产关系,物质生产是社会生活的基础;经济基础与上层建筑的关系,经济基础是决定性因素;阶级斗争是历史发展的动力;人民群众和个人在历史上的作用四个方面。随后又有人概括为生产力与生产关系矛盾演进的规律;或阶级斗争理论和阶级分析方法。然而作者通过对唯物史观创立、完善时期的考察后,指示马克思主义唯物史观的基本思想内容主要体现在以下几个方面:(1)关于人类社会的发展是一个自然历史过程的思想;(2)关于人是社会历史活动的主体,社会历史发展是一个合乎规律的运动过程的思想;(3)关于生产方式是社会性质、社会变迁的终极原因的思想;(4)关于社会存在决定社会意识、经济基础决定上层建筑,探寻社会观念的变迁应当从社会存在中寻找原因的思想;(5)关于阶级矛盾和阶级斗争是人类社会的物质实践活动发展到一定阶段的产物,是阶级社会特有的现象,在这个历史阶段,它是推动社会发展的直接动力的思想。作者认为"以上五条基本原理,是密切关联的,相互印证的整体,它们是马克思主义唯物史观理论体系的五大支柱"(第 20—23 页)。马克思主义唯物史观是开放的科学体系,在史学研究中,在推进其时代化的进程中,如何丰富和发展唯物史观?作者在书中提出了"三个问题尤其值得关注":(1)注重从世界历史观角度研究中国历史,从大量的具体研究结论中抽象出具有理论意义的思想,丰富和发展马克思主义唯物史观。(2)吸收当代自然科学和科学哲学的有益成果,丰富马克思主义唯物史观。(3)批判地借鉴和吸收当代西方史学研究成果,丰富马克思主义史学的认识(第 27—28 页)。这些对唯物史观基本内容的概括和推进其时代化进程的论断，确乎较前人的认识进了一步，对今后的研究不无启迪和帮助。

其二，该书对唯物史观中的几个理论问题有较为深入的分析和诠释。众所周知，马克思主义世界历史理论在唯物史观上占有重要地位。学术界自然比较关注。然而在以往的讨论中，存在的疑点仍多。诸如：恩格斯思想是否可排斥在马克思主义世界历史理论之外？马克思主义世界历史观在19世纪70年代以前是否还受到黑格尔的世界历史观的影响？即存在欧洲中心主义的阴影？马克思和恩格斯晚年对东方社会发展道路的探索是否应该涵盖在世界历史理论之中？如此等等。针对这些问题，作者通过深入的审辨、分析，做了如下解说：（1）马克思主义世界历史理论是马、恩的共同成果；在理论内涵上，他们的思想高度一致。（2）马克思主义世界历史理论批判地继承了前人成果；但在马克思主义世界历史理论中，丝毫没有资产阶级世界历史理论的旧痕。（3）当马克思主义世界历史理论作为单线形态时，它的着眼点在西方资本主义社会；在19世纪70年代以后，这一理论表现为多线形态时，其着眼点则是整个人类社会。（4）马克思主义世界历史理论是从世界历史发展角度对人类历史行程的理论概括和高度总结，是在世界历史理论领域对社会形态理论的崭新阐发。（5）在理解马克思主义世界历史理论时，不要把19世纪70年代以前和70年代以后这两个阶段等同，对不同阶段要进行动态考察和整体分析（第63—64页）。这些对马克思主义世界历史理论的分析与诠释，求真务实，颇具新意，也有助于排除前人的种种疑窦，可以说是对该领域研究的亮点之一。

社会历史进程中出现的革命与改革，这也涉及马克思主义唯物史观的重大理论问题，值得高度重视。但一段时期，因受"左"的影响，在有的论著或教科书中，对"革命"充分肯定，且有拔高现象；而对"改革"则没有正面阐述，甚至将它等同于"改良主义"进行批判。对此，为从理论上予以澄清，正听是非，作者首先指出："革命"和改革是唯物史观的基本范畴，二者都是人类社会变革的定律之一。进而认为："革命"是社会进步的特殊形式，它有严格的科学内涵，不能泛化使用，革命不是仅仅以夺权为目的的单纯的暴力斗争或社会冲突，而是一种有序列的社会变革状态，是社会进步阶段上的突变，是一种特殊形式。而"改革"是社会进步的普遍形式，它通常有两种形式：一种是社会制度的根本变革，转轨换型；另一种是社会制度的自我完善，具有革命性意义的除旧布新，这种形式的改革，超越社会历史形态，更具有普遍深刻的历史意义。马克思主义对社会改革的推动作用是充分肯定的。接着又指出：社会革命与社会改革，既有区别，又有联系，既互相渗透，又互相转化，二者"共同决定社会历史的进程"（第65—80页）。其说甚是，有大量史实可证，正本清源，令人折服。它不仅有助于恢复历史真相，而且对贬低或否定社会改革也是有力的回击，有历史和实践意义。

此外，对与唯物史观相关的其他一些理论问题，如"社会历史进程中的代价问题"，"人民群众"与"英雄"的历史作用问题，在书中也都观点鲜明，凿凿有据，做了较好的论述，于此不赘。

其三，该书对"史学理论"的界说及其建构提出了独自的见解。在过去的研究中，学术界对"史学理论"这一概念，似有含混不清之嫌。例如：有的学者把马克思主义唯物史观"混同"于史学理论，有意无意地降低了唯物史观的指导作用；有的则将史学概论"等同"于史学理论，有意无意地混淆二者研究的不同视域和角度。这当然是学科研究中至关重要而又必须弄清的问题。对此，作者指出："唯物史观"与"史学理论"虽有联系的一面，例如：二者对历史发展过程的解释相同、唯物史观是史学理论的指导思想、史学理论是唯物史观与历史学的中介等。但二者也有明显的区别，主要表现在不仅科学属性不同，前者属哲学学科，后者属历史学科；而且它们所研究的角度及范围、方法也不同。具体言之，马克思主义哲学是关于世界观的理论体系，是关于自然、社会和思维知识的概括和总结。其理论视野超越了历史学科，所要回答的切入点也不同于历史学科；而"史学理论是对历史学的反思与观照，其研究对象是史家主体与客体、历史主体与客体的关系"。它是历史科学，"其思维方法、理论视野，不能逾越史学轨范。它以史学特有的实证研究为基础，以史料为依据，以一定的历史观为指导，以得出的历史结论为特征"。同时，"史学理论的研究范围主要是对历史发展的各因素及其相互关系的规律性描述，并揭示史学研究的方法"（第127—128页）。因此，史学理论不可与唯物史观混同。再者，将"史学概论"与"史学理论"等同起来也不合适。尽管它们之间有一定的联系,在研究范围方面有交叉;但也不无区别。这主要表现为二者研究的视觉和领域不相同。"史学概论主要是追踪史学发展,描述史学全貌,为史学研究的开展提供一个规范的概念,它对史学研究一般不具有理论的指导意义;而史学理论则是史学研究的前提和总结,是史学研究的灵魂和指导,因为它是历史学的元理论,为它提供学科理论。如果将两者等同起来,就无法认识其学术意义及其科学功能。"(第125页)从作者对上述概念的界定来看,史学理论的涵盖范畴主要包括:历史本体论、史学认识论、史家主体论、史学发展论、史学方法论。当然,这是一家之言,还可讨论。但也不无根据,可备一说。

同时,为建构马克思主义史学理论,作者还提出了要处理好三个关系,这就是:(1)"要处理好坚持与发展的关系"。即坚持唯物史观的基本原理和方法,坚持其科学的立场和精神原则,并在坚持中求发展,在发展中谈坚持,做到坚持与发展的统一。(2)"要处理好继承和发展的关系"。通过总结和反思,继承老一辈史家重视理论的优良学风和传统,不断推进马克思主义史学中国化工作,发展有中国特色的史学理论体系。(3)"要处理好学科理论建设与具体研究的关系"(第2—5页)。这些建构史学理论的设想也是富有建设性的,对建设有中国特色、中国流派的马克思主义史学理论体系,无疑大有裨益并产生积极影响。

其四,该书对史家主体意识和史学方法论做了诸多有益的探讨。史学领域在"十年浩劫"中备受摧残和破坏,"影射史学"疯行其道。随后,又出现所谓马克思主义"过时论""史学危机论"。所谓"过时论",实质上是否认马克思主义对史学的指导意义。所谓"史学危机论",实质上是传统史学方法、史学范式、史学价值取向的危机。这种种思潮的出现,其实在不同程度上都反映了史家的主体意识存在问题,是史家主体意识渗透到了对史学的扭曲认识。这就要求史家必须加强自觉的主体意识,重视理论修养。对此,作者在对未来中国史学流向时指出:今后要更加重视马克思主义理论对史学研究的指导地位,丰富和发展马克思主义史学理论;扩大史学研究领域,促进史学知识增值;增强史学的社会功能,切实有效地为社会改革服务;深入研究历史发展的客观规律,揭示历史的辩证法等(第257—258页)。在史学方法论上,作者在书中特别关注了以下几个方面:(1)强调史家的社会责任感与历史使命感。就是说，史家对著述要高度负责，揭示历史真相，总结经验，为社会进步发挥资治作用。（2）强调史学思维模式的演变与转换。历史学的发展，经历了古代的叙事史学、近代的分析史学两个阶段，当今正在向现代的系统史学发展。因此，史学思维模式也发生了相应变化，即"由述事史学向分析史学发展，由单向性、直观性史学认识朝着多向性、逻辑性方向演变"，"由分析史学向系统史学发展，由多向性、逻辑性史学认识朝着纵向深入、横向综合方向发展"。在这种情况下，不仅要改变史学研究方式，引进自然科学的相关成果，包括系统分析法、计量法、比较法、心理分析法等；而且要具备合理的史学智能结构，包括史德、史学、史识、史才等，以促进史学思维模式的转换（第189—200页）。（3）强调对史学的总体研究。人类社会历史运动史是一个整体运动，这种社会历史整体运动的基本特征，有它的"传存性、层次性、功能同向性"。因此，要揭示历史整体运动系统因果律，就必须开展历史的总体研究，诸如："立体交叉研究法，层次研究法、动态研究法"等（第201—211页）。（4）强调处理历史问题的实事求是原则。如地理环境与历史发展关系问题、历史评价与道德评价问题、人物传记的编写问题等，都应坚持唯物史观，具体问题具体分析，从而做出科学的评判。该书阐述的这些观点，虽然此前学术界有人或多或少地做过些论及，特别是史学方法论过去谈的不少，但从史学理论角度，就其中一些重点问题做深入的专题探讨，并非多见，它仍能给读者以新的启示而受到肯定。

作者张艳国教授在该书中的学术成就，这里只是挂一漏万地做了如上的简要评说。张教授是出生于20世纪60年代的青年史学工作者，近两年又担负着江西师范大学副校长，在行政事务繁忙的情况下，能获得如此成果，殊为不易。这主要是由于他视野开阔，洞悉学术研究前沿，有较好的理论基础和专业知识结构，读书得间，加之编辑出身、勤奋用功等密不可分。当然，该书如果说还有某些美中不足或疏漏的话，笔者认为，主要是有些文字上的提法还当审慎。例如，第99页说："每一次统治阶级的'盛世'出现之后，都给被统治阶级带来了更大程度的灾难。"第196页说："古代的史书，要么以战争作为特征，成为军事史，如《左传》……要么以政治斗争为特征，成为政治史，如《史记》

《汉书》。"第218页说:"小农经济的自私性、闭塞性、狭隘性渗透于社会的各个层面"等。这些观点性的提法,似乎还可商榷。再者,由于以专题形式讨论史学理论,各文之间难免出现一些重复。例如:第19页、第105页对唯物史观创立的时间问题,在表述上有些重复。又第182页及第198页,对治史者的智能结构,在文字表述上也有重复。此类问题在整理出版成书时若能做些技术上的处理或许会更为精练。不过,这些都是细小问题,瑕不掩瑜。

总体来说,该书视野宽广,涉及面广,内容丰富,注重创新,资料翔实,论证有力,创获殊多。在马克思主义理论指导下,对唯物史观和史学理论中的一些重大问题,从多视域、多层面进行了研讨,其中尤其对学术界有争议和研究薄弱的问题用力甚勤,并比较系统地提出了自己的见解。致力于构建有中国特色的史学理论体系,有相当的广度和深度,是一部富有特色的学术著作,值得一读。

原文载《江西社会科学》2010年第9期。本文作者黄今言(1937年11月出生,江西石城县人)为江西师范大学历史文化与旅游学院教授、博士生导师。此篇是作者为张艳国《史学理论:唯物史观的视域和尺度》(华中科技大学出版社2009年版)写的书评。

跋五　建构中国马克思主义史学理论体系的追求与探索
——读张艳国《史学理论：唯物史观的视域和尺度》

张建民

历史学是一门古老的学问，却也是常青的学问。历史学之所以长青，固然以其深厚扎实的学科底蕴为基础，但不断创新的史学理论、研究方法给学科注入的持续活力也是至关重要、必不可少的条件。近年来，越来越多的学者重视历史学理论对于历史研究、历史学发展所具有的重要意义，首肯"史学建设首先是史学理论的建设，没有理论就没有历史科学"[①]。与此同时，研究马克思主义史学理论中国化、探讨历史研究理论方法的新成果不断涌现，张艳国教授所著《史学理论：唯物史观的视域和尺度》（以下简称张著，华中科技大学出版社2009年版）正是其中突出的成果之一。作者以历史唯物主义的理论与方法为指导，借鉴、运用包括现代西方史学理论在内的多学科的综合知识，对史学理论的学科建设进行了深入思考，比较系统地提出了自己的见解，堪称作者追踪改革开放以来中国史学理论研究进展的结晶。

唯物史观是张著的指导思想，亦是张著研究的核心内容。正如作者指出：唯物史观关于历史发展过程的解释，关于历史规律的揭示，关于主体地位和作用的阐述，关于史学研究方法的整合，是史学理论研究的立足点和根本依据。离开了唯物史观关于历史过程论的解说，史学理论将无从谈起。显而易见，作者的史学理论研究是从对唯物史观的理论反思展开的，目的是要通过对唯物史观的历史考察，系统、准确地理解唯物史观的基本思想与理论特色，以避免此前存在的把唯物史观简单化、

---

① 于沛：《没有理论就没有历史科学：20世纪我国史学理论的回顾与思考之一》，《史学理论研究》2000年第3期。

公式化，以唯物史观代替或等同于史学理论的偏颇。同时，证明作为科学理论的唯物史观本身也是在不断发展、丰富的。因此，也应该用科学的、发展的态度、方法来理解、对待唯物史观。在此基础上，作者阐发了自己对史学理论的深入思考。

细读张著不难发现，作者的思考基本上围绕着一个宏大的学科目标——建构中国马克思主义史学理论体系展开，这也正是中国历史学学科建设面临的首要任务。建构中国特色与中国流派的马克思主义史学理论体系，核心问题是马克思主义史学理论中国化。对此，作者认为要处理好坚持与发展的关系、继承和创新的关系、学科理论建设与具体研究的关系。在这几组关系中，坚持是前提，发展是关键，实现的途径则是具体研究。在坚持唯物史观的基本原理和方法、坚持其科学的立场和精神原则的前提下，用创新的观点、实践的观点、科学的观点，对人类社会的新实践和新问题予以唯物史观的解答和认识。而不是不加分析、鉴别地全盘照搬，或走向另一个极端。坚持和发展是统一的，理论与实践亦是统一的，这亦是中国马克思主义史学的优良学风和传统。恩格斯曾不止一次地强调："我们的理论是发展的理论，而不是必须背得烂熟并机械地加以重复的教条。"① 在我看来，用发展的眼光考察研究对象，是张著的突出特色。无论是对马克思主义史学理论在欧洲的产生及历史演进的考察，还是对马克思主义史学理论在中国的传播、对史学社会功能的探讨，都贯穿着发展的观点，坚持用动态的眼光进行考察，强调吸收当代自然科学和科学哲学的有益成果、批判地借鉴和吸收当代西方史学研究成果对丰富马克思主义史学认识的重要意义。

马克思主义史学理论中国化，要求我们立足于中国史学的实际，坚持普遍原理与中国历史实际相结合的正确方向，在具体的历史研究中深化对马克思主义史学理论的认识和理解，在实践的基础上，进行理论升华，牢固把握马克思主义史学理论的历史特征与实践特性，丰富和发展唯物史观。脱离中国实际，盲目照搬、生吞活剥引进理论的做法，则难免"画虎不成反类犬"之虞，此类教训不可不吸取。张著中既有马克

---

① 《恩格斯致弗·凯利—威士涅威茨基夫人》（1887年1月27日），载《马克思恩格斯选集》第4卷，人民出版社1972年版，第460页。

思主义史学理论本身的研究，如《马克思主义唯物史观与历史科学》《恩格斯与唯物史观命题》《马克思主义世界历史理论探析》等文；同时也有历史的视角，注重中国史学演进，尤其是关注马克思主义史学理论在中国的传播，如《略论中国史学的流变》《论中国近代的历史哲学研究》等文；还有专题的深入探讨，如《东方地理环境与中国历史发展》《李大钊阐解唯物史观评析》《李大钊的史学理论研究论析》等文。这些研究，很能发人深思，对于史学理论学科建设无疑大有裨益。而将史学理论与具体的历史研究结合起来，也是作者十分关心的问题。譬如，关于历史人物评价的论述还附有《叔孙通为何能够成功》和《如何评价晚年康有为》等运用相关理论进行分析的实际案例，则体现着作者力求理论与实践相结合的精神。

世纪之交的有关话题犹然在耳，21世纪的第一个十年已经过去了，对于历史学而言，这意味着马克思主义史学理论传入中国即将一个世纪，此时出版的《史学理论：唯物史观的视域和尺度》，自应赋有特别的意义。在此，我赞成作者所说："建构中国特色与中国流派的马克思主义史学理论体系，是个大课题，需要几代人的努力。"时不我待，相信会有更多学者为此努力，取得更多高水平研究成果，共同推动中国特色与中国流派的马克思主义史学理论体系的建构。

原文载《光明日报》理论周刊"史学"版，2010年6月29日。本文作者张建民（1959年10月生，河南长葛人）为武汉大学历史学院教授、博士生导师、武汉大学珞珈特聘教授。此篇是作者为张艳国《史学理论：唯物史观的视域和尺度》一书（华中科技大学出版社2009年版）写的书评。

后　记

　　大学毕业愈久，愈是怀念大学的学习生活。时代的变迁，虽不免带来校园文化的变化，但在我心底，我那个时代的大学生活还是最美好的。因为，正是经过大学四年的读书生活，老师们带我走进了神圣的学术殿堂；如今，我也有机会现场模拟他们的文教风范，孜孜不倦地读书、研究和教学。弹指一挥间，25 年已经过去，我虽然青春不再，中年的步履匆匆，但是，我依然清晰地记得自己在那个时候是怎样如饥似渴地阅读黑格尔的《历史哲学》，是怎样地热爱马克思和恩格斯的《德意志意识形态》这两本著作。介于哲学与历史学之间，对于一个像我这样不满 20 岁的本科生来说，难读、难懂、难以深入是可想而知的！但越是难读，越是读不懂，越是激发我的求知欲，越是激扬我的阅读兴趣。我暗下决心：绝不畏难止步，绝不半途而废。

　　在大学毕业那年，我无意间翻检到一本关于史学治学的科普书籍，是由中国青年出版社出版的《怎样学习和研究历史》，书中的文章都是由当时的史学名家所写，且该书的发行量很大。这本书与我的专业意识和专业兴趣十分对路，令我如获至宝。特别是在读了其中一篇由著名历史学家范文澜先生早年的助手蔡美彪研究员撰写的《范老论学四则》后，我更加坚信专业学习要有理论兴趣和专业功夫。在文中，蔡先生转述范老的教诲，说道："要能进行理论的研究和概括，要会做史料的考订、编纂。要能写专题研究的论文，又要能做综合性的述作。"这对我的启发和教益特别大，至今我也还经常结合自己的研究来回味个中精神，且经常有所收获。历史学是一门古老的学科，扎实的文献功底固然重要，但理论思维和思辨的功夫也是至关重要的。

1997年，华中理工大学出版社出版了我的《唯物史观与史学理论》这本小书。本书正是我在20世纪八九十年代将自己的理论兴趣同史学研究结合起来的一种学术尝试。如果说这本小书能够为史学理论学科建设起到一点点促进作用的话，那么，这是我的莫大快慰和荣幸！感谢我所处的文化昌盛的时代，它给予我一个展现青年学者才智的机会和舞台！每每回想起这段幸福的经历，我都情不自禁地想起著名作家吴伯箫在他的散文名篇《记一辆纺车》中所使用的成语：敝帚自珍。我是那么的同情共感和心息相印。

这本小书的出版，至今已经过去整整12个年头。时间虽已相去甚远，但在我的人生历程中却留下了深深的印痕。在出版本书的当时，由于受到史学理论界的热情肯定和积极鼓励，令我既高兴而又汗颜！高兴的是，走我自己的路，虽然只是取得了那么一点点成绩，但却得到了前辈学者专家如章开沅教授、冯天瑜教授、陈启能研究员等先生的肯定，多种报刊发表同行朋友的评介文章予以热情推荐；汗颜的是，史学界对本书极其宽容和宽和，尽管本书存在若干不足甚至是缺点，但是，学术界还是从爱护与鼓励的角度鞭策我。譬如，一些高校的相关专业还将本书列为史学概论（理论）和研究生教学参考书，着实令我大喜过望。尤其是近年来，随着史学理论学科建设的发展需要，一些同行朋友来电来信催促、鼓励我修订此书，对我实在是厚爱有加。令人欣慰的是，在华中科技大学出版社的大力支持下，这本小书得以修订出版，这对我真是一种难以名状的鞭策！

这次修订，我主要是做了以下三个方面的工作：一是书名，由原书名《唯物史观与史学理论》改为现书名《史学理论：唯物史观的视域和尺度》，这既有我多年的思考，又采纳了一些朋友的建议。二是补充了四篇文章：前言《史学理论学科建设任重道远》《马克思主义是如何看待社会历史进程中的代价问题的》《历史的创造者、创造力与创造条件》和《坚持走马克思主义史学理论中国化之路》；在讨论历史人物评价时，还附了两篇文章——《叔孙通为何能够成功》和《如何评价晚年康有为》，这也是接受了同行朋友的忠告，将理论与实践结合起来，提供一个运用理论的案例分析；同时，将陈启能先生的原序文《史学理论：对历史学的理论反思》列为跋一，将陈锋教授、何晓明教授为

《唯物史观与史学理论》所写的书评《史学理论对史学研究的观照与导引》《让思想的光芒照亮历史》，分别作为跋二和跋三附录书后，以便于读者阅读。三是对全书从头至尾逐字逐句进行了认真仔细的推敲，订正了讹文，规范了文字表述，个别引文也予以必要的订正。这项工作，是本次修订的重点。

本书修订出版后，难免还存在一些不足，甚至是错误，诚恳地欢迎专家、读者继续批评指正。借此机会，我要感谢学术界同人和读者对我的鞭策和鼓励，这是我继续在学术道路上走下去的巨大动力；还要感谢华中科技大学出版社的大力支持，尤其是姜新祺总编辑、李东明女士和刘烨女士等，他们是多年鼓励我前行的好朋友，这是本书得以顺利地修订再版的重要条件。我想，我会以一颗感恩的心珍藏这份友谊和幸福的！

学术的道路如同人生之旅一样，求仁得仁；治学如同处世为人之道，求诸己而不怨天尤人。学术的视野必将伴随求真求仁的努力而放大，学术事业也将同美好生活融为一体。从美丽的武汉东湖之滨，来到如画的南昌瑶湖之畔，又是一个新的开始！回首我此前在湖北省社会科学院工作的日子，我心存感慨，但更多的是感激；面对我在江西师范大学新的工作，我心有期许，但更多的是敬畏。有向往，就会有希望；有耕耘，就会有收获。我想，经过长年累月的工作，这股敬畏之情和神圣之感必定会化作日后的无限感激，我有信心以更大的努力回报同人朋友的掌声和期待！

为灿烂的明天加油！

张艳国
2009 年 5 月 26 日于南昌瑶湖之畔

再版后记

《史学理论：唯物史观的视域和尺度》作为《张艳国文集》第一卷，修订再版了。想想它的初版《唯物史观与史学理论》出版时的情形，至今依然历历在目，久久挥之不去！这或许就是"人之初，最难忘"吧。为了《唯物史观与史学理论》的出版，武汉大学历史学院陈锋教授、华中师范大学中国近代史研究所马敏教授、湖北大学中国思想文化史研究所周积明教授积极与华中理工大学出版社撮合，热心推荐，鼎力支持。马敏教授请著名历史学家章开沅先生题写了书名；书还没出版，陈锋教授就开始琢磨起书评来，热心向读者推荐。我尝试着请湖北省社会科学院院长夏振坤先生、中国社会科学院世界历史研究所副所长兼中国史学理论研究会会长陈启能先生作序，很快获得他们应允。至今想来，当时到夏老师家取他写下的序文感受到夏老师对后辈学子进步的高兴劲头，仍能化作一股股暖流游遍周身。由于当时的信息化没有今天发达，陈先生的序文是写在方格纸上寄给我的，他附信一封，除了表达祝贺外，还诚恳而谦虚地表示文字是否能够令我满意。文如其人，陈先生的字里行间都印透着他的谦谦君子形象。书稿到了华中理工大学出版社，从编辑、排版、封面设计、印制、装帧各个环节，出版社都高度重视，并没有表现出对于刚出道的青年作者的些许傲慢或怠慢。在1996年之际，那时我可是一名刚30出头的无名小辈啊！他们时时表现的敬业精神、岗位责任意识，此后都定格在我的心底，给我很大的教益。当然，除了著作顺利出版的收获外，我还与出版社里的李东明、潘群一班人等成了时常联系的好朋友。14年过去了，初版以《史学理论：唯物史观的视域和尺度》的书名在2009年修订再版时，仍在原社出版（华中理工大学出版社后随学校更名为华中科技大学出版社），在很大程度上是感情与友谊的成分。

由于同行、师友的厚爱，多所高校将拙著选为历史系本科生"史学概论"或"史学理论"科目的参考教材，并选为硕士研究生、博士研究生专业课程的必读书目。譬如，业师冯天瑜先生在他的名著《"封建"考论》的"参考书目"中，就列有拙著，自是对我的鞭策和鼓励。《唯物史观与史学理论》在1999年国庆50周年之际，获得了湖北省政府优秀社会科学成果三等奖；而《史学理论：唯物史观的视域和尺度》则在2011年获得了中国大学出版社图书奖第二届优秀学术著作奖一等奖。得奖尽管有机遇的成分，但既然得了，对我确实是极大的鼓励。

史学理论重要吗？回答是肯定的，当然重要；但究竟有多重要？对待理论态度不同的人有不同的感受，就很难一刀切了。对于后一个问题，我带着学生经常的提问，请教了业师章开沅先生，让我深受启发。去年（2014年）11月13日，章开沅先生偕师母黄老师、师兄马敏教授等来校讲学并指导历史学专业建设、学科建设等工作，我在间隙专门向章老师请教了史学理论指导史学研究的问题。章老师极其幽默风趣地说：

> 人生七十古来稀，我快九十岁了。这么大年龄，还能从华中师大长途奔涉到江西师大，还能上台做讲座，与大学生、研究生和青年教师互动，在常人看来，真是奇事一件。从20世纪50年代开始，我投身中国历史研究，先后研究了太平天国，从李秀成评价问题脱颖而出；研究了辛亥革命史，创建了中国辛亥革命史研究会；研究了教会大学史，创办了中国教会大学史研究中心；还研究了贝德士日记，利用外国人的亲历资料研究了南京大屠杀惨案；等等。基本上是遇事而成，运气好得不得了。当然，成事固然要运气好。但是，成事之处，首先是要选准事。选准事，一要靠敏感敏锐，二要靠勇气果敢；然后才是做成事，做成事，一要靠勤奋踏实，二要靠天分聪明劲。这里面都有理论的东西，或者叫理论的影子。选准事体现为判断力，准确的判断来源于清晰的思路、宏观的思考、比较的分析，概括地说，叫理论思维。干成事，更不用说离不开理论

指导了。没有正确的理论指导，会漫无目的地游走，会白花力气蛮干；有了科学理论指导，会事半功倍。我研究李秀成、评价李秀成，运用了历史人物评价理论；我研究辛亥革命，把辛亥革命放在近代中国社会变迁和近代世界急剧变革中，提出了辛亥革命研究"三个一百年"命题；我研究教会大学史，把教会大学放到近代中西文化交流碰撞之中，提出正确认识和评价教会大学。凡此种种，其中都有理论，都绕不开史学理论与史学研究实际相结合的问题。当下，史学界热议史学研究碎片化问题，这里面就有一个严肃的理论问题。丢掉理论，忽视整体，把琐碎研究当时髦，哗众取宠，就走入了碎片化死胡同；重视整体，运用理论，注重历史细节，就能深入推进历史研究。你看看，历史研究哪里离得了理论？我一辈子碰上这么多好事情，你说是不是沾了理论的光？

章老师的这段话，视野开阔，论辩雄奇，又是他成功一辈子的经验之谈。尽管章老师不专治史学理论，但他的史学思想中内蕴着深刻的理论认识，是对史学理论研究的肯定和鼓励。

回顾和讲述章老师的这段话，既是为了说明史学理论与方法的极端重要，更是为了给有志于史学理论研究的青年学子多一些成功、幸福的感受和启示，以启发来者，嘉惠后人。

本书修订再版之际，正好迎来了章开沅先生九十华诞，我以极其高兴的心情修订再版此书，作为对章老师上述论述的积极回应吧！

最后，要感谢为本书出版付出辛勤劳动的中国社会科学出版社的朋友们；感谢我所在工作单位的同事们，特别是江西师范大学马克思主义理论一级学科博士点、江西省高水平学科江西师范大学马克思主义理论学科为本书的修订再版所提供的支持。

人生在路上，而学也在路上。学习、学问、学术真好。

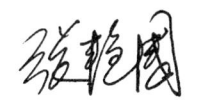

张艳国

2015年5月8日于江西师范大学